KB139437

이 저서는 2018년 정부(교육부)의 재원으로 한국연구재단의 지원을 받아 수행된 연구임
(NRF-2018S1A6A4A01028789)

This work was supported by the Ministry of Education of the Republic of Korea and
the National Research Foundation of Korea (NRF-2018S1A6A4A01028789)

ㅣ이근욱 지음

아프가니스탄 전쟁
The American War in Afghanistan

9·11 테러 이후 20년 20 Years after 9/11

한울
아카데미

차례

추천사

지난 40년 동안 군인의 길을 걸으면서 다양한 고민을 해왔다. 무엇보다 전략이 중요하고 특히 국가전략과 국가군사전략과의 괴리를 극복하기가 쉽지 않다는 점에 주목했고, 문민(文民) 지도자와 군(軍)이 어떻게 서로를 이해하고 소통해야 하는지 이해하게 되었다. 또 장차 한반도에서 전쟁의 양상이 어떻게 변해갈지와 이에 어떻게 대비해야 할 것인가 하는 질문들은 지금껏 내 머리에서 떠나지 않고 있다. 이 같은 문제의식은 나와 같은 길을 걷고 있는 군인뿐만 아니라 안보에 관심을 가진 모든 사람이 가질 수 있는 중요한 화두가 아닌가 생각한다.

그러던 차에 서울대학교와 하버드 대학교에서 국제정치학을 전공하고 '육군력 포럼'을 통해 육군의 미래 준비 방향을 함께 고민해 온 서강대학교 이근욱 교수가 아프가니스탄 전쟁에 관한 책을 썼다는 연락을 받고 내용을 정독하며 깊은 영감을 받았다. 그 내용을 간추려 보았다.

첫째, 전략의 중요성이다. 냉전 해체 직후 부시 행정부는 미국 중심의 단극 체제를 지속·유지하기 위해 서서히 부상하는 중국을 제어하는데 전략의 우선순위를 두었다. 그러나 이러한 전략은 9·11 테러로 크게 흔들렸고 특히 아프가니스탄과 이라크 전쟁 수행 과정에서 국가전략의 본질과 초점은 더욱 흐려졌다. 밑 빠진 독에 물을 붓는 듯한 국력의 소모가 이어졌고 중국의 힘은 미국과 패권을 다툴 정도로 강해졌다. 전략의 패착이다. 부가적으로 불완전한 정보에 의한 전략, 막연한 기대와 희망에 의한 전략 수립의 위험성도 보여준다.

둘째, 문민 지도자와 군 지휘관 간의 열린 의사소통의 중요성이다. 아프가니스탄 전쟁 계획의 수립 과정이나 수행 과정, 그리고 최종 철군 과정에서 백악관의 정치 지도자와 군사 리더십 간 의견 충돌이 잦았고 그것은 상호 불신으로 이어졌고 때로는 국가전략과 군사전략의 불일치도 발생했다. 군인들은 전쟁의 승리에 집착하는 본능을 가지고 있다. 반면에 정치 지도자들은 전쟁 그 자체보다는 전쟁을 통해서 얻고자 하는 정치적 목적에 더 초점을 두게 되는 것이 자연스럽다. 이 간격을 극복하게 하는 것이 열린 의사소통이다. 문민 지도자는 우월한 권위(unequal authority)를 가지고 있기 때문에 현장 지휘관의 목소리를 열린 마음으로 경청(equal dialogue)해야 하나, 최종적인 결심의 몫은 정치 지도자에게 있다. 군인은 이에 승복하여 그 의도를 구현해야 한다. 이 과정이 소홀하거나 편견이 개입될 때 많은 부작용이 발생하는 것을 보아왔다.

셋째, 군사력을 건설하기 위해서는 보이는 무기나 부대보다 먼저 보이지 않는 정체성을 확립해야 한다는 점이다. 미국은 20년 동안 아프가니스탄 보안군을 증강하기 위해 무기와 예산을 제공하고 훈련 교관까지 파견하는 등 엄청난 노력을 쏟아부었지만 결과적으로 실패했다. 부패하고 무능한 지도자 아래서 소집된 군인과 경찰들은 올바른 정체성을 갖지 못했고, 사명의식과 책임감과는 거리가 먼 약골이 된 것이다. 내면의 가치를 바로 세우는 소프트 파워 없이는 강한 군대의 길에 들어설 수 없음을 다시금 깊이 생각하게 해준다.

넷째, 전쟁의 미래와 미래의 전쟁 문제이다. 미국은 2001년 10월 말부터 2002년 2월 말까지 소수의 특수부대원과 정밀 항공 폭격에 의한 전혀 새로운 작전으로 초기 전쟁을 환상적으로 마무리하면서 이것이 미래의 전쟁을 열어갈 새로운 모델이라고 인식하기도 했다. 물론 그 이후 이른바 '아프가니스탄 모델'은 한계가 있음이 명백히 드러났다. 혹자는 아프가니스탄과 이라크 전쟁을 예로 들면서 미래에는 첨단 항공력이나 정밀 유도 무기에 의한 전쟁이 주를 이룰 것이라고 한다. 그러나 지상군에 의해 상대국의 영토와 병력과 자원이 통제되지 않을 때 그 전쟁은 결코 종결되지 않음을, 미국의 두 전쟁으로부터 똑똑히 확인할 수 있다. 더욱이 한반도는 전혀 다른 상황과 여건을 지니고 있다. 미국이 상대를 잘 알지 못한 채 자신 있게 뛰어들었던 전쟁에서 큰 낭패를 경험한 바와 같이, 우리도 상대를 충분히 연구하지 못한 채 미래 전쟁을 맞이하게 된다면 우리는 미국과 달리 국가가 존망지도(存亡之道)의 갈림길에 설 수도 있다.

이근욱 교수의 아프가니스탄 전쟁 연구는 나와 같은 길을 걷는 군인에게는 물론이고 안보에 관심 있는 모든 사람에게 매우 유익할 것이다. 무엇보다 이 책은 지난 20년 동안 미국의 고민과 실패는 무엇이었는지, 전쟁의 결과로서 국제정치의 질서가 어떠한 변화를 겪었는지, 앞으로 한반도에서 있을 수 있는 미래 전쟁에 대해 정치 지도자와 군사 전문가가 머리를 맞대고 무엇을 어떻게 준비해야 하는지를 보여줄 것이다.

바이든 정부가 들어선 이후 미국이 자신의 아프가니스탄 전쟁을 끝내려는 이 시점에 이처럼 중요하고 뛰어난 책을 집필하여 학계는 물론 한국 안보 커뮤니티에 크게 기여할 이근욱 교수의 그간의 노고를 진심으로 격려하고 치하한다.

김용우(제47대 육군참모총장)

머리말

　2013년 4월 4일 목요일 아침이었다. 2008년에 태어난 큰딸 다경이와 2011년에 태어난 둘째 딸 수경이는 모두 유아원에 다니고 있었다. 9시 20분까지 두 딸 모두를 유아원에 데려다주고 사무실로 걸어오던 길이었다. 4월 초 날씨는 좋았고, 공기는 상쾌했다. 그리고 나는 불현듯 미국의 아프가니스탄 전쟁에 대한 책을 쓰겠다고 생각했다. 사무실에 들어와서 '아프가니스탄 전쟁'이라는 폴더를 하나 설정하고, 그 밑에 '아프가니스탄 전쟁 원고' 폴더와 '아프가니스탄 전쟁 자료' 폴더 2개를 만들었다. 그리고 '저자 서문' 파일을 만들었고, 다음과 같이 첫 문장을 썼다. "2013년 4월 4일 목요일 아침이었다. 아이들을 데려다놓고서 사무실로 걸어오던 중. 처음으로 아프가니스탄 전쟁에 대한 책을 쓰겠다는 생각." 그리고는 다시 생각을 하기 시작했다. '과연 내가 아프가니스탄 전쟁에 대한 단행본을 쓸 수 있을까?'

　새로운 연구 분야를 고르는 일은 쉽지 않으며, 자신의 전공 분야에서도 새로운 주제를 선정하는 일은 항상 어렵다. 특히 자신이 잘 모르는 분야에 대해 단행본을 쓰는 것은 너무나 무모한 행동이다. 만약 어떤 학생이 와서 "미국의 아프가니스탄 전쟁에 대해 학위논문을 쓰겠습니다"라고 이야기를 했다면, 나는 당연히 만류했을 것이다. 하지만 나는 새로운 연구 분야로 미국의 아프가니스탄 전쟁을 골랐다. 더군다나 내 전공 분야도 아닌 주제로 말이다. 모니터를 보면서 중얼거렸다. "너 정말 미쳤구나……." 2021년 7월, 최종 원고를 출판사에 보내면서 다시 느꼈지만, 이 판단이 맞았다. 지난 8년 동안 미국의 아프가니스탄 전쟁은 내 머릿속을 지배했던 화두였다. 내가 왜 이런 결정을 했는지, 2013년 4월 4일 목요일 아침에 나 자신에게 물어보고 싶었다. 하지만 후회는 하지 않는다. 지금까지 4권의 단독 단행본을 쓰면서 그리고 이번에 5번째 단행본을 준비하면서, 나 자신은 많은 것을 배웠고 새로운 분야를 개척한다는 관점에서 자부심을 느낄 수 있었다.

사실 미국의 아프가니스탄 전쟁에 대한 단행본을 쓰는 문제에 대해서는 2011년 11월 미국의 이라크 전쟁에 대한 『이라크 전쟁: 부시의 침공에서 오바마의 철군까지』 단행본이 나온 직후부터 농담 비슷하게 주변 사람들이 "이제 아프가니스탄 전쟁 책 쓰겠네요"라고 이야기를 했지만, 나는 의도적으로 무시하고 부인했다. 마음속 깊이 아프가니스탄 전쟁에 대해 뭐를 써야 하지 않을까 하고 생각하고는 있었지만, 그래도 '아프가니스탄 전쟁은 내 전쟁은 아니다'라고 생각하면서 내가 아프가니스탄 전쟁에 대한 단행본을 쓸 이유는 없다고 되뇌었다. 이렇게 하지 않으면 내가 결국은 아프가니스탄 전쟁에 대한 책을 쓸 것이라는 사실을 내 자신은 알고 있었을 것이다. 마음속 깊은 곳에서는 말이다.

이라크 전쟁은 내 전쟁이었다. 나는 2003년 3월 미국의 이라크 침공에 찬성했지만 동시에 미국이 이라크에서 승리하기 어렵고 수렁에 빠질 것이라고 예상했다. 수렁에 빠지는 이라크 전쟁에 찬성하는 이러한 내 자신의 모순적인 태도는, 결국 "미국이 이라크 전쟁을 어떻게 수행하는가?"에 대한 단행본 정치군사사(political-military history)를 쓰는 계기가 되었다. 책 자체는 매우 만족스럽게 나왔고, 주변에서의 평가도 좋았다. 몇 년 동안 고생했지만 큰 보람이 있었다. 하지만 아프가니스탄 전쟁은 달랐다. 미국이 이라크를 침공했던 것은 선택한 행동이었지만, 9·11 테러 이후 미국이 아프가니스탄을 침공했던 것은 상당 부분 자연스럽고 자동적인 행동이었다. '수렁에 빠질 것으로 예상되지만 이라크를 침공하는 것을 찬성'하는 모순적인 태도는 아프가니스탄 전쟁에서는 나타나지 않는다. '아프가니스탄 침공은 자동적이고 자연스러운 행동이기 때문에 수렁에 빠질 것이지만 어쩔 수 없는' 상황이므로, 이라크 전쟁에 대해서와 같이 나는 죄책감을 느낄 필요도 없고 내 자신의 모순적인 태도를 정당화할 필요도 없었다.

솔직히 나는 미국의 아프가니스탄 전쟁에 대한 책을 쓰고 싶지 않았다. 이것은 내 전쟁도 아니었고, 내 전공 영역도 아니며, 내가 관심을 가진 영역도 아니었다. 무엇보다 아프가니스탄 전쟁에 대한 데이터가 거의 없었다. 이라크 전쟁에 대한 책을 쓰면서 가끔 아프가니스탄 전쟁에 대한 자료를 접하기는 했지만, 그 양과 질에서 큰 차이가 있었다. 이라크 전쟁 자체가 치열했기 때문에 더욱 많은 관심을 끌었고 그 과정에서 더욱 많은 정보가 생산되었지만, 그렇다고 해도 아프가니스탄 전쟁에 대한 정보는 체계적이지 않았고 우선 정보의 절대량 자체가 부족했다. 아프가니스탄 전쟁 자체가 가지는 중요성에 비해서, 아프가니스탄 전쟁에 대한 정보는 턱 없이 부족했다. 그래서 책을 쓰겠다는 의지는 더욱 약화되었다.

한편으로, 책을 써야 한다는 생각도 들었다. 한 지인은 "당신이 미국의 이라크 전쟁에 대해 책을 썼으니까, 이제 미국의 아프가니스탄 전쟁에 대한 단행본도 써야 한다"라고 하면서 "결자해지(結者解之)"라는 황당한 이야기를 했다. 이 황당한 이야기가 꽤 오랫동안 나를 지배했고, 결국 그 황당한 이야기는 현실이 되었다. 지난 8년 동안 내 머릿속에서 나에게 압박을 가했던 미국의 아프가니스탄 전쟁에 대한 단행본은 이제 완성되었다. 그리고 나는 '지난 20년 동안 미국의 삽질과 뻘짓'에 대한 전문가로 자리매김했다. 아프가니스탄 전쟁 과정에서 보여준 미국 공화당의 부시와 트럼프 행정부와 민주당의 오바마와 바이든 행정부의 전략적 무기력과 전술적 무능함은 어처구니없었다. 미국의 무기력과 무능함 때문에 허비된 자원과 인간적인 고통을, 특히 아프가니스탄 주민들의 희생을 생각한다면, '미국의 삽질과 뻘짓'은 절대로 용서받지 못할 범죄행위이다.

2021년 7월 미국 바이든 행정부는 아프가니스탄에서 완전 철군을 진행했고, 결국 8월 15일 카불이 함락되면서 미국이 지원했던 아프가니스탄 이슬람 공화국(Islamic Republic of Afghanistan) 정부는 소멸했다. 미국은 아프가니스탄 전쟁에서 패배했다. 전쟁이란 정치적 목표 달성을 위한 정치의 연속이라는 클라우제비츠의 관점에서, 미국은 아프가니스탄 전쟁에서 자신의 정치적 목표를 달성하는 데 실패했고, 따라서 패배했다. 즉 나는 지난 20년 동안 미국의 패배에 대한 정치군사사를 작성했고, 내가 기록한 미국의 패배와 실패에 대한 상세한 이 기록이 다른 연구자들에게 조금이라도 도움이 되기를 바란다.

아프가니스탄 전쟁에 대한 책을 쓰는 일은 생각보다 오래 걸렸다. 2013년 4월 결심을 했다고는 하지만, 2014년이 되어서야 첫발을 뗄 수 있었다. 2014년 석사과정에 막 입학했던 임정현 씨는 초기 단계에서 자료를 모으는 데 큰 도움을 주었다. 그렇게 자료를 모으면서 일단 시작은 했지만 속도를 내서 진행하지는 못했다. 2016년과 2017년에 "미국의 아프가니스탄 전쟁"으로 한국연구재단에 저술출판지원사업을 신청했지만 선정되지 않았고, 2018년에 드디어 저술출판지원사업에 선정되었다. 그로써 9·11 테러와 아프가니스탄 침공 20주년인 2021년 9월 초에 단행본을 출판해야 하는 시한도 설정되었다. 본격적으로 아프가니스탄 전쟁에 집중한 것은 2017년부터였으며, 2018~2019년에 연구년을 가짐으로써 원고 집필에 매진할 수 있었다.

최종 원고는 2021년 6월 초 완성되었고, 바로 한울엠플러스(주)에 전달했다. 7월 중순 출판사에서 1차 교정 작업을 완료했으며, 이에 기초하여 나는 7월 말 1차 교정에 대한 내 자신의 의견을 출판사에 전달했다. 이후 2차 교정 작업이 진행되는 와중에 아프가니스탄 전쟁은 급박하게 진행되었다. 8월 15일 카불이 함락되면서, 아프가니스탄 전쟁은 탈레반 세력이 승리하면서 일단 종결되었다. 9월 초 출간하겠다는 계획은 일단 취소되었고, 2차 교정 원고에 카불 함락을 포함한 최근 상황을 반영하고 결론 부분을 수정하는 데 한 달 정도가 추가 소요되었다. 그럼에도 불구하고 한울엠플러스(주) 경영기획실 윤순현 차장님과 편집부 최진희 팀장님의 탁월한 지원 덕분에 출간 자체가 가능했다.

이번에도 주변의 많은 사람들이 원고 집필에 도움을 주었다. 서강대학교 정치외교학과 동료 교수님들은 아프가니스탄 전쟁에 대해 책을 쓰겠다는 내 결정을 변함없이 지지해 주었다. 초기 단계에서 자료 수집에 많은 도움을 주었던 임정현 씨는 석사과정을 졸업하고 미국 피츠버그 대학교에서 박사학위를 받았다. 서강대학교 정치외교학과 대학원 과정 학생들은, 특히 고광영, 김선영, 노경현, 노진국, 성다은, 안주현, 윤해영, 이보미, 이연주, 표선경 씨 등은 해당 원고를 준비하는 데 여러 측면에서 도움을 주었다. 육군 위탁교육생으로 서강대학교 정치외교학과 석사과정에 왔던 이유정, 김강우, 김동현, 김창준, 박주형 씨 등은 아프가니스탄 전쟁에서 나타나는 미국 군사조직의 특이한 행동을 잘 설명해 주었다. 그리고 예전 석사과정 졸업생으로 첫 번째 책이었던 『왈츠 이후: 국제정치이론의 변화와 발전』을 쓰는 데 큰 도움을 주었던 정민경 씨는 이제 다섯 번째 책의 찾아보기를 작성하는 지루한 작업을 맡아주었다.

    2004년 이후 진행되고 있는 안보연구 모임에 참가하시는 많은 분들의 격려가 없었더라면 아프가니스탄 전쟁에 대한 연구를 진행하는 것은 불가능했을지도 모른다. 지금까지 구성원들이 많이 바뀌었지만, 그래도 꾸준히 나오면서 하나의 커뮤니티를 구성하게 된 김광진 장군님과 김정섭 박사님, 김보미 박사님, 김신숙 박사님, 김윤태 박사님, 김태형 교수님, 안기현 박사님, 최아진 교수님, 황지환 교수님 등께 깊은 감사를 드린다.

    아프가니스탄 전쟁에 대해 책을 쓰면서, 군(軍)에 계시는 많은 분들이 도움을 주셨다. 대한민국 제46대 육군참모총장을 역임하신 장준규 장군님은 2018년 여름 내가 연구년 휴직을 시작하면서 아프가니스탄 전쟁에 대한 단행본을 쓰겠다고 말씀드리자 많이 격려해 주셨다. 무엇보다 제47대 육군참모총장 김용우 장군님은 재임 시절부터 아프가니스탄과 이라크 전쟁에 대한 내 연구에 많은 격려를 해주셨으며, 직접 이 책의 추천사를 써주셨다. 육군참모총장 두 분께, 특히 추천사를 써주신 김용우 총장님께 깊이 감사드린다.

    전쟁에 대한 책을 쓸 때마다 가족이 얼마나 소중한지를 새삼 느낀다. 아프가니스탄과 이라크에서 희생된 인간의 생명을 글과 숫자로 바라보면서, 내 주변과 내 자신의 평화, 내 가족의 소중함을 다시 한번 생각하게 된다. 부모님과 장모님을 비롯한 가족들의 아낌없는 지원은 이 책을 쓰는 데 원동력이 되었다. 2013년 4월 4일 유아원에 다니고 있던 두 딸, 다경이와 수경이는 이제 중학교 1학년과 초등학교 4학년의 학생으로 성장했다. 두 아이의 행복한 웃음은 아프가니스탄 주민들의 고통과 슬픔과 비교되면서, 더욱 소중하게 느껴졌다. 두 아이의 존재 덕분에 나는 전쟁이라는 우울한 주제를 연구하고 책을 쓰면서도 심리적으로 피폐하지 않을 수 있었다.

무엇보다 고마운 사람은 아내인 조영진 교수이다. 이화여자대학교 국제대학원 교수로서 학생들을 가르치고 연구하면서 동시에 남편인 내가 또 다시 책을 쓰겠다고 했을 때도 가사와 육아의 부담을 전적으로 맡아주었다. 2020년 4월 이후 지난 15개월 동안 주말과 휴일을 제외하고 매일 늦게 들어오는 남편을 이해해 주면서, 책을 쓰는 데 필요한 절대 시간을 마련해 주었다. 이에 대해서는 딱 한 번 다음과 같이 이야기를 했을 뿐이다. "당신의 학문적 성취의 상당 부분은 내 희생 위에 이루어진 것이오." 이에 저자의 특권으로 이번 책 또한 자랑스러운 아내 조영진 교수에게 헌정하고자 한다. "당신의 도움과 희생이 없었더라면 이렇게 책을 구상하지도 쓰지도 못했을 것입니다. 감사합니다!"

미국의 20년 전쟁

2021년 4월 미국은 아프가니스탄에서 철군한다고 발표했다. 미국의 바이든 행정부는 이것으로 '미국의 아프가니스탄 전쟁' 자체를 종결하려고 하며, 다른 어떠한 행정부도 '미국의 아프가니스탄 전쟁'을 종결하려는 바이든 행정부의 노력에 동의할 것이다. 그렇다면 현재 미국이, 특히 바이든 행정부가, 추진하려고 하는 '철군을 통한 미국의 아프가니스탄 전쟁의 종결'이 가능할까? 이에 대해서 확실히 답하기는 쉽지 않다. 하지만 다음 두 가지는 확실하다. 첫째, '미국의 아프가니스탄 전쟁'이 종결된다고 해도 아프가니스탄 전쟁 자체가 종결되는 것은 아니다. 미군 병력이 철군한다고 해도, 아프가니스탄 내부에서는 전쟁이 지속될 것이며 더욱 많은 인명 피해와 고통이 발생할 것이다. 둘째, 그렇기 때문에 미국은 아프가니스탄 문제에 계속 관여할 것이다.

미국은 2001년 10월 이후 2021년 현재까지 아프가니스탄에서 전쟁을 수행했으며, 이 전쟁으로 인해 엄청난 인명 피해가 발생했다. 브라운

대학 왓슨 연구소(Watson Institute for International and Public Affairs)의 전쟁 비용 프로젝트에 따르면, 아프가니스탄 전쟁에서 24만 1000명 정도가 사망했으며, 아프가니스탄과 파키스탄 민간인 가운데 7만 1300명 이상이 희생되었다. 또한 아프가니스탄에서만 530만 명의 난민이 발생했으며, 동시에 인근 국가인 파키스탄에서도 370만 명의 난민이 발생했다.[1] 아프가니스탄 전쟁으로 2003년 3월에서 2018년 11월까지 18만 2000명이 사망했다. 920만 명의 피난민이 발생했던 이라크 전쟁의 피해보다는 작지만, 인명 피해가 작다는 사실 자체가 해당 전쟁의 고통을 경감시키지는 않는다. 이것은 엄청난 피해이자 고통이었다. 이러한 인명 피해와 고통이 2001년 10월 미국이 침공했기 때문에 발생한 것은 아니다. 문제는 아프가니스탄이 실패국가라는 사실이다. 미국이 침공하기 이전에도 탈레반 정권이 통치하던 아프가니스탄은 실패국가(failed states)였으며, 미국이 침공한 이후에도 상황은 개선되지 않고 아프가니스탄 자체는 여전히 실패국가이다. 그리고 탈레반의 공격으로 아프가니스탄 이슬람 공화국이 붕괴한 상황에서 아프가니스탄은 앞으로도 상당 기간 동안 실패국가일 가능성이 매우 높다.

그렇다면 우리는 왜 아프가니스탄 전쟁, 특히 미국의 아프가니스탄 전쟁에 관심을 기울여야 하는가? 아프가니스탄 전쟁은 어떤 면에서 중요한가? 이에 대한 답변은 간단하다. 아프가니스탄 전쟁은 엄청난 피해를 초래한 끔찍한 사건이며, 2021년 8월 15일 카불 함락 이후에도 세계의 움직임에 영향을 미치고, 앞으로도 미치게 될 사건이기 때문이다. 즉 과거 20년의 국제 관계를 이해하고 향후 국제 관계의 방향성을 파악하려면 지난 20년 동안 진행되었던 미국의 아프가니스탄 전쟁을 살펴보아야 한다.

동시에 앞으로도, 상대적 힘에서 엄청난 격차가 존재하는 전쟁은 되풀이될 것이다. 강대국이 약소국을 침공하고 이후 상황을 수습하지 못하는 전쟁은 너무나 많으므로 미국의 아프가니스탄 전쟁이 인류 역사상 최초의 사례는 아니며 최후의 사례도 아닐 것이다. 이와 같은 관점에서, 아프가니스탄 전쟁, 특히 미국의 아프가니스탄 전쟁은 향후 미래 세계에서 우리가 보게 될 무력 분쟁의 전형적인 사례라고 볼 수 있다. 또한 미국의 아프가니스탄 전쟁 과정에서 나타나는 문제점들은 현재 존재하는 많은 실패국가 재건에서 등장하는 어려움을 이해하는 데 많은 도움을 준다. 이러한 관점에서도 미국의 아프가니스탄 전쟁은 매우 전형적인 전쟁이다.

1. 강대국 경쟁과 아프가니스탄 전쟁

9·11 테러와 미국의 아프가니스탄 전쟁이 국제정치를 근본적으로 변화시키지는 않았다. 국제정치에서 가장 중요한 변수는 세력 균형이며, 특히 강대국의 숫자이다. 이러한 관점에서 9·11 테러는 세력 균형을 변화시키지 않았으며, 9·11 테러로 인해 강대국의 숫자가 달라지지도 않았다. 1989~1991년, 냉전이 종식된 후 미국이 유일 강대국으로 부상했고 미국과의 정면 대결이 불가능해졌기 때문에, 미국과 미국으로 대표되는 가치를 증오하는 이슬람 근본주의 세력이 미국을 공격한 것이 9·11 테러였다. 즉 9·11 테러는 원인이 아니라 결과였다. 하지만 9·11 테러에 따른 미국의 아프가니스탄 침공은 그 이전에 발생한 세력 균형의 변화에서 예측되는 강대국 경쟁의 방향을 변화시켰다.

2000년 11월 미국 대통령 선거를 앞두고 부시(George W. Bush) 당시 텍사스 주지사는 공화당 외교안보팀을 구성하여 1993년 이후 민주당 클린턴 행정부의 대외 정책을 비난하고 그에 대한 대안을 제시하도록 했다. 최종 성과물은 2000년 초 ≪포린 어페어스(Foreign Affairs)≫에 발표되었으며, 해당 논문은 후일 백악관 국가안전보좌관 및 국무 장관을 역임한 라이스(Condoleezza Rice)의 이름으로 게재되었다. 이 논문에서 공화당 외교안보팀은 미국이 유일 강대국으로의 지위를 차지한 상황에서 그 우월한 세력 균형을 유지하겠다는 의지를 표명하면서, 중국과 러시아를 미국의 경쟁 상대로 지목했다. 특히 중국에 대해서는 상당한 경계심을 드러내면서, 중국은 '대만 및 남중국해 관련한 현상에 불만을 표시하는 강대국'이라고 규정하고, "현재 미국이 아시아-태평양 지역에서 행사하고 있는 지도력에 불만을 가지고 있다"라고 평가했다. 그렇기 때문에 중국은 '현상 유지 국가가 아니며 현재의 세력 균형을 자신에게 유리한 방향으로 바꾸려고 하는 현상 타파 국가'이며, 클린턴 행정부가 중국을 전략적 동반자로 규정했던 것은 실책이라고 비판했다. 라이스는 공화당 대외 전략의 중국 정책 기조를 제시하면서, 중국을 미국의 '전략적 경쟁자(strategic competitor)'로 규정했다.[2]

많은 논란 끝에 2000년 11월 미국 대통령 선거의 최종 승자는 공화당의 부시 후보로 결정되었고, 2001년 1월 공화당 행정부가 출범했다.[3] 이후 미국과 중국의 관계는 점차 긴장되었으며, 특히 2001년 4월 남중국해 공해 상공에서 미국 전자전 정찰기(EP-3)가 중국 전투기(J-8)와 충돌하면서 중국 조종사가 사망했다. 미국 정찰기는 인명 피해 없이 인근 하이난섬[海南島]에 불시착했으나, 24명의 승무원 전원은 중국 정부에 의해 억류되었다. 미국은 중국 정부와 협상을 통해 승무원의 송환을 추진했는데 중국은 해당 사고에 대한 미국의 '사과'를 요구했고, 미국은 중국에 대해 '유감을 표명'하는 서한을 전달하면서 사건 자체는 일단락되었다. 그럼에도 불구하고 중국에서는 반미 시위가 확산되고 미국에서는 중국을 경계하는 목소리가 높아지면서, 양국의 충돌 가능성이 커졌다. 일부는 이와 같은 입장에서 한 걸음 더 나아가, 중국에 대한 좀 더 적극적인 봉쇄를 주장하기도 했다. 원하든 원하지 않든 앞으로 미국과 소련의 냉전과 유사한 미국과 중국의 또 다른 냉전이 등장할 것이라는 비관론이 팽배했다. 중국이라는 또 다른 강대국과의 경쟁 가능성에 대비하는 것이 미국 공화당 행정부의 최우선 순위 항목으로 자리 잡은 듯했다.

그리고 2001년 9월 11일 테러가 발생했다. 많은 사람들은 9·11 테러가 국제정치를 근본적으로 변화시켰다고 보았지만, 이러한 견해는 오류이다. 국제정치에서 가장 중요한 변수는 강대국의 숫자이며, 이러한 측면에서 근본적인 변화는 – 전문적인 용어로는 국제정치의 구조적 변화는 – 1989~1991년 사이에 발생했다. 즉 2001년에 발생한 9·11 테러는 원인이 아니라 현상이었다. 9·11 테러는 결국 미국이 유일한 강대국으로 부상하면서 발생한 결과였고, 더 중요한 변화는 1989년 11월 9일 베를린 장벽이 무너지면서 발생했다. 11월 9일 베를린 장벽이 무너짐으로써 소련이 소멸하면서 냉전이 종식되었고, 그리하여 소련·러시아의 힘이 상대적으로 줄어들면서 소련·러시아가 미국과 경쟁하던 강대국의 지위를 상실하게 된 것이다. 그렇게 국제정치는 미국이 유일한 강대국으로 부상한 일극 체제(unipolarity)로 변화했다.

미국 중심의 일극 체제에서, 많은 국가 및 세력들은 미국에 정면으로 도전하지는 않았지만 간접적이고 우회적으로 미국의 압도적인 힘을 약화시키고자 했다. 9·11 테러 이전에 발생했던 미국에 대한 알카에다(Al-Qaeda)의 공격 등은 이러한 간접적이고 우회적인 공격의 여러 사례 가운데 일부였을 뿐이다. 그리고 9·11 테러는 가장 '화려하게 성공한' 간접적이고 우회적인 공격이었다. 이렇게 '화려하게 성공한' 간접적이고 우회적인 공격 때문에 부시 행정부는 알카에다를 묵과할 수 없었고, 평균 해발고도 1884m, 면적 65만km²의 내륙 국가인 아프가니스탄을 침공했다. 일극 체제의 유일 강대국 미국을 저지할 수 있는 국가는 없었으며,

일극 체제의 핵심인 미국은 자신의 압도적인 군사력을 마음껏 사용했다.

하지만 미국은 아프가니스탄에서 자신의 정치적 목표를 달성하는 데 실패했으며, 2001년 이후 지금까지 20년 동안 전쟁을 수행하고 있으며 앞으로도 20년 동안 더 전쟁을 한다고 해도 그 전망이 밝지 않다. 지리적으로 아프가니스탄은 최악의 전장이다. 북한을 제외한 현재 한국은 평균 고도가 252m이고 면적이 10만 km²인데, 아프가니스탄의 평균 고도는 해발고도 1947m인 제주도 한라산 정상보다 약간 낮고, 면적은 약 62만 km²이다.[4] 최고봉인 노샤크산(Noshaq Mountain)은 해발고도 7492m로, 파키스탄과의 접경 지역에 위치한 힌두쿠시(Hindu-Kush) 산맥의 제2봉이다.

미군은 한국보다 6.5배가 넓고 직접적으로는 해양 수송이 불가능한 내륙 국가인 아프가니스탄에서 작전을 진행함으로써 막대한 양의 물자 수송을 위해서 엄청나게 자원을 소모했다. 미국 중심의 일극 체제를 구성했던 미국의 압도적인 경제력과 군사력은 이렇게 소모되었다. 2008년 세계 금융 위기로 미국의 경제력이 약화되었고, 2000년 시점에서 이미 미국의 '전략적 경쟁자'로 규정되었던 중국의 빠른 부상은 국제정치를 또다시 근본적으로 – 국제정치의 구조를 – 변화시키고 있었다. 상징적으로 1989년 11월 9일 시작되었던 미국 중심의 일극 체제는 점차 미국과 중국 두 개의 강대국이 존재하는 양극 체제(bipolarity)로 변화하기 시작했다. 2021년 현재 시점에서는 미국과 중국 중심의 양극 체제를 이야기하는 것이 너무나 자연스럽지만, 이것은 2001년 시점에서 존재했던 미국 중심의 일극 체제에서는 예측하기 쉽지 않았던 모습이다.

2. 무엇을 연구하는가

  그렇다면 이 글의 대상은 무엇인가? 이 글은 실증적(positive) 관점에서 바라본 미국의 아프가니스탄 전쟁에 대한 정치군사사(political-military history of the American war in Afghanistan)이다. 즉 이것은 아프가니스탄 전쟁이 아니라, 미국의 아프가니스탄 전쟁에 대한 연구이다. 19세기 영국은 아프가니스탄을 두 번이나 침공했고, 1980년대 소련은 아프가니스탄을 침공하여 엄청난 희생을 치렀다. 이와 관련된 아프가니스탄 전쟁은 이 글의 대상이 아니므로 참고로 언급될 뿐이다. 이 글은 '미국의 아프가니스탄 전쟁'에 대한 것으로 아프가니스탄이 아니라 미국에 초점이 맞춰져 있다. 따라서 이 글의 주요 질문은 다음과 같이 편향적이다. "미국이 – 부시 행정부와 오바마 행정부가 – 아프가니스탄에서 전쟁을 어떻게 수행했는가?"

  1979년 소련 침공과 2001년 미국 침공까지 포함하면, 1980년 이후 아프가니스탄은 끔찍한 고통의 장소였다. 엄청난 수의 사람들이 살해되었고 완벽하지는 않았지만 그래도 그럭저럭 발전하고 있었던 아프가니스탄 사회는 지난 2001년 이후 20년 동안 또는 1980년 이후 40년 동안 산산조각으로 파괴되었다. 그러한 희생에도 불구하고 아프가니스탄은 경제적으로나 사회적으로 거의 발전하지 못했으며, 전쟁과 폭력 그리고 종교적 근본주의에 기반한 여성 차별 등이 사회 전체를 압도했다. 규범적 차원에서 2001년 이후의 미국이나 1980년대에 소련과 같은 강대국들이 아프가니스탄에 대해 취했던 행동은 범죄행위였다. 하지만 이 글은 규범적 차원에서의 고발과 비난이 아니라, 실증적 차원에서 정보 전달과 분석에 집중하고자 한다. 즉 "미국이 – 부시 행정부와 오바마 행정부가 – 아프가니스탄에서 전쟁을 어떻게 수행했는가?" 이것이 이 글의 핵심 질문이다.

이러한 관점에서 이 글은 강대국 중심적이다. 국제정치에 대한 실증적 연구가 항상 그리고 필연적으로 강대국 중심적인 것은 아니다. 다양한 방식으로 적절한 데이터에 기초해서 진행되는 약소국에 대한 연구는 충분히 가능하다. 단 '미국의 아프가니스탄 전쟁'에 대한 이 글은 강대국 중심, 특히 미국 중심으로 진행되며 아프가니스탄과 아프가니스탄 주민들은 전쟁의 대상으로 취급한다. 부시 행정부와 오바마 행정부가 아프가니스탄에서 어떻게 전쟁을 수행했는지에 대한 실증적 정보 전달과 분석에 집중하기 때문에, 그 전쟁에서 희생된 아프가니스탄 주민들의 피와 눈물, 고통과 비극은 사실상 배제되었다. 미군 폭격으로 발생한 무고한 민간인 사상자들의 고통은 단순히 "몇 명의 인명 피해가 있었다"라는 형식으로 그 수치를 주석에서만 언급했다. 이에 대한 평가, 특히 규범적 평가는 개인의 선택 사항으로 이 글은 실증적 차원에서의 정보 전달과 분석에 멈출 것이다.

특히 이 책에서 강조하고자 하는 것은 미국이 아프가니스탄 전쟁을 수행하는 방식이며, 아프가니스탄 전쟁에 대한 미국의 정책 변화와 그 결정 과정 및 결과이다. 초기 단계에서 미국은 아프가니스탄 재건 및 국가 건설을 강조했지만, 20년 동안 노력했음에도 불구하고 그 성과는 미미하다. 지난 2021년 4월 바이든 행정부는 아프가니스탄에서 미군 병력을 완전히 철수할 것을 선언하면서 미국의 20년 전쟁을 종결한다고 발표했다. 미국이 지원하여 2002년 수립된 아프가니스탄 정부를 위협하는 알카에다 테러 조직과 탈레반 저항 세력은 여전히 강력한 영향력을 행사하고 있지만, 미국은 이제 전쟁 자체를 종결하려고 한다. 그렇다면 왜 이와 같은 결과가 그리고 어떠한 과정을 통해 초래되었는가? 이것이 이 책의 핵심 질문이다.

3. 왜 미국의 아프가니스탄 전쟁을 이해해야 하는가

미국의 아프가니스탄 전쟁을 왜 이해해야 하는지에 대한 질문은 두 가지를 의미한다. 첫째, 이 연구의 부가가치 및 목표에 대한 것이다. 즉 이 연구는 미국의 아프가니스탄 전쟁에 대한 기존 연구에 대해 또는 미국의 아프가니스탄 전쟁에 대해 학술적으로 어떠한 기여를 할 수 있는가의 문제이다. 이 글은 '미국의 아프가니스탄 전쟁을 이해할 수 있는 형태'로 만드는 것을 목표로 한다. 한국에서 미국의 아프가니스탄 전쟁에 대한 연구는 사실상 없으며, 소련의 아프가니스탄 전쟁에 대한 매우 제한적인 연구 성과만이 출판되었다. 군 관련 연구기관에서 미국의 아프가니스탄 전쟁 관련 보고서를 출간했지만, 그 내용은 대부분 군사작전에 국한된다.

한국에서의 언론 보도 또한 아프가니스탄 전쟁에 대한 전반적인 상황 변화 또는 미국의 전략 변화에 대한 분석은 많지 않으며, 단편적인 공격과 관련된 정보를 파편적으로 전달하는 수준에 그치고 있다. 오히려 한국에서 아프가니스탄 전쟁은, 그 전쟁이 미국의 아프가니스탄 전쟁이라고 해도, 무시되고 잊힌 전쟁이다. 어떠한 측면에서 이것은 지극히 당연한 현상이다. 그리고 이 글은 이렇게 파편화되고 단편적으로 존재하는 정보들을 통합하여 '미국의 아프가니스탄 전쟁을 이해할 수 있는 형태로 재구성'하는 것을 목표로 한다.

이러한 문제점은 영어 연구에서도 동일하게 드러난다. 미국의 이라크 전쟁에 대한 연구는 상당수 있으며 뛰어난 분석 등으로 정상급 학술지에 게재된 이라크 전쟁 관련 논문들도 많다. 이라크 전쟁에 대한 단행본들은 그것이 언론인들이 출판했다고 해도 훨씬 체계적이고 동시에 미국의, 특히 부시 행정부의 전략적 선택을 잘 분석했다. 하지만 미국의 아프가니스탄 전쟁에 대한 학술적인 연구는 미국에서도 많지 않다. 많은 단행본들은 회고록에 가깝게 아프가니스탄 전쟁에서 군인이나 기자와 같은 언론인으로서 자신이 경험한 사건들을 나열하고 있다. 미국의 아프가니스탄 전쟁 전략에 대한 분석은 매우 드물고, 단편적인 정보를 제시하는 데 그치고 있다. 미국에서도 미국의 아프가니스탄 전쟁은 무시되고 잊힌 전쟁이었다. 미국이 자신이 수행하고 있는 아프가니스탄 전쟁에 무관심하다는 것은 흥미롭지만 납득하기는 어렵다.

둘째, 미국의 아프가니스탄 전쟁을 왜 이해해야 하는지에 대한 질문은 결국 넓게는 전 세계가, 좁게는 한국이 미국의 아프가니스탄 전쟁을 이해해서 무엇을 얻을 수 있느냐의 문제이다. 즉 미국의 아프가니스탄 전쟁을 이해함으로써, 우리가 지난 20년 동안 진행된 세계의 변화에 대해 그리고 앞으로 변화할 세계의 변화에 대해 더 알 수 있는 것은 무엇인가? 미국의 아프가니스탄 전쟁을 이해함으로써 2001년 이후 미국의 행동과 미국의 행동에 의해 만들어진 세계의 모습에 대해 좀 더 잘 이해할 수 있다. 특히 미국은 2001년 이후 아프가니스탄과 2003년 이후 이라크에서 전쟁을 수행하면서 다른 사안들을 상대적으로 소홀히 취급했다. 2000년 당시 '전략적 경쟁자'로 규정되었던 중국은 큰 견제 없이 매우 빠른 속도로 부상했고, 2010~2012년 시점에서 미국이 추진했던 아시아 중시 정책(Pivot to Asia) 등은 적절하게 집행될 수 없었다.

또한 한국은 한국의 전 세계적인 위상으로 보았을 때 우리와 직접적인 관련이 없어도 세계의 주요 사안들에 대해서도 어느 정도는 이해하고 있어야 한다. 한국의 정치, 경제, 안보적 이해관계가 한반도와 동아시아, 미국 등에 집중되어 있지만, 중앙아시아의 아프가니스탄 문제 등에도 관심을 가질 필요가 있다. 이것은 한국의 위상이 높아질수록 필연적으로 수반되는 '관심 사항의 확대'로, 아프가니스탄 전쟁과 같이 미래에도 지속적으로 발생할 비극적 현실에 관심을 가질 필요가 있다. 다른 나라에서 벌어지는 고통과 인명 피해를 이해하는 것은 그 자체로 의미가 있다. 우리와 직접적인 이해관계가 없다고 해도 우리는 그러한 비극적 현실에 반드시 관심을 가지고 행동할 필요가 있다.

그렇다면 과연 미국의 아프가니스탄 전쟁은 어떻게 종결될 것인가? 그리고 미국의 아프가니스탄 전쟁의 종결이 아프가니스탄 전쟁 자체의 종결로 이어질 것인가? 2021년 현재 시점에서 미국은 미국 자신의 아프가니스탄 전쟁을 종결하기로 결정했다. 하지만 이것은 미국의 일방적인 결정이며, 따라서 아프가니스탄 전쟁의 향방을 전적으로 정하지는 못한다. 미국은 2011년 12월 미국의 이라크 전쟁 종결을 선언하고 미군 전투 병력과 비전투 병력 모두를 철수했지만, 2014년 7월 이라크 문제에 다시 개입했다. 아프가니스탄에서도 이와 비슷한 양상이 반복될 가능성이 매우 높다.

미국의 철군에도 불구하고 이것으로 아프가니스탄 전쟁 자체가 종결되지는 않을 것이다. 미국이 지원하는 아프가니스탄 중앙정부와 탈레반 저항 세력의 내전은 진행될 것이며, 상황에 따라 미국은 제한적으로 개입할 것이다. 1988~1989년, 소련군은 아프가니스탄에서 완전히 철군했지만, 아프가니스탄의 공산당 정권을 지속적으로 지원했다. 1991년 12월 소련이 붕괴되던 순간에도 아프가니스탄 공산당 정권 자체는 유지되었지만, 아프가니스탄 공산당 정권은 소련의 지원이 중단된 상황에서 무자헤딘 저항 세력의 공격을 저지할 수 없었고, 결국 1992년에 붕괴되었다. 미국은 이처럼 소련이나 아프가니스탄 공산당 정권의 전철을 밟지 않으려고 할 것이다. 미국은 자신이 동원할 수 있는 모든 군사력을 아프가니스탄에 투입하지는 않을 것이다. 물론 20년 동안의 전쟁을 이제 종결한 상황에서 이와 같은 개입은 불가능해 보인다. 하지만 2021년 이후에도 아프가니스탄 전쟁에는 제한적으로 계속 관여할 것이다. 그렇기 때문에 미국이 붕괴하지 않는 한, 미국이 1991년의 소련과 같이 소멸하지 않는 한, 아프가니스탄 전쟁은 지속될 것이다. 낮은 수준에서, 하지만 아프가니스탄 주민들에게는 매우 치명적인 수준에서, 계속될 것이다. 이것이 아프가니스탄의 비극이며, 지난 20년 동안 미국의 아프가니스탄 전쟁이 초래한 실패의 결과이다.

4. 무엇에 초점을 맞추는가

이 글의 초점은 미국의 아프가니스탄 전쟁이며, 전쟁을 수행하는 과정에서 미국이 내렸던 결정을 분석하고 그 결과를 검토하는 것이다. 이러한 관점에서, 이 책은 2001년 이후 미국 역대 행정부가 초래한 실패의 기록이다. 2001년 이후 지난 20년 동안 미국은 테러와의 전쟁(War on Terror)을 수행했지만, 그 전쟁에서 정치적 목표를 달성하는 데 실패했다. 즉 미국은 테러와의 전쟁에서 패배했다. 군사적으로는 아프가니스탄의 탈레반 정권을 무너뜨리고, 알카에다 수뇌부를 암살했고, 알카에다의 수장을 사살했다. 하지만 미국은 아프가니스탄 전쟁의 기본적인 목표인 '안정적인 아프가니스탄 국가 건설'에 성공하지 못했다. 지난 20년 동안 미국은 실패했으며, 향후 20년이 더 지난다고 해도 성공할 가능성은 적다.

20년 동안 미국은 2조 2610억 달러 정도를 아프가니스탄 전쟁에 투입했다. 미국 국방부는 1조 6720억 달러를 투입하여 아프가니스탄에서 작전을 수행했으며, 국무부는 590억 달러를 사용했다. 전쟁 비용을 충당하면서 발생한 미국 정부의 재정 적자와 관련 이자 비용은 5300억 달러 이상으로 추정된다. 또한 극심한 인명 피해가 발생했다. 전쟁 과정에서 직접적으로 사망한 인원은 24만 1000명 수준이며, 최소 7만 1300명의 민간인과 아프가니스탄 정부가 통제하는 군 및 경찰 병력인 아프가니스탄 보안군 병력 7만 8000명 정도가 전사했다. 알카에다와 탈레반 세력의 인명 피해는 8만 5000명에 육박한다. 미군 또한 2400명 이상이 전사했다.[5] 이러한 수치는 전쟁 과정에서 발생한 전염병과 식량 및 식수 부족으로 인한 간접적인 인명 피해는 제외한 것이다.

이러한 인명 피해와 재정 지출에도 불구하고, 아프가니스탄 상황은 그다지 개선되지 않았다. 아프가니스탄에서는 여전히 전쟁이 진행되고 있어 인명 피해는 더욱 증가할 것이다. 2001~2002년 미국의 침공으로 아프가니스탄의 인권 상황은 획기적으로 개선되었지만, 이러한 성과가 과연 장기적으로 유지될 수 있는지는 불투명하다. 미국의 침공으로 축출된 알카에다·탈레반 세력은 권토중래를 꿈꾸면서 미국이 수립한 그리고 선거를 통해 구성된 - 그 선거가 절차적으로 문제가 있었다고 하더라도 - 아프가니스탄 정부를 무력으로 전복하려고 한다. 결과론적으로 미국은 2001년 실패국가였던 아프가니스탄을 침공했고 20년 동안 아프가니스탄에서 전쟁을 수행했지만, 2021년 현재에도 아프가니스탄은 여전히 세계 최악의 실패국가들 가운데 하나이다. 2021년 취약국가 순위(fragile states index)에서 아프가니스탄은 9위를 기록했다.[6]

무엇보다 지난 20년 동안 아프가니스탄은 전 세계의 아편·헤로인 공급의 80% 정도를 차지하는 마약국가(narco-state)로 변모했다. 미국 침공 이전에도 아프가니스탄은 세계 최대의 양귀비·아편 생산국이었고, 2021년 현재 시점에서도 아프가니스탄은 여전히 세계 아편·헤로인 시장을 지배하고 있다. 탈레반 저항 세력은 2001년 이슬람 근본주의 세력이었으며, 2021년 현재 시점에서는 마약 카르텔을 통제하는 이슬람 근본주의 세력으로 변모했고 무엇보다 전쟁에서 승리했다. 반면 미국은 계속 실패했다. 미국은 아프가니스탄에 자생력을 가진 정부를 수립하는 데 실패했고, 효과적인 군사·경찰력을 구출하는 데 실패했고, 주민들의 지지를 받는 정부는 구성하는 데 실패했으며, 무엇보다 양귀비와 마약 문제를 해결하는 데 실패했다. 2001~2002년 침공 이후 아프가니스탄 상황은 상당히 개선되었지만, 탈레반 세력이 승리한 이상 아프가니스탄 상황이 개선될 가능성은 사실상 사라졌다. 지난 20년 동안 미국은 미국의 지원이 없다면 무너질 사상누각(沙上樓閣)을 아프가니스탄에 건설했으며, 2021년 8월 그 사상누각은 완전히 무너졌다.

그렇다면 미국은 왜 이렇게 실패했는가? 2001~2002년, 미국이 군사적으로 아프가니스탄 탈레반 정권을 무너뜨린 것은 전혀 특이한 사항은 아니다. 침공 과정에서 미국이 보여주었던 군사력은 압도적으로, 초기 전투에서 미국이 승리한 것은 당연한 결과였다. 오히려 특이한 사항은 미국이 아프가니스탄 전쟁에서 패배했다는 사실이다. 미국은 아프가니스탄 전쟁에서 1년 단위로 병력을 투입했는데 병력 교체 과정에서 업무 인수인계와 노하우 전수는 쉽게 이루어지지 않았다. 투입된 미군 병력 입장에서는 새로운 전쟁을 별다른 사전 정보 없이 시작하는 것과 다름없었고, 어느 정도의 경험과 노하우가 축적되면 1년의 배치 기간(tour)이 끝나고 새로운 병력과 교체되었다. 그렇기 때문에 미국은 '1년짜리 전쟁을 20번 반복'했고, 경험 부족으로 패배했다는 지적이 가능하다.

하지만 주요 지휘관 및 사령부 차원의 연속성은 유지되었으므로 미국이 아프가니스탄 전쟁 상황을 진단하고 필요한 전략을 수립하는 것은 가능했다. 하지만 그 전략은 효과적으로 집행되지 않았다. 아프가니스탄 군 및 경찰 병력의 증강과 훈련 강화가 필요하다는 사실은 분명했지만, 아프가니스탄 정부가 통제할 수 있는 병력은 쉽게 증강되지 않았고 그 훈련 또한 강화되지 못했다. 미국은 아프가니스탄에 많은 무기를 공급하면서 전쟁 성과와 무기 공급 실적만 내보이는 등 보여주기 식의 행동만 할 뿐, 그 무기가 어떻게 쓰이는지에 대해서는 무관심했다. 그 결과 엄청난 숫자의 무기가 추적 불가능한 상태로 공급되었는데 상당 부분은 아프가니스탄 군벌과 저항 세력의 손에 들어간 것으로 추정된다. 아프가니스탄을 발전시키기 위해 미국은 되도록 많은 금액의 원조를 집행하려 했는데, 해당 원조가 아프가니스탄에서 어떻게 사용되는지에는 무관심했다. 그 결과 아프가니스탄은 엄청난 부정부패에 시달리게 되었다. 양귀비·아편 문제를 해결해야 한다는 사실 자체는 자명했지만, 초기 단계에서 미군은 양귀비·아편 문제는 군사적인 문제가 아니라는 입장을 취하면서 방치했으며, 이후에도 이 문제에 매우 형식적이고 비효율적으로 접근했다. 2010년대 후반 아프가니스탄은 세계 최대의 아편·헤로인 생산 국가로 부상했고, 다양한 저항 세력은 아편·헤로인 생산 및 거래에서 얻은 이익으로 독자적인 군사력을 유지했다. 20년의 노력에도 불구하고 아프가니스탄 정부의 부패와 비효율성, 아프가니스탄 군 및 경찰의 병력과 역량은 향상되지 않았으며, 양귀비·아편 문제는 지속적으로 악화되었다. 2021년 여름에 전개되었던 사태는 그 모든 사항이 결합되면서 나타났던 예상되었던 결과에 지나지 않는다.

2001년, 미국은 유일 강대국으로 다른 모든 국가들을 압도했고, 자신을 중심으로 하는 일극 체제를 구축했다. 9·11 테러 이후 미국은 아프가니스탄과 이라크에서 전쟁을 수행하면서 엄청난 자원을 소모했고, 그 와중에 금융 위기를 경험했다. 20년이 지난 2021년 현재 시점에서, 미국 중심의 일극 체제는 미국과 중국 중심의 양극 체제로 재편되었으며 미국과 중국의 전략 경쟁 가능성은 매우 널리 논의되고 있다. 9·11 테러는 미국 자체를 파괴하지는 못했지만, 9·11 테러 이후 미국의 행동은 결과적으로 미국 중심의 일극 체제를 무너뜨리는 결과를 가져왔다. 그리고 이 과정에서 중국은 화평굴기(和平崛起)를 완수하고 주동작위(主動作爲) 수준에 도달했다. 2010년대에 들어오면서 미국은 중국을 견제하려고 시도했지만, 아프가니스탄과 이라크 전쟁은 미국이 중국 및 동아시아 문제에 집중하지 못하는 요인으로 작동했다. 미국이 아프가니스탄과 이라크에서 전쟁을 수행했던 덕분에 중국은 특별히 견제를 받지 않고 미국 중심의 일극 체제를 미국과 중국 중심의 양극 체제로 재편할 수 있었다.

　　이것이 20년간의 아프가니스탄 전쟁이 가져온 미국 최대의 실패이다. 2000년 시점에서 미국은 – 최소한 미국 공화당 행정부는 – 중국의 부상 가능성을 우려했고 중국을 견제해야 한다고 생각했다. 하지만 미국은 중국의 부상을 견제하는 데 실패했다. 중국에 대한 예방전쟁(preventive war)을 감행하는 것 자체는 너무나도 위험하지만, 직접적인 군사력 사용 이외의 방법으로 중국을 견제하는 것은 가능했다. 그러나 현실에서 이와 같은 중국에 대한 견제 조치는 없었다. 2021년 현재 시점에서 미국은 – 공화당 행정부와 민주당 행정부 모두는 – 중국을 견제하는 데 많은 노력을 기울이고 있다. 문제는 이러한 중국에 대한 견제가 20년 동안 전략적 실패와 방치 때문에, 2021년 그리고 그 이후의 시점에서는 쉽지 않을 것이라는 사실이다. 이제 미국은 자신의 실패에 대한 대가를 치러야 한다. 단 이 과정에서 전 세계가 그 대가를 치르게 되는 비극은 없어야 할 것이다. 만약 전 세계가 대가를 치르게 된다면, 그것이 아프가니스탄 전쟁 최대의 실패가 될 것이다.

제1부

전쟁의 배경(2001년 이전까지의 아프가니스탄)

힌두쿠시 산맥과 아무다리야(Amu Darya)강 이남에 위치한 현재의 아프가니스탄은 분지와 같이 높은 산으로 둘러싸인 지역이었기 때문에, 사막과 고산지대와 같은 주변의 가혹한 환경에 비해 상당히 온화했다. 그래서 고대 이집트에 인류가 정착하기 시작했던 5만 년 전부터 아프가니스탄에는 사람들이 살기 시작했기 때문에, 현재 고대 유적이 산재한다. 이곳에 정착한 집단은 다양했으며, 알렉산더의 침입 이전에도 많은 집단이 이곳을 차지하기 위해 아프가니스탄에서 경쟁했다. 동시에 아프가니스탄에서 출발한 정치 세력은 주변 지역을 정복하고 현재의 아프가니스탄을 중심으로 중앙아시아와 남아시아의 광대한 영토를 통치했다. 덕분에 내부에서는 다양한 민족과 부족이 생겨났음은 물론 종교 다양성도 존재했지만, 그 결과 현재 아프가니스탄의 정치적·사회적 통합성이 매우 저해되는 결과가 발생했다.

18세기 영국이 인도에서 세력을 구축하고 인도 전체를 식민지화하는 과정에서, 아프가니스탄은 러시아와 영국 세력이 충돌하는 각축장이었다. 18세기 중엽 현재의 카자흐스탄 지역을 장악한 러시아는 인도를 통제하려는 영국의 야심과 충돌했으며, 19세기 전체를 포괄하는 그레이트 게임(The Great Game)이 아프가니스탄을 중심으로 진행되었다. 러시아의 '야심'을 두려워한 영국은 '예방적 차원'에서 아프가니스탄에 친영 정권을 구축하기 위해 아프가니스탄을 두 번 침략했지만 모두 실패했다. 아프가니스탄 왕국은 19세기 내내 독립을 유지했고, 20세기 들어서 영국과 세 번째 전쟁을 치렀으나 결과적으로 영국과 타협하면서 독립국으로 남게 되었다.

그럼에도 불구하고, 아프가니스탄은 독립국으로서의 지위를 효과적으로 사용하지 못했다. 사회 구조를 변화시키고 교육수준을 끌어올리는 등 아프가니스탄을 근대적으로 개조하지 못했으며, 산업구조 또한 농업과 목축업에 머물러 있었다. 1950년대 이후 미국과 소련의 경쟁적인 원조 제공에 힘입어, 아프가니스탄 왕국은 제한적인 근대화 노력을 기울였으나 실패했고, 이러한 노력은 오히려 정치적 혼란을 불러왔으며, 결국 소련에 동조하는 공산주의 정권의 쿠데타로 이어졌다. 문제는 아프가니스탄 공산 정권이 국내 상황을 장악하는 데 실패하고 권력투쟁에 집중하자, 소련은 미국이 아프가니스탄에 개입한다고 판단하여 '방어적' 차원에서 침공을 결정했다는 사실이다. 1979년 가을, 소련은 아프가니스탄을 침공하기로 결정했고, 같은 해 12월 말, 군사작전을 수행함으로써 아프가니스탄의 주요 도시를 쉽게 장악했다. 하지만 이것은 전쟁의 시작일 뿐이었다.

서방 세계에는 아프가니스탄 전쟁이 공산주의 소련 침략군에 대항하는 아프가니스탄 '민족주의 세력의 해방 전쟁'으로 선전되었지만, 실상은 크게 달랐다. 소련에 대한 아프가니스탄의 저항은 소련의 침략에 대한 아프가니스탄 민족주의의 항쟁이었다기보다는 소련의 개입으로 기존의 아프가니스탄 내부 갈등이 더욱 증폭되어 이것이 무력을 사용하는 방식으로 표출된 측면이 강했다. 그렇기 때문에 소련군 철군 후에도, 기존 저항 세력의 내부 갈등은 해결되지 않았고 내전은 지속되었다. 1990년 중반, 파키스탄의 지원을 받는 탈레반 세력이 등장하여 아프가니스탄 내전을 종식시켰지만, 탈레반은 국가를 통치할 기본 행정 능력이 없었을 뿐만 아니라 아프가니스탄을 근대화시킬 비전도 없었다. 탈레반 정권은 외부 세력인 알카에다가 아프가니스탄에 테러 조직 훈련 시설을 마련해 운영할 때도 이를 방조하고 지원하기까지 했다.

탈레반 정권은 무능력했지만 아프가니스탄 주민의 입장에서는 1979년 말에 시작된 전쟁이 그제야 겨우 진정되는 상황이었다. 하지만 탈레반 세력의 집권으로 최소한 내전 자체가 종식되었다는 것은 또 다른 전쟁으로의 전초전에 지나지 않았다. 그리고 또 다른 전쟁으로 아프가니스탄은 또 다시 서방 세계의 주목을 받게 된다.

제1장

영국과 러시아 그리고 그레이트 게임

19세기가 되면서 아프가니스탄은 영국과 러시아의 각축장으로 전락했다. 하지만 현재의 아프가니스탄보다 더욱 큰 영역을 통치했던 당시의 아프가니스탄 정치 세력은 강력한 힘을 가지고 있었다. 팽창의 결과 상당수의 소수민족이 아프가니스탄에 유입되었고, 북부 지역에 비해 상대적으로 온화한 환경 때문에 아프가니스탄에는 많은 민족 및 부족이 거주했으며, 그 결과 내부 통합성이 약화되었다. 5만 년 전부터 인류는 아프가니스탄에 정착했다. 그래서 아프가니스탄에는 인더스 문명의 영향력을 받은 도시 유적들이 존재하지만, 이 지역이 역사 기록에 본격적으로 나타나는 것은 기원전 330년 알렉산더의 침입 이후이다.

알렉산더 사후 마케도니아 왕국은 사분오열되어 그리스 세력이 잠시 영유했던 아프가니스탄은 인도의 영향력 아래에 다시 편입되었고, 덕분에 마우리아 왕국 시기에는 서양식 미술과 조각의 영향에 기초한 초기 불교 예술인 간다라 미술이 등장하게 되었다. 7세기에 이슬람이 아프가니스탄에 유입되었고 이후 300년 동안 아프가니스탄에서는 이슬람교 세력이 점차 증가하면서 불교 세력을 대체했다. 13세기에 칭기즈칸의 몽골 원정군이 아프가니스탄을 초토화했고 중앙아시아 몽골 제국의 일부로 편입했다. 14~15세기 몽골 제국이 분열하고 멸망하는 과정에서 아프가니스탄은 독자적인 세력을 가진 이슬람 세력의 근거지로 부상했으며, 15세기에 이미 인도 북부를 통제하기 시작했다. 16세기 초에 아프가니스탄 지역에서 등장한 무굴 제국은 인도 전체를 영유하는 초대형 국가로 부상했다.

19세기 들어오면서 무굴 제국이 쇠퇴하기 시작하자, 18세기부터 영향력을 확대하고 있던 영국 세력은 인도 전체를 통제한다는 야심을 추진했다. 문제는 이 과정에서 18세기 초, 중앙아시아를 영향권으로 편입한 러시아 세력과의 충돌이 발생했으며, 결국 19세기에 중앙아시아 및 기타 지역을 둘러싼 영국과 러시아의 그레이트 게임이 아프가니스탄을 중심으로 시작되었다. 인도에 대한 통제권을 확대하려는 영국 세력은 이른바 '러시아 세력의 남하'를 두려워해 되도록 내륙에서 이를 저지하기 위해 북상했으며, 중앙아시아를 확고히 장악하려는 러시아 세력은 자신들의 영역을 위협하는 아프가니스탄에 영향력을 행사하고자 했다.

이렇게 시작되었던 양 세력의 그레이트 게임은 20세기 초까지 100년 동안 지속되었으며, 이 과정에서 영국은 두 번에 걸쳐 아프가니스탄을 침공했지만 군사적 수단으로는 정치적 목표를 달성하지 못했다. 특히 영국의 제1차 아프가니스탄 침공(1839~1842년)은 원정군 1차 병력이 전멸한 처참한 실패로 끝났으며, 이후 제2차 침공군이 다시 카불을 점령했지만 목표 달성에 실패했다. 영국의 제2차 아프가니스탄 침공(1878~1880년)은 제한적으로 성공했다. 영국은 자신에 우호적인 정권을 수립하고 아프가니스탄을 보호국으로 만들어 영향력을 행사했다. 하지만 실상은 엄청난 보조금을 지불하면서 아프가니스탄 정권을 매수함으로써 영향력을 행사한 것이었다.

1919년 영국의 제3차 침공도 실패했는데, 더군다나 영국은 제1차 세계대전을 거치며 모든 능력을 소진한 상태였다. 한편 러시아는 기존 정치체제가 붕괴하고 볼셰비키 혁명을 통해 권력을 잡은 레닌의 공산주의 정권이 자리를 잡지 못한 상황이었다. 이렇게 그레이트 게임은 누구도 그 목표를 달성하지 못하고 두 제국이 더 이상 경쟁할 능력 자체가 없이 탈진한 상태에서 그냥 중단되었다. 그래서 유럽 세력들은 아프가니스탄을 '제국의 무덤'이라고 이해하게 되었다. 그러나 아프가니스탄은 '제국의 무덤'이 아니며, 많은 경우에는 제국의 일부이기도 했고 제국의 고향이기도 했다. 단지 19세기에 영국이 두 번에 걸친 침공에서 그리고 20세기에 세 번째 침공에서도 성공하지 못했기 때문에, 영어권 국가에서는 '제국의 무덤'이라는 표현이 퍼졌을 뿐이다.

1. 제국의 요람과 제국의 일부, 아프가니스탄

아프가니스탄 북쪽은 사막으로 그 처박한 자연환경 때문에 분지에 가까운 아프가니스탄은 상대적으로 안락한 환경을 향유했고, 덕분에 오랜 옛날부터 도시가 등장했다. 5만 년 전의 유적이 아프가니스탄에서 발견되며, 인도·유럽 어족의 이동 경로에 위치하기 때문에 아프가니스탄은 지역 무역을 장악했으며 주민 구성도 매우 복잡하다. 아프가니스탄의 초기 정착지는 인더스 문명에서 나타나는 도시 형태를 띠면서 인도의 영향을 많이 받았으나, 기원전 6세기 정도에 페르시아(Achaemenid Empire)의 정치적 영향력 아래 있게 된다.[1] 기원전 330년 마케도니아의 알렉산더의 공격으로 페르시아 제국이 무너지고 다리우스 3세(Darius III)가 현재의 아프가니스탄인 박트리아로 도주하면서, 아프가니스탄은 마케도니아의 침공을 받았다. 고대 유럽 세계 최고의 군인이었던 알렉산더는 아프가니스탄을 점령하고 몇 개의 도시를 건설하고 인도 침

그림 1-1 **아소카 칙령비**

공을 위한 전진기지로 사용했으며 박트리아 현지 귀족 여인과 결혼하여 아들을 얻었다. 기원전 323년에 알렉산더가 사망하자 알렉산더가 이룩한 제국은 군사력을 통제했던 휘하 지휘관들에 의해 분열되었고, 알렉산더의 아들은 어머니와 함께 기원전 310년에 살해되었다.[2]

이후 현재의 아프가니스탄 지역은 인도에서 출발한 불교 문화권인 마우리아 왕국(Maurya Empire, 기원전 322~기원전 185년)에 편입된다. 인도 고대사 최고의 통치자이자 불교의 보호자였던 아소카(阿育王, Ashoka, 기원전 269~기원전 233년)왕은 아프가니스탄 남동부 칸다하르(Kandahar)에 그리스어로 종교적 관용을 강조하는 칙령비(Kandahar Greek Edicts of Ashoka)를 세우기도 했다.[3] 이후 마우리아 왕국이 붕괴하고 아프가니스탄 지역은 분열되면서 그리스계 정치 세력이 소왕국을 난립했다. 기원전 2세기 정도, 현재의 신장 위구르의 타림 분지에서 교역에 종사했던 고대 인도·유럽어족의 일파인 월지(月支, Tocharians) 세력이 흉노에게 패배하면서 아프가니스탄으로 피신하여 근거지를 마련했다. 그 이후 월지 세력의 일부는 아프가니스탄을 중심으로 인도 북부를 점령하여 쿠샨 왕국(Kushan Empire, 서기 30~375년)을 건설한다.

그림 1-2 **초기 불상**

자료: Wikipedia. https://en.wik
ipedia.org/wiki/Kanishka#/med
ia/File:BronzeBuddha.JPG (검
색일: 2020년 8월 17일).

쿠샨 왕국은 아프가니스탄에서 그리스의 헬레니즘 문화를 그리고 인도에서 불교를 적극적으로 수용했으며, 특히 강력한 카스트 제도를 유지하는 인도 전통의 브라만교에 대응하여 모든 사람들의 평등을 강조하는 불교를 통해 영역 내부에서의 통합을 강조했다. 특히 카니슈카(Kanishka, 서기 120~150년)왕은 그리스 조각 예술을 통해 부처와 불교의 가르침을 형상화했고, 그 결과 현재 간다라 미술이라고 불리는 초기 불상 및 불교 예술이 시작되었다. 높이 120m의 탑(Kanishka Stupa)이 현재의 파키스탄(Peshawar)에 건설되었고, 기원전 127년에 카니슈카왕의 즉위를 기념하여 석가모니의 진신사리(眞身舍利)를 담은 불사리함이 만들어져 후일 탑이 건립되는 자리에 안장되었다. 또한 이전까지는 형상화하지 않았던 부처의 모습을 형상화하면서 그리스 형식의 입상 및 인도 전통의 가부좌상 등이 나타났다. 이와 같은 간다라 불교 예술은 상당 기간 아프가니스탄 지역에 자리 잡았으며, 그 세력을 통해 인도에서 중국으로 불교가 전파되었다.

인도계 세력이 퇴조하면서 아프가니스탄은 이란에서 출발한 사산조 페르시아(Sasanian Empire)의 영토로 편입되었고, 그 영향으로 아프가니스탄에 조로아스터교가 유입되었다. 하지만 7세기에 이슬람교가 아프가니스탄에 전파되었고 10세기에 들어서면서 아프가니스탄 전체는 이슬람화되었고, 아프가니스탄은 인도를 노리는 이슬람 정치 세력의 근거지로 탈바꿈한다. 977년 수립된 가즈니 왕국을 시작으로 아프가니스탄을 본거지로 하는 이슬람 세력은 인도 북부를 지속적으로 침공 및 점령했고, 1206년에서 1526년까지 흔히 델리 술탄국(델리 술탄 왕조, Delhi Sultanate)이라 불리는 이슬람 세력은 아프가니스탄을 떠나 북부 인도를 직접 통치했다. 1219~1920년에 칭기즈칸의 몽골이 아프가니스탄을 침공하여 영토를 초토화했는데 이 공격 자체는 응징 차원에서 이루어진 것으로 점령을 목적으로 하지 않았다. 그 이후에도 아프가니스탄은 이슬람 세력의 가장 동쪽 근거지로 작용했다.

현재의 우스베키스탄을 중심(Samar-kand)으로 하여 중앙아시아에 대규모 제

그림 1-3 **카니슈카왕의 진신사리함**

자료: Wikipedia. https://en.wikipedia.org/wiki/Kanishka_casket#/media/File: KanishkaCasket.JPG (검색일: 2020년 8월 17일).

국을 건설했던 티무르가 1405년에 사망하고 이후 그 세력은 약화되었지만, 분열된 티무르 제국의 잔존 군사 세력은 그 범위를 확대했다. 특히 '티무르의 자손'을 자청하는 바부르(Zahir-ud-din Muhammad Babur, 1483~1530년)는 중앙아시아 권력투쟁에서 패배하고 1504년, 카불을 함락시키고 아프가니스탄에 은거하면서 세력을 재건했고, 1519년 이후 인도 북부를 침공하기 시작했다. 당시 델리 왕조가 쇠퇴하면서 인도 북부는 혼란에 빠졌고, 사실상 바부르의 침공에 노출되어 있었다. 델리 왕조는 바부르 세력을 '포섭'하여 정치적 생명을 연장하고자 했지만 일단 '초청된' 바부르는 자기 스스로의 야심을 추구했다. 결국 1526년, 양 세력은 파니파트에서 충돌(First Battle of Panipat)했고 바부르가 승리하면서 무굴 제국(Mughal Empire)이 건국되었다.[4] 이후에도 아프가니스탄 군사 세력은 인

도 북부를 침공했지만, 영토 확장 및 정복으로 이어지지 않았으며, 아프
가니스탄은 점차 인도 및 이란과는 구분되면서 독자적인 정치적 운명을
이어갔다.

2. 아프가니스탄 왕국과 유럽 세력의 침입

근대 아프가니스탄의 시작은 1740년대에 세워진 두라니 제국(Durrani
Empire, 1747~1826년)으로, 두라니 제국은 현재의 아프가니스탄과 파키스
탄에 걸쳐 살고 있는 파슈툰 세력을 기반으로 건국되었다. 두라니 제국은
전성기인 1760년대 초, 아프가니스탄을 중심으로 파키스탄 전체와 인도
북부의 일부를 지배했다. 무굴 제국이 쇠퇴하던 1761년, 두라니 제국은
인도 힌두교 세력의 연합체인 마라타 연합(Maratha Confederacy)과 인도 북
부의 통제권을 두고 파니파트(Third Battle of Panipat)에서 충돌하여 군사적
으로 승리했지만, 정치적으로 인도 북부를 정복하지는 못했다. 두라니 제
국은 내부 분열과 기술적 열세로 점차 쇠퇴했고, 산업혁명의 생산력과 기
술력을 가진 영국 세력이 남부에서 그리고 러시아 세력이 북부에서 압박
하기 시작했다. 아프가니스탄 내부에서도 새로운 정치 세력이 등장했고,
결국 파슈툰족 세력에 기반한 도스트(Dost Mohammad Khan, 1793~1863년)
에 의해 아프가니스탄 토후국(Emirate of Afghanistan)이 만들어졌다. 그리
고 이러한 정치적 변화 덕분에 러시아와 영국은 아프가니스탄 문제에 더
욱 개입하게 되었다.

우선 러시아는 중앙아시아로 세력을 확장하고 있었다. 1240년, 키예
프가 함락되고 현재의 러시아 및 우크라이나의 상당 부분이 몽골 세력인
킵차크한국(Kipchak汗國)으로 편입되면서, 러시아·우크라이나 지역 주민

들은 몽골의 간접 지배를 받았으며 킵차크한국의 몽골 세력은 다루가치를 파견하여 해당 영역에 대한 종주권을 행사했다.[5] 1440년, 킵차크한국에서 크림한국(Krym汗國)이 분열되었고 몽골·터키 세력이 약화되면서 러시아 세력을 대표했던 모스크바 대공국(Grand Duchy of Moscow)은 독자적인 정치 세력으로 인정되었으며 1480년, 모스크바 대공이 차르(Tsar)로 등극하여 킵차크한국의 종주권을 완전히 부정했다. 러시아는 18세기 초, 급격한 서구화를 통해 국력을 신장했고, 19세기 초, 나폴레옹 전쟁에서 최후의 승리자로 자리매김하면서 중앙아시아로 팽창하기 시작했다.

1840년대 들어오면서 러시아는 시베리아로 팽창하면서 동시에 중앙아시아로의 남하하기 시작했고, 1865년에 타슈켄트를, 1868년에 사마르칸트를 점령하고 현재의 우즈베키스탄 지역을 장악했다. 러시아는 중앙아시아에서 활동하는 러시아 상인들을 보호하고 지역 세력이 러시아를 침범하여 약탈하고 주민들을 노예로 납치하는 행동을 중단시키려 했으며, 이 과정에서 아프가니스탄의 두라니 제국과 접촉하게 되었다. 1837년, 러시아 특사(Jan Vitkevitch)가 카불에 도착하여 회담을 진행했다. 한편 이 전부터 아프가니스탄에서 러시아의 영향력이 확대될 가능성을 우려했던 영국은 러시아와 긴장 관계에 있던 중앙아시아 내륙 지역에 두 번에 걸쳐 특사를 파견했으나 그들은 지방 세력에 의해 모두 살해되었다. 러시아는 자신이 중앙아시아에서 누리고 있는 상업적 이익이 영국에 의해 약화될 수 있다고 보았으며, 영국이 중앙아시아의 이슬람 세력을 지원하여 러시아 변경 지방을 공격할 것이라고 판단했다. 그렇기 때문에 아프가니스탄을 통해 영국이 중앙아시아에서 영향력을 확대하는 것을 저지해야 한다고 보았다.

반면 영국의 입장은 달랐다. 1600년에 만들어진 영국의 동인도회사(East India Company)는 포르투갈이 장악하고 있던 아시아 무역에 도전했

고, 1612년 상관(商館, factory)을 인도 서부(Surat)에 설치했다.[6] 이후 동인
도회사는 포르투갈 세력을 무력화시키면서 인도 무역을 장악했으며, 단
순한 상업 세력이 아닌 강력한 군사 세력으로 발전했다. 18세기에 들어
오면서 프랑스 세력이 인도에 등장했지만, 영국 동인도회사는 1757년,
플라시 전투(Battle of Plassy)에서 프랑스의 지원을 받은 벵골군을 격파하
면서 자신의 정치적 통제력을 더욱 강화했다.[7] 전투 이후 동인도회사는
새롭게 장악한 지역에서의 징세권을 확보하면서 강력한 군사력을 가진
상업 세력이 아니라 인도를 지배하는 식민지 행정조직으로 변모했다. 인
도 내부의 분열 덕분에 영국 제국주의의 침투는 상대적으로 수월했다.
특히 동인도회사는 이슬람교 지배계급과 힌두교 피지배계급의 갈등으로
위협을 느끼고 있는 무굴 제국 휘하의 개별 정치 단위 및 이슬람 귀족들
에게 접근하여 그들을 보호해 주는 조건으로 징세 및 행정 권한을 받아
낼 수 있었다.

1784년 동인도회사법을 개정하면서 영국 정부는 동인도회사를 통제
하게 되었지만, 인도에 대한 영국의 행정적인 지배가 공고하지 않았다.
러시아의 남하로 아프가니스탄 세력이 인도 북부를 침공할 가능성은 상
당했고, 무굴 제국이 쇠퇴하면서 등장한 지방의 다른 군사 세력 또한 중
요한 위협으로 등장했다. 특히 인도 내부의 이슬람 귀족 세력을 보호해
주겠다고 약속했으므로 인도를 지배하는 동인도회사는 인도 북부 지역
의 안정을 확보하기 위해서 현재의 아프가니스탄을 장악해야 한다고 판
단했다. 동인도회사는 아프가니스탄 및 중앙아시아 세력을 저지하기 위
해 인도 북서부의 시크 왕국(Sikh Kingdom, 1799~1849년)을 지원했으며, 시
크교도 세력이 현재의 파키스탄 지역에 독자 세력권을 구축하고 아프가
니스탄과 인도 북부에 기반한 두라니 제국의 영토를 잠식하는 것을 방관
했다. 이를 통해 영국은 자신이 직접적으로 개입하지 않더라도 시크교도

그림 1-4 **1805년 당시 인도의 정치 세력**

아프가니스탄

시크

네팔

우드

라지푸트

신드

마라타 연맹국

인도

니잠 왕국

키르카르

마이소르

카르나틱

아라비아해

뱅골만

■ 영국 영토

자료: Wikipedia, https://en.wikipedia.org/wik i/Sikh_Empire#/media/File:Joppen1907India1805a.jpg (검색일: 2020년 8월 18일).

세력이 아프가니스탄 문제를 해결할 수 있다고 보았다.

　문제는 18세기 말, 두라니 제국이 쇠퇴하면서 발생했다. 인도 북부를 통제하기 위해 아프가니스탄의 파슈툰 세력은 시크교도 세력과 지속적으로 대립했고, 그 결과 엄청난 출혈을 부담하면서 파슈툰 세력을 기반으로 했던 두라니 제국이 약화되었다. 19세기 들어오면서 두라니 제국은 왕위 계승전에 휘말리면서 여러 세력이 왕위를 두고 투쟁하는 바람에 폐위와 복위가 반복되는 상황이 초래되었다. 이 와중에 일부 국왕(Shah Shujah Durrani, 1785~1842년)은 영국과의 우호적인 관계를 통해 왕위를 유지하려고 했으며, 1809년 6월 아프가니스탄의 두라니 제국은 '아프가니스탄에 외국 군대가 활동하지 못하게 하며' 동시에 프랑스와 러시아가 '아프가니스탄 및 영국 영역을 공격하는 경우 공동 대응'한다는 것을 핵심으로 하는 사실상의 동맹조약을 영국과 체결했다.[8] 하지만 몇 주 후 궁정 쿠데타로 국왕이 폐위되면서 조약 자체가 무의미해졌고, 폐위된 슈자 두라니 국왕 및 추종 세력은 인도 북부로 망명했다. 영국 동인도회사는 폐위되어 망명한 전 국왕 세력을 지원하면서 전 국왕 세력을 아프가니스탄에 대한 카드로 사용하고자 했다. 반면 새로운 국왕이 권력을 완벽하게 장악하기도 전에 파슈툰 세력 자체가 분열되면서 1826년, 두라니 제국이 붕괴했다. 이어 현재의 아프가니스탄과 인도 북부는 정치적 혼란에 휘말렸으며, 이 과정에서 시크교도 세력은 폐위되었던 슈자 두라니 세력과 연합하여 인도 북부에서 아프가니스탄 세력을 축출하고 카이버 고개(Khyber Pass)까지 영토를 확장했다.

이후 파슈툰 세력의 핵심이었던 바라크자이 부족(Barakzai Tribe)은 새롭게 바라크자이 왕국(1826~1973년)을 건설했고, 인도 북부에 대한 영유권을 잠정적으로 포기하고 현재의 아프가니스탄 영토를 유지하면서 카이버 고개 등지에 방어 요새를 건설하여 인도 북부에서 아프가니스탄으로 '진출'하려는 시크교도 및 영국 세력을 저지하고자 했다. 1837년, 카이버 고개를 중심으로 바라크자이 왕국과 시크 왕국이 충돌했고, 양측은 상대방의 방어 요새를 포격하면서 치열하게 교전했다. 결국 시크교도 세력이 아프가니스탄의 바라크자이 왕국을 격퇴했지만 양측이 입은 손실은 막대했다. 1838년, 평화조약으로 바라크자이 세력은 아프가니스탄 왕

그림 1-5 **카이버 고개 및 해당 지역을 방어하는 아프가니스탄 요새(Ali Masjid)**

자료: James Rattray,〈Fortress of Alimusjid, and the Khybur Pass〉, 1848. Wikipedia. https://en.wikipedia.org/wiki/Khyber_Pass; https://en.wikipedia.org/wiki/Khyber_Pass#/media/File:The_Khyber_Pass_with_the_fortress_of_Alimusjid_-_lithograph_by_James_Rattray_-_1848_(2).jpg (검색일: 2020년 8월 18일).

위를 포기했고 영국의 지원을 받는 두라니 제국의 전 국왕이었던 슈자 두라니가 왕위에 복귀했다.

이를 통해 동인도회사는 1809년에 체결되었던 영국-아프가니스탄 동맹 조약을 다시 회복하려고 시도했으며, 조약을 회복시키겠다는 슈자 두라니 국왕을 지원하기 위해 상당한 원정군을 아프가니스탄에 투입하기로 결정했다. 영국의 목표는 국내 기반이 취약한 노쇠한 국왕을 통해 아프가니스탄에 대한 동인도회사의 영향력을 확대하고, 동시에 러시아의 남하 가능성을 차단하는 것이었다. 하지만 이것은 쉽지 않았다. 슈자 두라니 국왕은 1809년 이후 30년 만에 복위하는 것이었기 때문에 내부 지지가 공고하지 못했으며, 무엇보다 인도 전체를 완전하게 장악하지 못한 영국이 아프가니스탄으로 원정군을 파견하고 유지하는 것은 매우 어려웠다. 영국은 순수하게 자신의 군사력에만 의지하여 아프가니스탄에 대한 영향력을 행사해야 했으므로, 영국 군사력이 취약하다는 인상을 주는 순간 영국의 영향력은 붕괴할 위험에 노출되어 있었다.

3. 제1차 영국-아프가니스탄 전쟁

서방에서 흔히 아프가니스탄을 제국의 무덤이라고 인식하는 결정적인 계기는 바로 1839년에서 1842년 사이에 있었던 제1차 영국-아프가니스탄 전쟁 때문이다. 특히 1842년 1월 영국군이 카불에서 출수하는 과정에서 전멸했던 사건 때문이다. 4500명의 정규군 병력과 1만 6000명에 가까운 민간인으로 구성된 영국 동인도회사 원정군이 카불에서 탈출하는 과정에서 전멸했고, 유럽인으로는 단 한 명만이 귀환하는 데 성공했다. 이 사건은 서방 세계에 엄청난 충격을 주었고 그래서 영국 중심의 서방 세계에서는 아프가니스탄을 제국의 무덤으로 인식하게 되었다.

새롭게 부상한 시크 왕국과 대립하면서 영국은 러시아의 남하 가능성을 저지해야 했는데, 그 실천 방안에 대해서는 몇 가지 선택지를 놓고 고민했다. 첫 번째 방안은 영국이 새롭게 부상한 아프가니스탄의 바라크자이 세력, 특히 그 지도자인 도스트와 타협하여 경제적 이익을 추구하고 대신 아프가니스탄에는 영향력을 행사하지 않는 것이었다. 이 경우에 시크교도 세력의 이익은 반영되지 않으며, 따라서 인도 북부에서 시크 왕국과의 갈등이 빚어질 수 있었다. 두 번째 방안은 인도 통치 및 안정을 위해 인도 북부에서 세력을 확장하던 시크 왕국과 타협하고 그 결과 아프가니스탄의 영토 축소를 강요하는 것이었다. 이를 위해서는 시크교도 세력과 협력 관계에 있는 과거 두라니 제국의 국왕이었던 슈자 두라니를 복위시킬 필요가 있으며, 팽창을 지향하는 바라크자이 세력과의 타협 가능성은 도외시해야 했다. 1838년 10월 영국 총독(George Eden, 1st Earl of Auckland)은 두라니 제국을 부활시키고 시크 왕국의 이익을 보장함으로써 인도 통치를 더 원활하게 하는 두 번째 방안을 선택했으며, 시크 왕국과 연합하여 아프가니스탄 원정군을 편성하고 "정당한 국왕에게 아프가니스탄 왕위를 돌려준다"라는 목표를 천명하면서 "정당한 국왕이 복위하는 즉시 영국군은 철군한다"라고 공언했다.

영국은 1만 4000명의 병력을 동원했고, 여기에 슈자 두라니가 6000명 정도의 병력을 추가로 제공했다. 본래 영국군은 9500명과 5500명으로 병력을 양분하여 서로 다른 루트로 아프가니스탄에 진입하려고 했으나, 시크 왕국이 영국 및 슈자 두라니 병력의 자국 통행을 거부하면서 진격 및 보급로는 하나로 통합되었다.9 악전고투 끝에 1838년 11월 침공을 시작한 침공군은 볼란 고개(Bolan Pass)를 넘어 아프가니스탄에 진입했으나 보급 문제로 진격이 좌절되었으며 35도가 넘는 고온과 오염된 식수 문제로 병력 손실이 증가했다. 그럼에도 영국군은 1839년 3월 말, 퀘타(Quetta)를 점령했으며 4월 26~27일 칸다하르에 도착하는 데 성공했다. 개별 도시에서 바라크자이 왕국군은 특별히 저항하지 않았으며, 특히 칸다하르에서는 지역 사령관이 전향하여 슈자 두라니를 국왕으로 추대함으로써 영국과 슈자 두라니 병력은 엄청난 물자를 확보했다. 그 이후 가즈니(Ghazni)에서 제한적인 저항이 있었으나 바로 제압했고, 1839년 8월 수도 카불을 함락했다. 그렇게 바라크자이 왕국은 일단 무너졌다.

슈자 두라니는 아프가니스탄 국왕으로 복귀했고, 1826년에 사실상 소멸했던 두라니 제국이 회복되었다고 선언했다. 문제는 크게 두 가지였다. 첫째, 주민들은 슈자 두라니를 정당한 국왕으로 인정하지 않았고 영국의 꼭두각시로 여겼고, 슈자 두라니는 과거에 자신을 배신했던 세력에게 보복하기에 급급했다. 영국은 슈자 두라니를 통해 상황을 통제할 수 있다고 보았지만 그것은 환상이었다. 아프가니스탄 주민들은 30년 전에 사라진 전 국왕을 기억하지 못했고 복귀한 통치자는 독자 세력이 없는 가운데 보복을 통한 공포정치를 시도했다.10 슈자 두라니는 직접 지휘할 수 있는 군사력을 만들어내고 이를 유지하기 위한 조세 및 행정 제도 개혁을 추진했지만, 지방 세력의 강력한 반발 때문에 큰 성과를 내지는 못했다. 확고한 정치적·경제적 기반이 없는 상황에서, 아프가니스탄 전체를 유지하는 데 소요되는 비용은 영국 정부 및 동인도회사에서 부담하게 되었다.

둘째, 영국은 이제 아프가니스탄 문제가 해결되었다고 보고 병력 철수를 결정했다. 동인도회사를 통제하는 영국 정부는 주요 지휘관에게 포상했다. 아프가니스탄을 침공한 영국 병력은 1만 5000명 수준으로 병력은 보급 및 통신망을 유지하기 위해 주요 거점에 주둔했다. 1839년 9월 영국군의 철군이 시작되어, 유럽 병력으로 구성된 영국군 2개 연대 가운데 1개는 카불에 주둔하고 다른 하나는 인도와의 연결을 위해 카이버 고개를 통제할 수 있는 잘랄라바드(Jalalabad)에 배치되었다. 인도인 병력으로 구성된 7개 연대는 보조 병력으로 유럽 병력과 함께 주둔했으며, 특히 칸다하르에 배치되어 기존 보급로 및 통신망을 유지하고 있었다.[11] 상황은 안정적이었다. 바라크자이 세력은 와해되었고, 국왕이었던 도스트는 왕위 복귀를 위해 저항 세력을 규합했지만 크게 성공하지 못하면서 결국 망명했다. 카불 주재 영국 외교관(William Hay Macnaghten)은 인도 총독에게 "상황은 완벽하게 안정(perfect tranquillity)되어 있으며 거의 기적과 같다"라고 보고했다.[12]

이러한 배경에서 1841년 10월 영국군이 추가로 철군했다. 1839년 여름부터 2년 동안 영국은 아프가니스탄을 적절하게 통제했다고 믿었고, 내부 저항 세력을 분쇄했고, 러시아의 위협 또한 약화시키는 데 성공했다. 따라서 재정 부담이 우선적으로 고려되어 병력 철군 및 아프가니스탄 주요 세력에 대한 보조금 지급이 중단되었다. 그러자 바로 문제가 발생했다. 중앙정부의 통제력이 취약한 상황에서 '영국군의 강력한 군사력과 동인도회사의 너그러운 보조금의 조합'만이 상황을 통제할 수 있는 수단이었는데 그 수단이 사라지자 1841년 가을, 상황이 급박하게 악화되기 시작했다. 카이버 고개 지역과 카불 북부에서 영국군 분견대 병력이 공격을 받았으며, 11월 2일 영국 외교관(Alexander Burnes)이 카불 시내에서 피살되었다. 도스트 세력이 카불 시내에서 폭동을 주도하면서 영국군 병력이 고립되었지만, 잘랄라바드와 칸다하르에서 출발한 지원 병력은 날씨와 보조금 삭감 때문에 불만을 품은 부족 세력의 저항으로 카불까지 진격하지 못했다. 보급이 차단된 상황에서 11월 22일 카불 전투에서 식량 및 탄약고까지 상실한 영국군은 잔류를 포기하고 협상을 통해 철군하기로 결정했다.

하지만 협상은 쉽지 않았다. 영국군의 상황을 정확하게 파악했던 도스트 세력은 영국군 전체를 파괴하려고 시도했고, 그 때문에 탄약과 식량을 고갈시키기 위해 협상을 의도적으로 지연했다. 12월 초, 3일 치 식량만 남은 상황에서 영국군은 카불에서의 전면 철수 및 중화기 포기 등의 조건에 동의했고, 도스트 세력은 영국군이 철수하는 데 필요한 식량을 제공하는 데 합의했다. 슈자 두라니는 본인의 의사에 따라 2000명의 병력과 함께 카불에 잔류했다. 철수는 12월 15일에 시작할 예정이었으나 폭설 때문에 22일로 연기되었다. 이 와중에 영국은 아프가니스탄 내부 분열을 이용하여 철군 이후에도 슈자 두라니의 통제력을 강화하려고 시도했으며, 이에 도스트 세력은 12월 23일 영국 외교관을 살해하는 것으로 대응했다.[13] 하지만 영국군은 보복하는 것이 불가능했고, 결국 1842년 1월 6일 철군을 시작했다.

철군 과정은 끔찍했다. 700명의 유럽인 병력과 3800명의 인도 출신 세포이 병력, 1만 2000명의 민간인이 6일분의 식량을 가지고 카불을 출발하여 동쪽으로 150km 정도 떨어진 잘랄라바드로 향했다. 아프가니스탄의 1월 추위는 엄청나 첫날 밤부터 동사자가 발생했다. 또한 지역 주민

그림 1-6 간다마크(Gandamak)에서 최후로 조직적인 저항을 시도하는 영국군

자료: William Barnes Wollen, 〈The Last Stand of the 44th Regiment at Gundamuck〉, 1842. Wikipedia. https://en.wikipedia.org/wiki/Last_stand#/media/File:The_Last_Stand,_by_William_Barnes_Wollen_(1898).jpg (검색일: 2020년 8월 18일).

들이 영국군 행렬을 공격하여 낙타와 말 등을 약탈하는 바람에 영국군은 식량과 연료를 운반할 수단을 상실했다. 도스트 병력은 영국군이 무장을 해제한다면 잘랄라바드까지 '호송'해 주겠다고 제안했지만, 영국군은 이러한 제안을 거부했다. 지역 주민들이 영국군을 지속적으로 저격하는 가운데, 도스트군 지휘관과 협상을 진행하던 영국군 지휘부는 아프가니스탄 진영에 억류되었고 상당수의 민간인들은 아프가니스탄 진영으로 투항했다.[14] 1월 11일 저녁 무렵에 병력은 500명 수준으로 감소했다. 1월 12~13일 영국군은 잘랄라바드로 가는 마지막 고개(Jugdallack Pass)에 도달했지만, 매복하고 있던 지역 주민 및 도스트군의 공격에 영국군은 붕괴했다. 장교 20명이 지휘하는 보병 45명과 기병 15명 정도가 최후의 조직적인 방어를 시도했지만, 영국군은 결국 제압되었다.[15] 카불에서 탈출했던 1만 6500명 가운데 단 한 명(William Brydon)만이 기진맥진한 상태로 잘랄라바드의 영국군 진영에 도착했다. 영국군이 유일한 생존자에게 영국군은 어떻게 되었냐고 묻자, "내가 그 영국군이다(I am the Army)"라는 답변이 돌아왔다. 나머지 병력은 소멸했다.[16]

영국 입장에서 이것은 엄청난 타격이었다. 2013년 영국 ≪이코노미스트≫는 카불 철수는 "100년 후 싱가포르 함락에 버금가는 영국 역사상 최악의 군사적 재앙(the worst British military disaster until the fall of Singapore exactly a century later)"이라고 평가했다.[17] 1942년의 싱가포르 함락과 달리, 1842년에 영국은 바로 반격했다. 일부 주둔지가 함락되었지만, 영국군은 아프가니스탄 남부의 칸다하르와 동부의 잘랄라바드를 방어하는 데 성공했고 보급을 유지했다.[18] 동시에 영국은 인도에서 원정군을 편성했고, 6000명의 병력이 칸다하르에 집결했고 8000명의 병력이 잘랄라바드에 집결했다. 영국은 1842년 여름, 아프가니스탄을 다시 침공하여 저항하는 아프가니스탄 군사력 및 부족 세력을 격퇴했고, 진격로에 있는 민간인 거주 지역을 파괴했다. 1842년 9월 카불을 다시 함락했고, 이 과정에서 당시까지 생존한 영국군 포로 일부를 송환하는 데 성공했다.[19] 영국은 보복했고, 특히 철군 직전에 카불 거주 지역 및 중앙시장을 완전히 파괴하고 약탈했다. 그 과정에서 많은 민간인들이 영국군의 보복으로 살해되었으며, 일부 장교들은 '끔찍한 살육이 자행'되었다고 한탄했다.[20] 1842년 10월 12일 영국군은 철군을 시작했다. 이 과정에서도 지역 부족들의 공격에 영국군은 상당한 인명 피해를 입었지만, 기본적으로 부대를 유지하면서 철군하는 데 성공했다.

그럼에도 불구하고, 영국은 전쟁의 최초 목표를 완벽하게 달성하지는 못했지만 기본 목표는 달성했다. 1842년 1월 영국군 병력이 카불에서 철수한 후에도 슈자 두라니는 어느 정도 권력을 유지했지만, 결국 1842년 4월 암살되었다. 그 이후 아프가니스탄은 바라크자이 세력이 장악했고, 영국이 시도했던 아프가니스탄 괴뢰 정권은 유지되지 못했다. 하지만 아프가니스탄 신흥 세력은 영국에 적대적이지는 않았다. 망명에서 돌아온 도스트는 전쟁에서 활약했으며 영국과의 관계를 개선하는 것에 반대하던 자신의 아들(Akbar Khan)을 독살하고 권력을 확고하게 장악하면서, 영국이 아프가니스탄 내부 문제에 관여하지 않는다는 조건으로 영국과의 적대 관계를 청산했다. 1863년 5월 사망할 때까지 도스트는 아프가니스탄 영토를 유지하면서 인도 북부 문제에 관여하지 않았고 영국이 인도 전체를 식민지로 합병하는 과정을 묵인했다. 영국의 아프가니스탄 침공의 기본 목표는 이렇게 해서 달성되었다.

그림 1-7 〈**영국군 최후의 생존자**〉

자료: wikipedia. https://en.wikipedia.org/wiki/Remnants_of_an_Army#/media/File:Remnants_of_an_army2.jpg (검색일: 2020년 8월 18일).

이 전쟁은 양측에 깊은 인상을 남겼다. 영국군 생존자들의 일부는 송환되었고, 특히 간다마크 최후 전투에서 생존한 장교인 수터(Thomas Souter)는 영국군 최후 저항을 증언했으며, 이후 2002년 아프가니스탄 침공 이후 영국군은 카불에 수터 기지(Camp Souter)를 건설하여 1842년 전투를 기억하고 있다. 아프가니스탄도 마찬가지이다. 대통령 관저 및 미국 대사관 등이 위치한 카불의 최고급 거주 지역인 와지르 악바르 칸 지구(Wazir Akbar Khan, Kabul)는 1841~1842년 영국과의 전쟁에서 도스트 세력을 지휘하여 영국군에 대항했으나 이후 아버지인 도스트에 의해 암살된 악바르 칸 왕자의 이름을 딴 곳이다. 아프가니스탄은 불굴의 의지를 가지고 외국의 침공에 저항했던 상징으로 악바르 칸을 기념했다. 무엇보다 제1차 영국-아프가니스탄 전쟁이 남긴 가장 강렬한 인상은 영국군이 아프가니스탄 침공에서 처참하게 패배했다는 것이며, 특히 1879년 작품인 〈영국군 최후의 생존자(Remnants of an Army)〉라는 제목의 그림은 아프가니스탄이 제국의 무덤이라는 인식을 남겼다.

무산된 기회와 파멸의 시작
아프가니스탄의 사라진 기회

19세기 영국과 러시아의 그레이드 게임은 영국의 판정승으로 종결되었다. 하지만 영국 또한 아프가니스탄을 지배하는 데 실패했으며, 영국은 1839~1842년에 있었던 제1차 전쟁 이후에도 1878~1880년에는 제2차 전쟁을, 1919년에는 제3차 전쟁을 수행해야 했다. 1917년에 러시아가 붕괴하고 소련으로 대체되었고 영국도 제2차 세계대전을 계기로 강대국 반열에서 탈락하면서, 아프가니스탄을 둘러싼 영국과 러시아의 경쟁은 자연스럽게 종결되었다. 그러나 아프가니스탄을 둘러싼 강대국들의 대립은 종결되지 않았고, 새롭게 교체된 국가들이 경쟁에 참여했다.

냉전이 시작되면서 미국과 소련이 아프가니스탄을 둘러싼 경쟁에 참여했다. 미국은 중앙아시아의 소련 영토에 대한 접근성이 좋은 파키스탄을 중심으로 아프가니스탄에 영향력을 행사하려고 시도했으며, 소련은 아프가니스탄과 국경을 마주하고 있는 국가로서 국경 남쪽에 대해 영향력을 확대하려고 했다. 1970년대 후반까지 이러한 냉전 경쟁은 아프가니스탄 중앙정부에는 좋은 상황이었고 아프가니스탄 중앙정부는 이를 국가와 사회 전체를 발전시킬 수 있는 절호의 기회로 이용했다. 미국과 소련은 아프가니스탄에 영향력을 확대하기 위해 많은 원조를 제공했고 냉전 상대방보다 더욱 우호적인 관계를 유지하기 위해 경쟁했으나, 기본적으로 소련이 주도권을 행사했다.

하지만 이와 같은 경쟁의 끝은 전쟁이었다. 1979년 12월 소련이 침공하면서 아프가니스탄이 평화롭게 발전할 기회는 사라졌으며 아프가니스탄은 이후 40년 넘게 계속된 파멸적 내전과 혼란에 빠져들었다. 소련의 아프가니스탄 침공은 공격적인 목표를 가진 팽창적인 행동은 아니었다. 일부는 소련의 '끝없는 팽창 욕구'를 강조하지만, 1979년 당시 소련은 이와 같은 의도적인 대외 팽창을 추구하지는 않았다. 오히려 소련은 아프가니스탄 신흥 공산주의 정권이 붕괴하고 '미국 측으로 전향할 가능성'을 우려했다. 그래서 방어적 차원에서 아프가니스탄 공산주의 세력을 강화하기 위해서 '무능하고 미국 제국주의의 영향력에 노출된 허약한 공산 정권'을 제거하고 더 굳건한 정치 세력에 기반한 새로운 공산주의 정권을 구축하려고 시도했다. 군사력 사용은 이러한 목표를 달성하기 위한 수단이었다. 문제는 군사력이라는 수단 자체가 잘못되었다는 점으로, 결국 아프가니스탄 전쟁은 아프가니스탄 공산주의 세력을 파멸시키는 데 그치지 않고 소련 공산주의 세력을 붕괴시키는 결정적인 계기로 작용했다.

1. 아프가니스탄의 기회: 그레이트 게임의 최후 승리자?

1878년, 러시아가 아프가니스탄에 외교사절을 파견하고 영국 또한 사절단을 경쟁적으로 파견하는 상황에서, 아프가니스탄의 바라크자이 왕국은 영국 사절단의 입국을 거부했다. 이에 영국은 아프가니스탄을 침공하여 카불을 장악하고 1879년 5월 간다마크 조약(Treaty of Gandamak)을 체결했다. 영국은 아프가니스탄에 보조금을 지급하고 독립을 보장했고, 아프가니스탄은 영국 사절단의 카불 상주를 보장하고 외교권 포기 및 영토 일부를 영국에 할양하기로 했다. 1879년 9월 영국 사절단 전원이 살해되면서, 영국

그림 2-1 **간다마크 조약 체결식**

주: 왼쪽에서 두 번째가 1879년 9월 카불에서 살해된 영국 외교관이며 군인이었던 카바나리(Pierre Louis Napoleon Cavagnari)이고, 그 바로 오른쪽 인물이 당시 아프가니스탄 바라크자이 왕국의 국왕 야쿠브 칸(Mohammad Yaqub Khan)이다.
자료: wikipedia. https://en.wikipedia.org/wiki/Pierre_Louis_Napoleon_Cavagnari#/media/File:Mohammad_Yaqub_Khan_with_British_officers_in_May_of_1879.jpg (검색일: 2020년 8월 24일).

은 다시 카불을 점령했고 간다마크 조약의 내용을 재차 확인하고 영국에 우호적인 국왕을 즉위시킨 후 철군했다.

아프가니스탄을 둘러싼 영국과 러시아의 경쟁은 1907년 8월 일단 종결되었다. 독일의 부상으로 영국은 상당한 부담을 느끼기 시작했고 러일전쟁에서 패배한 러시아는 중앙아시아 문제에 관여할 여력이 없는 상황에서, 양국은 이란과 티베트 문제와 함께 아프가니스탄 문제에 있어 합의했다. 러시아는 티베트 및 아프가니스탄에 있어서 영국의 '우월한 지위를 인정'했으며, 영국은 이란 북부에서 러시아의 '우월권을 승인'하고 동시에 러시아에 대한 차관을 제공하기로 했다. 이를 통해 영국은 간다마크 조약에 대한 러시아의 동의를 확보했다.[1]

1919년 5월 아프가니스탄이 영국의 식민지인 인도를 침공했고, 영국이 이에 반격하면서 세 번째 전쟁이 시작되었다. 3개월 동안 지속되었

그림 2-2 **듀란드선**

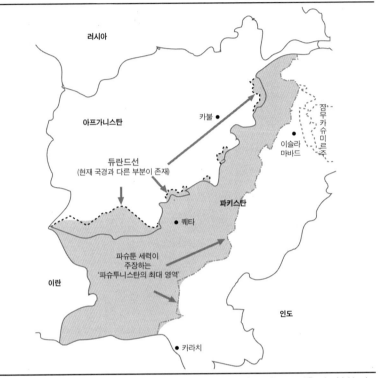

자료: Elisabeth Leake and Daniel Haines, "Lines of (In)Convenience: Sovereignty and Border-Making in Postcolonial South Asia, 1947-1965," *The Journal of Asian Studies*, Vol.76, No.4(November 2017), pp.963~985, p.973에서 인용.

던 이 짧은 전쟁에서 영국은 공군력을 동원하여 카불에 대한 전략 폭격을 실시했고, 아프가니스탄 수뇌부는 '하늘로부터의 공격' 때문에 심리적으로 압도되었다. 1919년 8월 평화조약(Treaty of Rawalpindi)을 체결함으로써, 영국은 아프가니스탄의 외교권을 회복시키고 아프가니스탄을 독립 국가로 인정하면서 동시에 보조금 지급을 중단하기로 했다. 한편 아프가니스탄은 1893년 11월에 체결된 영국과의 국경 조약을 인정하고 이른바 듀란드선(Durand Line)을 수용하면서 인도 북서부의 이슬람교도 지역에 대한 영유권을 완전히 포기했다. 그 이후 영국이 인도 식민지를 포기하는 과정에서 인도 북서부의 이슬람교도 지역이 독자적인 국가인 파키스탄으로 독립하면서, 듀란드선은 현재 아프가니스탄과 파키스탄의 국경선으로 인정되었다.

1945년, 제2차 세계대전이 끝나면서 미국과 소련의 냉전이 격화되었고, 특히 양국은 유럽과 동아시아를 중심으로 강력하게 대립했다. 이전까지의 영국과 러시아의 그레이트 게임은 미국과 소련의 냉전 경쟁으로 대체되었다. 미국과 소련은 각자 자신이 통제할 수 있는 진영을 구축하고, 우선 정치와 경제적 차원에서 관여했으며 필요한 경우에는 직접 군사력을 동원하여 동맹국들을 지원했다. 그리고 동맹에 참여하지 않았던 흔히 제3세계 국가로 지칭되었던 중립 지대 국가들에는 많은 원조를 제공하면서 해당 국가들과의 우호적인 관계를 유지하고자 했다. 아프가니스탄은 이러한 측면에서 많은 혜택을 누릴 수 있었다. 영국이 아프가니스탄 바라크자이 왕국에 보조금을 지불했듯이, 미국과 소련은 아프가니스탄 왕국에 경제원조를 제공했다. 그리고 아프가니스탄은 이와 같이 외부에서 유입된 자원을 효과적으로 사용하여 경제와 사회 전체를 발전시킬 수 있는 기회를 잡았다.

미국의 입장에서 아프가니스탄은 소련과 인접한 국가이기 때문에 우호적인 관계를 유지하는 것이 중요했다. 미국은 동맹국인 파키스탄을 통해 아프가니스탄에 영향력을 확대할 수 있는 가능성을 모색했다.[2] 이와 같은 이유로 아프가니스탄에 대한 미국의 영향력은 제한될 수밖에 없었다. 소련을 봉쇄한다는 미국의 냉전 전략에서 파키스탄은 매우 중요했기 때문에, 파키스탄과 갈등 관계에 있던 아프가니스탄은 미국과 우호 관계를 유지하는 것이 쉽지 않았다. 이슬람교도를 중심으로 새롭게 만들어진 파키스탄은 과거 영국 식민지 시기에 아프가니스탄이 영유권을 주장했던 인도 북서부 지역이다. 그렇기 때문에 아프가니스탄의 입장에서는 파키스탄이라는 국가를 인정하면 아프가니스탄의 영유권을 부정하는 것이기 때문에 이를 용납할 수는 없었다. 1893년 11월 설정된 듀란드선 때문에 지역의 핵심 부족인 파슈툰족은 아프가니스탄과 파키스탄으로 양분되었으며, 이후 해당 지역의 파슈툰족을 통합하여 아프가니스탄 영역을 확대한다는 파슈투니스탄(Pashtunistan) 운동이 등장하면서 아프가니스탄과 파키스탄은 잠재적인 영토 분쟁과 갈등 상황에 직면했다. 결국 파키스탄을 통해 아프가니스탄에 대한 영향력을 확대하고자 했던 미국의 구상은 성공할 수 없었다.

반면 소련은 이와 같은 제약 요건이 없었으며, 아프가니스탄과 국경을 맞대고 있고, 과거 그레이트 게임에서 영국에 대항하는 아프가니스탄을 지원했던 전력 덕분에 미국보다 유리한 상황이었다. 소련은 1950년에 아프가니스탄과 무역 조약을 체결했으며, 이를 통해 석유를 공급하고 양모와 면화 등을 수입했다. 아프가니스탄에 공산주의 세력이 존재하지 않았을 뿐만 아니라 공산주의 세력의 토대조차 찾아볼 수 없었던 1955년 12월, 소련은 미국과의 경쟁 구도에서 아프가니스탄에 1억 달러 규모의 경제원조 및 무기를 제공했으며 아프가니스탄을 중심으로 하는 파슈투니스탄 운동을 지지했다.[3] 아프가니스탄군은 소련제 무기로 무장했으며, 1973년, 아프가니스탄 장교단의 1/3은 소련에서 훈련을 받았던 장교들로 구성되었다. 아프가니스탄에 대한 원조에서 소련은 미국을 압도했다. 1979년까지 소련은 아프가니스탄에 10억 달러 수준의 군사원조와 13억 정도의 경제원조를 제공한 반면, 미국이 아프가니스탄에 제공했던 원조 총액은 5억 달러 수준으로 여기에 2500만 달러 정도의 군사원조가 포함되어 있었다. 소련의 원조로 아프가니스탄은 도로를 정비할 수 있었다. 1964년, 고도 3450m 지역에 수도 카불과 아프가니스탄 북부 지역을 바로 연결하는 길이 2.6km의 살랑 터널(Salang Tunnel)이 완성되었다. 아프가니스탄 정부는 전체 개발 예산의 80%를 소련의 원조로 충당했으며, 미국의 추가 원조를 얻어내 여성 인권과 교육에 투자하고자 했다.[4]

하지만 아프가니스탄 왕국은 이러한 자원을 효과적으로 사용하지 못했다. 전통적인 이슬람교 세력이 너무나 강력했으며, 전통 사회의 고질적 편견은 사회 발전을 가로막는 걸림돌이었다. 예를 들어, 교육 부분에서도 남녀 차별이 고질적이었다. 1970년도에 아프가니스탄의 중학생은 총 9만 1769명이었으며 이 가운데 남학생은 전체의 87.6%인 8만 360명이고 여학생은 12.4%인 1만 1409명에 지나지 않았다.[5] 취업 부분에서도 여성은 기회가 제한되어, 10만 명 정도의 교육받은 여성들 가운데, 4500명 정도만이 전문직을 가지고 있었으며 이 가운데 3250명 정도가 교사로 근무하고 있었다. 아프가니스탄은 전체 실업률이 높고 농업이 전체 경제의 75~90%를 차지하고 있었기 때문에, 여성 노동력, 특히 교육받은 여성의 노동력을 소화할 산업 기반이 없었다. 여성에게도 선거권이 부여되었지만, 여성 투표율은 매우 낮았으며 따라서 행정부와 의회에서도 여성의 이익은 대표되지 못했다.[6]

정치 영역에서도 문제는 여전했다. 19세기에 아프가니스탄을 지배했던 바라크자이 왕국은 20세기에 들어와서도 유지되었다. 1919년에 즉위해 영국과 세 번째 전쟁을 수행했던 아마눌라 칸(Amanullah Khan)은 전쟁을 통해 외교권을 회복한 이후 듀란드선을 인정하고 여성의 권리 증진 및 중앙정부 강화 등 아프가니스탄의 근대화를 추진했다. 하지만 이에 대한 강력한 반발이 있었으며, 결국 1928년, 내전이 발생하여 근대화 정책에 반대했던 부족 세력 및 군 장교단이 초기에는 정국의 주도권을 장악했다. 하지만 영국의 지원을 받은 세력이 내전에서 최종적으로 승리하여 1929년, 무함마드 나디르(Mohammed Nadir)가 국왕으로 등극했다.[7] 나디르 국왕은 이전과 같은 급격한 근대화를 추진하지는 않았지만, 1931년, 아프가니스탄을 입헌군주제 국가로 전환하기 위해 헌법을 공표했다. 이 헌법에서 종교 지도자들의 권한은 매우 폭넓게 인정되었고 부족 세력에 기초한 전통적 지배계급은 더욱 강력한 영향력을 행사하게 되었다. 1964년에 헌법이 개정되면서 평등이 강조되었지만, 개정된 헌법은 아프가니스탄 사회 전체를 변화시킬 정도의 영향력을 발휘하지 못했다. 그렇기 때문에 아프가니스탄 정치는 근대식 교육을 받은 엘리트들이 소외된 상태에서 전통 지배계급과 부족 및 종교 지도자들이 주도하게 되었다.[8]

2. 아프가니스탄 공화국의 성립

이러한 문제는 결국 1973년 7월 다우드 칸(Mohammed Daoud Khan)이 주도한 쿠데타와 아프가니스탄 공화국의 성립으로 폭발하기 시작했다. 왕족의 일원으로 당시 국왕(Mohammed Zahir Shah)의 사촌이자 매부였던 다우드 칸은 1930년대부터 군 지휘관과 지방 행정관으로 일하며 정치 경험을 쌓았다. 이를 기반으로 1953년 9월 아프가니스탄 왕국의 수상에 임명되어 1963년까지 아프가니스탄을 실질적으로 통치했다. 다우드 칸은 1964년, 개정 헌법으로 왕족이 정치에 관여하지 못하게 되면서 공직에서 물러났지만, 정치적 영향력을 유지하며 군 지휘부와도 관계를 지속했다. 1960년대 후반과 1970년대 초반 아프가니스탄 정부의 행정적인 무능력 및 기근으로 주민들의 불만이 심각한 상황에서, 다우드 칸은 1973년에 쿠데타를 통해 집권하고 군주제 폐지와 함께 공화국을 선포하고 대통령 직위에 올랐다.

다우드 칸은 권력을 찬탈(簒奪)하고 공화국을 선포하면서 기존 권위를 파괴했기 때문에, 전통적인 종교 및 부족 세력이 아니라 근대식 교육을 받은 신흥 엘리트 집단, 특히 공산주의 세력을 규합하여 자신의 권력 기반으로 삼았다. 그리고 미국과 소련 사이에서 줄타기를 하면서 더욱 많은 원조를 받아내려고 노력했다. "나는 소련 성냥으로 미국 담배에 불붙일 때 가장 행복하다"라는 다우드 칸의 명언은 그의 성향을 잘 보여준다.[9] 하지만 다우드 칸 자신은 공산주의에 동조하지 않았다. 그는 자신의 권력을 유지

그림 2-3 **쿠데타로 정권을 잡은 타라키**

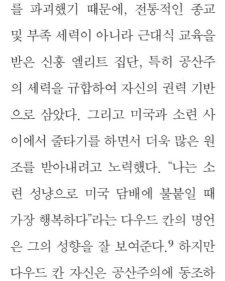

주: 왼쪽에서 오른쪽으로 그로미코 소련 외교장관, 타라키 아프가니스탄 대통령, 브레즈네프 소련 공산당 서기장(1979년 9월 9일, 아프가니스탄 귀국 직전의 사진. 일주일 후 타라키는 실각하고 한 달 후 살해된다).
자료: https://nsarchive.gwu.edu/sites/default/files/thumbnails/image/brezhnev-taraki-gromyko.jpg (검색일: 2020년 8월 27일).

하기 위해서 아프가니스탄 공산당(인민민주당, People's Democratic Party of Afghanistan)을 이용했을 뿐이었으며, 자신의 권력 기반이 어느 정도 강화되자 점차 공산주의 세력을 탄압하기 시작했다. 1978년 초, 양 세력은 충돌했고 결국 공산주의 세력의 쿠데타로 정권이 붕괴하고 다우드 칸은 살해되었다.[10]

1978년 4월에 발생한 공산당 쿠데타는 상황을 진정시키지 못했다. 공산당을 중심으로 한 신흥 근대화 엘리트들은 전통적인 부족 및 종교 권력을 탄압하면서 동시에 극심한 내부 권력투쟁을 시작했다. 타라키(Nur Muhammad Taraki)를 중심으로 한 공산당 정권은 이른바 '4월 혁명(Saur Revolution)'을 통해 소련의 지원을 받아 아프가니스탄의 급격한 근대화를 추진하겠다고 결심했고, 국호를 아프가니스탄 민주공화국(Democratic Republic of Afghanistan)으로 변경했다. 문제는 혁명 세력의 강력한 근대화 의지는 매우 강력한 사회적인 저항에 봉착했으며, 동시에 아프가

니스탄 공산당 내부의 분열과 갈등은 결국 사회 경제적 기반이 취약한 공산당 정권의 역량 자체를 약화시켰다는 사실이다. 소련은 아프가니스탄 공산당 내부 분열을 우려했고, 어떻게든 내부 파벌 싸움을 종식하기 위해 노력했다. 하지만 타라키와 함께 쿠데타를 주도했던 아민(Hafizullah Amin)의 대립은 수그러들지 않았다.[11]

1979년 1월 공산당 정권은 무상몰수 무상분배 원칙에 기반한 토지 개혁을 실시했는데, 농기구와 가축을 지급하지 않았을 뿐만 아니라 관개 시설 등을 고려하지 않은 채 단지 토지만 지급했다. 그 때문에 엄청난 혼란이 초래되었으며, 그로 인한 작황 실패와 국민들의 반발 때문에 공산당 정권은 정치적 기반을 상실했다. 이슬람 종교율법(Sharia)의 적용을 금지하면서 여성의 권리를 강화하려 했던 공산당 정권의 시도는 사회적인 반발을 불러왔는데, 특히 이슬람 종교 지도자들과 보수 세력의 저항이 심했다. 공산당 수뇌부는 "1년 이내에 모스크를 텅 비게 만들겠다"라고 공언하고 "30개월 이내에 아프가니스탄에 사회주의를 건설하겠다"라고 주장했지만, 소련은 아프가니스탄 공산주의 세력이 "현실과 유리되어 있다"라고 평가했다.[12] 공산당 정권은 소련의 경제 지원이 절실했는데 소련은 원조를 제공하는 조건으로 토지개혁을 완화하는 등 정책을 추진함에 있어서 속도를 조절할 것을 요구했다. 1979년 3월 아프가니스탄 서부의 헤라트(Herat)에서 반란이 일어났다. 주민들은 공산주의의 상징을 파괴하고 전통의상을 입지 않은 사람들을 공격했고, 이 과정에서 해당 지역에 거주하는 소련 민간인들이 살해되었다.

하지만 소련 정부는 군사력 사용을 거부했다. 1979년 3월 18일, KGB 의장이었던 안드로포프(Yuri Andropov)의 주도로 소련은 군사 개입을 하지 않겠다고 결정했다. 3월 20일 모스크바를 방문한 타라키에게 소련 정치국은 '아프가니스탄 문제를 스스로 해결'할 것을 조언하면서, 소련은

그림 2-4 **타라키와 함께 쿠데타로 정권을 잡은 아민**

자료: Wikipedia. https://en.wikipedia.org/wiki/Hafizullah_Amin#/media/File:Hafizullah_Amin.jpg (검색일: 2020년 8월 27일).

무기를 원조할 수 있지만 "소련군 병력을 파병하면 결국 아프가니스탄 주민들과 소련과의 전쟁으로 확대될 것이기 때문에 소련군 병력은 아프가니스탄에 진입하지 않는다"라는 원칙을 제시했다. 여기서 소련 정부는 정권의 사회 경제적 기반을 확대하고 소련의 군사원조에 기초하여 내부의 적을 격퇴하라고 하면서, '베트남 전쟁에서 하노이 정부가 승리했다'는 사실을 강조했다.[13] 당시 소련은 아프가니스탄 공산주의 세력이 '사회주의 건설'을 위해 사용하는 강압적 방식을 우려했으며, 특히 헤라트 반란을 진압하는 과정에서 수천 명을 처형하고 5000명이 사망한 상황을 통제하고자 했다. 공산당 집권 직후인 1978년 5월 매일 50~60명이 처형되고 고문과 구타로 감옥에서 매일 70명 정도가 사망하는 아프가니스탄 상황은 '사회주의 건설'에 도움이 되지 않는다고 보았다.[14]

4월 12일 정치국 회의에서 소련 정부는 이전의 입장을 재확인했다. 여기서 소련 정부는 1978년 4월 아프가니스탄 공산혁명은 '경제적으로 낙후되어 있고 자원이 부족하고 매우 초보 단계의 경제발전을 누리고 있는 봉건사회'에서 발생했다고 규정하면서, 계급 대립 자체는 존재하지만 새로운 정치 질서에서 이익을 보는 집단이 매우 제한되어 있다고 우려했다. 이에 대한 해결책으로 아프가니스탄 공산당 정권이 추진 중이던 토지개혁의 속도를 완화하고 이슬람 세력 및 지방의 부족 세력과 타협할 것을 제시했다. 동시에 소련은 군사 및 경제원조를 제공하고 아프가니스탄은 소련의 지원을 바탕으로 교착 상태를 타개하면서 법질서를 고수하고 자의적인 공권력 행사를 자제해야 한다고 보았다.[15]

3. 아프가니스탄 공산당 세력의 내분

이와 같은 상황에서 소련이 우려했던 것은 아프가니스탄 공산당 정권의 내분이었다. 1960년대에 아프가니스탄 공산당이 만들어진 이후 소련은 공산당 세력의 단합을 강조했으며, 1973년, 다우드 칸 정권이 출범한 이후에도 소련은 "아프가니스탄 공산 세력은 연합 전선을 구축하여 다우드 칸 정권에 협력하라"라고 지시했다. 하지만 공산당 내부의 파벌 경쟁은 극심했으며, 각 파벌에서도 내부 갈등이 파멸적으로 작동했다. 1978년 4월 공산주의 세력이 집권하자, 이러한 파벌 경쟁은 파국으로 치달았고, 소련의 조언과는 반대로 경쟁에서 승리한 파벌은 다시 내부 분열을 거쳐 파벌 싸움에 돌입하면서 아프가니스탄 공산주의 세력이 역량을 강화하고 사회 경제적 지지 기반을 확충하는 일은 요원했다. 또한 파벌 경쟁에서 탈락한 인물들 가운데 일부는 소련으로 망명하여 아프가니스탄의 상황을 과장했고, 소련이 개입하는 경우에는 6~12개월 이내에 정상화될 수 있다고 주장했다. 1979년 여름, 아프가니스탄 공산당 정권은 겨우 국토의 절반 정도만을 통제할 수 있는 지경에 이르렀지만 소련이 제안했던 개혁안은 내부 파벌 경쟁으로 집행되지 못했다.[16]

이에 소련은 아프가니스탄 군 및 경찰에 대한 교관 병력을 증강하고 동시에 대사관 경비를 강화했다. 1979년 2월 아프가니스탄 주재 미국 대사(Adolph Dubs)가 이슬람 근본주의 세력에게 납치되었는데 아프가니스탄 정부가 미국 대사를 구출하는 과정에서 그가 살해되자 소련은 자국 외교관 및 민간인 보호를 위해 경호 병력을 증강했다.[17] 대사가 사망한 것에 격분한 미국 정부는 아프가니스탄에 대한 원조를 삭감했고, 그 때문에 이전부터 취약했던 아프가니스탄에서의 미국의 존재감은 더욱 감소했다. 원조 및 인력 지원에서 소련은 미국을 압도했으며, 무엇보다 아프가니스탄이 소련과 지리적으로 너무나 가깝다는 사실 때문에 미국은 "어떠한 군사원조로도 소련의 아프가니스탄 침공을 막을 수 없다"라고 평가하고 이에 크게 관여하지 않았다. 하지만 소련은 미국과의 경쟁 가능성에 신경을 곤두세우고 있었고, 점차 과격하게 행동하기 시작했다. 특히 미국 유학 경험이 있는 아민을 의심하면서, 상대적으로 중도적 성향의 타라키를 지원하여 아프가니스탄 상황을 정상화하려고 시도했다.

그 첫 단계는 아민의 암살이었다. KGB는 현재 아프가니스탄 정부의 급격한 사회주의 건설 정책의 핵심 인물로 총리 겸 국방위원회 부위원장인 아민을 지목했고, 그를 제거하고 타라키를 설득하여 정책을 완화시켜야 한다고 제안했다. 그리고 아민을 납치하는 계획을 수립했지만, 집행되지 않았다.[18] 반면 소련 정부는 1979년 9월 초, 모스크바를 방문한 타라키에게 아민을 제거하라고 권고했지만, 타라키는 이러한 제안을 거부했다. 대신 타라키는 브레즈네프(Leonid Brezhnev)에게 '상황을 장악하고 있다'며 자신감을 표명했으나, 소련 정부는 반신반의하면서 타라키를 경호하기 위해 중앙아시아 출신으로 구성된 소련군 특수부대 파견을 결정했다. 귀국길은 안전하지 않았다. 카불 공항에 착륙하려던 항공기는 대통령을 암살하려는 아민 세력에 의해 1시간가량 상공을 선회해야 했으며, 아프가니스탄 소련 대사의 '강력한 개입' 후에야 착륙했다.[19] 9월 12일과 13일 소련 대사의 중재로 양 파벌의 화해가 이루어졌지만, 갈등은 전혀 해소되지 않았으며 양측은 여전히 서로를 노리고 있었다.

화해 다음 날인 14일 아침, 양측은 충돌했고, 재빠르게 군 병력을 장악한 아민이 타라키를 권좌에서 몰아내는 데 성공했다. 타라키 측 주요 인사들이 소련 대사관으로 피신한 가운데 고립된 타라키는 아민 측 병력에게 쉽게 체포되어 가족들과 함께 구금되었다. 소련은 타라키 측 근들을 아프가니스탄에서 소련으로 피신시켰고, 이 과정에서 소련 대사관 경비 병력이 아민 측 병력을 위협하는 상황이 연출되었다. 소련 정부가 아프가니스탄 대사에게 평소와 같이 행동하라는 훈령을 내리면서 상황은 진정되어 갔다. 소련은 타라키의 신변 안전을 요구했고 아민은 이를 보장했다. 그렇게 새로운 권력자가 카불에 등장하면서 아프가니스탄 상황은 정상화되고 있었다.

하지만 10월 10일 타라키가 살해되면서 상황이 급변했다. 브레즈네프 서기장은 신변 안전을 보장받았던 타라키가 살해된 사실에 격분해 아민을 제거할 것을 명령했다. 특히 소련은 아프가니스탄의 상황이 통제할 수 없게 되는 것에 공포심을 느끼고 있었다.[20] 그러나 아민은 소련 정부가 자신을 제거하려 한다는 사실을 알지 못했다. 소련 및 공산주의 이념에 충실했던 아민은 이제 자신이 통제하는 아프가니스탄이 소련의 지원을 받아 사회주의 혁명을 완수할 수 있다고 보았다. 그렇기 때문에 1978년 4월에 발생한 공산주의 쿠데타 이후 살해된 1만 2000명의 명단을 공개해 타라키 정권의 폭력적 측면을 폭로하면서 정책 변화의 가능성을 시사했다. 하지만 브레즈네프는 이러한 가능성 자체에 만족하지 않았다.

4. 소련의 침공 준비

최고 지도자인 브레즈네프의 명령에 따라 소련은 아민 정권을 교체하기로 결정했고, 이에 필요한 조치를 취하기 시작했다. 우선 소련은 다양한 방식으로 아프가니스탄에 병력을 사전 배치했다. 1979년 10월 중순, 소련이 사용하고 있는 바그람 공군기지(Bagram Airfield)에 경비 병력을 증강했으며, 소련군 군사고문단 및 교관 요원을 추가 파견했다. 타라키 측 인원들이 숙청되고 관련 군 지휘관들이 제거되면서 아프가니스탄 정부군 및 경찰력이 무너지기 시작하면서, 탈영이 만연했다. 덕분에 아민 정권은 영토의 20% 정도만을 통제할 수 있었다. 위기에 처한 아민 정권은 소련에 군사원조를 요청했고 이에 소련이 병력을 증강해 주자 이를 아프가니스탄에 대한 소련의 지지가 강화된 것으로 해석했다. 아민은 소련을 절대적으로 신뢰하면서 자신의 경호 부대를 소련군 지휘관이 지휘하는 방안을 제시하며 이를 위해 더 많은 소련군이 필요하다고 주장했다.[21]

둘째, 소련은 일단 아민을 '제거'하려고 했다. '소련의 포탄과 총검으로 아프가니스탄의 질서를 유지하는 것은 무의미하다'는 것이 1979년 1월 소련군 참모본부의 입장이었으며, 소련군은 파병 거부 입장을 1979년 12월 침공 직전까지 견지했다.[22] 아프가니스탄 현지에 파견된 소련군 군사고문단과 교관 요원들은 소련군의 개입에 반대했지만, 서기장이 이미 결정한 사항을 번복할 수 없었다. 대신 소련은 아프가니스탄에서 쿠데타를 시도했다. 11월 중순, 아프가니스탄 망명 세력은 자신들이 '통제'하고 있다는 병력을 동원하여 아민을 제거하겠다고 호언장담했지만 이에 호응하는 병력은 사실상 존재하지 않았다. 또한 카불에 있는 KGB가 해당 계획을 취소할 것을 강력히 주장했고 이에 계획은 무산되었다. 이어 소련은 아민을 암살하려고 했다. 아프가니스탄 망명 세력이 12월 13일 아민 독살을 시도했지만 실패했고, 대신 아민의 조카가 독을 마시고 쓰러졌다. 단 아민은 독살 시도 이후 정보기관 및 경호 병력을 문책하면서 아민 정권의 핵심이 약화되었다.[23]

결국 소련은 아민 정권을 교체하기 위해서 무력 침공을 결심했다. 1979년 12월 초, KGB 의장 안드로포프는 브레즈네프 서기장에게 군사력 사용을 건의했으며, 이후 이러한 방침은 소련의 공식 결정으로 발전되었다. 안드로포프는 "현재 아민 정권은 소련과의 관계를 단절하고 미국 제국주의자들 및 아프가니스탄 반동 세력과 연합하려고 한다"라고 비판하면서, "상황을 방치한다면 아프가니스탄에서 소련이 누리고 있는 우월적인 지위를 상실하게 된다"라고 평가했다. 특히 아프가니스탄 망명 세력의 주장을 소개하면서, "아민을 제거하고 나면 아프가니스탄 공산당 조직을 재건"할 수 있지만 현재 아민 정권이 "충실한 공산주의자들을 처형하고 있으므로 가능한 한 빨리 행동해야 한다"라고 역설했다. 이에 소련이 카불에 배치한 "2개 대대의 병력을 가지고 행동할 수 있지만, 확실하게 성공하려면 침공이 필요하다"라고 주장했다.[24]

12월 8일 브레즈네프 집무실에 모인 지도부는 아프가니스탄 개입을 기정사실화했고, 특히 아민이 생존을 위해 미국 진영으로 전향할 가능성과 미국이 아프가니스탄에 퍼싱 II 미사일과 같은 중거리 탄도 미사일을 배치할 위험을 심각하게 논의했다. 결국 개입이 결정되고, 어떠한 방법으로 개입할 것인지에 대한 방법론적 문제가 거론되었다. 일부는 KGB가 아민을 제거할 것을 주장했으나 이러한 제안은 수용되지 않았고, 병력을 동원하여 아프가니스탄을 침공하는 방안이 채택되었다. 12월 10일 국방 장관 우스티노프(Dmitry Ustinov)는 참모총장 오르가코프(Nikolai Orgakov)에게 아프가니스탄 침공을 위해 8만 병력을 준비하라고 통보했고, 이에 오르가코프는 극렬히 반대했지만 국방 장관은 "당신의 임무는 정치국을 가르치는 게 아니라 정치국에 복종하고 정치국의 결정을 집행하는 것"이라고 반박했다. 같은 날 브레즈네프가 직접 집무실로 참모총장을 소환하자, 오르가코프는 정치국을 설득하여 아프가니스탄 침공 결정을 번복시키려고 했으나 실패했다. 결국 군사작전이 결정되고 이를 위해 계획 및 조직 정비가 시작되었고 비밀 유지를 위해 모든 명령이 구두로 처리되었다.[25]

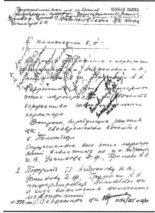

그림 2-5 **1979년 12월 12일 소련 정치국 회의록**

자료: https://nsarchive2.gwu.edu//dc.html?doc=5696258-Document-6-On-the-Situation-in-A-December-12-1979 (검색일: 2020년 8월 29일).

소련의 무력 사용이 공식적으로 결정된 것은 12월 12일이었다. 브레즈네프를 포함한 소련 최고 수뇌부가 참석한 정치국 회의에서, 'A 상황(아프가니스탄 상황)에 필요한 조치'를 취하며 '상세 사항은 KGB 의장 안드로포프와 국방 장관 우스티노프에게 위임한다'는 결정이 내려졌다. 해당 회의의 회의록은 비밀 유지를 위해 후일 서기장으로 집권하는 체르넨코(Konstantin Chernenko)가 직접 손으로 작성했으며, 이에 참석한 정치국원 전원이 서명했다.[26] 명시적으로 '소련이 아프가니스탄을 무력 침공한다'는 결정은 없

었으나, 문맥과 이전까지의 정책 결정과정에서 논의된 사항을 고려한다면, 12월 12일 정치국 회의에서 아프가니스탄 침공에 대한 최종 결정이 이루어진 것은 분명하다.

이후 준비 작업은 매우 빨리 진행되면서, 소련군은 놀라운 작전 기획 능력과 임기응변을 보여주었다. 12월 13일 소련 국방부는 주요 지휘관들에게 침공 결정을 통보하면서 "아프가니스탄 주민들은 소련군을 환영할 것이다"라고 강조했다. 이전까지 아프가니스탄에 사전 배치된 병력들이 하나의 명령 계통으로 통합되었으며, 아프가니스탄 군사작전을 담당할 40야전군(40th Army)이 투르키스탄 군관구에서 창설되었고, 휘하에 3개 사단과 독립연대 1개, 공수여단 1개가 배속되었다. 48시간 동안 7700명의 병력과 900개의 장비, 1000톤 이상의 보급품이 공수되었다.[27] 12월 24일 국방 장관 우스티노프가 공격 명령서에 서명하면서, 소련군의

제2장 무산된 기회와 파멸의 시작   73

아프가니스탄 침공은 최종 집행만을 남긴, 되돌릴 수 없는 기정사실로 굳어졌다.

5. 소련의 침공 성공과 파멸의 시작

아민은 이러한 상황을 전혀 파악하지 못했다. 아프가니스탄 군 및 정보기관은 침공을 위한 소련군 병력의 이동 및 카불 시내에 대한 정찰 활동에 대해 우려했으나, 아민에게 보고하지 않았다. 소련이 후원하는 아프가니스탄 망명 세력의 지휘부는 KGB의 호위 아래 카불에 잠입했으나, 아프가니스탄 정보기관은 별다른 조치를 취하지 않았다. 12월 18일 소련군은 이전 주둔지인 바그람 공군기지에서 이동하여 아민 대통령을 경호한다는 명목으로 재배치되었고 12월 23일까지 경호 업무에 집중했다. 아민은 이러한 소련군의 행동에 대해 전혀 의심하지 않았으며, 타라키 정권의 영향력 아래 있었던 아프가니스탄 정규 병력보다 소련군 병력을 더욱 신뢰했다.[28]

12월 27일 침공이 시작되었다. 첫 단계는 아민 제거였으나, 소련은 또 다시 실패했다. KGB가 사용했던 독약이 이번에도 제대로 작용하지 않았고, 보좌관들과의 점심 식사에서 독을 마신 아민은 소련 의료진의 치료 덕분에 27일 오후 7시 정도에 기력을 회복했다. 두 번째 단계는 아프가니스탄 병력의 무력화였다. 소련군 고문단 및 교관들은 탄약 교체를 위해 모든 무기를 회수하고 연료 및 배터리를 교체한다는 명목으로 아프가니스탄 병력을 사실상 무장해제했다. 일부는 소련군의 이러한 행동에 반발했지만, 아민은 이를 '자신에 대한 소련의 지원 강화 조치'로 받아들이고 소련군의 행동을 추인했다.[29]

마지막 단계로 소련군이 진입했다. 아프가니스탄 국경에 배치되어 있던 소련군 병력이 국경을 넘어 바로 아프가니스탄 침공을 시작했으며, 카불에 배치된 소련군은 통신망을 장악했고, 소련군이 배치된 바그람 공군기지에 소련군 수송기를 통해 추가 병력이 투입되었다. 저녁 7시 15분, 아민의 거주 시설에 대한 공격이 시작되었다. 소련군 병력 전원이 아프가니스탄 군복으로 위장했기 때문에 처음에는 혼란이 있었지만, 45분간의 교전으로 오후 8시에 소련군은 아민의 경호 부대 2500명을 제압했다. 독극물에서 완벽하게 회복되지 못했던 아민은 교전 과정에서 사살되었고, 그 밖의 인명 피해는 최소화되었다. 소련군 5명이 사망하고 35명이 부상했고, 아프가니스탄 병력 250명이 사망하고 150명 정도가 포로가 되었다. 민간인 피해는 전혀 없었다. 정부 주요 부처 및 아프가니스탄 군 병력은 저항하지 않았다.[30] 상황은 안정화되었다.

12월 28일 TV 방송을 통해 아프가니스탄의 새로운 권력자가 소련의 지지를 받으면서 등장했다. 소련군의 침공을 통해 권력을 잡은 인물은 카말(Babrak Karmal)로, 그는 아프가니스탄 공산당의 주요 인물이었으나 타라키, 아민 세력과 경쟁했던 파벌 소속이었다. 새롭게 권력을 장악한 카말의 파벌은 이전까지의 집권 세력인 타라키, 아민 파벌을 탄압했고, 집권 세력이 교체되면서 비워진 감옥은 새로운 죄수들로 채워졌다. 일부에서는 주민들이 소련군에게 꽃을 주면서 침공을 환영했고, 작전 성공에 고무되었던 브레즈네프는 소련군 철군을 지시했다. 상황은 수습되는 듯했다.

하지만 불안한 징후가 드러나기 시작했다. 소련군 수송대가 공격을 받았고 남동부 지방을 중심으로 이전까지 존재했던 저항 세력이 주민들의 지지를 얻으면서 본격적으로 행동했다. 또한 미국은 소련의 아프가니스탄 침공에 격렬하게 반응하면서 1980년 모스크바 올림픽 참가를 거부했고, 1980년 1월 미국 카터 행정부는 소련과의 군축 조약인 전략무기제한협정(SALT II: Strategic Arms Limitation Treaty II)의 비준 동의를 철회했다. 그리고 미국은 아프가니스탄 저항 세력에 대한 무제한적인 지원을 결정했다. 드디어 파멸이 시작되었다.

제3장

소련의 아프가니스탄 전쟁

침공은 매우 쉬웠다. 소련이 아프가니스탄에 병력을 전개하고 카불을 장악하고, 무엇보다 아민을 제거하고 카말을 권좌에 앉히는 것은 너무나도 간단했다. 문제는 침공 후 2개월이 지난 시점에서부터 저항이 시작되었고, 소련이 무자헤딘 저항 세력을 군사적으로 제압하지 못하면서 발생했다. 결국 1988~1989년에 아프가니스탄에서 철수하기까지 소련은 엄청난 자원을 소모했지만, 아프가니스탄에서 침공 당시의 전쟁 목표와 이후 변경된 목표를 달성하지 못했다. 악화되는 상황 속에서 소련은 ─ 그리고 소련군은 분투했지만 ─ 결국 패배했다.

기본적인 문제는 두 가지였다. 첫째, 소련은 침공의 정치적 목표를 명확하게 규정하지 못했다. 1979년 말, 소련은 아프가니스탄에서 아민만 제거하면 모든 것이 해결된다고 모호하게 생각하면서, 군사력을 사용했다. 하지만 아민을 제거한 이후에도 아프가니스탄 공산당은 정치적 기반을 구축하지 못했고, 다른 세력을 포용하는 네 소극적이었다. 소련은 군사력을 동원했지만, 약화되는 아프가니스탄 공산주의 세력을 강화하지 못했다. 둘째, 소련군의 역량이 매우 제한되어 저항 세력을 군사적으로 제압하지 못했다. 아프가니스탄 정부군이 사실상 와해된 상황에서, 소련은 너무나 작은 규모의 병력을 투입했으며, 험난한 지형에서 보급로를 유지하는 데 상당한 병력을 할애하면서 무자헤딘 세력을 격퇴하는 것은 더욱 어려웠다.

아프가니스탄 공산당 정부를 통한 간접적 국가 건설이 쉽지 않은 상황에서, 소련은 직접 인력을 투입하고 예산을 배정하여 국가 건설을 시도했다. 하지만 이는 쉽지 않았다. 소련이 투입할 수 있는 인력과 자원은 매우 한정되어 있었으며, 아프가니스탄의 이슬람 저항 세력은 매우 강력했다. 아프가니스탄 사회 세력의 구도에서, 1978년에 전통적인 왕실·귀족 세력이 제거되었고 공산주의 세력은 내분으로 심각히 약화되었다. 결국 이슬람 세력은 권력투쟁에서 패배한 세력을 흡수하면서 그 영향력이 강화된 역설적인 상황이 초래되었고, 상대방을 말살하는 것에만 집중했던 공산당 세력은 결국 외연 확장에 실패하고 이슬람 세력을 강화시켜주고 말았다.

미국과 파키스탄은 무자헤딘 세력을 지원했고, 사우디아라비아를 비롯한 이슬람 국가들 또한 '무신론 공산주의'에 저항하는 아프가니스탄 근본주의 세력에게 자금과 인력을 제공했다. 이제 소련은 군사적으로 미국과 사우디아라비아의 자금으로 무장하고 파키스탄에 기지를 확보한 이슬람 저항 세력을 격퇴해야만 했다. 무자헤딘은 소련군의 막강한 화력 때문에 어떠한 경우에도 정면 대결을 하지 않았고, 결국 소련군과 무자헤딘 모두 상대방의 보급을 차단하는 데 주력했다. 이러한 상황에서 소련이 더 많은 고통을 느끼고, 결국 철군을 고민하게 된다.

1. 성공적인 침공과 정치적 목표 달성의 어려움

초기 상황은 환상적이었다. 소련군은 민간인 피해는 전혀 없이 아민 정권을 무너뜨리는 데 성공했고, 정치범을 전면 석방했다. 아프가니스탄 주민들은 이러한 소련군에게 꽃을 건네줄 정도로 소련의 침공을 환영했다. 소련은 곧 철수할 수 있다고 보았다. 1980년 1월 카불을 방문한 KGB 의장 안드로포프는 "소련군의 총검이 있어야만 유지되는 공산주의 정권은 무의미하다"라고 강조하면서, 상황이 안정되면 즉시 철군한다는 입장을 표명했으며 브레즈네프 서기장 또한 철군을 지시했다.[1] '만악의 근원'인 아민을 제거하면 아프가니스탄 공산주의 세력이 더 이상 약화되지 않을 것으로 생각했고, 이제 카말을 중심으로 아프가니스탄에 온건 공산주의 세력이 권력을 장악하고 기타 사회 세력을 규합하면 소련에 우호적인 공산주의 국가가 유지될 수 있다고 판단했다. 하지만 이러한 장밋빛 기대는 환상이었다.

소련은 타라키 정권에 '급진적 사회주의 건설을 자제'하라고 조언하고 '근본주의 세력을 제외한 다른 이슬람 세력과의 연합 정권 수립'을 강조했지만, 타라키와 아민은 이러한 소련의 조언을 거부했고 이후 카말 또한 소련의 요구를 수용하지 않고 저항 세력의 분쇄만을 추구했다. 소련군이 정치범을 석방했지만, 소련의 지원을 받는 카말 정권은 타라키와 아민을 지지하는 세력을 무차별 체포했다. 1980년 2월 20일 카불에서 발생한 시위는 이러한 상황에 불만이 폭발한 것이었다. 특히 2월 22일에는 수천 명의 카불 주민들이 소련의 침략에 저항하는 의미로 야간에 지붕에 올라가서 "신은 위대하다(Allahu Akbar)"라는 구호(Takbir)를 외치며 시위했다.[2] 소련군과 카말 정권은 시위를 유혈 진압하고 900명 이상을 체포했다. 하지만 시위는 아프가니스탄 전역으로 퍼져나갔으며, 칸다하르와 헤라트 등 지방 주요 도시에서는 무력 저항까지 등장했다.[3] 저항은 점차 확산되었고, 파멸의 징후가 드러나기 시작했다.

카말 정권의 보복과 그 이전에 타라키·아민 정권에서 있었던 비공산주의 세력에 대한 탄압은 아프가니스탄 공산당 세력을 약화시키는 결과를 초래했다. 아프가니스탄은 기본적으로 농업 국가이기 때문에 공산주의 세력의 기반이 될 수 있는 산업 노동자가 사실상 존재하지 않았다. 1970년대 아프가니스탄의 사회 세력은 전통 왕실·귀족 세력을 기반으로 하는 다우드 세력과 이집트 유학생을 중심으로 카불대학교에서 만들어진 이슬람 근본주의 세력, 근대적 교육을 받은 지식인 중심의 공산주의 세력 등으로 나뉘었다. 이 가운데 다우드 세력과 공산주의 세력이 연합하여 1973년 7월 쿠데타를 통해 국왕 세력을 축출하고 아프가니스탄 공화국을 선포했다. 하지만 양 세력의 갈등으로 1978년에 다우드가 살해됨으로써 다우드를 중심으로 했던 전통적인 왕실·귀족 세력이 제거되었고, 타라키 정권에서만 1만 2000명이 처형되었다.[4]

아프가니스탄 공산주의 세력은 이미 온건 공산화를 주장하는 카말을 중심으로 카불 및 북부와 서부를 기반으로 한 도시 공산주의 세력과 남부와 동부의 파슈툰을 기반으로 하며 농촌에서의 급진적 근대화를 주장하는 타라키·아민의 농촌 공산주의 세력으로 분열되어 있었다.[5] 1978년 이후 양 공산주의 파벌은 엄청나게 대립했으며, 카말 또한 타라키·아민 정권 당시 암살 위험에 노출되어 대사로 부임했던 체코슬로바키아에 망명했다.[6] 초기에는 파슈툰 중심의 타라키·아민 세력이 정권을 장악하는 데 승리했지만 이들은 곧 내분으로 그 세력이 약화되었고, 1979년 12월 소련의 침공으로 완전히 제거되었다. 그 후 결국 카말 세력이 소련의 지원으로 권력을 장악했다. 이제 카말 세력이 아프가니스탄 공산당 내부 숙청을 시작했다. '우리를 고문하고 우리의 동료들을 살해했던 자들

을 처단'한다는 카말의 정책에 소련군은 경악했지만, 이를 저지하지는 못했다.[7]

반면 이슬람 근본주의 세력은 1980년 이후 본격적인 권력투쟁에 참여했고, 지금까지의 권력투쟁에서 패배한 다우드, 타라키, 아민 등의 잔존 세력을 남부와 동부의 파슈툰 부족 중심으로 규합했다.[8] 이슬람 세력은 종교적 근본주의 입장에서 소련식 공산주의에 반대했다. 그들은 1960년대부터 아프가니스탄 왕국이 종교적 색채를 약화시키고 공산주의 세력을 용인했던 경향을 우려하면서 아프가니스탄을 종교적으로 변혁해야 한다고 주장했다. 정치적 활동은 미미했지만, 소련의 침공에 저항했던 무자헤딘의 주요 지휘관은 이러한 이슬람 근본주의 세력 출신이었다.[9]

아프가니스탄 공산주의 세력의 취약성은 정부군이 와해되는 과정에서 극단적으로 드러났다. 1978년 4월 다우드 정권을 무너뜨리고 권력을 잡은 아프가니스탄 공산당이 기존 장교단을 숙청하면서 아프가니스탄 군과 경찰은 약화되었다. 공산당 세력 내부의 갈등으로 먼저 타라키, 아민 세력은 카말을 추종하던 장교를 숙청했고, 아민이 타라키와 연계되었던 장교들을 제거했다. 그리고 카말 세력이 소련의 도움으로 권력을 잡으면서 타라키, 아민의 잔존 세력을 탄압했다. 아프가니스탄 장교단의 42%와 고위 장교의 상당 부분이 타라키, 아민 계열이었기 때문에, 카말 세력이 타라키, 아민 계열 장교들을 제거하면서 북부와 서부 출신 장교들이 남부와 동부의 파슈툰 출신 장교들을 대체했고 아프가니스탄 병력 상당 부분을 마비시켰다.[10]

이 과정에서 아프가니스탄 군 및 경찰 병력이 소멸하기 시작했다. 많은 병력이 무기를 가지고 탈영했고, 대부분은 저항 세력에 가담하면서 무자헤딘의 전투력이 증가했다. 소련 침공 이전에도 아프가니스탄 정부군은 고질적인 탈영 문제로 전투력의 상당 부분이 손실된 상태였다.

1978년 봄, 정부군은 13만 2000명 수준이었는데, 상당수의 병력이 무자헤딘과 내통했기 때문에 신뢰할 수 없고 탈영이 만연했다. 1978년 4월 공산주의 쿠데타로 육군 병력의 상당 부분이 소멸하면서 1979년 말 아프가니스탄의 군사력은 10만 명 수준으로 감소했다.[11] 서부 헤라트에 배치되었던 아프가니스탄 육군 9사단은 1979년 초, 이미 병력의 상당 부분이 무단이탈한 상황이었는데, 1979년 12월 소련의 침공으로 부대 전체가 소멸했다.

탈영 문제는 계속 악화되었다. 1980년 4월 말까지 1만 7000명이 탈영했다. 카말 정권이 상황을 통제하지 못하는 가운데, 1980년 여름 무렵 정부군은 1/3 수준으로 줄어들었으며, 나머지 병력 또한 탈영할 기회만 엿보고 있었다.[12] 이후 통제력이 제한적으로 회복되면서 1980년에 비해서는 탈영이 줄었지만 절대적인 수준에서 개선된 것은 아니었다. 1981년 한 해에 3만 명 정도가 탈영했으며, 1982년에도 매달 2500명에서 3000명이 탈영했다. 전사자의 6배 규모가 탈영하면서, 아프가니스탄 정부군의 전투력은 향상될 수 없었다. 1982년 여름, 카말 정권이 5600명을 강제 징집했으나, 그중 2000명이 훈련 과정에서 탈영했다. 아프가니스탄 경찰군(Sarandoy)에서만 9개월 동안 8000명이 탈영했다. 병력 부족에 직면한 아프가니스탄 정부는 징집 연령을 낮추고 복무 기간을 연장하면서 봉급을 인상했지만, 이는 오히려 더 강력한 반발만을 초래할 뿐이었다.[13]

2. 소련군의 문제점

소련은 아프가니스탄 상황 악화를 극도로 우려했다. 아프가니스탄 공산당 정권이 스스로를 유지할 수 없는 상황에서, 소련은 자신의 군사적 역량을 동원하여 아프가니스탄 공산주의 세력을 보호해야 했다. 하지만 소련이 동원한 군사력은 너무나 부족했다. 이것이 첫 번째, 그리고 가장 심각한 문제였다. 1968년 8월 소련은 체코슬로바키아를 침공하면서 소련군 18개 사단과 바르샤바 조약군 8개 사단, 총 26개 사단의 50만 명의 병력을 동원했다. 하지만 소련은 아프가니스탄에 너무나 작은 규모의 병력을 투입했다. 아프가니스탄 침공 및 이후 작전에 투입된 소련군은 40야전군 휘하의 공수 사단 1개와 자동차 소총 사단 3개가 기본으로 배속되었고, 여기에 독립 여단과 연대 19개 부대가 추가되었다.[14] 아프가니스탄 전체를 통해 소련 40야전군은 10만 9000명 이상의 병력을 보유하지 않았으며, 1만 명 규모의 KGB 병력이 추가되었다. 소련군 병력은 최대 규모에서도 12만 명 수준이었고, 소련은 고질적인 병력 부족에 시달렸다.[15]

아프가니스탄의 지형은 소련군의 병력 부족 문제를 더욱 악화시켰다. 험난한 지형과 부족한 도로, 철도망 때문에, 소련군은 부족한 병력의 대부분을 보급로 유지에 투입해야 했다. 우선 아프가니스탄에는 철도가 없었다. 역대 정부는 국내 철도 부설에 반대했으며, 그 결과 아프가니스탄에는 철도 교통이 작동하지 않았다. 소련군 물자 수송을 위해 국경 지대 총 25km의 철도를 건설했지만, 이것은 소련의 우즈베키스탄 및 투르크메니스탄에서 아프가니스탄으로 넘어가는 지점에 국한되었고 내륙으로 연장되지 않았다.[16] 1982년 6월 소련은 아프가니스탄 국경 지점에 '우정의 다리(Friendship Bridge)'를 완공하고 이를 통해 철도 수송을 확대하고자 했지만 이는 실현되지 못했다. 그 때문에 모든 물자의 수송은 트럭을 이용하거나 항공기를 이용해 이루어졌다. 그러므로 엄청난 예산과 자원이 소련군 병력에게 물자를 보급하는 데 소모되었다.

도로 수송이 불가피해지면서 소련은 아프가니스탄 도로망 확충에

주력했고, 특히 아프가니스탄의
주요 도시를 연결하는 총 2200km
의 환상망(環狀網, Ring Road)을 건
설하는 데 집중했다. 수도 카불을
중심으로 서부의 헤라트와 남부
의 칸다하르, 동부의 잘랄라바드
등을 연결하는 이 도로망은 그 후
아프가니스탄 발전과 소련군 작
전에 필수인 핵심 도로망으로 자
리 잡았다. 도로망은 험난한 힌두
쿠시 산맥을 통과해야 했는데, 소

그림 3-1 **소련이 건설한 아프가니스탄-우즈베 키스탄 우정의 다리(1982년 6월)**

자료: Wikimedia Commons, https://commons.w ikimedia.org/wiki/File:The_friendship_bridge_con nects_Mangusar,_Uzbekistan_and_Hariatan,_Af ghanistan.jpg (검색일: 2020년 9월 13일).

련의 지원으로 아프가니스탄 북부와 카불을 연결하는 대동맥인 살랑 터
널이 1964년에 건설되었다. 문제는 길이 2.7km, 평균 고도 3400m의 살
랑 터널이 편도 1차선이고 전체 너비가 7m로 매우 좁아서, 대형 트럭 2대
가 동시에 지나는 것이 쉽지 않았다는 점이다.[17] 무자헤딘은 살랑 터널
및 힌두쿠시 산맥을 통과하는 도로망을 공격했고, 소련군은 이와 같이
노출된 보급로를 유지하기 위해 상당한 병력을 배치했기에 소련군의 병
력 부족 문제는 더욱 악화되었다.

　소련의 노력에도 불구하고 보급은 충분하지 않았고, 소련군은 전혀
예상하지 못한 문제에 직면했다. 보급 물자가 부족하여 전투력을 발휘할
수 없는 것은 무자헤딘이 대규모 공격을 실행하지 않는 상황에서는 치명
적인 문제는 아니었다. 하지만 식량 부족은 심각한 문제였다. 소련군은
자신들을 '아프가니스탄 난민'이라고 자조적으로 말할 정도로 고질적인
식량 부족으로 고통받았다. 식량이 부족하여 병사들은 영양실조와 괴혈
병에 시달렸으며, 일부 병사들은 체중이 20kg 이상 감소하기도 했다.[18]

그림 3-2 **아프가니스탄 환상 도로망과 살랑 터널**

자료: David Campbell, *Soviet Paratrooper vs. Mujahideen Fighter, Afghanistan 1979-89*(Oxford: Osprey Publishing, 2017), p.6.

휴지와 비누와 같은 위생과 직결되는 생필품 부족은 더욱 치명적으로 작용했다. 아프가니스탄이라는 새로운 환경에서 소련군은 이질과 장티푸스, 간염에 시달리면서, 전체 복무 인원의 70%가 수인성 전염병으로 최소한 한 번씩은 입원했을 정도였다. 1981년 말, 소련군 사단 병력의 25%가 전염병으로 전투력을 완전히 상실했고 사단장을 비롯한 모든 지휘관이 입원하는 상황까지 초래되었다. 1985년에는 콜레라 때문에 1개 여단 전원이 격리된 적도 있으며, 특히 말라리아는 고질적으로 소련군 병력을 괴롭혔다.[19] 일부 병력은 지역 암시장에 탄약과 연료를 팔아서 식료품을 사기도 했으며, 무자헤딘에게 노획한 침낭을 사용하기도 했다. 환경 자체가 가혹하여 소련군 내부에서는 음주와 마약이 만연했으며, 병영 내부에서 직접 주류를 제조하여 마시는 일까지 발생했다.[20]

3. 소련군의 작전과 전술

소련의 전략은 간단했다. 보급로를 유지하면서 인구 밀집 지역인 도시 및 산업 시설을 장악하고 도로망을 통제하여, 저항 세력을 산악 지역으로 몰아내고 저항 세력의 보급로를 차단하면서 화력을 집중하여 최종적으로 섬멸한다는 것이었다.[21] 무자헤딘은 미국의 지원을 받아 전투를 수행했기 때문에 파키스탄 국경에 인접한 아프가니스탄 동부와 남부에서 주요 전투가 벌어졌으며, 무자헤딘과 소련군은 서로 상대방의 보급로를 차단하는 데 집중했다. 하지만 초기 전투에서 소련군의 화력에 제압된 무자헤딘은 그 후 소련군과의 결전을 시도하지 않았다. 무자헤딘은 통합된 전투 조직이 아니며 오랫동안 내분에 휩싸였기 때문에 병력을 집결시켜 소련군과 결전을 감행할 가능성도 없었을 뿐 아니라 그러한 무자헤딘을 포착하는 것도 어려웠다.

소련이 구상했던 전쟁은 다음과 같은 4단계로 진행되었다. 1단계는 1979년 12월 침공에서 1980년 2월까지의 기간으로 소련이 침공하여 아프가니스탄 전역을 장악한 단계이다. 이때 심각한 탈영으로 아프가니스탄 정부군이 와해되었다. 카불 등에서 대규모 시위가 발생했지만, 무력

표 3-1 **소련군 작전 단계별 전사자**

단계	기간	주요 특징	전사자/월 평균 전사자(명)
1단계	1979년 12월~1980년 2월	초기 점령	245/123
2단계	1980년 3월~1985년 4월	매복 및 기습 대응	9,175/148
3단계	1985년 5월~1986년 11월	화력 집중과 특수부대 작전	2,745/137
4단계	1986년 11월~1988년 11월/ 1989년 2월	철군 준비와 무력시위	2,262/87

자료: Braithwaite, *Afgantsy*, pp.139~144.

으로 진압했으며 본격적인 저항 세력의 공격은 발생하지 않았다. 2단계는 1980년 3월에서 1985년 4월까지로 무자헤딘은 초기 단계에서 소련군 화력에 제압되고 이후 매복과 기습으로 소련군을 공격했고, 소련군 또한 무자헤딘의 보급로를 차단하려고 시도했던 시기이다. 특히 소련군은 살랑 터널 지역을 위협하는 저항 세력을 소탕하기 위해 1980년 4월부터 1984년 9월까지 총 8회에 걸쳐 판지시르 계곡(Panjshir Valley)을 공격했으나, 무자헤딘을 소탕하는 데 실패했다. 3단계는 1985년 5월에서 1986년 11월까지로, 소련군은 고르바초프(Mikhail Gorbachev)의 등장으로 철군을 준비하면서 아프가니스탄 공산주의 세력에 대한 군사적 위협을 제거하기 위해 매우 적극적으로 화력을 사용했다. 1985년 6월 판지시르 계곡에 대한 제9차 공격을 실시했는데 전략 폭격 및 강력한 포병 화력을 집중했으며 특수부대를 적극 활용하여 무자헤딘을 압박했다. 마지막인 4단계는 1986년 11월 이후로 소련이 철군하지만 아프가니스탄 정부에 대한 재정적 지원이 늘고 폭격은 증가된 시기이다.[22]

이러한 전략을 집행하기 위해 소련군은 우선 자신의 보급로를 방어하는 데 집중했다. 아프가니스탄의 험난한 지형 때문에, 소련군은 보급로를 유지하는 데 상당한 병력을 할애했다. 소련 40야전군 총 133개 대대 가운데 정기적으로 전투에 투입된 병력은 51개 대대였으며, 전체 병력의 20%만이 직접 전투를 수행하고 나머지 병력은 기지 방어 및 교통망 방어 등에 투입되었다.[23] 개별 대대가 40~150km 길이의 도로를 방어해야 했지만, 현실적으로 이는 불가능했다. 일부 중요 구간에는 20km마다 소대급 초소를 건설했으나 큰 효과는 없었다. 1200대의 트럭이 소련 국경에서 출발하면 카불에 도착하는 것은 700대 수준이었고 나머지는 중간에서 파괴되기도 했다. 11일 동안 겨우 40km만을 전진한 적도 있었다.[24]

상대적으로 안정적인 동부 지역의 보급로 유지에 3개 대대가 투입되었지만, 서부 지역에서는 총 26개 대대가 투입되어 200개의 초소를 건설하고 통신선을 유지했으며 보급 부대를 호송했다. 소련은 아프가니스탄 전체에 총 862개의 초소를 건설했고 2만 명 이상의 전투 병력을 배치했다.[25] 그럼에도 보급로는 안전하지 않았다. 무자헤딘의 산발적인 공격은 지속되었고, 그 때문에 많은 보급품이 파괴되거나 저항 세력에게 노획되었다. 소련군은 보급 부대의 전위와 후위에 장갑차량을 배치했고 차량 행렬 중간에 15~16대마다 장갑차량을 추가했다. 그럼에도 모든 공격을 저지하거나 격퇴할 수 없었기 때문에 일단 공격을 받으면 빠져나갈 수 있는 보급 차량은 가능한 한 빨리 전투 지역에서 이탈하라는 지침을 하달했으며, "어떠한 경우에도 멈추지 않는다"라는 원칙에 기초하여 보급품을 전달하는 데 최우선 순위를 두었다.[26] 그렇기 때문에 소련군 보급 체계는 효율적일 수 없었다.

특히 소련군은 살랑 터널 및 인근 지역을 확보하는 데 집중했고, 카불에서 북쪽으로 70km 정도 떨어진 판지시르 계곡을 근거지로 하며 살랑 터널 지역을 위협하는 마수드(Ahmad Shah Massoud) 휘하의 저항 세력

소탕 작전을 총 9차례 시도했다. 1980년 4월 첫 공격부터 1985년 6월까지 소련군은 폭격과 헬리콥터 강습을 통해 판지시르 계곡의 저항 세력의 이동을 차단하고 기갑부대를 계곡에 투입하여 저항 세력을 섬멸하려고 시도했다. 하지만 마수드 휘하 저항 세력은 소련군의 공격을 계속 피하며, 정면 대결하지 않고 끝없이 매복하고 기습하면서 대응했다. 가능한 한 모든 도로에 지뢰를 매설하고 아프가니스탄 정부군 내부의 제보자를 통해 소련의 공격을 사전에 파악하고 주요 병력과 주민들을 대피시켰다. 소련군은 계곡을 점령했지만 장악하지는 못했다. 지역 장악을 위해 상주하는 아프가니스탄 정부군 병력은 저항 세력의 끝없는 공격에 노출되었고 사상자가 급증했다. 아프가니스탄 정부군은 너무나 많은 병력을 동원했고, 따라서 보급 수요 또한 급증했다. 마수드 저항 세력에게 아프가니스탄 정부군의 보급 부대는 매우 좋은 공격 목표였고, 아프가니스탄 정부군 병력의 인명 피해는 더욱 증가했다.[27] 결국 정부군 병력은 철군하고 저항 세력이 판지시르 계곡을 통제하게 되었고, 소련군의 공격은 그 목표를 달성하지 못했다. 시간이 지나면서 마수드가 지휘하는 저항 세력은 더욱 증강되었고, 판지시르 계곡에 진입하는 것 자체가 어려워졌으며, 마수드는 무자헤딘의 대표격으로 서방 세계에는 '판지시르의 사자(Lion of Panjshir)'로 알려지게 되었다.[28]

판지시르 계곡을 소탕하고 마수드 병력을 섬멸할 수 없었기 때문에, 소련군은 마수드와 접촉하여 휴전에 합의하기도 했다. 1982년 8월 제6차 공세 후 소련군은 마수드 저항 세력과 타협함으로써 살랑 터널을 통한 소련군 핵심 보급로의 안전을 도모했다. 소련군 전체 보급품의 3/4이 통과하며 전쟁 기간 동안 800만 톤의 물자가 수송되었던 살랑 터널은 절대로 폐쇄되어서는 안 되는 소련군의 대동맥이었다. 소련군은 도로 인근 지역의 모든 마을 및 주민들을 소개(疏開)하고 나무를 제거했으나, 공격은 지속되었다. 소개된 주민들은 결국 대도시로 모여들었고, 아프가니스탄 정부는 소개령에 따라 도시로 이동한 농촌 지역 주민들에게 식량을 제공해야 했다. 농촌 지역을 소개하면서 식량 생산이 줄어든 아프가니스탄 정부는 소련에 식량을 요구했고, 소련이 식량을 제공하면서 보급로 문제는 더욱 악화되었다.

이러한 방어적인 보급로 보호를 위한 군사 행동 이외에, 소련군은 결전을 회피하는 무자헤딘을 공격하고, 특히 무자헤딘 보급로를 차단해서 고사시키거나 결전을 유도하려고 했다. 문제는 아프가니스탄 정부가 국경, 특히 파키스탄과의 국경을 봉쇄하지 못하면서, 외부에서 계속 병력과 물자가 유입되었다는 사실이다. 아프가니스탄 정부가 인구의 절반 정도만을 겨우 통제하는 상황에서, 파키스탄을 거쳐 들어온 4만 명 이상의 외부 병력이 무자헤딘에 가담했다.[29] 따라서 소련군은 외부에서 유입되는 무자헤딘 병력 및 물자를 공격했고, 무자헤딘 보급 부대에 대한 매복 및 봉쇄 그리고 위력정찰을 시도했다. 하지만 소련군은 다음과 같은 문제 때문에 큰 성과를 거두지 못했다. 우선 고질적인 병력 부족 때문에 소련군은 조금만 피해가 있으면 공격을 중지하고 방어 태세로 전환하고 공군 및 포병의 화력지원을 요청했다.[30] 그리고 이 과정에서 민간인 피해가 증가하면서, 소련군 및 아프가니스탄 정부에 대한 주민들의 지지가 감소했다. 또한 소련군은 화력과 기동력으로 무자헤딘 보급 부대를 격파했으나, 해당 지역을 완전히 봉쇄하거나 차단하지 못했다. 주민들의 지지를 받지 못하는 상황에서 지역 민병대 병력을 동원하는 것은 불가능했고, 따라서 파키스탄과의 국경 지대를 봉쇄하지 못해 무자헤딘의 보급을 차단하지 못했다.

둘째, 지휘관이 부대 전체를 엄격하게 통제하고 강력하게 장악하는 소련군의 특성이 많은 부작용을 초래했다. 소련군은 공격 직전에 항상 야지에서 최종 점검을 실시했고, 그 때문에 지역 주민들은 소련군의 활동을 짐작할 수 있었다.[31] 상급 지휘관들은 모든 경우에 보고를 요구했으며, 따라서 매복 작전을 나가는 부대는 출발과 도착, 전투 준비 완료, 작전 후 복귀를 항상 보고했으며, 동시에 매시간 정기적으로 무선보고를 해야 했다. 장기 복무 전문 부사관이 존재하지 않기 때문에 모든 작전은 장교들이 직접 지휘해야 했으며, 따라서 매복 부대는 필요 이상으로 큰 경우가 허다했다. 모든 매복은 부사관이 담당하는 분대가 아니라 2명 이상의 장교가 지휘하는 소대 병력에 의해서 수행되었다. 그렇기 때문에 무자헤딘은 소련군의 매복을 쉽게 파악했고, 소련군 매복의 90%는 아무런 성과 없이 종료되었으며 무자헤딘 보급 가운데 15~20% 정도만이 차단되었다.[32]

셋째, 소련군은 정찰을 거의 하지 않았으며, 기계화 보병에 지나치게 의존했다. 도보 정찰을 수행하지 않았고, 되도록 모든 경우에 근접 전투를 회피했으며 경계 작전 및 매복에도 장갑차량을 동원했다. KGB 휘하 스페츠나츠 등의 특수부대는 능동적으로 작전을 수행했지만, 소련군 병력은 무자헤딘과 교전에서 매우 소극적으로 행동했다. 특히 장갑차량에서 200m 이상 떨어지지 말라는 지침에 따라, 소련군은 무자헤딘을 추격하여 전과 확대를 시도하지 않았다.[33] 무엇보다 정찰을 거의 하지 않는다는 것은 소련군의 치명적인 약점이었다. 보급 부대 호송에서도 첨병(尖兵, vanguard) 부대는 정찰 활동을 하지 않았으며, 오히려 상공에서 엄호하는 헬리콥터의 역할이 더욱 중요했다.[34] 강습 작전에서도 수색 정찰을 실행하지 않았으며, 따라서 무자헤딘의 위치를 식별하지도 못했다. 야간 수색 정찰은 더욱 금기시되었다. 배속되어 있는 수색 정찰대는 기본 전투 부대로 활용되었고, 첩보 수집 기능은 수행하지 않았다.[35]

아프가니스탄 전쟁 기간 동안 소련군은 단 하나의 초소도 상실하지 않았고, 카불을 방어하고 무자헤딘의 공격을 격퇴하는 데 성공했다. 소련군은 카불 자체를 방어하기 위해 도시 주변에 3중 방어망을 구축했고, 지뢰 지대와 장애물, 초소망을 활용해 무자헤딘의 카불 공격을 사전에 탐지하고 저지했다. 아프가니스탄에서 소련군은 분전했다. 하지만 전쟁에서 승리하지는 못했다. 무자헤딘을 군사적으로 제압하지 못했고, 무자헤딘의 보급로를 차단해서 고사시키지도 못했다.

4. 무자헤딘의 전략과 전술

소련이 아프가니스탄 공산당 정권을 유지하기 위해 침공했고 전쟁에서 승리하기 위해 아프가니스탄 '근대화'를 추진하면서, 아프가니스탄에는 외부 침략과 강제적 근대화에 반대하는 이슬람 세력이 무장 저항을 시작했다. 이와 같은 무력 항쟁은 1970년대 후반 시작되었으나, 소련 침공 후 그 범위는 아프가니스탄 전체로 확대되었으며, 특히 아프가니스탄 남부와 동부 지역에 집중되었다. 하지만 무자헤딘은 서방에서 찬양했던 바와 달리, '외세의 침략에 저항하는 신성한 민족주의 저항 세력'은 아니었다. 국가 정체성이 약한 아프가니스탄에서 '외세의 침략'과 '민족주의'는 호소력이 약했고, 이슬람 근본주의에 기반한 무자헤딘은 부족에 기초하여 각각 500~600명 수준의 10~15개 부대로 사분오열되어 있었다.[36] 공동 작전은 쉽지 않았고, 소련군 또는 아프가니스탄 정부군과 교전 과정에서 무자헤딘은 개별 부대에 따라 각각 행동했고 위험에 빠진 동료 및 다른 부대를 구원하기 위해 위험을 무릅쓰지도 않았다. 일단 교전이 시작되면 무자헤딘은 쉽게 무너졌다.[37]

무자헤딘은 연합하지 않았고 서로 경쟁했고, 쉽게 전향하면서 이익에 따라 행동했다. 즉 아프가니스탄 정부를 지지하고 소련의 지원을 수용하는 친정부 민병대로 활동하다가 다시 미국과 파키스탄의 지원을 받는 저항 세력으로 전향하고, 또 다시 전향하여 공산주의 세력과 연합하는 경우가 허다했다.[38] 미국과 파키스탄의 압력으로 1983년, 무자헤딘은 7개 정파로 정리되었지만 그 경쟁 구도는 그대로 유지되었다. 특히 근본주의 성향이 매우 강력한 헤크마티아르(Gulbuddin Hekmatyar)와 근본주의 성향이 약한 마수드의 대립은 심각했다. 그들은 항상 견제했으며, 생존을 위해 소련군과 휴전하고 아프가니스탄 공산당 정부와 결탁하거나 상대방 병력을 공격하기도 했다. 무자헤딘의 모든 정파는 서로 견제하면서 다른 정파의 보급 물자를 가로채거나 보급 물자를 통과시켜 주는 대가를 받았고, '영토'를 통과할 때 10%의 통과세를 징수했다. 그 때문에 내륙에 위치한 마수드의 저항 조직은 1년에 60톤 정도의 보급 물자만을 실제로 받을 수 있었으며, 무자헤딘이 점차 중화기를 사용하면서 운반해야 하는 물품의 무게가 급증하면서 보급은 더욱 어려워졌다.[39]

전술적 차원에서 개별 무장 세력은 자신들의 영역을 방어하면서 소련군 보급 부대를 공격하는 데 집중했다. 노획한 물자 및 무기 중 1/5은 부대 지휘관이 차지했고, 해당 부대원은 나머지 4/5를 암시장에서 판매하여 생계를 유지했다.[40] 보급 부대 공격은 소련군의 보급을 차단하는 것이 아니라 소련군 물자를 노획하기 위한 목적으로 수행되었다. 특히 소련군 보급 부대는 공격을 받으면 반격하지 않고 보급 물자의 이동을 최우선으로 하면서 교전 지역에서 가능한 한 빨리 이탈했기 때문에, 무자헤딘의 소련군 보급 부대 공격은 매우 효과적이었다. 일단 보급 부대의 후위를 공격하면, 소련군 병력의 대부분은 나머지를 호송하면서 이동했고 공격받은 트럭은 포기했다. 무자헤딘은 이를 노획했다.[41]

대부분의 무자헤딘이 자신의 영역 외부에서 작전을 수행하지 않았다. 하지만 마수드 휘하 저항 세력은 경우에 따라 판지시르 계곡에서 나와 100km 떨어진 바그람 비행장을 공격하기도 했다. 1982년 4월 마수드는 카불 외곽의 소련 및 아프가니스탄 정부군 공군기지인 바그람 비행장을 공격하여 방어선을 돌파하고 활주로 및 항공기 23대를 파괴했다.[42] 1982년 5월 소련군은 마수드 세력을 제거하기 위해 판지시르 계곡을 공격하여 저항 세력을 몰아냈지만, 그 지역을 통제하는 데 실패했고 마수드 저항 세력을 축출하지는 못했다. 그 이후 소련은 마수드와 휴전에 합의하고 살랑 터널을 중심으로 한 보급로 유지에 집중했으며, 1983년 1월에 시작된 휴전은 6개월의 유효기간을 넘어 계속 연장되면서 1984년 4월까지 작동했다.

무자헤딘 병력의 사격술은 탁월했는데 그들은 소련군 및 아프가니스탄 정부군을 원거리에서 저격하는 뛰어난 전사였다.[43] 하지만 무자헤딘은 조직된 군사력을 만들어내지 못했으며, 잘 통합된 전술을 구사하지도 못했고, 목표를 달성하기 위해 군사력을 체계적으로 사용하지도 못했다. 무자헤딘 지휘관의 15% 정도만이 정규 군사훈련을 받았으며, 대부분은 부족 지도자들과 명망가들이 군사적 전문지식 없이 부대를 지휘했다. 그렇기 때문에 부대원의 기율을 적절하게 유지하지 못했고, 불필요하게 잔인한 행동을 하기도 했다. 치료할 수 없다는 이유로 부상자들을 그 자리에서 사살했고, 소련군 포로들을 살해하거나 거세하는 경우가 흔했다. 소련군 포로에게 대량의 아편을 투약한 후 팔다리를 자르고 눈알을 뽑고 혀를 잘라 소련군 진영에 투척하기도 했다. 이에 소련군은 공포에 질렸으며 무자헤딘을 향한 증오심과 분노를 아프가니스탄 민간인들에게 보복하는 것으로 표출함으로써 전쟁은 더욱 잔혹하게 진행되었다.[44]

소련군은 헬리콥터를 널리 운용했는데 무자헤딘은 이에 대응하여 보급 문제에도 불구하고 중기관총 등을 대량으로 사용했다. 전반적으로 소련군이 소극적이었기 때문에, 소련 40야전군 지휘관들은 스페츠나츠 및 공수 부대를 적극 활용하여 공중 강습 작전을 반복적으로 시도했다. 이에 무자헤딘은 착륙 지점에 지뢰를 매설하고 동시에 계곡 입구 및 주요 고지에 중기관총을 배치하여 소련군 강습 부대의 헬리콥터를 격추하는 방식으로 대응했으며, 소련군 불발탄 등을 개조하여 지뢰로 사용했다. 소련군이 포격과 폭격 등 화력 의존도가 높았기 때문에, 무자헤딘은 이를 역이용해 소련군에 근접해서 작전함으로써 소련군이 피해를 입을 가능성을 높였다.[45] 이러한 전술적인 발전에도 불구하고, 무자헤딘은 어떤 근거지를 고수하지 않는 고전적인 게릴라 세력이었다. 따라서 정규군인 소련군 입장에서는 아프가니스탄 주민들과 무자헤딘 병력의 유대 관계를 단절하고 주민들이 아프가니스탄 공산당 정부를 지지하도록 유도해야 했다. 하지만 이것은 쉽지 않았다. 무자헤딘은 위협과 폭력을 사용해서든 종교적 신념과 소련군에 대한 증오를 이용해서든 주민들에 대한 통제권을 유지했다. 저항 세력이 승리할 수 있었던 비결의 절반은 바로 이와 같은 주민들에 대한 통제권이었다. 그리고 다른 절반은 미국과 파키스탄으로 대표되는 외부의 개입이었다.

제4장

소련 철군과 아프가니스탄 내전

　냉전 경쟁의 상대방인 미국이 소련에 저항하는 무자혜딘 게릴라를 지원하기 시작하면서 아프가니스탄 전쟁은 미국과 소련의 냉전 대리전으로 확대되었다. 무신론자 공산주의 세력인 소련이 이슬람 국가인 아프가니스탄을 침공하면서 아프가니스탄과 국경을 마주하고 있는 파키스탄 또한 무자혜딘 게릴라를 지원하기 시작했고, 동시에 세계 이슬람 세력의 맹주라고 자임하는 사우디아라비아도 미국과 비슷한 수준으로 무자혜딘 세력을 지원했다. 소련이 무자혜딘을 군사적으로 제압한다고 해도, 이슬람 세계 전체에서 지원병이 아프가니스탄으로 쇄도했고, 미국이 무자혜딘에게 무기를 보충해 주면서 전쟁은 길어졌다.

　상황이 점차 악화되자 소련은 철군을 고민하기 시작했다. 소련은 아프가니스탄에 새롭게 국가를 건설하려고 시도했지만 실패했다. 아프가니스탄 공산 정권은 역량 부족으로 자신의 생존에 필요한 인적·물적 자원을 동원하지 못했고, 소련의 원조에만 의존했다. 1985년 3월 고르바초프의 등장과 함께 냉전은 점차 종식되었고, 소련은 병력은 철수하지만 군사원조는 제공하는 조건으로 아프가니스탄 공산 정권을 설득했다. 결국 1988~1989년, 소련이 아프가니스탄에서 철군함으로써 새로운 평화 시대가 열릴 가능성이 생겼다. 그러나 평화는 오지 않았다.

소련이 지원했던 카불 공산당 정부는 일단 유지되었고, 소련군 이교도에 저항했던 무자헤딘 세력은 사분오열되면서 아프가니스탄 내전이 시작되었다. 소련이 철군하고 냉전이 종식되었고, 1991년 말에 소련 자체가 소멸하면서, 미국은 더 이상 아프가니스탄 내전에 관심을 기울이지 않았다. 1992년 4월 카불이 함락되고 아프가니스탄 공산 정권이 붕괴했지만, 미국은 반응을 보이지 않았다. 그 이후 무자헤딘 세력들 사이에서 또 다른 내전이 시작되었고, 카불이 파괴되기 시작했지만 어느 강대국도 이에 관심을 보이지 않았다. 하지만 파키스탄은 아프가니스탄에 개입하여 자신이 통제하는 남동부 파슈툰 부족 세력을 중심으로 새로운 군사 세력인 탈레반(Taliban)을 만들어냈다. 파키스탄의 지원을 받은 탈레반 세력은 내전으로 약화된 무자헤딘 세력을 모두 격파하고 1996년, 탈레반 정권을 수립하는 데 성공했다.

1. 미국의 개입과 무자헤딘 지원

1979년 12월 소련은 아프가니스탄을 침공했고, 이것으로 1970년대 초 이후 유지되었던 데탕트(Détente)가 종식되었다. 1971년에 전략무기제한협정(SALT: Strategic Arms Limitation Talk)을 체결한 이후 미국과 소련은 전략무기 경쟁을 상당 부분 제한했고, 1973년 10월 제3차 중동 전쟁의 위기를 적절하게 수습했으며, 1975년 4월 남부 베트남(Republic of Vietnam)

패망 이후의 혼란 또한 더 이상 확산되지 않았다. 미국과 소련의 경쟁은 완화되었지만 소멸된 것은 아니었으며, 1979년 12월 퍼싱 2(Pershing II) 미사일의 유럽 배치와 소련의 아프가니스탄 침공으로 냉전 경쟁에 대한 제동장치는 완전히 풀려버렸다.

그림 4-1 **무자헤딘 지휘관들을 만나는 레이건 대통령(1983년 2월 2일)**

자료: https://www.reaganlibrary.gov/sites/default/files/archives/photographs/large/c12820-32.jpg (검색일: 2020년 9월 23일).

미국의 카터 행정부는 아프가니스탄 침공을 소련의 팽창이라는 시각에서 바라보면서, 소련이 부동항을 확보하기 위해 아프가니스탄을 침공했고 인도양으로의 출구와 중동의 석유를 얻기 위해서 더욱 팽창할 것이라고 보았다. 이에 미국은 우선 카터 독트린(Carter Doctrine)을 제시하면서 소련의 중동 및 인도양으로의 팽창을 저지할 것이며, 필요하다면 핵무기 사용도 불사하겠다고 공언했다. 1980년 1월 국정 연설에서 카터 대통령은 "미국은 중동 지역을 통제하려는 모든 시도를 핵심 이익(vital interests)에 대한 공격으로 간주"할 것이며 "모든 수단을 동원해서 – 필요한 경우 군사력을 동원해서라도 – 공격을 격퇴하겠다"라고 선언했다.[1]

동시에 미국은 아프가니스탄에서 소련을 축출하기 위해 모든 수단을 사용했다. 우선 외교적으로 1980년 모스크바 올림픽에 불참할 것을 선언하고 자신의 동맹국들에도 불참할 것을 종용했다. UN에서의 외교전 또한 진행되었다. 1980년 1월 UN 안전보장이사회가 소련의 거부권으로 마비되자, 미국은 바로 UN 총회에서 소련의 아프가니스탄 침공을 비난하는 특별결의안을 통과시켰으며, 여기서 '외국 군대의 즉각적이며 무조건적이고 완전한 철군(immediate, unconditional, and total withdrawal)을 요구'했다. 그 이후에 거의 회기마다, 미국은 소련의 아프가니스탄 철군을

요구하는 결의안을 상정하여 통과시켰다.[2]

　이와 함께 미국은 자신이 사용할 수 있는 모든 수단을 동원하여 소련을 압박했다. 미국은 아프가니스탄 저항 세력에 대한 원조를 제공했다. 소련 침공 이전인 1979년 여름, 카터 행정부는 70만 달러를 아프가니스탄 저항 세력에게 제공했는데 1980년, 그 금액은 3000만 달러로 급등했다.[3] 레이건 행정부가 들어서면서 원조 금액은 더욱 크게 증가했는데 윌슨(Charlie Wilson) 하원 의원의 적극적인 활동으로 무자헤딘에 대한 지원금은 1984년을 기점으로, 1984년 5000만 달러, 1985년 2억 5000만 달러, 1986년 5억 달러, 1987년 6억 7000만 달러로 기하급수적으로 증가했다. 특히 윌슨은 미국과 대등한 액수를 무자헤딘에게 지원하도록 사우디아라비아 정부를 설득하는 데 성공했다.[4] 레이건 행정부는 미국은 이러한 다양한 방식으로 '아프가니스탄 저항 세력을 지원하여 소련군의 철군을 압박'한다는 것을 목표로 설정하고, 기본 내용을 1985년 3월 국가안보 결정사항 166호(National Security Decision Directive — 166)로 명시적으로 규정했다.[5] 그리고 그 압박을 가속화하기 위해 무자헤딘에 대한 원조를 1985년부터 폭발적으로 증액하고 동시에 이전까지는 보안 문제로 제공하지 않았던 대공미사일을 본격적으로 제공하기로 결정했다. 1986년 1월 미국은 중앙정보국(CIA: Central Intelligence Agency)을 통해 무자헤딘에게 스팅어 대공미사일을 공급했고, 이를 이용해 1986년 9월 25일 무자헤딘이 잘랄라바드 지역에서 소련군 공격 헬리콥터(Mi-24) 3대를 격추시키는 데 성공했다. 이것은 시작에 불과했다.

　한편, 파키스탄은 소련의 아프가니스탄 침공을 적극 활용했다. 무자헤딘을 지원하려는 미국의 의도를 간파하고, 파키스탄은 미국에 자신의 요구 조건을 제시했다. 이란의 이슬람 혁명 때문에 이란을 통해 무자헤딘을 지원하는 것이 가능하지 않았고, 미국에 남은 통로는 파키스탄이 유일했다. 1970년대 인권 및 핵무기 개발 문제로 파키스탄 군사정부는 카터 행정부의 압박에 시달리고 있었지만, 이제 상황이 변화했다.[6] 파키스탄은 미국에 경제제재 해제 및 원조를 요구했다. 1980년에 카터 행정부는 파키스탄에 4억 달러의 원조를 제시했는데 파키스탄 정부는 '액수가 너무 작다(peanut)'며 이를 거부했다. 결국 1981년 1월 레이건 행정부가 출범하면서, 미국은 파키스탄에 대한 원조를 비약적으로 확대해 1987년까지 6년 동안 총 32억 달러를 제공했다.[7] 또한 파키스탄은 자신의 핵무기 개발 계획에 대해 미국이 묵인해 줄 것을 요구했다. 당시 레이건 행정부는 파키스탄이 중국의 지원을 받아 핵무기를 개발하고 있다는 사실을 파악했지만 이를 의회에 보고하지 않았으며, 위성에 포착된 핵시설은 '염소 우리(goat shed)'라는 파키스탄 정부의 어처구니없는 해명을 수용했다.[8]

파키스탄의 기본 태도는 무자헤딘이 강력한 힘을 가지지 못하도록 하는 것으로, 아프가니스탄 저항 세력이 너무나 많은 무기를 가지고 소련군을 격퇴한다면, 소련이 저항 세력에게 무기를 공급하는 파키스탄을 공격할 수 있다고 우려했다. 즉 "아프가니스탄이라는 솥이 끓기는 하지만 넘치지는 않도록 해야 한다(keep the pot boiling, but not boil over)"라고 강조했다.[9] 이를 위해서 파키스탄은 아프가니스탄 저항 세력에게 무기를 제공하지만, 자신들이 통제할 수 있는 세력에게 집중적으로 제공했다. 파키스탄 ISI(Inter-Services Intelligence)은 이슬람 근본주의 성향의 헤크마티아르에 집중 투자했고, 미국의 재정 지원으로 구입한 무기 대부분을 배정했다. 반면 마수드 저항 세력은 홀대하면서, 소련의 헬리콥터를 격추할 수 있는 스팅어 대공미사일을 공급하지 않았다. CIA는 이 부분에 대해 파키스탄 ISI에 항의했지만 문제는 해결되지 않았다.[10]

미국이 무자헤딘을 본격적으로 지원하자, 많은 국가들이 이에 '동참'

했다. 소련과 긴장 관계에 있던 중국은 아프가니스탄과의 국경을 통해 무기와 약품을 공급했으며, 그 비용을 CIA에 청구했다. 이스라엘은 과거 중동전쟁에서 노획하여 치장 물자로 전환했던 구식 소련제 무기들을 완전히 처분했다. 이집트는 사용이 불가능한 AK-47을 파키스탄에 판매했고, 미국과 사우디아라비아가 그 비용을 지불했다. 터키는 제2차 세계대전 시기의 무기 재고를 완전히 해결했으며, 영국은 구식 대공미사일(Blowpipe)을 판매했다. 미국과 사우디아라비아의 자금으로 구입한 무기는 파키스탄 ISI를 거쳐 무자헤딘에게 다시 판매되었고, 파키스탄 정부 및 ISI는 엄청난 이익을 보았다.[11] 미국과 사우디아라비아의 압도적인 지원 덕분에 무자헤딘의 전투력은 강화되었으며 결국 소련은 아프가니스탄에서 철군하기로 결정했다.

2. 소련의 아프가니스탄 국가 건설 실패와 철군

소련이 아프가니스탄을 '근대화'하려고 시도하면서, 침공 당시 '아민 제거를 통한 정권 교체'라는 소련의 아프가니스탄 전쟁 목표는 점차 확대되기 시작했다. 1980년 2월 안드로포프는 카불을 방문하여 상황을 점검했고, 5월 브레즈네프 서기장에게 철군을 명령했다. 하지만 상황은 녹록하지 않았다. 소련군 지휘관들은 '이것은 시작에 불구하다'는 소콜로프(Sergey Sokolov) 장군의 판단에 동의했고, 결국 철군 지시는 번복되었다.[12] 이제 소련은 철군을 위한 정치적 상황을 조성해야 하는 상황에 처했으며, 이를 위해 지금까지는 강력한 중앙정부가 존재하지 않았던 부족국가 아프가니스탄에 강력한 중앙정부를 만들고 이를 통해 아프가니스탄 국가를 건설해야 했다. 문제는 중앙아시아의 이슬람교도 출신인 소련군 장교들조차 아프가니스탄을 '중세의 완전히 다른 세계'라고 할 정도로 아프가니스탄은 보수적이라는 점이었다.[13]

소련은 공산주의 특유의 진보 성향을 내세워 아프가니스탄의 사회 개발을 위해 노력했다. 여성의 권리를 보장하고 여성에게 교육 기회를 제공했으며, 여성 인력 개발에 많은 자원을 투입했다. 1982년 3월 아프가니스탄 신년 행사에서 소련의 '권유'로 아프가니스탄 공산당 정부는 아프가니스탄 여군의 낙하산 강하 시범을 보여주었고, 그 자리에는 아프가니스탄 여성들이 초대되었다.[14] 하지만 이와 같은 행사는 일회성에 그쳐 아프가니스탄 사회의 변화를 가져오지 못했다. 소련의 노력으로 여성에게 교육 기회를 확대함으로써 많은 여성 인력이 배출되었지만 아프가니스탄은 경제적으로 낙후되었을 뿐 아니라 여전히 전쟁 중이었기 때문에 그러한 여성 인력을 소화할 여유가 없었다.

침공 이전부터 소련은 아프가니스탄의 사회 발전을 위해 많은 투자를 했으며, 카불 공과대학을 비롯한 서양식 교육기관을 설립하고 100명 규모의 교수진을 파견하기도 했다. 또한 아프가니스탄군 장교 및 공무원들에게 소련에서의 연수 및 교육 기회를 제공했는데, 침공 이전까지 7만 명 정도의 아프가니스탄 노동자와 기술자들이 소련에서 교육을 받았다.[15] 소련은 아프가니스탄에 발전소와 사회간접자본 건설을 주도했으며, 사회 발전을 위해 학교를 건설하고 취학률을 높여 아프가니스탄 공산 정권에 대한 주민들의 지지를 얻고자 했다. 하지만 이러한 계획은 성공하지 못했다. 일부 지역에서 취학률은 2.5%에 불과했고, 한 지역에서는 소련이 건설한 학교 100개 가운데 10개만 운영되었으며, 취학 아동 2만 1000명 가운데 실제 등교하는 학생은 고작 4000명 정도였다.[16] 카불을 벗어나면 아프가니스탄 공산 정권을 지지하는 주민은 없었고, 무자헤딘 및 개별 무장 세력이 지역 주민들을 장악하고 있었다. 아프가니스탄 동남부의 칸다하르에서 소련군은 행정구역 6개 가운데 2개만을 장악하고 있었으며, 다른 지역에서 농민들은 소련군 및 아프가니스탄 정부에 협력하기를 거부했다. 기본적인 역량 부족으로 주민들에게 협력을 강제할 수 없는 상황에서 소련의 좌절감은 커져만 갔다.

아프가니스탄 정부를 강화하기 위해 소련은 아프가니스탄 공산당 조직의 저변을 확대할 것을 제안했고, 이를 담당할 공산당 인력까지 직접 파견했다. 이러한 소련 인원들은 아프가니스탄 정부가 통제하는 지역에서 지역 주민들과 함께 생활하면서 소련의 지원 물품을 직접 전달하고 복구에 필요한 자원을 조달했다. 하지만 소련 민간 인력이 가장 많이 배치되었던 1984년에도 아프가니스탄 전체 마을의 10% 정도에만 조직책이 파견되었을 뿐 사실상 나머지 지역은 방치되었다. 소련은 이를 통해 저항 세력을 전향시키고, 아프가니스탄 공산 세력의 지지를 끌어올리기 위해 노력했다.[17] 이러한 방식은 상당히 효과적이었는데, 그 때문에 무자헤딘은 소련이 파견한 민간 인원을 공격했다. 결국 공산당 인원들을 보호할 수단이 없었던 소련은 그들을 전원 철수시켜야 했다.

아프가니스탄 정부의 역량이 쉽게 발전되지 않았으므로 소련이 파견한 인력들이 점차 아프가니스탄 정부를 운영하게 되었다. 각종 회의에서 복잡한 사안이 등장하면 아프가니스탄의 장관들은 소련 자문관들에게 의견을 묻고 그렇게 되면 결국 소련 자문관들끼리 협의를 해서 결론을 내리는 경우가 허다했다. 반면 소련은 아프가니스탄 장관들이 사안을 이해하지 못하고 동시에 이해할 의지가 없다고 불평했다. 일부 소련 인원은 이러한 상황을 '최악의 식민 지배 형태'라고 개탄하면서, '끔찍'하다고 평가했다.[18] 하지만 그러한 상황은 개선되지 않았다.

소련은 침공 직후부터 아프가니스탄 정부군 및 경찰 병력을 재건하려고 노력했으나 어려움은 계속되었다. 침공 직전인 1979년에는 10만 명 수준이었던 아프가니스탄 정부군은 이어진 장교단 숙청과 침공의 혼란 때문에 1983년에는 2만 명 수준으로 줄어들었다. 1981년 2월 제26차 당대회에서 소련은 아프가니스탄 병력은 거의 전투를 하지 않고 소련군에게 지원만 요청한다고 불평했으며, 아프가니스탄군은 전투 의지 자체가 없다고 비난하면서, 낮은 사기와 형편없는 조직력을 강력히 비판했다.[19] 하지만 상황은 1984년부터 회복되기 시작했다. 무자헤딘의 잔혹함에 경악한 아프가니스탄 주민들 가운데 상당 부분은 무자헤딘의 폭력을 피해 생존하려고 공산당 정권을 지지했고, 덕분에 정부군 및 경찰 병력이 강화되기 시작했다. 특히 나지불라(Mohammad Najibullah)가 지휘하는 아프가니스탄 정보기관은 정부군 병력과는 독립적으로 3만 명의 비밀경찰을 유지하면서, 무자헤딘 내부의 갈등을 조장하여 저항 세력을 무력화시키는 데 매우 효율적으로 활동했다.[20]

1985년 이후 아프가니스탄 정부군은 무자헤딘과의 전투에서 상당한 능력을 보여주었다. 하지만 소련은 더 이상 전쟁을 수행할 정치적 의지와 경제적 능력을 상실했다. 1970년대 초 미국이 베트남 전쟁에서 베트남화(Vietnamization)를 추진했듯이, 1985년 3월 집권한 고르바초프는 아프가니스탄 전쟁의 아프가니스탄화(Afghanization)를 결정했다. 전임 소련 공산당 서기장으로 소련 최고 권력자였던 체르넨코의 장례식에 카말 아프가니스탄 대통령이 참석하자, 고르바초프는 그를 즉시 면담하고 "소련군이 영원히 아프가니스탄에 있지는 않을 것이라는 사실을 명심하라"라고 경고하면서 소련군 철군 이후를 대비한 아프가니스탄 내정 개혁과 자구책 강구를 요구했다. 하지만 아프가니스탄 정부는 고르바초프의 경고를 무시했고, 이에 고르바초프는 1985년 10월 17일 소련 공산당 정치국회의(Politburo)에서 "카말은 우리의 경고를 무시하고 있다. 그러나 우리는 철군한다"라고 단언했다.[21]

고르바초프는 철군 자체를 절대적으로 바라보지 않았다. 소련군 사상자가 심각한 정치적 문제라는 사실은 인정했지만, 이와 함께 철군 이후에 벌어질 아프가니스탄의 유혈 사태와 혼란 가능성을 우려했다. 이에 고르바초프는 두 가지 정책을 추진했다. 첫째, 소련군은 1986년 1년 동안 모든 수단을 동원하여 아프가니스탄 전쟁에서 주도권을 장악한다는 것이다. 이를 위해 1986년, 소련군은 화력과 물량으로 무자헤딘을 제압하기 시작했고, 아프가니스탄 민간인에 대한 공격도 소련군에게 허용되었다. 둘째, 소련 자문단은 아프가니스탄 정부를 개혁하여 아프가니스탄을 '안정적으로 작동하는 정부와 군사적으로 독자 생존이 가능한 국가'로 만들어야 했다.[22] 이를 위해 소련은 카말 대통령을 하야시키고, 아프가니스탄 정보기관 및 군사력 재건에서 능력을 증명한 나지불라가 권력을 장악하도록 유도했다.

이를 위해 소련은 일부 지역에서 소련의 힘을 보여주는 상징적 승리를 추구했다. 아프가니스탄 중동부의 코스트(Khost)는 파키스탄 인접 지역으로 1981년 이후 무자헤딘은 해당 지역을 포위했고, 소련군은 코스트에 고립된 병력을 항공 보급으로 유지하면서 6년 이상을 버텼다. 철수를 앞둔 소련군은 자신들의 힘을 보여주기 위해 코스트 구원 작전(Operation Magistral)을 결정하고, 이 작전에 2만 명의 소련군 병력과 1만 명의 아프가니스탄 정부군 병력을 동원했다. 1987년 11월 소련군과 아프가니스탄 정부군 병력이 해발 2700m 지대에 진입했고, 무자헤딘은 격렬히 저항했으나 소련군·정부군의 진격을 저지할 수 없었다. 소련군은 헬리콥터 강습 작전을 통해 주요 고지를 점령했으며, 이 과정에서 일부 고지에서는 격전이 벌어지기도 했다. 1988년 1월 전투(Battle for Hill 3234)에서 소련군 공수부대 40명은 고립된 상태에서 무자헤딘 500명에게 포위되어, 15시간 동안 총 8번의 공격을 받았다.[23] 소련군 병력은 포격 및 폭격 지원을 받으면서 방어진지를 고수했고 마침내 무자헤딘의 공격을 격퇴할 수 있었다. 소련군은 6명이 전사하고 28명이 부상했으며 부대 전원은 훈장을 받았다. 무자헤딘은 100명 이상이 전사하고 200명 이상이 부상당하면서 전투력에 심각한 손실이 발생했다. 1988년 1월 초, 소련군은 작전의 목표였던 코스트에 입성했고, 1981년 이후 도시를 포위하고 있던 무자헤딘 병력을 격퇴하는 데 성공했다. 하지만 1월 중순, 소

그림 4-2 **고르바초프와 만난 나지불라 아프가니스탄 대통령(1988년, 타슈켄트)**

자료: https://nsarchive.gwu.edu/sites/default/files/thumbnails/image/gorby-naj.jpg (검색일: 2020년 9월 26일).

런군이 해당 지역에서 철수하면서 12일 동안 개방되었던 지상 보급로는 다시 무자헤딘 병력이 장악했다. 즉 소련군의 전술적인 승리는 전략적인 승리로 이어지지 않았다.[24]

이처럼 제한적으로 승리하기는 했지만 이는 무자헤딘을 굴복시키기에는 역부족이었다. 또한 코스트 구원 작전은 정치적으로 뚜렷한 성과도 없었을 뿐 아니라 아프가니스탄 정부군의 의지를 약화시켰고, 무자헤딘으로 하여금 소련군의 집중적인 공격을 잠시 피하게끔 만들었다. 소련과 우호 관계를 유지하기만 한다면 공산당 정권이 아니라 부르주아 정권이라도 무관하다는 소련의 입장에 따라, 아프가니스탄 정부는 극단파를 제외한 여러 부족 및 종교 세력을 아우르는 연합 정권을 구상했다.[25] 하지만 이에 참가하는 세력은 많지 않았다. 나지불라 정권은 무자헤딘의 분열을 통해 온건파와 협상을 시도함으로써, 무자헤딘에게 저항하는 친정부 민병대를 조직했다. 1986년 9월 아프가니스탄은 공산주의 이념을 포기한다는 내용의 개헌이 이루어지면서 정부에서 공산당원의 비율이 급속도로 감소했다.[26] 1987년과 1988년에 지방선거와 총선이 실시되면서,

나지불라 정권은 국가 전체의 지지를 확보하여 무자혜딘과의 전쟁에서 승리하려고 했다. 근본주의 무장 세력과 대립하고 있던 마수드는 소련군 철수에 반대하면서, "우리는 소련에 반대하는 것이 아니라 카불 정권에 반대한다"라는 입장을 고수했고 오히려 "아프가니스탄은 통치 능력을 가지고 있지 않다"라고 토로하면서 소련군의 주둔을 요구하기도 했다.[27]

하지만 소련은 이제 아프가니스탄에서 철군하기로 결심했다. 1986년 중반, 고르바초프는 아프가니스탄에서 단계적으로 철군하려고 생각하고 있었지만, 미국과의 협상을 담당하는 외교부와 KGB를 제외한 소련 국방부를 포함한 소련 지도부의 상당수는 아프가니스탄 상황은 '절망적'이며 즉각 철군해야 한다고 보았다. 당시 소련 국방 장관은 1979년 아프가니스탄 침공을 지휘했던 소콜로프 장군으로, 소련군 총사령관 아흐로메예프(Sergey Akhromeyev)와 상의하여 아프가니스탄에서 즉시 철군하는 방안을 강력하게 주장했다. 심지어, 1979년 침공 당시 외무 장관이었던 그로미코 또한 1987년에 즉각적인 철군에 동의했다.[28] 1986년 11월 13일 정치국 회의에서 고르바초프는 아프가니스탄 주민들의 지지를 확보하는 전쟁에서 소련은 패배했다고 선언하고 해결책이 보이지 않는 아프가니스탄에서 1~2년 이내에 철군한다고 결정했다. 그 이후 12월 12일 모스크바를 방문한 나지불라에게 소련의 철군 입장을 통보했다.[29]

이에 소련군은 1987년 초부터 모든 공세적인 작전을 중지했다. UN을 통한 휴전 협상이 실패하면서, 소련은 미국과 파키스탄과 협상을 시작했고, 1988년 4월 14일 제네바에서 휴전 조약에 서명했다. 1988년 5월 15일 소련군 병력이 아프가니스탄에서 철수하기 시작하여, 1989년 2월 15일 철군을 완료했다. 철수를 지휘했던 소련군 지휘관(Boris Gromov)이 마지막에서 우정의 다리를 걸어서 건너면서, 최후의 소련 군인으로 귀환했다.

하지만 소련은 아프가니스탄을 포기하지 않았다. 소련군 특수부대는 파키스탄 영토(Rawalpindi)에 있는 무자헤딘 보급창을 공격하여 파괴했고, 보급창에 저장되어 있던 수만 톤의 탄약이 유폭되면서 버섯구름이 생겨났다.[30] 소련군 전투 병력은 철수했지만, 상당수의 장교들이 아프가니스탄에 잔류하면서 아프가니스탄 정부의 자문관으로 활동했다. 일부는 소련군 전투 병력이 철군한 이후에도 아프가니스탄 정부군을 '지휘'했으며, 소련 정부 또한 아프가니스탄 정부에 군사원조를 약속했다. 그러나 소련군이 아프가니스탄에서 철군한 상황에

그림 4-3 **철군하는 소련군**

자료: Wikimedia Commons. https://upload. wikimedia.org/wikipedia/commons/f/f7/ RIN_archive_58833_Withdrawal_of_Soviet_tro ops_from_Afghanistan.jpg (검색일: 2020년 9월 26일).

서, 이와 같은 원조가 잘 집행될 것이라고 생각한 사람은 없었다. 1988년 5월 15일, 철군을 시작한 소련군 병력이 잘랄라바드 기지와 3개월분의 탄약 및 보급 물자 전체를 아프가니스탄 정부군에게 인계했다. 당일 오후 아프가니스탄 정부군은 모든 장비와 물자를 암시장에 처분하고 소련군에게 새로운 물자를 청구했는데 소련군은 이에 경악했다.[31]

그러나 소련군은 철수했다. 1980년에서 1988년까지 연인원 62만 명의 소련군 병력이 아프가니스탄에서 복무했다. 정확한 사상자에 대한 정보는 파악하기 어렵지만, 일단 소련군 총사망자는 1만 4000명 이상이었다. 전투에서 사망한 9500명과 부상을 입고 치료 중 사망한 2400명, 병사 및 사고사 피해가 2500명 수준이었다.[32] 이와 별도로, 전투 부상자는

5만 4000명 정도였으며, 질병으로 인한 입원 환자가 42만 명에 달했다. 또한 전차 147개가 파괴되었고, 장갑차 1314대, 공병 차량 510대, 트럭 1만 1369대 등을 손실했다. 이에 추가하여 통신 차량 1138대와 야포 및 박격포 433문이 파괴되었고, 헬리콥터 333기와 제트기 118기가 격추되었다.[33] 아프가니스탄의 피해는 소련군의 피해와는 전혀 다른 차원이었다. 당시 아프가니스탄 정부는 인명 피해를 집계할 역량이 부족했는데, 대략적인 추산에 따르면 100만 명의 민간인 및 군인이 사망했으며, 300만 명 이상이 난민으로 전락하여 아프가니스탄 내부와 외부로 피신했다. 하지만 소련군이 철군한 이후에도 전쟁은 계속되었다.

3. 아프가니스탄 내전과 탈레반 정권

1989년 2월 소련군이 철수하던 시점에서, 거의 모든 사람들은 카불에 자리 잡은 아프가니스탄 공산 세력이 이제 붕괴할 것이라고 생각했다. 하지만 놀랍게도 아프가니스탄 공산당 정권은 이후에도 유지되었으며, 초기 단계에서 소련의 지원을 받으면서 무자헤딘을 격퇴했다. 잔류한 소련 인원들은 아프가니스탄 정부군의 전투력 증강에 큰 도움이 되었으며, 특히 1989년 3월 잘랄라바드 지역을 공격한 헤크마티아르의 근본주의 세력을 격퇴하는 과정에서 소련 인원들이 운용한 스커드 미사일이 큰 역할을 했다. 헤크마티아르 병력은 3000명 이상이 전사한 엄청난 피해를 입었고, 헤크마티아르의 근본주의 세력은 이후 아프가니스탄 내전에서 주도권을 잡지 못했다.[34]

1988년의 휴전 조약은 무자헤딘을 배제한 상태로 체결되었으며, 따라서 무자헤딘은 휴전의 효력을 인정하지 않으면서 소련군을 계속해서 공격했다. 설사 무자혜딘 대표가 협상 과정에 참여하고 조약에 서명했다고 해도, 사분오열된 무자혜딘 세력이 휴전을 존중했을 가능성은 거의 없었다. 이러한 사분오열 때문에 철수 중이던 소련군은 개별 무장 세력과 계속 교전해야만 했으며, 그 때문에 철군 과정은 매우 더디게 진행되었다. 소련은 본토에서 장거리 전략 폭격기까지 동원했으며, 소련군 대열에 접근하는 모든 병력을 무차별 폭격했다.[35] 소련군이 일단 사라지면서 무자혜딘 내부의 갈등이 폭발했고, 저항 세력 내부의 사분오열은 아프가니스탄 공산당 정부가 여전히 존재하는 상황에서 무자혜딘 내전으로 확대되었다. 파키스탄의 지원으로 무자혜딘은 잘랄라바드를 수도로 하는 임시정부를 수립했지만, 내부 갈등은 심각했다. 1989년 여름, 근본주의 세력의 헤크마티아르 병력과 세속적 성향이 강한 마수드 병력이 충돌하여 40명 정도가 전사했으며, 이후 헤크마티아르는 무자혜딘 임시정부에서 탈퇴했다.[36]

하지만 무자혜딘 세력만 분열하지는 않았다. 카불에 웅거한 아프가니스탄 공산 세력 또한 무자혜딘과의 전쟁 중에 분열했으며, 무자혜딘과의 협상을 추진하던 나지불라 대통령을 축출하려는 쿠데타가 반복되었다. 1989년 12월 쿠데타가 한차례 실패한 가운데, 1990년 3월 아프가니스탄 국방 장관이 직접 가담한 매우 강력한 쿠데타가 발생했다. 강경파로 아프가니스탄 정부군 사령관을 역임한 타나이(Shahnawaz Tanai) 국방 장관은 12월에 일으킨 쿠데타가 실패하자 곤경에 처했고, 그 때문에 자포자기하여 한 번 더 쿠데타를 일으키기로 했다.[37] 이전까지는 무자혜딘을 극도로 증오했던 타나이는 생존을 위해 무자혜딘 극단파인 헤크마티아르 및 근본주의 세력을 지원하던 파키스탄과 손을 잡고 쿠데타를 시도했으나 실패했다. 타나이는 국방 장관이지만 카불을 장악하는 데 필요한 병력을 동원하지 못했고, 나지불라 대통령은 TV 방송을 통해 자신이 직접 정부를 통제하고 있다는 사실을 과시했다. 타나이를 지원하려고 했던 헤크마티아르 병력이 경쟁 관계의 다른 무자헤딘 세력 때문에 신속하게 움직이지 못하면서, 쿠데타는 실패했고 결국 타나이는 파키스탄으로 망명했다.[38]

소련은 아프가니스탄 정부를 계속 지원했다. 1989년, 소련은 매달 3억 달러 수준의 원조를 제공하면서 나지불라 정권이 유지되도록 노력했으며, 필요한 경우에는 소련 공군이 직접 아프가니스탄 정부군의 작전에 개입했다. 이에 기반해 나지불라 정권은 30만 명 수준의 병력을 유지했으나, 그 절반은 카불 정부가 직접 통제하는 병력이 아니라 무자헤딘에서 전향한 민병대 군사력이었다.[39] 하지만 사분오열된 무자헤딘을 상대하기에는 큰 문제가 없었다. 소련군이 아프가니스탄에서 철수하고 냉전이 종결되자 미국은 더 이상 무자헤딘을 지원하지 않았다. 1986년 5억 달러를 지원했던 미국은 1989년 4000만 달러만을 제공했으며, 1990년에는 파키스탄을 통한 무자헤딘 세력에 대한 원조 자체를 중단했다. 전체적인 상황은 유지 가능했고, 나지불라 정권은 소련의 지원에 기초하여 헤크마티아르와 대립하고 있는 마수드를 국방 장관으로 영입하여 근본주의 세력을 견제한다는 구상을 추진했다.

하지만 1991년 8월 소련 쿠데타로 모든 상황이 변화되었다. 소련에서 아프가니스탄 공산 정권에 '애착'을 가지고 군사원조를 제공했던 보수파 대부분은 고르바초프를 실각시키려는 쿠데타에 가담했고, 쿠데타가 실패하면서 나지불라 정권의 운명이 결정되었다. 1991년 12월 소련이 소멸하면서 공산주의 국가 자체가 붕괴했다. 하지만 아프가니스탄 공산당 정권은 그럭저럭 유지되었다. 문제는 아프가니스탄 공산당 정권은 이제까지는 소련의 군사원조로 유지되었기 때문에 소련이 붕괴하자 더 이상 원조를 받을 길이 없어졌다는 사실이었다. 결국 생존에 필요한 자원을 스스로 동원할 능력이 없었던 카불의 나지불라 공산 정권은 유지될 수 없었다. 마수드는 정세의 변화를 재빨리 파악하고, 공산당 세력과의 연합을 포기하고 다른 방식으로 권력을 장악하고자 했다.

석유 공급이 중단되면서 1992년 봄, 아프가니스탄 정부는 공군(空軍)을 포기함으로써, 카불 인근 지역만을 통제하는 지역 정권으로 전락했고 뒤이어 공산당 세력은 빠른 속도로 붕괴했다. 아프가니스탄 북부의 우즈베크 출신으로 지역 민병대를 지휘하고 소련군과 협력한 아프가니스탄 정부군 장군이었던 도스툼(Abdul Rashid Dostum)은 1992년 2월 나지불라 정권을 배신하고 마수드 저항 세력과 결탁했다. 이에 도스툼·마수드 연합이 아프가니스탄 전체를 장악했으며, 헤크마티아르 무장 세력과 대립했다. 1992년 4월 카불 쟁탈전이 벌어지면서 나지불라는 최종적으로 실각했고, 마지막까지 남아 있던 소련·러시아 인원들이 카불을 탈출했다.[40] 나지불라는 해외 망명을 시도했지만, 도스툼 병력에 의해 제지되었고, 결국 카불에 있는 UN 시설에서 망명을 시작했다.

새로 만들어진 거국일치 정권은 유지될 수 없었다. 국방 장관으로 마수드가 지명되자 헤크마티아르는 총리 지명을 거부했고, 카불을 장악한 도스툼·마수드 병력에 대한 무차별 공격을 시작했다. 도스툼·마수드 병력 또한 이에 반격하면서, 카불은 시가전에 휩쓸려 초토화되었다. 이 과정에서 수천 명의 민간인이 사망했고, 50만 명의 카불 시민들이 도시 외곽으로 피신했다. 헤크마티아르는 무차별 포격으로 카불에 웅거한 도스툼·마수드 병력을 약화시켰고, 이들의 퇴각을 강요했다. 무의미한 평화협상이 반복되었고, 군벌들의 권력투쟁은 계속되었으며, 민간인 희생은 계속 누적되었다. 어느 세력도 우위를 점하지 못하면서 혼란한 상황이 지속되었다. 오랜 내전으로 아프가니스탄에서는 엄청난 수량의 무기가 존재했다. 1992년 시점에서 인도와 파키스탄 두 나라를 합한 것보다

그림 4-4 **내전으로 파괴된 카불 시내**

자료: Wikipedia. https://en.wikipedia.org/wiki/Afgh
an_Civil_War_(1992%E2%80%931996)#/media/Fil
e:Kabul_during_civial_war_of_fundamentalists_199
3-2.jpg (검색일: 2020년 9월 28일).

더 많은 수량의 개인 화기가 아프가니스탄에 존재했으며, 세계에서 가장 많은 개인 화기가 유입된 국가 또한 아프가니스탄이었다. 소련과의 전쟁 때문에 많은 무기가 존재했지만, 이제 이와 같이 풍부한 무기는 아프가니스탄 내전을 더욱 악화시키는 원인으로 작동했다.[41]

그 혼란 속에서 아프가니스탄 동남부에서 새로운 군사 세력이 등장했다. 무장 세력이 파슈툰의 일부인 두라니 부족을 중심으로 새롭게 만들어졌다. 헤크마티아르를 통해 아프가니스탄을 장악할 수 있다고 보았던 파키스탄은 이제 두라니 군사 세력을 적극 지원하기 시작했으며, 외부의 강력한 지원을 받은 신흥 세력은 1994년 여름, 칸다하르를 장악하고 8월 잘랄라바드를 점령했고, 1996년 9월 드디어 카불까지 점령했다. 이어 UN 시설에 난입하여 그곳에 망명하고 있던 나지불라를 체포하여 고문하고 거세한 후 공개 처형했다. 이 과정에서 탈레반 세력은 특유의 잔인함과 퇴행성을 보여주었다.[42]

소련의 침공과 무자헤딘의 저항 과정에서, 아프가니스탄은 산산조각으로 파괴되었다. 1979년 12월 소련이 침공했던 시점에서도 아프가니스탄 사회 및 경제 구조는 공고하지 않았으며, 정치 조직도 매우 취약했다. 1970년대 침공 이전에는 매우 제한적이나마 유지되었던 아프가니스탄의 세속적 성향과 근대성은 1979년 소련의 침공으로 이슬람 근본주의 세력이 강화되면서 사라졌다. 탈레반 정권의 최전성기였던 2000년에 카불에서 개최된 축구 경기에서, 파키스탄 남자 축구팀은 반바지를 입고 공개 장소에 나타났다는 죄명으로 체포되어 전원 삭발된 후 아프가니스탄에서 추방되었다.[43] 1970년대 카불에서 여성들은 제한적이지만 서양식 옷차림을 할 수 있었지만, 이제 그 가능성은 사라졌다. 전쟁의 참혹함 때문에 '화려한 서양식 옷차림은 사치'가 되었으며, 이후 근본주의 성향 때문에 미니스커트 등을 입는 일은 불가능해졌다.

소련의 침공은 아프가니스탄의 근대화 가능성을 파괴했고 이슬람 근본주의 세력인 무자헤딘을 지원하는 등의 미국의 개입과 이슬람 근본주의 세력의 내전이 지속된 이후의 미국의 불개입으로 아프가니스탄은 더욱 퇴보했다. 전쟁이 국가를 만들어낼 수 있지만, 아프가니스탄에서 전쟁은 국가를 파괴했다. 1979년 12월에 시작된 파괴의 비극은 별다른 부가 혜택 없이 아프가니스탄에는 온전한 고통만 안겨줬다. 문제는 이것이 비극의 끝이 아니라 시작이었다는 점이다. 파키스탄만이 관심을 기울인 가운데 1996년에 권력을 장악한 탈레반 정권은 이슬람 근본주의 테러 조직인 알카에다와 연합하고, 아프가니스탄에서는 또 다른 고통이 시작되었다.

제2부

미국의 침공 성공과 재건 실패(2001~2008년)

미국은 아프가니스탄에 완전히 무관심했다. 그 무관심 덕분에 이슬람 근본주의 세력인 알카에다는 탈레반 정권과 결탁하여 아프가니스탄에서 세력을 확대했고 결국 2001년 9월 미국 본토를 공격했다. 부시 행정부는 9·11 테러와 같은 공격이 재발되지 않도록 탈레반·알카에다 연합 정권을 제거하는 것을 넘어, 아프가니스탄을 침공하여 새로운 국가를 건설하는 작업을 시작했다. 미국은 매우 수월하게 탈레반 정권을 군사적으로 제압했고 UN과 NATO의 지원을 받아 아프가니스탄 임시정부를 수립하고 대통령 선거를 실시하고 정식으로 아프가니스탄 정부를 출범시켰다. 아프가니스탄의 안정적인 상황은 종파적 저항 세력의 공격으로 민간인 사상자가 급증한 이라크 상황에 비교되면서, 제한된 성공 사례로 칭송되었다.

하지만 상황은 점차 악화되기 시작했다. 2001~2002년 전쟁에서 패배한 탈레반은 일단 후퇴하여 재정비한 후 2005년 저항 세력으로 새롭게 등장하여 미국과 아프가니스탄 정부를 위협했다. 아프가니스탄 중앙정부의 통치 역량이 충분하지 않은 상황에서 탈레반 저항 세력은 자신들의 권위를 농촌 지역에 유지했다. NATO는 아프가니스탄 국가 건설에 집중하지 않았으며 통합적인 계획 없이 NATO 구성 국가들이 각각 자원을 투입하여 아프가니스탄 국가 건설을 시도했다. 2001~2002년 미국의 환상적인 군사적 승리는 정치적 차원의 국가 건설로 이어지지 못했고, NATO와 미국의 원조는 아프가니스탄 국가의 역량 강화로 이어지지 않았고 오히려 국가 건설 과정에서의 부패를 초래했다. 끊임없이 유입된 원조 자금과 넘쳐나는 현금 덕분에 아프가니스탄 경제는 성장했지만, 그와 함께 탈레반은 자신들이 장악한 농촌 지역에서 아편을 재배하고 마약 경제를 건설하여 무장 세력을 유지했다.

아프가니스탄 재건은 쉽지 않았다. 이것은 저항 세력이 강력했기 때문도 아니고 종파 내전이 발생했기 때문도 아니었다. 2001~2002년 침공에서 탈레반 정권을 쉽게 무너뜨리기 위해 미국이 취했던 임기응변이 전혀 생각하지도 못한 결과를 초래했기 때문이었다. 미국이 동맹 세력으로 우대했던 반 탈레반 무장 세력은 군벌이 되어 아프가니스탄을 실질적으로 장악했고, 미국이 제공했던 원조 자금은 아프가니스탄의 부패를 부추겼으며, 미국이 지지했던 정치 세력은 군벌과 결탁하고 아프가니스탄의 부패를 이용하여 치부하는 데 집중했다. 이 과정에서 미국의 아프가니스탄 전략은 표류했으며, 아프가니스탄 국가 건설은 지지부진했다. 반면 탈레반은 마약 자금으로 무장하고 파키스탄에서 재정비해, 미국과 NATO의 지원을 받는 아프가니스탄 중앙정부와 경쟁했다.

2001년 미국이 아프가니스탄을 침공한 직접적인 이유는 탈레반이 아니라 알카에다를 제거하기 위해서였다. 하지만 막상 전쟁이 시작되자, 미국은 아프가니스탄에서 탈레반 세력과 전쟁을 지속하고 아프가니스탄에서 국가 건설에 집중하게 되는 상황에 처했다. 그리하여 알카에다 세력을 제거하는 것은 오히려 부차적인 임무로 변질되었다. 이라크 전쟁 상황이 지속적으로 악화되었지만 부시 행정부로서는 달리 방법이 없었다. '필요했기 때문에 시작한 아프가니스탄 전쟁'은 '필요하지 않았지만 선택했기 때문에 시작한 이라크 전쟁'에 의해서 그 우선순위가 뒤로 밀리는 역설적인 상황이 발생했다. 2007년을 기점으로 이라크 상황이 극적으로 개선되자, 미국은 드디어 아프가니스탄 전쟁에 집중할 수 있었다. 하지만 이것은 새로운 행정부에서 가능했고 부시 행정부와 네오콘은 2008년을 마지막으로 역사의 무대에서 사라졌다.

제5장

탈레반 정권과 9·11 테러에 대한 미국의 침공

　미국은 아프가니스탄에 완전히 무관심했다. 미국이 무자헤딘을 지원했던 이유는 미국이 아프가니스탄을 장악하기 위해서가 아니라, 아프가니스탄을 침공한 냉전 경쟁의 상대방인 소련에 더 많은 고통을 주기 위해서였다. 소련군이 철수하면서 이제 아프가니스탄은 미국의 관심사가 아니었다. 대신 파키스탄이 개입하여 아프가니스탄에서 영향력을 확대했다. 인도와의 전략적 대결에 매몰되었던 파키스탄은 인도가 아프가니스탄에 영향력을 행사하지 않도록 그리고 자신이 통제할 수 있는 세력이 아프가니스탄에서 권력을 장악하도록 행동했고, 이를 위해 이슬람 근본주의 세력인 탈레반을 지원했다.

　중동 지역에서 발원한 이슬람 근본주의 테러 조직인 알카에다는 1980년대 소련과의 전쟁에서 무자헤딘 저항 세력을 재정적으로 지원했으며, 근본주의적 입장에서 '서양 이교도 세력의 축출'을 다짐하고 있었다. 탈레반은 근본주의 성향에서 알카에다와 쉽게 융합될 수 있었고, 알카에다는 아프가니스탄에 자리 잡고 테러리스트 기지를 확보했다. 1990년 후반 알카에다는 아프리카 주재 미국 대사관 등을 공격했고, 미국은 알카에다를 비호하는 탈레반 정권에 항의하고 탈레반 세력을 지원하는 파키스탄을 압박했으며, 아프가니스탄을 제한적으로 폭격했지만 그 이상의 행동은 취하지 않았다. 하지만 2001년 9월 11일, 사우디아라비아 출신자 15명을 중심으로 하는 19명의 테러리스트 팀이 4대의 민간 항공기를 납치하여 뉴욕과 워싱턴을 공격하여 테러리스트 전원을 포함한 미국과 영국 등 70개 국가 국민 2995명이 사망했다. 이 사건으로 모든 상황이 변화했고, 미국은 아프가니스탄에 '관심'을 기울이기 시작했다.

미국은 즉시 행동을 시작했다. 9·11 테러 직후 알카에다를 공격자로 지목했고, 알카에다를 비호하는 아프가니스탄의 탈레반 정권을 교체하고 탈레반 정권의 비호를 받는 테러 조직 알카에다를 완전히 제거하기로 결정했다. 미국은 파키스탄을 압박하여 탈레반 정권과의 유대 관계를 단절하도록 했으며, 미국의 아프가니스탄 침공에 협력할 것을 요구했다. 미국 국내적으로 아프가니스탄 침공에 대한 의회의 승인을 얻어내는 것은 어렵지 않았지만, 아프가니스탄에 대한 군사력 사용을 승인하는 UN 안전보장이사회의 명시적인 결의안을 확보하기는 쉽지 않았다. 하지만 전반적으로 상임이사국 전체를 포함한 대부분의 국가가 테러의 희생자인 미국에 동정적인 분위기였기 때문에, UN 안전보장이사회는 미국의 아프가니스탄 침공을 비난하지 않았으며 간접적으로 침공을 승인했다.

1. 탈레반 정권과 알카에다 그리고 파키스탄

1988~1989년 소련군이 철군하면서 미국은 무자헤딘에 대한 지원을 중단했다. 미국이 아프가니스탄 저항 세력에게 무기를 제공했던 유일한 이유는 소련군이 아프가니스탄을 점령하고 있었기 때문이었으므로 소련군이 철수하자 미국은 아프가니스탄에 더 이상 흥미를 보이지 않았다. 1990년대 초반 아프가니스탄 내전에서 민간인 피해가 급증했지만, 냉전에서 승리한 미국은 이에 무관심했다. 1994년 새로운 무장 세력이 등장하면서 아프가니스탄 내전이 다른 방향으로 변화했지만, 미국은 개입하지 않았으며 1980년대에 자신이 지원했던 무자헤딘 정권이 붕괴하는 것을 수수방관했다. 미국은 소련 침공 및 점령 시기에도 카불에 대사관을 유지했으며, 침공 직전인 1979년 2월 현재 대사가 납치, 살해된 이후 미국은 카불에 대리대사(chargé d'affaires)를 주재시키고 공관 자체는 유지했다. 하지만 소련군 최후 병력이 철수하던 1989년 1월 31일, 미국 국무부는 아프가니스탄 정세가 혼란하다는 이유로 주재 대사관을 폐쇄하고 공관원 전원을 철수시켰다. 그 이후 아프가니스탄 업무는 파키스탄 대사관에서 부차적으로 담당했고, 미국 국무부에 아프가니스탄은 망각의 장소였다.[1]

파키스탄은 이와 같은 망각을 파고들었다. 미국을 비롯한 서방 세계가 아프가니스탄 문제에 관심을 기울이지 않을 때, 파키스탄은 아프가니스탄에 자신의 위성 정권을 수립하고자 했다. 1980년대에 파키스탄은 미국이 제공한 무기를 무자헤딘에게 배분하면서 헤크마티아르가 통제하는 근본주의 세력에게 특혜를 제공했으나, 헤크마티아르 세력의 근본주의 성향과 그로 인한 무능 때문에 마수드 등의 경쟁 세력을 제압하지 못했다. 1990년대 초반 아프가니스탄 내전에서도 헤크마티아르 세력은 주도권을 잡지 못했으며, 파키스탄이 지원을 포기하자 점차 도태되었다.[2] 내전 중반부에 파키스탄 ISI이 주목한 세력은 아프가니스탄 동남부의 두라니 부족 중심의 군사 세력이었다. 신흥 세력이었던 그들의 병력은 대부분 이슬람 종교 교육시설의 학생(Talib) 출신이었고 따라서 자신들을 '학생들(Taliban)'이라고 지칭했다. 1994년 9월 파슈툰 일부에서 오마르(Mohammed Omar)가 병력을 규합하여 탈레반 세력을 구축하자, 군 정보국으로 대표되는 파키스탄의 일부 세력은 남동부의 탈레반 세력에 주목하고 그들을 지원하면서 사실상 탈레반 군사 세력을 '창조'했다.[3]

탈레반 창설 직후인 1994년 10월, 파키스탄 ISI은 대량의 무기를 탈레반에게 공급했고, 이에 '보답'하여 탈레반은 칸다하르에 억류된 파키스탄 민간인들과 상인들을 구출했다. 파키스탄 장교가 탈레반 군사작전을 조언했으며 필요한 경우에는 직접 지휘권을 행사했다. 2001년 파키스탄 병력 2만 8000명이 아프가니스탄에서 활동하면서 탈레반 군사력의 주축을 형성했고, 덕분에 탈레반 정권은 북부동맹(Northern Alliance)과의 전투에서 우세를 유지할 수 있었다.[4] 또한, 파키스탄은 자국에 위치한 아프가니스탄 난민촌에서 '지원병을 모집'하고 기초 군사훈련과 무기를 제공하여 탈레반 세력에게 공급했다. 1994년 여름에 20~30명 수준이었던 병력은 9월 초 50명 수준으로 증가했고, 1994년 말에는 1만 2000명 수준으로 확대되었다.[5] 파키스탄의 지원 덕분에 병력 증강에도 불구하고 무기는 부족하지 않았다. 탈레반은 아프가니스탄에 만연한 아동 강간(bacha bazi)을 금지하고 강간범을 처형하면서 주민들의 강력한 지지를 확보했고, 1994년 11월 칸다하르 지방 전체를 장악했다.[6] 당시 아프가니스탄 남동부 지역은 무정부 상태였기 때문에 지역 주민들은 누구든 질서를 수립한다면 그들을 지지할 생각이 있었다. 이러한 상황에서 탈레반 세력이 그 기대에 부응하여 주민들의 압도적인 지지를 얻으며 가혹하지만 강력한 질서를 수립해 나갔다. 그리고 이를 기반으로 자신의 세력권을 확대시켰다. 1996년 9월 초 헤라트를 점령하고, 9월 27일 카불을 함락시키면서, 탈레반은 아프가니스탄 중앙정부의 역할을 했다.

하지만 탈레반은 국가를 통치할 능력이 없었다. 1996년 4월 4일 탈레반의 지도자인 오마르는 자신을 "독실한 이슬람교도의 지도자(Commander of the Faithful)"라고 선언하고 예언자 무함마드의 망토를 입으면서 '이슬람의 위대한 지도자'로 자부했다. 오마르는 수도 카불이 아니라 고향인 칸다하르에 거주하며 개인적으로는 매우 소박하고 검소하게 생활했다. 하지만 그는 국가를 근대화시킬 능력이 없었고, 관료 조직을 창설하고 지휘할 지식과 경험이 부족했다.[7] 오마르는 결국 외부 세력에게 휘둘렸는데, 특히 자금을 지원하는 사우디아라비아와 무기를 제공하는 파키스탄의 영향력에서 벗어나지 못했다. 카불을 점령하기 직전인 1996년 5월 당시까지 아프리카의 수단에서 암약하던 사우디아라비아 출신 빈라덴(Osama Bin Laden)이 아프가니스탄에 입국하여 오마르에게 많은 영향력을 행사했다.

예멘 출신으로 사우디아라비아에서 건설업으로 막대한 부(富)를 쌓아올린 빈라덴 가문은 사우디아라비아 왕가와 밀착되어 있었으며, 경우에 따라서는 왕족을 사칭하기도 했다. 1979년 12월 소련이 아프가니스탄을 침공하자, 빈라덴 가문의 한 명인 오사마 빈라덴은 바로 아프가니스탄에 잠입하여 무신론자 이교도 공산주의 세력의 아프가니스탄 침공을 저지하겠다고 결심했다.[8] 연간 매출 50억 달러의 재벌 기업을 동원할 수 있었던 오사마 빈라덴은 자기 가문의 영향력을 동원하여 무자헤딘 병력에게 무기와 식량을 공급하고, 아프가니스탄 난민을 조직했다. 특히 아프가니스탄 지원국(Afghan Services Bureau)이라는 비공식 기관을 창설하고 사우디아라비아의 근본주의 세력을 규합하고 자금과 인력을 동원하여 무자헤딘을 지원했다.[9] 당시 파키스탄 정부는 사우디아라비아 왕족이 직접 무자헤딘을 지지하기를 희망했지만 대신 사우디아라비아 왕족과 친분이 있는 왕족에 준하는 것으로 간주되는 빈라덴 가문에 만족해야 했다. 즉 오사마 빈라덴을 통해 파키스탄은 사우

그림 5-1 **체포된 사우디아라비아 근본주의 세력**

자료: Wikipedia. https://en.wikipedia.org/wiki/Grand_Mosque_seizure#/media/File:Officers_Juhayman_al-Otaibi-1.jpg (검색일: 2020년 10월 2일).

디아라비아가 무자헤딘을 지원한다고 주장할 수 있었으며, 사우디아라비아 정부 또한 이러한 상황을 부정하지 않았다.[10]

　1970년대 후반 사우디아라비아는 이슬람 근본주의 세력이 창궐하면서 심각한 위기에 직면했다. 이슬람 세력은 검약함을 강조하면서 사우디아라비아 왕족들의 부패와 사치를 비판했는데 1979년 11월 20일 근본주의 세력 500명 정도가 이슬람 성지(聖地)인 메카 대사원(Grand Mosque of Mecca)을 점거했다.[11] 근본주의 세력은 사전에 반입한 무기와 식량을 확보하고 사우디아라비아 경찰과 군 특수부대의 공격을 저지하면서 2주 동안 농성했다. 그들은 사우디아라비아 왕가를 부정하고 미국에 대한 석유 수출을 중단할 것을 요구했으며, 이슬람교도를 제외한 모든 외국인들을 아라비아 반도에서 추방해야 한다고 주장했다. 12월 4일 사우디아라비아 정부는 1만 명의 병력을 동원하여 메카 대사원을 공격하여, 600명의 사상자를 감수하면서 상황을 종료시키는 데 성공했다. 근본주의 세력에서는 117명이 진압 작전 과정에서 사살되었으며, 체포된 인물들 가운데 주동자급 63명은 재판을 거쳐 참수형에 처해졌으며 그 목은 효수(梟首)되었다. 그 이후 사우디아라비아 종교 경찰은 내부 근본주의 세력을 철저

하게 감시했으며, 근본주의 세력의 국내 활동을 강하게 통제했다. 하지만 빈라덴이 소련이라는 공산주의 무신론자에 성전을 선포하고 자금을 모집하는 과정에서 큰 어려움은 없었으며, 사우디아라비아 정부는 이를 통해 근본주의 세력이 아프가니스탄 전쟁에 참전하여 소련군과의 전투에서 '사라지도록' 독려했다.

1980년대에는 이러한 방법이 효과를 발휘했지만, 1988~1989년에 소련군이 철군하면서 상황은 급변했다. 아프가니스탄에서 근본주의 세력을 소모시킬 수 없게 되면서, 사우디아라비아 정부는 무자헤딘 지원을 위한 인력과 자금 동원을 저지했고, 근본주의 세력이 더 이상 조직화되지 않도록 통제했다. 이에 1988년 8월 빈라덴은 공식적으로 알카에다를 창설하고, 좀 더 공격적인 이슬람 무장 세력을 육성하려고 시도했다. 1990년 8월 이라크의 사담 후세인이 쿠웨이트를 침공하고 사우디아라비아를 위협하자, 빈라덴은 사우디아라비아 정부와 타협이 가능하다고 보았다. 빈라덴은 자신의 알카에다를 동원하여 사우디아라비아를 이라크의 침공에서 구원할 수 있다고 주장했지만, 사우디아라비아 정부는 이러한 빈라덴의 제안을 무시하고 미국 군사력의 사우디아라비아 배치 및 주둔을 승인했다. 빈라덴은 이교도 군대가 이슬람의 성지 메카와 메디나가 있는 사우디아라비아에 주둔한다는 사실에 격분했고, 이후 사우디아라비아 정부를 적대시하고 동시에 '사우디아라비아를 점령'하고 있는 미국을 비난했다. 이에 사우디아라비아 정부는 빈라덴을 추방했고, 그의 가족들은 공개 석상에서 오사마 빈라덴을 비판했다.[12] 1992년, 빈라덴은 자신이 동원할 수 있는 자금을 가지고 수단에 정착하여 건설 업체를 운영하고 무자헤딘 출신 인력들에게 직장을 제공하면서 자신의 영향력을 유지했다. 하지만 빈라덴은 미국과 사우디아라비아 정보기관의 감시를 당하고 있었으며, 신변의 위협도 느끼고 있었기 때문에 아프가니스탄으로 귀환하기로 결정했다. 이에 1996년 5월 빈라덴은 수단을 떠나 아프가니스탄에 입국하여 새롭게 권력을 장악하고 있던 탈레반 세력과 친분을 쌓았으며 이어 미국에 대한 테러를 준비했다.

이전까지 아프가니스탄을 통제했던 파키스탄은 알카에다와 빈라덴이라는 새로운 경쟁 상대의 등장에 긴장했다. 파키스탄은 탈레반 세력에게 700만 달러의 현금과 함께 식량과 연료를 제공했으며 탈레반 병력 확충에 필요한 인력을 공급했다. 종교 교육을 통해 근본주의에 세뇌당한 10대 청소년들은 '소모품'으로 사용하기에 알맞은 병력으로, 탈레반 입장에서 그들은 소중한 '자원'이었다. 이러한 파키스탄의 지원은 알카에다가 아프가니스탄에서 세력을 확대하면서 경쟁적으로 증가했고, 2000년에는 '전례 없는 수준'의 지원이 이루어졌다.[13] 미국은 파키스탄의 이와 같은 행동을 우려하며 탈레반 정권을 지원하는 일은 위험하다고 계속해서 파키스탄에 경고했다. 하지만 파키스탄은 미국의 경고를 무시했으며, 그 때문에 양국 관계는 점차 악화되었다. 1998년 12월 미국은 다음과 같은 결론에 도달했다. 첫째, 파키스탄은 빈라덴 문제는 미국의 문제이지 파키스탄의 문제는 아니다. 둘째, 파키스탄은 빈라덴을 제거하려는 미국의 행동에 적대적이거나 무관심하다. 오히려 알카에다의 등장으로 아프가니스탄의 탈레반 정권에 대한 영향력이 감소할 가능성 때문에, 파키스탄은 더욱 많은 지원을 하고 있다고 우려했다.[14]

2. 알카에다의 9·11 테러

1998년 8월 7일, 알케에다와 빈라덴은 이집트 근본주의 세력을 통해 케냐와 탄자니아에 위치한 미국 대사관을 자살 폭탄으로 공격했다. 테러의 목표는 미국 대사관이었지만, 사상자의 대부분은 케냐와 탄자니아 국민들이었다. 미국인 사망자는 12명에 지나지 않았으며, 특히 케냐에서 200명 정도가 사망했고 4000명 이상의 민간인이 부상당했다. 그 이후 미국은 바로 대응했다. 우선 UN 안전보장이사회는 1998년 8월 13일 결의안 1189호를 통해 대사관에 대한 테러를 비난하고, 국제사회는 테러 방지를 위해 협력해야 한다고 강조했다.[15] 이어 미국은 군사행동을 시작했다. 8월 20일 미국 해군은 순항미사일 공격으로 아프가니스탄의 알카에다 기지를 공격했으며, 동시에 독가스를 제조하는 것으로 의심되는 수단의 제약·농약 공장을 파괴했다. 하지만 성과는 미미했다. 아프가니스탄 공격을 통해 빈라덴을 제거하지는 못했는데, 50명 정도의 사상자가 발생했지만 큰 타격은 아니었다.[16]

문제는 수단에 대한 공격은 무의미했을 뿐 아니라 잘못된 정보에 기초한 오폭이었다는 사실이다. 해당 시설(Al-Shifa pharmaceutical factory)은 알카에다와 관련된 시설이 아니라 농약과 말라리아 및 결핵 치료제를 생산하는 순수한 민간 시설이었다. 하지만 해당 시설에 대해서는 의혹이 있었는데, 수단 반정부 세력은 수단 정부가 화학무기를 사용한다고 비난했고, 미국 정보기관은 해당 시설의 토양 샘플을 입수하여 테스트한 결과 화학무기 성분이 검출되었다고 밝혔다. 하지만 해당 시설이 독가스를 제조한다는 증거는 충분하지 않았고, 일부 미국 관리들은 "독가스 생산 및 저장 증거는 없었다"라고 익명으로 증언하기도 했다.[17] 그럼에도 불구하고 미국 정부는 수단 정부 또는 해당 기업체에 대해 피해 배상을 하지 않았으며, 9·11 테러 조사위원회(9·11 Commission)의 조사 과정에서도 당시 정책 결정자들은 폭격 자체는 필요했고 정당한 공격이었다고 강변했다.

미국의 압력과 폭격에도 불구하고, 아프가니스탄의 탈레반 정권은 빈라덴을 추방하거나 인도하지 않았다. 오히려 미국의 공격에 반발하면서, 미국을 공격하려는 알카에다의 계획에 적극 협조했다. 폭격 직후 아프가니스탄 외교관들은 "미국을 공격할 방법이 있으면 보복 공격하겠다"라고 발언했다. 또한 미국이 30회 이상 빈라덴의 인도 또는 추방을 요구했으나 탈레반 정권은 이러한 모든 요구를 거부했다.[18] 대사관 공격 직후 사우디아라비아 특사가 카불을 방문하여 빈라덴을 추방할 것을 요구했지만, 탈레반 정권의 지도자인 오마르는 사우디아라비아 특사에게 욕설을 퍼부었고, 이에 사우디아라비아 정부는 아프가니스탄과 외교 관계를 단절했다.[19] 탈레반 정권의 총리로서 온건파를 이끌었던 라바니(Mohammad Rabbani)는 알카에다의 영향력 확대와 미국에 대한 테러에 매우 비판적이었으며, 빈라덴을 추방하자고 주장하면서 오마르와 대립했다. 하지만 라바니의 건강이 악화되면서 그 영향력은 감소했고, 2001년 4월 그가 사망하자 탈레반 온건파의 영향력은 심각하게 약화되면서 빈라덴과 알카에다를 견제할 내부 세력이 소멸했다.[20]

이후 알카에다와 탈레반 정권은 미국 본토에 대한 테러를 준비했다. 이집트 및 사우디아라비아 출신 테러리스트를 모집하고 그들을 미국에 잠입시켜 비행 조정 훈련을 받도록 했다. 또한 뉴욕 공항에서는 문구용 칼과 같은 작은 흉기를 휴대하고 비행기를 탈 수 있는지 시험 삼아 탑승하도록 했다. 이와 같은 항공기 납치 준비는 미국 정보기관에 포착되었고, 미국은 탈레반 정권에 수차례 경고했다.[21] 하지만 2000년 11월 미국 대통령 선거에서 공화당의 부시 후보가 당선되어 정권이 민주당에서 공화당으로 바뀌면서 문제가 발생했다. 라이스 국가안보보좌관(National Security Advisor)은 언론 인터뷰 등에서 "9·11 테러 이전에 빈라덴 조직 및 테러 가능성에 대한 경고를 받지 않았다"라고 주장하면서 민주당 행정부에 책임을 전가했지만, 실제로 민주당 행정부는 인수인계 과정에서 테러에 대한 경고를 남겼다. 그리고 이에 기초하여 새롭게 출범한 부시 행정부는 2001년 1월 25일 대테러 전략 문서를 작성하여 내부 회람했다. 하지만 이에 주목한 정책 결정자들은 거의 없었다.[22] 2001년 7월 백악관 회의에서 대테러 담당관은 '뭔가 큰 공격(something really spectacular)'이 있을 것이라고 경고했지만, 실질적인 조치는 취해지지 않았다. 2001년 8월 6일 알카에다의 항공기 납치 첩보는 대통령 일일보고(President's Daily Brief)까지 올라갔지만, 부시 대통령과 보좌진들은 이를 무시했다.[23]

그렇게 미국 부시 행정부가 전혀 눈치 채지 못하는 가운데, 2001년 9월 11일 알카에다의 공격이 시작되었다. 이집트 국적의 아타(Mohamed Atta)가 지휘하는 테러리스트 19명은 4개 팀으로 나뉘어 보스턴과 워싱턴, 뉴저지에서 출발하는 중형 민간 항공기 4대를 납치했다. 해당 항공기들은 미국 서부의 로스앤젤레스와 샌프란시스코가 목적지로 미국 횡단에 필요한 연료를 만재하고 있었다. 9월 11일 오전 7시 59분과 8시 14분에 보스턴 공항을 출발하여 로스앤젤레스로 비행하던 항공기 두 대는 8시 46분과 9시 3분 각각 뉴욕 세계무역센터(World Trade Center)의 북쪽 건물과 남쪽 건물에 충돌했다. 충돌로 발생한 화재가 한 시간 동안 계속되면서 약해진 건물은 10시를 전후하여 각각 붕괴되었다. 워싱턴 공항에서 8시 20분에 이륙한 항공기는 로스앤젤레스로 비행 중 납치되어 워싱턴으로 회항했고, 9시 37분 미국 국방부 건물을 공격했다. 뉴어크 공항에서 8시 42분에 이륙한 마지막 항공기는 목적지인 샌프란시스코로 향하다가 9시 30분 정도에 납치되었다. 이 항공기에 탑승하고 있던 승객들은 항공기가 납치되었다는 사실을 파악하고 10시 직전에 테러리스트들을 제압하기 위한 행동을 개시했다. 결국 승객들의 저항으로 테러리스트들은 항공기에 대한 통제권을 상실했고, 테러 목표물인 워싱턴의 국회의사당으로 향하던 비행기는 펜실베이니아에 추락했다.

9월 11일 테러는 엄청난 피해를 가져왔다. 비행기를 납치한 테러리스트 19명을 포함하여 2995명이 당일 사망했고, 희생자는 총 70개 국가의 국민이었다. 9·11 테러 이전까지 미국 역사에서 단일한 공격으로 가장 많은 인명 피해가 발생한 것은 1941년 12월 7일 일본의 진주만 공습이었는데 진주만 공습에서 발생한 전사자는 2345명으로 민간인 인명 피해는 57명이었다. 9·11 테러는 진주만 공습의 기록을 갈아치웠다. 3000명에 가까운 사람

그림 5-2 **위성에서 바라본 9·11 테러 현장**

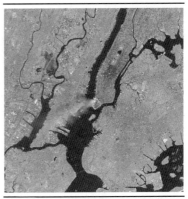

주: 이 사진은 2001년 9월 11일 오후 1시 25분에 촬영되었다.
자료: https://www.flickr.com/photos/gsfc/6130187140/sizes/o/; Wikimedia Commons. https://commons.wikimedia.org/wiki/File:September_11_attack_seen_from_space_by_nasa.jpg (검색일: 2020년 12월 17일).

들이 사망하면서, 뉴욕시를 비롯한 미국 전체 그리고 전 세계는 테러에 경악했다. 미국은 이에 보복하기로 결정했고, 세계는 이를 지지했다. 테러를 주도했던 것이 알카에다이고 알카에다와 그 지도자인 빈라덴을 아프가니스탄의 탈레반 정권이 비호하고 있었기 때문에, 미국의 부시 행정부는 아프가니스탄을 침공하기로 결정했다.

알카에다는 9·11 테러와 함께 아프가니스탄에서 또 다른 공격을 준비했다. 9·11 테러 직전인 2001년 9월 9일, 알카에다 자살 특공대는 아프가니스탄 북부에 웅거하면서 탈레반 정권에 대한 무장 항쟁을 지휘하던 마수드를 암살했다. 1996년 9월 카불이 함락되면서 무자헤딘 정권이 무너졌고, 이때까지 무자헤딘 정권의 국방 장관으로 탈레반 병력을 저지하던 마수드는 전면 철군을 명령했다. 9월 27일 탈레반 병력이 카불에 진입했고, 파키스탄의 군사 지원과 사우디아라비아의 재정 지원을 기반

그림 5-3 **9·11 테러 현장**

자료: Wikipedia. https://en.wikipedia.org/wiki/United_
States_invasion_of_Afghanistan#/media/File:WTCgr
oundzero.jpg(검색일: 2020년 12월 17일).

으로 한 탈레반이 내전에서 승리했으나, 마수드는 자신의 군사력을 보전하면서 북부 지역으로 후퇴하여 새롭게 저항 세력을 구축했다. 아프가니스탄 북부의 타지크 부족 세력에 기반한 마수드 저항 세력은 확고한 지역 기반을 가지고 있었으므로 남부 파슈툰 세력에서 출발한 탈레반 정권에 이는 상당한 위협으로 작용했다.[24]

이에 탈레반 정권은 마수드를 제거하려고 시도했지만 실패했고, 2001년 9월 알카에다가 마수드를 암살하는 데 성공했다. 모로코 출신의 벨기에 기자로 위장한 두 명의 알카에다 암살팀은 마수드에게 접근하여 '인터뷰'를 진행했고, 카메라에 넣어두었던 폭탄을 터트려 암살에 성공했다. 마수드는 부통령 직책으로 4월 초 유럽의회(European Parliament)에서 탈레반 정권의 위험성을 경고하고 저항 세력에 대한 지원을 요청했다.[25] 소련의 침공에 저항했고, 이후 내전에서 잠시 승리했고, 여러 번의 암살 시도에서도 죽지 않고 살아남았으며, 2001년 초 탈레반 정권의 암살 시도까지 무사히 넘기면서 '북부동맹'을 창설하여 기존 무자헤딘 및 아프가니스탄 북부의 부족 세력을 규합했던 마수드는, 결국 그렇게 암살되었다. 탈레반 정권은 드디어 마수드의 영향력으로 겨우 유지되던 북부동맹을 무너뜨리고 아프가니스탄 전체를 장악할 수 있게 되었다. 하지만 9·11 테러 때문에 탈레반은 마수드 저항 세력과는 비교될 수 없는 새로운 위협에 직면했다. 이제 탈레반이 우려해야 하는 것은 북부동맹이 아니었다. 미국이라는 압도적인 힘이 아프가니스탄을 침공하는 상황이 전개되었다.

3. 미국의 아프가니스탄 침공을 위한 정치적 준비

미국은 아프가니스탄에 대한 압박을 중단하고 군사력을 사용하기로 결정했고, 9월 13일 파키스탄에 공격 결정을 통보하면서 탈레반 정권과의 교류를 중단할 것을 요구했다. '탈레반 정권의 모든 것을 파괴'할 것이며, "파키스탄은 미국과 같이 행동하든지 아니면 탈레반과 함께 소멸하든지 선택하라"라고 선언했다. 이에 파키스탄 정부는 9월 14일 미국의 요구 전체를 수용하면서, "미국과 함께 가겠다"라고 답변했다.[26] 그럼에도 불구하고 미국은 파키스탄을 신뢰하지 않았으며, 이와 같은 미국의 의구심은 결과론적으로 옳았다.

2001년 9월 14일 미국 상하원은 합동결의안을 통과시켜, 미국이 9·11 테러를 '계획, 승인, 수행, 지원했던 자들과 이러한 세력을 보호하는 모든 조직에 대해 군사력을 사용할 수 있도록 승인'했으며, 9월 18일 부시 대통령이 결의안에 서명하면서 미국은 최소한 국내적으로는 군사력 사용의 합법성을 담보했다.[27] 알카에다가 9·11 테러를 수행했고 아프가니스탄이 정부 차원에서 알카에다를 지원했기 때문에, 부시 행정부는 9·11 테러를 통해 아프가니스탄이 미국을 공격한 것이라고 확대 해석하면서 아프가니스탄에 대한 침공을 자위권의 행사로 정당화했다. UN 헌장 51조는 '개별적 또는 집단적 자위권(individual or collective self-defense)' 행사를 UN 안전보장이사회의 사전 승인 없이 군사력을 사용할 수 있는 정당한 근거로 인정하고 있으므로 아프가니스탄 침공에 대한 일차적인

정당성 자체는 확보되었다.[28]

그럼에도 불구하고, 미국은 UN에서의 외교전을 전개하여 침공에 대한 명시적인 승인을 받기 위해 노력했다. 테러의 충격이 상당했기 때문에 결의안을 얻어내는 것은 쉬워 보였다. 9·11 테러 다음 날인 9월 12일, UN 안전보장이사회는 만장일치로 미국에 대한 테러를 비난하는 결의안 1368호를 승인했으며, 9월 28일에는 테러리즘 배격의 원칙을 확인하는 결의안 1378호를 추가 통과시켰다.[29] 하지만 UN 안전보장이사회는 미국이 아프가니스탄을 침공하는 것을 명시적으로 승인하지 않았다. 특히 국제사법재판소(ICJ: International Court of Justice)는 특정 국가의 비호를 받는 비국가단체가 어떤 국가를 공격했다고 하더라도, 이러한 비국가단체의 공격이 해당 비국가단체를 비호했던 국가의 피해자 국가에 대한 무력 공격으로 간주하지 않기 때문에, 엄격한 의미에서 자위권 행사는 제한된다는 것이 통상적인 사례였다. 1980년대 미국은 니카라과 사회주의 정권인 산디니스타 민족해방전선(FSLN: Sandinista National Liberation Front) 정부를 무너뜨리기 위해 극우파 콘트라 반군 세력을 지원했고, 이에 니카라과 정부는 해당 사안을 ICJ에 재소했다. 이에 ICJ는 미국의 행동이 국제법 위반이라고 지적했으나, 콘트라 반군을 지원했기 때문에 니카라과가 미국에 대해 자위권을 행사하는 것은 통상적인 자위권의 범위를 벗어나는 과잉 방어라고 판결했다.[30]

하지만 UN 안전보장이사회는 미국의 아프가니스탄 침공을 간접적으로 추인했다. 2001년 11월 14일 안전보장이사회는 결의안 1378호에서, 아프가니스탄의 탈레반 정권이 알카에다를 지원한다고 비판하고 아프가니스탄 주민들이 새로운 정부를 수립하는 것을 지원하겠다는 의지를 표명하면서, 이를 위한 인도적 지원을 독려했다. 이어 12월 6일, 결의안 1383호는 독일에서 이루어진 본 합의(Bonn Agreement)를 추인하면서,

그림 5-4 **9·11 테러 현장에서 메가폰으로 연설하는 부시 대통령(2001년 9월 14일)**

자료: Wikipedia. https://en.wikipedia.org/wiki/George_W._Bush#/media/File:FEMA_-_3905_-_Photograph_by_SFC_Thomas_R._Roberts_taken_on_09-14-2001_in_New_York.jpg (검색일: 2020년 12월 19일).

아프가니스탄의 모든 집단들은 곧 출범하는 임시정부와 협력하여 새로운 국가 및 정부 건설에 협력하라고 촉구하며 탈레반 정권의 교체를 기정사실화했다.[31] 최종적으로 UN 안전보장이사회는 12월 20일, 결의안 1386호를 통해 아프가니스탄 임시정부(Afghan Interim Authority) 설립과 아프가니스탄 국제안보지원군(ISAF: Afghanistan Security Assistance Force) 창설을 승인하면서, 미국 및 NATO 군사력의 아프가니스탄 점령을 사후 추인했다.[32]

하지만 미국은 기본적으로 군사력 사용을 결정했다. 9월 12일 미국 정보기관은 이전까지의 정보를 종합하여 테러 주범으로 알카에다를 지목했고, 이러한 추정은 정확했다. 1998년 이후 알카에다는 미국에 대한 테러를 지속했고, 9·11 테러 자체도 알카에다가 계획했고 실행했다는 증거가 충분했다.[33] 그렇기 때문에 부시 행정부는 9·11 테러를 미국에 대한 알카에다의 여러 공격들 가운데 가장 최근의 공격이며 가장 강력한 공격이라고 보았고, 따라서 앞으로도 테러가 지속될 것이라고 보았다. 1998년 8월 클린턴 행정부의 보복 공격에도 불구하고 알카에다는 미국에 대한 테러를 지속했으며, 따라서 이제 부시 행정부는 군사력을 사용하여 아프가니스탄을 침공하고 알카에다를 물리적으로 제거하기로 결정했다.

이러한 맥락과 함께, 부시는 미국에 대한 알카에다의 공격을 '선과 악

그림 5-5 테러와의 전쟁을 선언하는 부시 대통령

자료: The White House, "Address to a Joint Session of Congress and the American People," September 20, 2001. https://georgewbush-whitehouse.archives.gov/news/releases/2001/09/20010920-8.html (검색일: 2020년 12월 20일).

의 기념비적 투쟁(monumental struggle between good and evil)'로 규정하고 여기서 '선(善)이 반드시 승리할 것'이라고 선언하면서, 아프가니스탄 침공 및 알카에다 제거를 도덕적 차원에서 정당화했다.[34] 2001년 9월 20일 부시 대통령은 상하원 합동 회의에서 '테러와의 전쟁(War on Terror)'을 선언하면서, 미국은 이 전쟁을 알카에다와 시작했지만, 여기서 끝나지 않고 "전 세계를 무대로 활동하는 테러 조직(terrorist group of global reach) 모두를 제거하겠다"라고 다짐했다.[35] 그리고 침공이 시작되었다. 2001년 9월 26일 미국 CIA 소속 특수부대 10명이 아프가니스탄 북부, 1980년대에 마수드가 저항 세력을 이끌었던 판지시르 계곡에 잠입했다.

제6장

환상적인 승리와 전쟁의 시작

침공은 매우 쉬웠다. 미국은 극소수의 병력을 동원하여 침공했고, 탈레반 정권에 저항하면서 아프가니스탄 북부에 웅거하던 북부동맹을 동원하는 데 성공했다. 소수의 미군 특수부대가 폭격을 유도하여 항공 지원을 하는 가운데, 북부동맹 병력은 지상에서 탈레반 군사력을 파괴하면서 진격하여 2001년 11월 카불을 점령했다. 남부에서는 일부 망명 세력이 파슈툰 영역 내에서 반란을 주도했으며, 그 결과 12월 칸다하르를 함락시켰다. 탈레반 잔존 세력은 아프가니스탄 최악의 산악 지대인 토라보라 지역으로 피신하여 저항했고, 지휘부와 핵심 병력은 파키스탄으로 피신했다.

미국은 환상적으로 승리했으며, 부시 행정부는 이를 자축했다. 미국 군사력은 이전과는 다른 차원의, 다른 방식의 전투가 가능하다는 사실을 입증했다. 미국이 과시한 군사혁명은 진정한 의미에서 혁명적이었다. 이전까지 모든 경우에 한 국가를 침공하기 위해서는 상당 규모의 지상군 병력이 필요했으며, 이전의 아프가니스탄 침공 시에도 마찬가지였다. 1979년 12월 소련은 3만 명 수준의 병력을 동원하여 아프가니스탄을 침공했고, 이후 10만 명 규모의 병력을 아프가니스탄에 유지했다. 하지만 2001년, 미국은 30명 수준의 특수부대만을 동원하여 아프가니스탄을 침공하고 정권을 전복시켰다.

아프가니스탄에 침투한 미군 특수부대는 21세기 전쟁의 새로운 양상을 보여주었다. 레이저 폭격 유도 장치를 휴대한 미군 병력은 아프가니스탄 기병대와 함께 이동하면서 고공에서 투하되는 폭탄을 탈레반 진지로 유도했다. 아프가니스탄 방공망이 사라진 상황에서, 탈레반 병력은 미군 폭격에 무방비로 노출되었으며 이동하는 탈레반 군사력은 모두 파괴되었다. 대신 지상 전투는 북부동맹과 같은 아프가니스탄 현지의 저항 세력이 담당했다. 탈레반 화력에 제압되었던 북부동맹 등의 저항 세력은 미군 특수부대가 유도하는 폭격 덕분에 화력에서의 열세를 극복했고, 카불과 칸다하르를 점령하면서 새로운 정권을 구축할 수 있는 군사적 상황을 조성했다. 21세기의 새로운 전쟁 양상이 등장한 셈이다.

2001~2002년 겨울, 아프가니스탄의 탈레반 정권은 붕괴했고, 미국 및 국제사회가 지지하는 새로운 정권이 카불에 수립되었다. 미국은 자신이 동원할 수 있는 가장 막강한 군사력을 가장 효율적인 방식으로 사용했다. 미국 군사력의 위력에 세계는 놀라움을 금치 못했지만, 미국의 환상적인 승리는 전투에서의 승리였을 뿐이며, 아프가니스탄에서의 전쟁은 막 시작되었다. 이제 미국은 군사 혁신의 가장 성공적이고 환상적인 성과에 기초하여, 아프가니스탄에 새로운 정치 질서를 수립하고 아프가니스탄을 재건하여 새로운 국가를 건설해야 했다. 이 일에 미국 군사력의 환상적인 혁신은 별로 도움이 되지 않았다.

1. 미국과 북부동맹의 환상적인 군사적 승리: 아프가니스탄 북부 지역 장악

2001년 9월 26일 북부동맹이 장악하고 있는 지역에 잠입한 CIA 특수부대는 마수드 암살 충격으로 분열되고 있던 병력을 규합하는 데 집중했다. 북부동맹은 소련과의 전쟁에 참전했던 무자헤딘 병력 가운데 아프가니스탄 북부의 타지크와 우즈베크 부족을 기반으로 구출된 무장 세력으로, 마수드 암살 이전인 2001년 중반 총병력 2만 명 규모로 북부 지방을 장악하고 있었다. 그 명칭에서 드러나듯이, 북부동맹은 단일한 군사 세력이 아니라 5개의 파벌로 구성된 연합체였으며, 주요 5개 파벌 또한 총 25개에 가까운 중소 무장 세력으로 다시 나뉘는 포도송이와 같은 상황이었다.[1] 북부동맹은 군사적으로 무능하고 정치적으로 부패했지만, 미국으로서는 선택의 여지가 없었다.

1980년대 소련의 아프가니스탄 전쟁 경험 때문에 미군 병력을 직접 아프가니스탄에 진입시키는 문제에 대해서는 너무나 많은 우려가 있었으며, 그 우려의 상당 부분은 지극히 타당한 것이었다. 베트남 전쟁에서도 미국은 군사적으로는 북베트남을 압도했지만, 증가하는 사상자 및 관련 정치 문제로 결국 철군했고 전쟁에서 패배했다.[2] 이와 함께 부시 행정부는 소련의 아프가니스탄 침공을 반면교사로 삼고, 아프가니스탄 전쟁에서 미군 병력을 되도록 사용하지 않는 방식으로 수행하기로 결정했다. 즉 대규모 지상군을 투입하지 않고 아프가니스탄 내부의 동맹 세력을 확보하여 지상 전투를 담당하게 하고, 미국은 항공력으로 지상 작전을 지원하기로 했다.

탈레반 정권은 1996년 9월 카불을 점령하면서 일단 아프가니스탄 내전에서 승리했지만, 여전히 탈레반의 패권을 인정하지 않고 저항하는 세력이 아프가니스탄 내부에 존재했다. 특히 북부의 타지크 및 우즈베크 부족 세력을 기반으로 만들어진 북부동맹은 남부 파슈툰 부족 중심의 탈레반 정권에 저항했으나, 2001년 9월 9일 전설적 지휘관인 마수드가 암살되면서 세력 자체가 와해되기 직전이었다. 그러한 상황에서 미국이 북부동맹에 엄청난 양의 현금을 뿌리고 무기 제공을 약속하고 항공 지원을 과시하면서 상황은 급변했다. 9월 26일에 잠입한 CIA 특수부대는 도착 즉시 50만 달러를 북부동맹 연락책에게 현금으로 제공했고, 이어 300만 달러의 현금을 살포하기 시작했다. CIA 본부는 특수부대에 현금을 "재량껏 사용하라"라는 지침을 하달했고, 현지 CIA 특수부대는 현금을 무기로 북부동맹의 군소 세력과 지역 무장 세력을 포섭했다.[3] 9월 28일 영국군 특수부대 또한 아프가니스탄에 잠입하여, 미군과 동일한 방식으로 탈레반 지휘관들을 매수하며 '전향'을 유도했다. 이에 2001년 10월 초, 상당한 세력이 판지시르에 결집했다.

2001년 10월 7일 미국이 폭격을 시작했다. 당시 탈레반은 총 5만 명의 병력을 전개하여 카불을 방어하고 동시에 북부동맹을 저지하고 있었지만, 미국은 아프가니스탄 방공망과 탈레반 훈련장, 알카에다 기지 등 총 31개 목표물을 타격했으며, 민간 시설은 목표물에서 제외되었다. 동시에 총액 3억 2000만 달러에 달하는 구호물자가 아프가니스탄 상공에서 무작위로 살포되었다.[4] 무엇보다 이것은 일회성 공격이 아니라 공격의 시작이었다. 공격 첫날 미국은 순항미사일 50발을 사용했고, 지상발진 폭격기 15대와 항공모함 함재기 25대를 동원했다. 하지만 탈레반과 알카에다의 기반 시설을 공격했기 때문에 전선에 직접적인 영향은 없었다.[5]

효과적인 군사행동을 위해서는 미국이 직접 군사력을 투사(投射)해야 했으며, 소수일지라도 미군 병력이 아프가니스탄에 침투해야 했다.

그림 6-1 미국이 사용했던 K2 기지 및 기타 주요 공군기지

자료: Donald P. Wright et als., *A Different Kind of War: U. S. Army in Operation Enduring Freedom, October 2001—September 2005* (Fort Leavenworth, KS: Combat Studies Institute Press, US Army Combined Arms Center, 2010), p.59.

이를 위해 부시 행정부는 아프가니스탄 북부에 위치한 우즈베키스탄 (Uzbekistan) 정부와 기지 사용과 원조 제공을 협상했다.[6] 2001년 10월 5일 최종 합의에 따라 미국은 지역 공군기지(K2: Karshi-Khanabad Air Base)를 '구조 임무를 위해 사용'할 권한을 획득했고, 이를 기반으로 어느 정도의 병력과 물자를 투사할 수 있는 근거지를 마련했다.[7] 미국은 10월 16일 CIA 특수부대를 추가로 파견했고, 19일에는 근접항공 지원(CAS: Close Air Support)을 위해 육군 특수부대와 폭격 유도 장비가 아프가니스탄에 투입

되었다. 지상에서 폭격을 유도하면서 탈레반 병력에 대한 본격적인 공격이 시작되었지만 가시적인 효과는 나타나지 않았다. 탈레반 정권이 북부동맹을 저지하기 위해 기존 병력을 증강하면서, 대치 지역에서 탈레반 병력은 북부동맹을 압도하게 되었다. 미국 국방부는 5만 명 정도의 육군 병력을 동원하여 아프가니스탄을 침공하는 방안을 검토했으나 10월 28일 부시 행정부는 잠정적으로 폭격을 지속하면서 상황을 관찰하기로 했다.[8] 그리고 탈레반 정권에 저항하고 있던 북부동맹과 접촉하여 아프가니스탄 지상 작전을 수행하기 위한 소규모 특수부대를 파견했다.

미국 특수부대는 북부동맹 지휘관 가운데 다음 세 명과 집중적으로 연계했다. 첫째, 아프가니스탄 북부에 침투한 소수의 특수부대원은 마자르이샤리프(Mazar-i-Sharif) 외곽에서 탈레반과 대치하고 있던 도스툼과 접촉했다. 북부동맹은 최근까지 마자르이샤리프를 장악하고 우즈베키스탄과 연결하는 도로와 공항 시설을 통제했으나, 탈레반의 공격으로 마자르이샤리프를 상실하고 외곽으로 밀려나 있었다. 10월 19일 이후 미군 특수부대가 도스툼 병력과 연합하여 탈레반 방어 시설에 폭격을 유도하여, 탈레반의 예비 병력과 탄약고가 파괴되면서 상황이 급변했다.[9] 이에 탈레반은 추가 병력을 마자르이샤리프 지역에 배치했으며, 파키스탄에서도 증원 병력이 이동하여 해당 지역의 방어는 강화되었다. 미군이 B-52 중폭격기를 동원하여 마자르이샤리프 지역에 융단 폭격을 실시하면서 탈레반 병력 및 방어선은 붕괴했다. 탈레반 고위 관계자가 직접 언급했듯이, 미국은 '대형 폭탄(very large bombs)'을 사용하여, 탈레반 방어선을 파괴했다.[10] 11월 10일 마자르이샤리프는 도스툼의 북부동맹 병력에 의해 점령되었고, 300명 정도의 탈레반 병력이 전사하고 3000명이 북부동맹의 포로가 되었으며 1000명 이상의 병력이 탈주했다. 이것은 북부동맹과 미군의 첫 승리였다.[11]

그림 6-2 **아프가니스탄 북부 지역에서 진행된 미군 특수부대와 북부동맹의 공격**

주: NA는 북부동맹(Northern Alliance), SF는 미군 특수부대(Special Forces)이며 그 옆의 숫자들은 미군 특수
부대의 통상 명칭이다.

자료: Wright et als., *A Different Kind of War*, p.74.

둘째, 마수드의 잔존 세력을 유지하고 있던 파힘(Mohammed Fahim)
과 접촉했다. 파힘은 2001년 10월 당시 판지시르 지역과 바그람 비행장
을 장악하고 있었다. 10월 19~20일에 침투한 미군 특수부대는 바로 바그
람 비행장으로 이동하여 관제탑에서 탈레반 및 알카에다 진영에 대해 폭

격을 유도했다. 3주 동안 이어진 폭격으로 탈레반 방어선은 점차 와해되기 시작했다. 지상에 배치된 미군 특수부대가 폭격을 유도하면서, 항공 공격은 치명적이었다. 11월 11일 하루 동안, 미국 공군은 25회 공습을 감행하여 지상에서 유도되는 목표물에 폭탄을 투하했고, 탈레반과 알카에다의 사상자는 2200명에 달했고, 29대의 전차와 6개의 지휘소 등이 파괴되었다.[12] 11월 12일 야음을 틈타 탈레반 병력은 카불에서 철수했으며, 13일, 파힘 휘하의 북부동맹군은 교전 없이 카불을 접수했다.[13]

미군 특수부대가 세 번째로 접촉한 인물은 소련과의 전쟁에서 활약했던 다우드(Mohammad Daud Daud)였다. 그는 타지크 부족 출신으로 마수드 휘하에서 소련과의 전쟁에서 활약했다. 다우드 병력은 탈레반 세력이 아프가니스탄 북동부에 구축한 탈로칸-콘두즈(Taloqan-Konduz) 부근의 타지키스탄과 국경을 맞대고 있는 지역을 장악하고 있었다. 이번에도 미군 특수부대는 동일하게 행동했다. 직접 교전하지 않고 항공 지원을 요청하고 폭격을 유도하여 탈레반 방어선을 지속적으로 파괴했으며, 탈레반 병력이 와해되면 북부동맹이 진격하여 주요 거점을 점령했다. 11월 11일 다우드 병력은 탈로칸을 점령하여 2000년 9월까지 마수드가 사령부로 사용했던 도시를 탈환하는 데 성공했다. 그 직후인 11월 13일 탈레반은 반격을 시작했지만, 미군 폭격으로 저지되었다. 11월 15일 380명의 탈레반 병력이 전사했고, 17일 폭격으로 300명가량의 탈레반 병력이 추가로 사망했다. 다우드 병력과 미군은 차근차근 콘두즈를 향해 진격했으며, 인근 지역의 무장 세력을 휘하에 거느리면서 병력은 3만 명 수준으로 증가했다. 10일 동안 이어진 미군 폭격에 탈레반은 2000명 이상의 사상자와 트럭 51대, 방어진지 44개, 전차 12대, 탄약고 4개를 상실했다.[14]

11월 23일 아프가니스탄 북부 지역에서 탈레반이 장악하고 있던 마지막 거점인 콘두즈가 함락되었다. 9·11 테러 이전까지 북부동맹의 잔여 세력과 대치하고 있던 마자르이샤리프 및 콘두즈 지역에는 파키스탄 장교들이 군사 고문단 형태로 존재했으며, 북부동맹에 대한 군사작전을 사실상 지휘하기도 했다. 9·11 테러가 발생하고 미국이 아프가니스탄을 침공할 것이라는 사실이 확실해지자 파키스탄 정부는 해당 장교단 전원에게 철수 명령을 내렸으나 일부는 잔류했으며 그 인원들은 콘두즈 지역으로 피신했다. 최후의 순간 파키스탄 정부는 다시 개입하여 미국의 양해를 얻어 '파키스탄 기술 인력'을 본국으로 송환하는 항공기를 파견할 수 있었다. 그리고 그 항공기 편으로 해당 장교들을 소개했지만, 여기에는 일부 탈레반과 알카에다 지휘관들 또한 포함되어 있었다.[15]

탈레반 병력은 후퇴하거나 와해되었지만, 외국에서 유입된 병력과 알카에다 동조자들은 격렬히 저항했다. 아프가니스탄 전통에 따라, 북부동맹 병력은 투항한 탈레반 병력들을 엄격하게 심사하지 않았으며, 앞으로 저항하지 않겠다는 다짐을 받고 대부분 석방했다. 파키스탄 및 체첸 출신의 탈레반 병력과 알카에다 인원 60명 정도는 19세기에 지어진 마자르이샤리프 인근 지역의 임시 시설(Qala-i Jangi Prison)에 수용되었다. 11월 24일 포로들은 반입한 무기를 가지고 포로수용소를 장악했고, 11월 27일 아침 북부동맹과 미군 특수부대가 포로수용소를 탈환하기까지 극렬히 저항했다.[16] 일차적으로 400명가량의 탈레반 포로가 사살되었으나, 남은 인원은 항복하지 않고 포로수용소 지하실로 후퇴했다. 전투는 계속되었으나, 식량과 탄약 부족 그리고 지하실에 주입된 차가운 물로 인한 추위로 최종적으로 86명의 탈레반 포로가 항복했다.[17]

2. 남부 파슈툰 무장 세력의 칸다하르 점령과 토라보라 전투: 아프가니스탄 남부 지역 장악

북부동맹과 연합하면서 동시에 미국은 탈레반 정권의 근거지인 아프가니스탄 남부의 파슈툰 지역에 대한 공격과 저항 세력 결집을 시도했다. 우선 미군은 자신들이 언제든 아프가니스탄 남부를 공격 및 점령할 수 있다는 사실을 과시했다. 10월 20~21일 200명의 미군 특수부대가 아프가니스탄 남부를 강습하여, 탈레반의 핵심 근거지인 칸다하르에서 남서쪽으로 80km 떨어진 지역의 활주로를 장악했다.[18] 미군 병력은 인근 지역에 위치한 탈레반의 지도자 오마르의 별장을 습격했다. 하지만 오마르는 이미 피신했고, 미군 병력은 활주로를 통해 완전히 철수했다. 미군 병력은 남부 아프가니스탄의 지극히 작은 지역을 5시간 동안 장악했고, 오마르를 사살한다는 작전 목표 또한 달성하지 못했다. 하지만 이 작전은 탈레반에게는 심각한 심리적 위협이었으며, 미국이 가진 힘을 여실히 보여주었다. 무엇보다 미군의 특수작전으로 남부 지역의 파슈툰 부족들은 미국의 군사력을 실감했고, 탈레반 세력에 대한 지지가 매우 빠른 속도로 약화되었다.[19]

이러한 군사 작전을 실행하면서 동시에 미국은 아프가니스탄 남부 지역의 파슈툰 부족에 대한 회유 및 저항 세력의 결집에 노력했다. 9·11 테러 이후 미국의 개입이 임박하면서, 탈레반 정권에 반대했던 파슈툰 지도자 중 일부는 아프가니스탄에 잠입했다. 그 첫 번째 인물은 무자헤딘 출신 전쟁 영웅으로 파슈툰 부족에 막강한 영향력을 가졌던 하크(Abdul Haq)였다. 서방 언론과의 인터뷰를 통해, 하크는 미국의 폭격을 반대하면서, 미국의 폭격은 탈레반 정권의 장악력과 아프가니스탄 주민들의 탈레반 정권에 대한 지지를 높여줄 뿐이라며, 주민들을 결집시킬 수 있는 '자신과 같은 사람'이 아프가니스탄에서 탈레반 정권에 대한 저항을 주도해야 한다고 역설했다. 하크는 많은 인터뷰를 통해 자신의 '아프가니스탄 침공' 계획을 공개했고 10월 22일 망명지 파키스탄에서 출발하여 아프가니스탄으로 잠입했으나, 탈레반 정권에 의해 체포되어 처형되었다.[20] 오랫동안 하크를 중

그림 6-3 **카르자이와 미군 특수부대**

주: 가운데 터번과 망토를 입고 있는 사람이 카르자이이다.
자료: Wikipedia. https://en.wikipedia.org/wiki/United_States_invasion_of_Afghanistan#/media/File:Hamid_Karzai_and_US_Special_Forces.jpg (검색일: 2020년 11월 4일).

심으로 한 세력은 파키스탄이 아프가니스탄 문제에 개입해서 상황을 악화시키고 있다고 비판했으며, 미국이 군사적으로 개입하면 파키스탄이 관여할 가능성이 높아진다고 보았다. 탈레반 정권은 하크의 신병 처리를 둘러싸고 많은 논의를 했지만, 결국 10월 25일 카불 인근에서 하크를 처형했다. 이로써 아프가니스탄의 주요 지도자 후보 가운데 한 명이 소멸되었고, 살아남은 인물은 정치적 경쟁 상대가 사라지는 혜택을 누리게 되었다.[21]

아프가니스탄 남부에 잠입했던 또 다른 인물이자 살아남아서 최종적으로 권력을 장악한 사람은 카르자이(Hamid Karzai)이다. 그는 정통파 파슈툰 귀족 출신으로 무자헤딘에 투신하여 1980년대 소련군과 싸웠으며, 1990년대 내전에서는 중도파 지도자로서 국가 통합에 노력했다. 1990년대 후반 탈레반 정권과 결별했고 파키스탄에서 망명 중이었다. 2001년 10월 8일 카르자이는 동료 세 명과 함께 오토바이를 타고 아프가니스탄에 잠입하여, 칸다하르 인근 지역에서 탈레반 정권에 반대하는 파슈툰 세

력을 포섭하고 무자혜딘 출신의 무장 병력을 통합하기 시작했다. 카르자이는 11월 초, 150명 정도의 무장 세력을 규합하여 칸다하르 외곽을 장악했고, 이를 기반으로 미국에 지원을 요청했다.[22] 11월 14일 미군 특수부대 12명(Operational Detachment Alpha 574)이 카르자이 병력에 합류했고, 카르자이의 주장에 따라 탈레반 지휘부의 고향인 칸다하르 인근의 타린코트(Tarin Kowt)를 공격하기로 했다. 11월 16일 카르자이 동조 세력이 타린코트를 점령하고 지원을 요청하자 카르자이는 미군 병력과 함께 바로 타린코트에 진입했다. 다음 날인 11월 17일 탈레반 병력이 반격을 시작했으나, 폭격으로 격퇴되었다. 타린코트 주민들은 "미군 폭격이 없었다면, 탈레반이 우리 모두를 죽였을 것이다"라고 하면서, 카르자이에게 보호를 요청하고 미국과 협력하는 카르자이를 지지함으로써 탈레반 세력에게 반기를 들었다. 이로써 남부 아프가니스탄에 새로운 파슈툰 무장 세력이 결집하게 되었다.[23] 이것은 확실한 전환점이었다.

동시에 미국은 아프가니스탄 남부의 또 다른 무장집단에 접근했다. 파슈툰 부족의 한미한 가문 출신 셰르자이(Gul Agha Sherzai)는 무자혜딘 지휘관이었던 아버지와 함께 지역 최고의 무자혜딘 전사(戰士)로 상당한 명성을 가지고 있었다.[24] 셰르자이는 명문 귀족은 아니었으나 무자혜딘 경력에 기반해 1990년대 초반 칸다하르 지사(知事, governor)로 활동했으며, 탈레반 정권에 의해 권력에서 축출된 이후 파키스탄 국경 지대에서 암약하는 밀수업자로 전락한 상황이었다. 타린코트 전투에서 승리하여 카르자이가 정치적 기반을 다지기 시작하던 11월 18일, 미군 특수부대는 셰르자이와 연합하여 휘하의 700명 정도의 병력에 기반해 추가 병력을 모집하면서 칸다하르 공격을 준비했다. 카르자이가 칸다하르 북부에서 동원할 수 있는 무장 세력이 200명 수준인 상황에서, 칸다하르 남쪽에 존재하는 셰르자이의 700명 병력은 미국 입장에서는 큰 도움이 될 수 있었다.

그림 6-4 아프가니스탄 남부 지역에서 진행된 미군 특수부대와 파슈툰 무장 세력의 공격

주: NA는 북부동맹(Northern Alliance), EA는 동부동맹(Eastern Alliance)라고 불렸던 지역 민병대와 북부동맹 일부 병력의 연합체, Militia는 파슈툰 무장 세력을 주축으로 구축된 민병대이고 SF는 미군 특수부대(Special Forces)이며 그 옆의 숫자들은 미군 특수부대의 통상 명칭이다.
자료: Wright et als., *A Different Kind of War*, p.102.

칸다하르 북부에서 카르자이가 남하하자 지역 주민들은 열렬히 환영했으며 카르자이 병력은 매우 빠른 속도로 증가했다. 12월 초, 저항하는 탈레반 병력은 미군 폭격에 궤멸되었고, 카르자이 세력은 칸다하르를 북쪽에서 포위했다. 이 과정에서 미군의 오폭으로 카르자이는 거의 죽을

뻔 했고, 주변 병력도 심각한 피해를 입었다.[25] 반면 11월 말, 북진을 시작한 셰르자이 병력은 칸다하르 공항에서 알카에다의 견고한 방어선에 직면하여 진격이 둔화되었으나, 미국의 항공 지원을 받아 방어선을 분쇄하기 시작했다. 셰르자이는 칸다하르 시내에 진입할 준비를 끝내고 12월 7일 공격을 시작하여 칸다하르 지사 집무실을 점령했다. 문제는 12월 5일, 칸다하르를 장악하고 있던 탈레반 병력이 카르자이에 이미 항복했다는 사실이며, 탈레반 지휘관들은 항복 협상을 빌미로 포위된 칸다하르에서 탈출했다.[26] 셰르자이는 자신이 칸다하르 지사 집무실을 점령했다는 것을 근거로 칸다하르 지사 직위를 요구했고, 병력이 부족하고 아프가니스탄 대통령 자리를 노리는 카르자이는 셰르자이의 요구를 수용했다.[27]

이제 탈레반과 알카에다 병력은 아프가니스탄 동부의 2개 지역으로 철수하여 집결했다. 그 가운데 가장 중요한 지점은 아프가니스탄 동북부 잘랄라바드 인근의 스핀 가르 계곡(Spin Ghar Valley)으로 흔히 토라보라(Tora Bora)로 불리는 지역이었다. 알카에다는 1990년대 후반, 해발 3000에서 4000m의 산으로 둘러싸인 토라보라 지역에 훈련장 및 보급기지를 건설하고, 식량과 무기, 보급물자를 집적했는데, 이 과정에서 지역 경제가 활성화되면서 주민들은 알카에다에 대한 지지가 확고했다. 이 지역으로 후퇴하여 집결한 탈레반과 알카에다 병력은 어느 정도 저항하다가 상황이 불리해지면, 10~15km 정도 떨어진 파키스탄과의 국경을 넘어 '사라지려고' 생각했다.

이에 미국은 이전과 동일하게 지역 병력과 특수부대가 유도하는 폭격을 통해 탈레반과 알카에다를 제거하려고 시도했다. 2001년 12월 초, 미국은 2500명 정도의 지역 민병대와 북부동맹에서 지원받은 병력을 동원하여 이른바 '동부동맹(Eastern Alliance)'이라는 군사 세력을 만들고 토라보라 지역에서의 군사작전을 개시했다. 하지만 작전은 쉽지 않았다.

그림 6-5 **토라보라에서의 빈라덴 추적 실패**

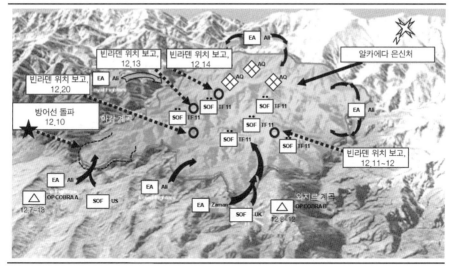

주: 동부동맹(EA: Eastern Alliance) 병력이 토라보라 외곽을 차단하고, 미국은 특수부대(SOF: Special Operation Forces)로 빈라덴을 추적했다. 빈라덴은 12월 9일에서 14일까지 토라보라 내부에서 은신처를 옮겨가면서 도피하다가, 12월 15~16일 야음을 틈타 파키스탄으로 탈출했다.
자료: Wright et als., *A Different Kind of War*, p.114.

험준한 지형 때문에 탈레반과 알카에다의 동굴 진지에 접근하는 것이 어려웠으며, 폭격으로도 산악 사면에 위치한 동굴 입구를 명중시키기에는 많은 난관이 있었다.[28] 이에 미국은 특수부대를 추가 파견하여 폭격 유도와 함께 직접 전투를 수행하며 탈레반과 알카에다 지휘부를 제거하려고 했지만 실패했다.

12월 6일 군사작전이 시작되었지만 동원된 아프가니스탄 병력은 통제가 불가능했다. 상대적으로 단일했던 북부동맹과 달리, 동부동맹은 결집된 세력이 아닌 토라보라 지역의 민병대 병력과 외부에서 유입된 북부동맹 병력으로 구성되었다. 양 세력의 알력은 매우 심각했고 그 때문에 탈레반과 알카에다에 대한 포위망은 매우 느슨했다. 동부동맹의 많은 병력은 탈레반과 알카에다와 내통했고 동시에 개별적으로 탈레반과 알카에다에 투항을 종용하거나 휴전을 협상했다. 이와 같은 상황에서 탈레반과 알카에다 지휘부 및 핵심 병력은 파키스탄으로 도주했다. 작전 초기 탈레반과 알카에다는 3000명의 병력을 동원했는데 사상자 및 포로로 1200명 정도의 피해를 입고 1500명 이상이 탈출했다. 이렇게 탈출한 병력 가운데 미국의 핵심 목표물인 빈라덴이 있었다. 미국은 12월 9일에서 14일까지 계속해서 빈라덴의 행방을 포착했지만, 15일 이후 그 행방을 놓쳤고 전투가 종식된 이후인 12월 17일에서 20일 사이에 해당 지역을 수색했지만, 그 행방을 다시 포착하는 데 실패했다. 그 이후 알려진 바에 따르면, 빈라덴은 토라보라 지역에 피신했다가 파키스탄으로 탈출했다.[29]

2002년 1월 초, 미국은 아프가니스탄 작전은 '종결(done)'되었다고 판단했으나, 탈레반과 알카에다 잔존 세력은 아프가니스탄 중동부의 샤이콧 계곡(Shah-i-kot Valley)에 집결했다.[30] 그 지역을 둘러싸고 아프가니스탄에서 마지막 전투가 진행되었다. 200명에서 500명 정도의 테러리스트 세력이 방어하고 있는 아프가니스탄 중동부의 샤이콧 계곡은 백두산 정상 수준인 해발 2700m의 산악 지대로 행정 중심지인 가데즈(Gardez)는 해발 2300m에 위치했다. 게다가 샤이콧 계곡은 파키스탄과 인접했기 때문에 해당 지역을 포위하거나 고립시키는 것이 불가능했다. 1980년대 소련군 또한 해당 지역에서 고립되었으며, 인근 지역의 주요 도시인 코스트에 대한 무자헤딘의 포위는 1981년 여름에서 1988년 초까지 지속되었다. 이 기간 동안 소련군은 항공 수송으로 코스트 방어 병력이 필요로 하는 물자를 공급했으며, 철군을 앞둔 1987년 11월, 군사력을 과시하기 위해 2만 병력을 동원하여 코스트 구원 작전을 수행했다. 소련군은 무자헤딘 포위망을 무너뜨리는 데 성공하면서 전투에서 승리했지만, 전쟁 자체에서는 패배했다.

이제 2002년 2월 말, 미군은 같은 지역에서 탈레반 및 알카에다 병력에 대한 아프가니스탄 침공에서 가장 대규모 병력을 동원한 지상군 작전(Operation Anaconda)을 시작했다. 지역 파슈툰 민병대 병력은 총 1500명 규모였으나, 부족 단위에서 분열되어 서로 경쟁 관계에 있었기 때문에 효율적인 통합 작전은 불가능했다. 하지만 초기 침공과 달리 10산악사단(10th Mountain Division)과 101공수사단(101st Airborne Division)이 우즈베키스탄에 배치되면서 미군 병력은 2000명 규모로 증강되었고, 소련군과 같이 헬리콥터 강습 작전을 통해 주요 고지를 점령하고 '포착 섬멸(search and destroy)' 작전을 진행하려고 했다. 하지만 일부 고지에서 탈레반 병력이 매복하고 있었고, 2002년 3월 해발 3200m 고지에 매복한 탈레반 병력이 강습하는 미군 헬리콥터를 격추하면서 전투가 벌어졌다. 이 전투(Battle of Takur Ghar)에서 미군은 7명이 전사하고 12명이 부상했으나, 탈레반은 25명이 전사했다. 미군은 이 지역 전체를 제압하면서 200~800명 수준의 탈레반 및 알카에다 병력을 사살했고, 박격포 26문과 야포 11문, 중기관총 15개 등을 파괴하거나 노획하면서, 탈레반과 알카에다 정예 병력을 제거함으로써 그들의 작전 기반 및 작전 능력은 소멸되었다.[31] 이것으로 아프가니스탄에서 미국의 군사작전은 기본적으로 종결되었다.

3. 미국의 환상적인 승리와 군사 변환

2001년 9월 시점에서 탈레반 정권은 5만 명 수준의 병력을 보유하고 있었지만, 이 가운데 20%인 1만 명 정도가 전사했고, 부상자는 2만 명을 초과했으며 7000명 정도가 미군 및 북부동맹 병력의 포로가 되었다.[32] 탈레반 및 알케에다 지휘부는 탈출했지만, 일단 그 세력 자체는 군사적으로 몰락했다. 그리고 미국은 이것을 극소수의 병력 손실만을 감수하면서 달성했다. 2001년 10월 말에 침공을 시작하여 2002년 3월 초 탈레반 및 알카에다의 최후 근거지를 소탕할 때까지 미군은 50명이 전사했고 60명 정도가 부상했다.[33]

미국은 환상적으로 승리했으며, 부시 행정부는 이를 자축했다. 미국 군사력은 이전과는 다른 차원의 그리고 다른 방식의 전투가 가능하다는 사실을 입증했다. 미국이 과시한 군사혁명은 진정한 의미에서 혁명적이었다. 상당한 규모의 지상군 병력을 동원해야만 다른 국가를 침공할 수 있다는 것은 보편적인 사실이었다. 하지만 2001년 미국은 110명의 CIA 병력과 316명의 특수부대를 동원하여, 아프가니스탄을 침공하고 카불과 칸다하르 등 주요 도시를 점령하고 탈레반 정권을 전복시켰다.[34]

미국은 현지의 동맹 세력을 포섭했고 실제 지상 작전은 북부동맹으로 대표되는 아프가니스탄 무장 세력이 담당했다. 미국은 무기도 현지에서 조달했다. 1979~1980년 이후 아프가니스탄은 소련과의 전쟁과 내전으로 엄청난 분량의 총기와 탄약이 통제되지 않고 있었는데 미국은 현금 구입을 통해 이러한 무기를 동원했다. 추가로 필요한 무기는 러시아에서 현금으로 구입했는데 미국은 무기 구입에 1000만 달러를 지출했다.[35] 아프가니스탄 침공 과정에서 CIA가 직접 지출한 금액은 7000만 달러에 지나지 않았다. 이것은 획기적인 것으로, 부시 대통령은 침공을 '엄청난 헐값(biggest bargain)'에 성공한 작전이라고 평가했다. 이제 미국은 전쟁을 어떻게 수행하면 되는지, 특히 세계 유일의 강대국으로 어떻게 전쟁을 수행하면 되는지를 파악했다고 생각했다.[36]

미국은 2001년 아프가니스탄 침공에서 새로운 전쟁 양상을 구현했다. 소수의 미군 특수부대원은 21세기 첨단 무기인 레이저 폭격 유도장치를 사용하여 탈레반 진지를 정확하게 파괴했고, 미군 폭격을 저지할 능력이 없었던 탈레반 군사력은 무방비 상태로 궤멸되었다. 과거 탈레반

그림 6-6 **아프가니스탄에서 말을 타고 이동하는 미군 특수부대**

자료: Wikipedia. https://en.wikipedia.org/wiki/United_States_invasion_of_Afghanistan#/media/File:US_soldiers_on_horseback_2001_Afghanistan.jpg (검색일: 2020년 11월 4일).

병력의 화력에 제압되었던 북부동맹 병력은 미군 특수부대가 유도하는 폭격에 힘입어, 카불과 칸다하르를 점령했다.

새로운 전쟁 양상은 크게 두 가지 측면에서 강조되었다. 그 첫 번째는 아프가니스탄 모형(Afghan Model)이었다. 침공 초기 미국은 탈레반 정권을 붕괴시키는 데 오랜 시간이 걸릴 것으로 판단했고, 특히 미국 지상군 병력이 직접 아프가니스탄을 침공하는 방식을 구상하면서 1만 2000명의 병력을 동원하려고 했다.[37] 하지만 실제 전쟁은 이러한 예상과는 다르게 진행되었다. 400명이 겨우 넘는 수준의 소수 병력이 아프가니스탄에 침투했고, 19세기 수준의 군사기술과 21세기 첨단 군사기술을 결합하여 탈레반 정권을 무너뜨리는 데 성공했다. 미군 특수부대는 21세기 군사기술을 숙련되지 않은 지역 병력과의 연합작전에 사용함으로써 그 효과를 극대화할 수 있기 때문에, 이제 미국은 자신의 정치적 목표를 달성하는 데 미국 지상군 병력을 동원할 필요가 없다는 것이다. 안드레스와 윌리스, 그리피스(Richard B. Andres, Craig Wills, and Thomas E. Griffith Jr.) 등 3명의 연구자들은 이와 같은 '아프가니스탄 모형'이 널리 사용되고 반복될 수 있다고 주장하면서, 이제 미국은 대외 정책을 추진하는 데 더욱 효과적으로 군사력을 사용할 수 있다고 역설했다.[38]

하지만 비들(Stephen Biddle) 등은 이와 같은 낙관론에 반대하면서 '아프가니스탄 모형'은 쉽게 재현될 수 없다고 지적했다. 아프가니스탄 침공 작전을 세밀하게 분석한 논문을 통해, 비들은 모든 경우에서 미국이 의존할 수 있는 적절한 지역 동맹 세력(local allies)이 항상 존재하는 것은 아니며, 경우에 따라서 미국의 특수부대 및 항공 지원에도 불구하고 군사적으로 승리하지 못할 수 있다고 지적했다. 북부동맹의 군사적 숙련도가 낮았기 때문에, 일부 경우에는 미군의 폭격에도 불구하고 탈레반 및 알카에다 정예 병력은 방어선을 고수하면서 북부동맹의 공격을 격퇴했다는 것이다. 결과론적으로는 북부동맹의 공격만으로도 탈레반 정권 자체가 붕괴했지만, 그 과정을 상세하게 살펴보면 탈레반 병력의 훈련 부족과 아마추어 수준의 군사적 역량 때문에 미군 폭격과 북부동맹의 공격은 효과를 발휘할 수 있었다는 주장이다. 즉 '아프가니스탄 모형'은 타당하지 않으며, 아프가니스탄이라는 특수한 환경에서만 나타난 우연의 산물이기 때문에, 미국 대외 정책에 혁명적인 변화를 가져오지는 않을 것이라는 것이다.[39]

아프가니스탄 침공에서 드러난 두 번째 경향은 '군사 혁신의 완성'이라는 시각이었다. 이전까지의 군사 혁신은 일반명사였으며, 1600년 이후 여러 번에 걸쳐 등장했던 군사적 효율성의 폭발적 발전을 지칭했다. 유럽 역사에서 17세기 초 스웨덴을 중심으로 등장한 군사혁명(Military Revolution)은 이후 유럽 세력이 세계 정복을 할 수 있도록 만들었던 군사적 토대였다. 한편 1970년대에 컴퓨터 기술이 본격적으로 등장하고 이에 기반한 정밀 타격 능력이 현실화되면서, 소련군은 미국을 비롯한 NATO 동맹국의 군사력을 '핵무기를 사용하지 않으면서 핵무기를 사용하는 수준의 파괴력'을 가지게 되었다고 평가했다.[40] 이러한 평가는 마셜(Andrew W. Marshall)과 같은 미국 전문가들에게도 수용되면서 군사기술혁명(Military-Technological Revolution)으로 개념화되었다.[41]

미국이 아프가니스탄에서 기록한 환상적인 승리는 이러한 군사 혁신의 최종 완성본으로 인식되었다. 20세기에 들어오면서 사실상 사라진 기병대의 돌격은 아프가니스탄에서 재현되었으나, 이는 수백 미터 상공에서 지상의 목표물을 정확하게 타격하는 폭격 덕분에 가능했다. 후방에 위치한 미군 특수부대는 레이저 조준기와 GPS로 폭격을 유도하면서 '수백 년 동안 변화하지 않았던 기병 돌격과 21세기 군사 능력을 연결하는 역할(bridging force)'을 수행했다.[42] 군사 혁신의 또 다른 명칭이었던 RMA(Revolutions in Military Affairs)는 이제 일반적인 보통명사가 아니라, 미국의 아프가니스탄 침공에서의 군사 혁신을 지칭하는 고유명사로까지 등극했다.

미국이 보여준 폭격 능력 자체는 초현실적이었으며, 미국의 정밀 타격(precision guide strike)은 기존 상상의 범위를 뛰어넘는 것이었다. 2001년 10월 말, 미군은 10km 전방의 목표물에 대한 폭격을 정밀하게 유도하여 파괴했으며, 한 번은 폭탄 하나만으로 8km 전방의 탈레반 방어진지를 완전히 증발시켰는데 인근 지역에는 아무런 피해가 발생하지 않았다.[43] 이를 본 북부동맹 지휘관들은 미국의 군사력에 확고한 믿음을 가지게 되었다. 아나콘다 작전 초기인 2002년 3월 2일 하루 동안 미국 공군은 177개의 JDAM(Joint Direct Attack Munition, 합동직격탄)과 레이저 유도 폭탄을 투하하여, 10분마다 목표물 하나씩을 제거했다. B-1 폭격기 2대가 출격하여 한 대는 2시간 동안 10개의 목표물에 19개의 폭탄을 투하하여 목표물을 모두 명중시켰으며, 다른 한 대는 15개의 JDAM을 6개의 목표물에 투하하여 모두 명중시켰다. 탈레반의 대공화기가 완전히 파괴되자 미군은 공격 헬리콥터를 띄워 미군 특수부대의 지상 작전을 지원했다.[44] 그 정밀도와 치명적인 위력은 탈레반 병력으로서는 상상할 수 없는 것이었다. 탈레반 병력은 자신들이 상상할 수 없는 수준의 군사기술을 목격하고, 자신의 생명을 위해 탈주했고, 결국 부대와 정권 자체가 궤멸했다.

2001년 11월 카불을 함락시키고 12월 칸다하르까지 점령하는 과정에서, 미국은 압도적인 힘을 보여주었다. 9·11 테러가 발생한 지 102일 만인 2001년 12월 22일 카불에서 아프가니스탄 임시정부의 수반으로 카르자이가 취임했다. 이제 미국은 아프가니스탄에서 환상적인 승리를 거두었다. 하지만 일부에서는 회의적인 견해가 존재했다. 2002년 5월 바이든 상원 의원은 아프가니스탄에서 미국이 탈레반 정권을 무너뜨리고 군벌(warlords) 정권을 수립하고 있다고 비판했으나, 럼즈펠드(Donald H. Rumsfeld) 국방 장관은 '군벌과 중앙정부의 권력 공유가 올바른 전략'이라고 반박했다.[45] 이 과정에서 미국은 엄청난 현금으로 탈레반 지휘관들을 매수했고, 이런 식으로 '전향'한 탈레반은 북부동맹의 일부로 편입되거나 카르자이 개인과 연합하여 '새로운 아프가니스탄의 건설'에 참여했다. 그렇게 해서 새로운 국가가 오래된 문제를 가지고 건설되었고, 여기에 미국은 환상적인 성공에 도취하여 아프가니스탄에 대한 관심을 잃었다. 이로써 상황이 악화될 수 있는 모든 조건이 완벽하게 갖추어졌다.

제7장

국가 건설과 이라크 침공 그리고 탈레반 재편성

한고조 유방(漢高祖 劉邦)은 초한전쟁(楚漢戰爭)에서 승리하여 진시황 (秦始皇) 사후 분열되었던 중국을 다시 통일하여 한(漢)나라를 건국했다. 그 이후 황제에 등극한 한고조에게 육가(陸賈)는 통치 체제의 구축을 강조했으나, 한고조는 이를 수용하지 않았다. 이에 육가는 "말 위에서 천하를 얻을 수 있지만, 말 위에서 천하를 다스리지는 못한다(居馬上得之 寧可 以馬上治之乎)"라고 강조하면서 통치 체제 구축의 중요성을 역설했다. 미국 또한 말을 타고서 아프가니스탄을 장악했지만, 말을 타고서 아프가니스탄을 다스릴 수는 없었다. '테러와의 전쟁'에서 승리하려면 전투에서 승리하는 것 이상이 필요했다. 이제 미국은 아프가니스탄에 새로운 질서를 수립해야 했으며, 아프가니스탄에 계속 관심을 기울여야 했다. 하지만 이것은 쉽지 않았다.

침공은 쉬웠고, 말 위에서 아프가니스탄을 정복하는 것은 간단했다. 하지만 침공 이후의 정치 질서 수립은 매우 복잡했고 많은 요인을 고려해야만 했다. 21세기가 시작되는 시점에서, 유일 강대국 미국은 일극 체제에서 새로운 기회를 포착했고 동시에 엄청난 부담을 떠맡게 되었다. '테러와의 전쟁'에서 승리하려면, 미국이 만들어낸 새로운 아프가니스탄은 탈레반 정권이 통치했던 아프가니스탄이나 그 이전의 아프가니스탄보다 더 나은 국가여야 했다. 1979년 12월 소련의 침공 이후 아프가니스탄이 20년 동안 계속 무력 충돌에 휘말렸다는 사실을 고려한다면, '더 나은 아프가니스탄'을 만들어내는 것은 쉬워보였으며 부시 행정부의 네오콘(Neo-Con)은 자신감에 충만했다. 하지만 현실은 가혹했고, 미국은 그 가혹한 현실에서 방향성을 상실했다.

아프가니스탄 침공 자체가 9·11 테러에 대한 즉흥적인 대응에서 출발했으며, 미국은 침공 후 아프가니스탄에서의 국가 건설(state-building)에 대해서는 주의를 기울이지 않았을 뿐만 아니라 사실상 이에 대한 준비도 부족했다. 무엇보다 20년 동안 지속되었던 전쟁 때문에, 아프가니스탄 사회는 국가 건설에 필요한 인적 자원을 가지고 있지 않았다. 내전에서 승리한 세력은 모든 적대 세력을 말살했으며, 탈레반 세력은 자신들의 경쟁 세력이었던 북부동맹에 동조했던 사회 세력 전체를 제거했다. 이제 북부동맹이 미국의 지원 덕분에 승리하면서, 새로운 기회를 장악했다. 미국으로서는 이러한 악순환을 끊고 탈레반 세력까지를 포괄하여 모든 사회 세력이 참가하는 진정한 아프가니스탄 국가 정부를 구축해야 했다. 그러나 이는 쉽지 않았다. 국가 건설에서 소외된 세력들이 저항 세력으로 결집하면서, 2002년 말, 사실상 소멸되었던 탈레반 세력이 재결집하기 시작했다. 점차 상황은 악화되었지만, 미국은 그 징후를 무시했고 부시 행정부는 2003년 3월 이라크를 침공하면서 이라크 전쟁에 몰두했고, 아프가니스탄은 정치적 관심과 자원 배분에 있어서 우선순위에서 밀려나게 되었다.

1. 아프가니스탄 국가 건설

아프가니스탄 산악 지대에서 미국은 21세기 군사력이 과연 무엇인지를 과시했다. 미군 폭격은 탈레반 병력에게는 이해 불가능한 기술이었으며, 그 덕분에 미국은 말 위에서 탈레반을 완벽하게 압도했다. 하지만 말 위에서 아프가니스탄을 통제할 수 없으며 미국은 어떠한 경우에서도 아프가니스탄을 영구 점령하거나 합병하지 않겠다고 다짐했기 때문에 부시 행정부는 아프가니스탄에 새로운 정치체제를 수립하려고 노력했다. 하지만 아프가니스탄은 근대식 정치체제를 가졌던 국가가 아니었으며, 역사적으로도 중앙집권적 국가가 아닌 지방 세력들이 할거하는 정치적 전통을 가졌던 국가라는 점이 문제였다. 1978년 4월 공산당 쿠데타 이전이나 1979년 12월 소련 침공 직전까지도, 지방에 대한 중앙정부의 통제권은 매우 미약했다. 아프가니스탄 정부가 재정적으로 자립하지 못하면서 소련과 미국의 경제원조로 국가 재정을 운영했다는 점, 1991년 12월 소련 자체가 소멸하면서 아프가니스탄 정부는 국가 경제의 운영을 포기하고 내전 상황에서 살아남기 위한 무자비한 자원 동원에만 집중했다는 점이 아프가니스탄의 고질적인 문제점이었다.

국가 건설에는 열악한 조건이었지만 일단 미국은 아프가니스탄 임시정부 수립에 집중했다. 하지만 새로운 정치체제를 수립하기 위한 부시 행정부의 노력은 두 가지 측면에서 심각한 한계가 있었다. 첫 번째 한계는 오랜 혼란 때문에 아프가니스탄에서는 사회 발전 및 국가 건설에 필요한 인적 자본(human capital)이 형성되지 않았으며, 따라서 외부의 지원으로 건설된 국가를 운영할 인력 자체가 부족했다는 사실이었다. 아프가니스탄이 혼란에 빠지기 시작했던 1978년 이후 정치 투쟁의 승리자들은 모든 적대 세력과 경쟁 세력을 제거했다. 그리하여 정치 영역에서 활동했던 인력은 점차 소모되었고, 인적 자본 축적에 필수적인 교육 제도 또한 완전히 붕괴하여 장기적인 발전을 기약할 수 없었다. 하지만 미국을 비롯한 서방 세계는 인적 자본이 부족한 문제를 간단하게 해결할 수 있다고 봤다. 특히 네오콘이 주도하는 부시 행정부는 아프가니스탄 정부가 수립된다면 모든 문제는 자동적으로 해결된다고 보면서, 아프가니스탄 해외 망명자들을 중심으로 아프가니스탄 외부에서 임시정부를 수립하는 데 집중했다.

미국은 아프가니스탄 침공과 더불어 탈레반 정권을 무너뜨리고 새로운 국가를 건설하기로 결정했고, 이를 위해 국제회의를 소집하여 최소한 서방 국가들의 지지를 확보하려고 했다. 카불이 함락되었지만 탈레반 정권의 근거지인 칸다하르는 아직 함락되지 않았던 12월 초, 부시 행정부는 UN을 통해 주요 국가들에 호소하여 독일의 본(Bonn)에서 관련 국제회의(International Conference on Afghanistan, Bonn)를 개최하여, 아프가니스탄 임시정부 수립을 논의했다. 24명의 '대표단'이 아프가니스탄의 다양한 세력을 반영하여 회의에 초청되었고, 브라히미(Lakhdar Brahimi) UN 사무총장 특사(UN Special Representative of the Secretary-General for Afghanistan)가 참여함으로써 총 25명이 12월 5일 아프가니스탄 임시정부 수립에 다음과 같이 합의했다.

첫째, 2001년 12월 22일에 아프가니스탄 임시정부를 수립하고, 임시정부의 수반으로 아프가니스탄 남부 파슈툰 지역에서 세력을 결집하여 칸다하르를 공략하고 있는 카르자이를 지명한다.[1] 둘째, 아프가니스탄 임시정부는 2002년 6월 말까지의 6개월 이내에 아프가니스탄 전통적인 원로회의(loya jirga)를 개최하여 아프가니스탄 과도정부(Transitional Islamic State of Afghanistan 또는 Afghan Transitional Authority)를 수립한다. 셋째, 임시정부는 임시 행정부, 임시 대법원, 원로회의 소집 위원회 등으로 구성하며, 임시로 1964년 헌법에 기초하여 아프가니스탄을 통치한다. 넷째, 2002년 6월 말까지 소집되어야 하는 원로회의에 상당 숫자의 여성 대표를 초청하고 그들의 표결권을 인정한다.[2]

이와 함께 UN 안전보장이사회는 2001년 12월 20일, UN 안전보장이사회 결의안 1386을 승인해 본 회의의 결정을 추인했다. 또한 아프가니스탄 ISAF 창설을 승인하면서, 아프가니스탄 임시정부의 활동을 지지하고 아프가니스탄 전통의 원로회의 개최를 제안한 본 회의 결정을 추인했다. 본 회의에 UN 대표가 참석했지만, UN 안전보장이사회 결의를 통해 UN은 아프가니스탄 재건 및 국가 건설에 대한 확고한 지지를 다시 한번 확인했다.

하지만 아프가니스탄에는 임시정부를 운영할 인력조차 없었다. 1979년 12월 이후 계속되었던 소련과의 전쟁과 이후 내전으로 인해 그리고 최종적으로 내전에서 승리한 탈레반 세력의 자폐적인 정책 때문에, 아프가니스탄은 근대 국가가 가져야 하는 기본적인 인적 자본을 축적할 형편이 안 되었다. 유네스코와 세계은행 자료에 따르면 소련 침공이 있었던 1979년, 아프가니스탄 15세 이상 인구 전체의 문자해득률(literacy rate)은 18%였다.[3] 이것은 인도와 파키스탄으로 대표되는 1979년 남아시아 평균 문자해득률인 36%의 절반 수준이며, 1981년 최빈개도국 평균인 41%의 절반이 되지 않는 세계 최저 수준이었다. 동일 통계에서 아프가니스탄의 문자해득률은 2011년 32%, 2018년 43%로 증가했지만, 최빈개도국 평균 문자해득률도 2011년 57.7%, 2018년 64.8%로 증가했다.[4]

남성 문자해득률에서도 엄청난 한계가 있었다. 남성 문자해득률은 개발도상국의 정치 발전과 인적 자본의 축적에서 결정적인 요소이다. 1979년 30%였던 아프가니스탄 15세 이상 남성 성인의 문자해득률은 2011년 45.4%, 2018년 55.4%로 증가했다. 하지만 최빈개도국의 1981년 평균은 52.6%였으며, 2011년 65.9%, 2018년 71.8%로 개선되었고, 남아시아 국가의 1979년 평균은 51.5%에서 2011년 75.8%, 2018년 80.3%로 발전했다. 1979년 시점에서 아프가니스탄 남성의 문자해득률은 세계 최저로, 아프가니스탄보다 더 낮은 문자해득률을 기록한 국가는 25.5%를 기록한 베냉(Benin) 하나였다. 이렇게 아프가니스탄의 문자해득률이 낮은 이유는 전쟁으로 인한 교육 투자의 고갈 및 종교 교육을 제외한 세속적 교육에 대한 문화적 반감 때문이었다. 〈표 7-1〉에서 나타나듯이, 아프가니스탄 초등학교 취학률은 1980년 44%였으나, 1984년 22%로 추락했다가 소련과의 전쟁이 종결되던 1988년 32.5%로 반등했다. 그 이후 내전이 계속되었음에도 초등학교 취학률은 1995년 42.75%까지 회복되었으나, 탈레반 정권이 수립되면서 그 수치는 다시 급락했다. 1999년 초등학교 취학률은 25.3%로 감소했고, 2000년과 2001년에는 더욱 악화되어 수치는 20.9%로 더욱 떨어졌다.[5]

전체 인구의 1/3 정도만이 초등학교에 진학하는 상황에서 민주주의가 뿌리를 내리는 것은 가능하지 않았으며, 국가 행정 체계를 운영하는 데 필요한 사회적 기반이나 인적 자본은 축적될 수 없었다. 초등학교를 졸업하고 중등학교를 진학하고 이어 대학 교육까지 받는 인구는 더욱 적었으며, 따라서 복잡한 행정 기구를 운용하고 관료 조직을 통솔할 수 있는 경험을 가진 인력은 사실상 없었다. 전문적으로 훈련된 인력이 너무나도 부족했기 때문에, 파키스탄의 병원에서 청소를 하던 아프가니스탄 난민이 카불에서 의사로 변신해서 병원을 개업하는 사례까지 있었다.[6] 1980년대 소련 및 공산주의 정권이 통치하던 지역에서는 상당한 교육이 이루어졌는데 고등학교 및 대학교 교육을 받은 인력의 대부분은 1980년대 공산주의 정권에 동조하는 사람들이었다. 이러한 인력이 아프가니스탄 공무원 및 정치조직의 대부분을 장악했다. 덕분에 미국이 만들어낸

표 7-1 **아프가니스탄의 초등학교 취학률**

연도	취학률(%)	연도	취학률(%)
1978	37.6	1991	27.4
1979	N/A	1992	N/A
1980	44.1	1993	29.1
1981	47.7	1994	40.0
1982	17.3	1995	42.8
1983	N/A	1996	N/A
1984	22.0	1997	N/A
1985	23.9	1998	31.1
1986	25.9	1999	25.3
1987	N/A	2000	21.0
1988	32.5	2001	20.9
1989	30.3	2002	69.0
1990	29.0		

자료: UNESCO Data for the Sustainable Development Goals. http://uis.unesco.org/en/country/af (검색일: 2020년 12월 27일).

아프가니스탄 행정조직이 그나마 운영될 수 있었다.

이와 같은 상황에서 미국이 아프가니스탄 임시정부를 수립하고 엄청난 원조 자금을 투입하면서, 아프가니스탄 행정조직이 소화할 수 없는 양의 자원이 유입되었다. 이것은 결국 아프가니스탄의 문제를 해결하는 것이 아니라 문제를 악화시켰다. 인적 자원의 부족으로 인해 아프가니스탄 임시정부는 투입되는 자원을 행정적으로 처리하지 못하면서 결국 부정부패가 만연하게 되었으며, 동시에 이를 차지하려는 무장 세력들은 논리와 정치적 협상이 아니라 무력을 통해 더욱 많은 자원을 강제로 탈취하려고 했다. 그 때문에 행정력이 부족한 아프가니스탄 임시정부는 이후 아프가니스탄 정부가 직면하게 되는 구조적인 문제점을 촉발했다.

아프가니스탄 재건과 관련된 두 번째 한계점은 정치에 대한 인식 문제였다. 공자(孔子)는 『논어』「술이(述而)」편에서 "정자정야(正者正也)"라고 하면서, 정치란 세상을 바르게 만드는 것이라고 규정했다. 하지만 정치는 근본적으로 권력에 대한 것이며 '가치의 권위적 배분(authoritative allocation of values)'이다. 따라서 아프가니스탄 임시정부는 결국 아프가니스탄에서 누가 권력을 장악하는지를 결정하고, 아프가니스탄에서 가치를 어떻게 권위적으로 배분하는지를 결정하는 메커니즘이다. 아프가니스탄 임시정부의 구성은 결국 아프가니스탄 권력 배분을 반영해야 하며, 현실적으로 탈레반 병력들과 전투를 진행하고 있는 북부동맹의 영향력을 반영해야 한다. 하지만 현실에서의 군사력과 정치체제를 구성하는 인원들 사이에 상당한 격차가 존재했다. 헌법 및 선거 제도에 대한 강력한 규범이 존재하는 상황에서는 이러한 접근이 효과적일 수 있지만, 정상적인 정치제도가 작동하지 않았던 아프가니스탄에서는 현실에서의 군사력과 괴리된 정치체제는 결국 존중되지 못했다.

북부동맹 및 탈레반 정권에 저항했던 남부 탈레반 일부 세력은 새로 만들어지는 아프가니스탄 권력 구조와 권력 배분을 인정하지 않았고, 결국 유혈 사태가 벌어졌다. 특히 아프가니스탄이 교육받은 인력의 부족으로 행정적으로 문제를 해결할 수 없는 상황에서, 미국이 제공한 자원을 둘러싸고 아프가니스탄 무장 세력은 자신들이 이해할 수 있는 유일한 언어인 무력으로 그리고 자신들에게 유리하게 작용할 수 있는 유일한 수단인 군사력을 본격적으로 사용했다. 민주주의와 선거 그리고 의회에서의 협상 등은 완전히 배제되었고, 개별 무장 세력은 더 많은 자원을 확보하기 위해 정치의 본질인 '가치의 권위적 배분'에 무력을 사용했다. 이렇게 원초적이고 노골적인 투쟁 과정에서 결국 아프가니스탄 임시정부와 이후의 정치 과정은 파산했다.

예를 들어 2001년 12월 칸다하르 함락 과정에서 카르자이는 탈레반 병력과의 협상을 통해 칸다하르에 무혈입성하고 탈레반 지휘관을 칸다하르 지사로 임명하려고 시도했으나, 파슈툰 무장 세력을 기반으로 하는 셰르자이는 항복 협상을 무시하고 무단으로 칸다하르 지사 집무실을 점령하고 자신을 칸다하르 지사로 선언했다. 2003년까지 셰르자이는 칸다하르 지사로 '활약'했고, 2004년 이후 카르자이 대통령의 '특별보좌역(Special Advisor)'이자 낭가하르(Nangarhar Province) 지사로 임명되어 잘랄라바드를 차지했고 2013년까지 아프가니스탄 동부 지역의 제왕(帝王)으로 군림했다. 1980년대 무자헤딘 출신으로 아프가니스탄 서부 지역을 장악했던 칸(Ismail Khan)은 이란과 깊은 유대 관계를 유지하면서, 헤라트를 장악하고 이란과의 밀무역을 관장했다. 2004년 9월까지 헤라트 지사로서 해당 지역에 자신의 왕국을 건설했고, 이란과의 무역에서 발생한 관세 수입은 카불의 중앙정부에 보내지 않고 지사의 권한으로 헤라트 개발에 '무단 전용'했다.[7] 이후 지사직에서 해임되면서 이전까지는 안정적이었던 헤라트 지역에서 저항 세력이 준동하기 시작했으며, 동시에 재건 사업 자체는 사실상 전면 중단되었다. 결국 카르자이는 칸과 정치적으로 타협했으며, 칸은 에너지 및 수자원 장관(Minister of Energy and Water Resources)으로 입각하여 권력을 유지했다.[8]

2. 이라크 침공

9·11 테러가 발생하자 부시 행정부의 수뇌부가 곧바로 의심했던 대상은 알카에다와 탈레반 세력이 아니라 이라크의 사담 후세인이었다. 체니(Richard Cheney) 부통령과 럼즈펠드 국방 장관 등은 이라크 침공 필요성을 강력히 개진했으며, 부시 대통령은 이를 반영하여 9월 12일 회의에서 '사담 후세인이 공격을 감행했을 가능성을 검토'할 것을 지시했다.[9] 하

지만 뚜렷한 증거가 없고 공격을 감행한 세력이 이라크가 아니라 아프가니스탄에 웅거한 알카에다와 탈레반이라는 사실이 분명해지면서, 이라크 침공 계획은 일단 보류되었다. 하지만 체니와 럼즈펠드 등은 이라크 침공 필요성을 계속 강조했으며, '사담 후세인이 9·11 테러에 가담'했다는 증거를 계속 수집했다. 2002년 1월 29일 연두교서(State of the Union)에서 부시 대통령은 북한과 이란, 이라크를 '악의 축(Axis of Evil)'으로 규정하고 이라크 침공 의지를 표명했다.[10]

하지만 증거는 명확하지 않았다. '사담 후세인이 9·11 테러에 가담'했다는 명확한 증거가 없는 상황에서, 주요 정책 결정자들은 그 가능성에 대한 강력한 '신념'만을 가지고 행동했다. 울포위츠(Paul Wolfowitz) 미국방부 부장관(Deputy Secretary of Defense)은 9월 15일 회의에서 "사담 후세인이 테러에 가담했을 확률은 10~50%"라고 발언했지만, 그 근거를 제시하지는 못했다.[11] 파월(Colin Powell) 국무 장관 등이 이라크 침공 계획에 반대하는 상황에서, 이라크를 침공해야 한다고 주장하는 부통령과 국방 장관 등은 '더욱 많은 정보'를 요구했다. 결국 신뢰도가 낮은 첩보가 '핵심적인 정보'로 간주되었고, 그 결과 정보 분석의 왜곡과 과대 해석이 촉발되었다. 결과적으로 이와 같은 압력은 엄청난 재앙으로 이어졌다.

무엇보다 부시 행정부는 두 가지 서로 모순된 방향에서 이라크 문제에 접근했다. 첫째, 부시 행정부와 그 핵심인 네오콘 세력은 매우 비관적인 입장을 견지했다. 일단 이라크는 핵무기로 대표되는 대량 살상 무기를 만들고 있으며, 이라크가 핵무기를 보유하면 사담 후세인 정권을 억지하는 것은 불가능할 것이며, 또한 사담 후세인은 테러 조직과 연계되어 있기 때문에 자신이 만든 핵무기를 알카에다에 전달하여 최종적으로 미국을 공격하도록 할 것이라고 보았다. 2002년 9월 라이스 국가안보보좌관은 CNN 인터뷰에서 "이라크는 핵무기를 보유했으며 미국은 이 사실을 알고 있고, 사담 후세인이 핵무기를 보유했다는 결정적인 증거가 미국 도시에서 피어오르는 버섯구름이어서는 안 된다"라고 발언했다.[12] 그 때문에 미국은 더 늦기 전에 이라크를 침공하여 정권을 교체해야 한다고 판단했고, 더 많은 시간이 흐르면 미국이 이라크-알카에다 연합 조직에 의해 핵무기 테러를 당하게 될 것이라고 보았다.

하지만 이러한 두려움은 근거가 부족했다. 1980년 9월 이란-이라크 전쟁이 시작되자, 이란은 이라크 핵무기 개발 계획의 핵심인 오시라크 원자로(Osirak Reactor)를 폭격하여 부분적으로 파괴했다. 이어 1981년 6월 이스라엘이 오시라크 원자로를 공격하여 해당 원자로를 파괴함으로써 1970년대에 추진되었던 이라크의 핵무기 개발 계획은 일차적으로 좌절되었다.[13] 이라크는 핵개발 능력을 재건하려고 했지만, 이란과의 전쟁이 1988년까지 계속되면서 핵개발에 필요한 예산을 투입할 수 없었다. 1988년에 이란-이라크 전쟁이 종식되었으나 이라크는 핵시설 복구에 집중하지 못했고, 1990년 8월 사담 후세인 정권은 쿠웨이트를 침공하여 걸프 전쟁을 일으켰다. 1991년 3월까지 미국은 이라크 군사시설을 체계적으로 공격했으며, 치명적인 손상을 입었던 오시라크 원자로는 미군 공습으로 다시 한번 파괴되었다.

무엇보다 사담 후세인 정권은 테러 조직과 협력하지 않았다. 이슬람 근본주의 세력인 알카에다는 사담 후세인과 같은 세속주의 독재 세력과 강력하게 대립했으며, 사담 후세인 또한 자기 자신이 장악한 이라크에서 알카에다와 같은 경쟁 세력을 용납하지 않았다. 상호 불신은 심각했고, 실제로 사담 후세인의 이라크와 빈라덴의 알카에다는 서로 협력하지 않았다. 특히 이라크 입장에서 많은 자원을 투입하여 완성한 핵무기를 '정체불명의 테러 조직'에 넘긴다 하더라도 그 테러 조직이 배신하여 이라크를 공격하지 않을 것이라고 확신할 수 없었다. 무엇보다 대규모 테러, 특

히 핵무기를 사용한 테러는 반
드시 역추적이 되며, 피해 국가
의 보복 공격에 노출된다. 따라
서 미국에 대한 핵무기 테러가
성공한다면, 미국이 테러를 감
행한 알카에다에만 보복하고 핵
무기를 제공한 이라크는 무시할
것이라고 예측하기도 어렵다.[14]

그림 7-1 **이란과 이스라엘의 공격으로 파괴되기
직전의 오시라크 원자로**

자료: Wikipedia, https://en.wikipedia.org/wiki/Ope
ration_Opera#/media/File:Osirak.jpg (검색일: 2017
년 3월 3일).

둘째, 부시 행정부 수뇌부는
이라크 침공 결과를 장밋빛으로
전망했다. 아프가니스탄 침공 작전에서 성공하면서 미국은 자신감에 차
있었고, 이라크를 침공하는 경우에도 사담 후세인 정권을 쉽게 무너뜨릴
수 있다고 보았다. 일단 사담 후세인의 독재 정권이 무너지면, '자유를 사
랑하는 이라크 국민'들은 미군을 '해방자(liberator)'로 환영할 것이라고 예
상했다. 미국은 이라크를 점령하지도 않고 이라크에 주둔하지도 않을 것
이며, 따라서 이라크를 침공하여 '해방'시킨 다음에 미국은 행동의 자유
를 얻을 수 있다고 보았다. 무엇보다 네오콘은 이라크에 민주주의를 수
립하는 것이 매우 쉬울 것이라고 예상했다. 사담 후세인이라는 독재자와
그를 지지하는 극소수의 세력이 제거되면, 이라크는 민주주의로 가는 평
화로운 여정을 시작할 것이라고 판단했다.

문제는 이와 같은 낙관론은 근거가 없었다는 점이다. 부시 행정부를
장악했던 네오콘은 이라크의 정치적 미래에 대한 장밋빛 전망에 찬성하
지 않는 사람들을 '민주주의의 우월성을 믿지 않는' 또는 '비겁하고 부도
덕한' 인물들이라고 비난했고, 그 때문에 합리적인 토론이 진행되지 못했
다. 파월 국무 장관은 이라크 재건과 민주화 가능성을 매우 낮게 평가하

면서 침공의 위험성을 우려했다. 이에 파월 장관은 부시 대통령에게 "미국이 이라크를 공격해서 망치면 미국은 이라크를 책임져야 한다(You break it, you own it)"라고 경고했다.[15] 하지만 네오콘이 아니었던 파월은 소외되고 이용당했다. 국무부 관료 조직에서 파월은 점차 고립되었으며, 이라크 관련 업무를 담당하는 군축 및 국가 안보 담당 국무 차관(Under Secretary for Arms Control and International Security)이었던 네오콘의 실세 볼턴(John R. Bolton)은 파월에게 거짓 정보를 제공하여 장관을 기망(欺罔)했다. 침공 이후의 낙관론을 견지하기 위해, 국무부 내부에서의 검토 작업은 중지되었으며 국방부에서는 해당 사안에 대한 논의 자체가 사실상 금지되었다.[16]

뚜렷한 근거 없는 비관론과 불확실한 낙관론에 사로잡힌 네오콘 세력은 전쟁을 결정하고, 부시 행정부에서 대외적으로 가장 큰 설득력과 연설 실력을 가진 파월 국무 장관을 동원하여 UN 안전보장이사회에서 연설을 함으로써 국제사회를 설득하고자 했다. 침공에 회의적이었던 파월은 연설 이전에 모든 정보를 직접 확인했으며, 특히 이라크 망명자들의 증언을 재차 점검했다. 2003년 2월 5일, UN 안정보장이사회 연설 자체는 매우 성공적이었고, 이라크의 사담 후세인 정권이 생물학 무기와 핵무기를 제조하고 있다고 국제사회를 설득하는 데 성공했다. 하지만 그 연설에 포함된 정보와 파월이 점검했던 사항은 대부분 확인되지 않은 정보로 판명되었다.[17] 이라크를 침공하고자 했던 부시 행정부의 네오콘은 정보를 왜곡했고 자신들의 결정을 정당화하기 위해 부정확하고 과장된 이라크 망명자들의 진술을 검증하지 않고 그대로 수용했다. 커브볼(Curveball)이라는 암호명을 가진 이라크 망명자는 독일로 망명하면서 영주권을 받기 위해 독일 정보기관에 이라크 생물학 무기 계획에 대한 날조된 정보를 제공했고, 독일 정보기관은 이를 근거가 없다고 판단했다.

하지만 이라크를 침공하기로 결정하고 침공을 정당화하기 위한 정보를 찾고 있던 부시 행정부는 이와 같이 날조된 정보에 '매혹'되었고, 결국 커브볼의 정보는 파월 국무 장관의 연설에서 핵심을 차지했다.[18]

그림 7-2 **UN 안전보장이사회에서 연설하는 파월 국무 장관(2003년 2월 5일)**

주: 손에 들고 있는 물건은 탄저병균으로, 당시 이라크의 생물학 무기 능력을 보여주기 위해 제시했다.
자료: Wikipedia. https://en.wikipedia.org/wiki/Colin_Powell#Secretary_of_State_(2001%E2%80%932005) (검색일: 2019년 11월 2일).

이라크 핵무기에 대한 공포심과 침공 이후 마법과 같이 상황이 정리되고 이라크의 민주주의가 실현될 것이라는 장밋빛 전망은 매우 기묘하게 결합되었고, 결국 미국의 이라크 침공으로 이어졌다. 2003년 3월 미국은 25만 병력을 이라크 국경에 집결시켰고, 영국군을 비롯한 5만 명의 추가 병력과 함께 3월 19일 이라크를 침공했다. 1979년 12월 소련의 아프가니스탄 침공 그리고 2001년 10~11월 미국의 아프가니스탄 침공과 마찬가지로, 2003년 3월 미국의 이라크 침공은 환상적으로 전개되었다. 이라크 정규군과 공화국 수비대는 미군 공격을 저지하지 못했으며, 침공 2주 후인 4월 초, 미군 병력은 바그다드 인근 지역까지 진격했다. 바그다드 국제공항을 장악한 미군 3보병사단은 4월 5일과 7일 바그다드에 대한 위력정찰로 이라크의 마지막 군사력이 소멸되었다. 4월 9일 미군은 바그다드를 실질적으로 장악했고, 주민들은 사담 후세인 동상을 파괴했다. 침공은 성공했고 5월 1일 부시 대통령은 페르시아만에 정박한 미국 항공모함에서 '임무 완수(Mission Accomplished)'를 선언했다. 침공 과정에서 미군 139명이 전사하고 548명이 부상했다. 미국의 침공은 환상적인 성공으로 끝났다. 하지만 미국은 판도라의 상자를 열어버렸고,

전쟁은 이제부터 시작이었다.

　네오콘의 예상과 달리, 이라크의 상황은 안정화되지 않았다. 철권통치로 질서를 유지했던 사담 후세인 정권이 소멸하면서 이전까지 강압에 의해 통제되었던 이라크 내부의 종파 분쟁이 본격화되었으며, 특히 이라크 다수파로 억압되었던 시아파와 소수파로서 사담 후세인 정권을 통해 이라크를 지배했던 수니파의 대립이 폭발했다. 이 과정에서 미국이 이라크를 망치면서(break), 미국이 이라크를 책임져야 하는 상황(own)이 초래되었다. 미국의 군사 자원은 이라크에 고정되었고, 미국은 자유롭게 행동할 수 없는 상황에 직면했다. 소련과의 냉전에서 승리하면서 미국은 일극 체제의 단일 강대국으로 등극했지만, 이라크 침공으로 단일 강대국이 누릴 수 있는 행동의 자유를 상실한 것이다. 미국은 2011년 12월 이라크에서 전투 병력을 철수했으나, 2014년 이슬람 국가(IS: Islamic State in Iraq and Syria)가 등장함으로써 새롭게 교관 및 지원 병력을 파견하여 2021년 7월 현재 2500명 규모의 군사력을 이라크에 유지하고 있다.

3. 탈레반 세력의 재결집

　부시 행정부의 이라크 침공은 재앙이었다. 특히 그 재앙은 아프가니스탄에서는 재건 지연으로 나타났으며, 그 결과 2001~2002년 침공 과정에서 군사적으로 괴멸했던 탈레반 세력은 자신들의 정치적·군사적 기반을 재건하기 시작했다. 2001~2002년 침공 과정에서 탈레반 및 알카에다의 핵심 지도부와 상당 숫자의 병력이 파키스탄으로 탈출했으며, 특히 오마르를 제외한 탈레반 지휘부와 알카에다 지도자인 빈라덴은 파키스탄에 은신했다.[19] 문제는 파키스탄 정부가 탈레반과 알카에다 세력의 탈출 및 파키스탄 은신을 최소한 방조 또는 최대한 권유했다는 사실이며, 이에 부시 행정부는 극렬하게 항의했다. 일부 증언에 따르면 미국 국무부 부장관 아미티지(Richard Armitage)는 파키스탄의 무샤라프 대통령에게 "파키스탄이 탈레반을 계속 지원한다면, 미국은 파키스탄을 폭격해서 석기시대로 되돌려 놓을 것이다"라고 위협했다.[20] 하지만 탈레반과 알카에다 세력 대부분은 이미 파키스탄으로 잠입했고, 이제 조직을 재정비하면서, 아프가니스탄의 혼란을 방조하고 권력을 다시 회복하려고 했다.

2001년 11~12월, 탈레반의 핵심 세력은 카불 및 칸다하르 등에서 철수하면서 시중 은행 전체를 약탈했고, 은행에 보관되어 있던 금괴와 외화를 챙겨서 파키스탄으로 사라졌다. 이러한 자금에 기초하여 탈레반 세력은 파키스탄에서 조직을 재건하기 시작했다.[21] 9·11 테러 이후 2003년 12월까지 파키스탄 정부는 450명 미만의 알카에다와 탈레반 병력을 체포했지만, 실제로는 만 명 이상의 병력이 파키스탄으로 피신하면서 "파키스탄 정부가 국경 지대를 알카에다와 탈레반에게 넘겨주었다"라는 말까지 떠돌았다. 알카에다와 탈레반 세력은 파키스탄 국경 경비대와 지방정부를 군사적으로 위협하고 카불에서 빼돌린 외화와 귀금속으로 회유하면서, 아프가니스탄 국경 지대에 탈레반 망명 정부를 수립했다. 2002년 말, 아프가니스탄의 칸다하르 남쪽에 있는 파키스탄의 퀘타에 수립된 슈라(Quetta Shura)는 그 핵심이었다.[22]

탈레반은 자신들의 존재감을 과시하고 아프가니스탄 주민들을 위협하면서 자신들에게 협력할 것을 강요했다. 2002년 6월 11일 아프가니스탄 원로회의가 개최되어 아프가니스탄 과도정부의 출범이 결정되자, 탈레반은 아프가니스탄 과도정부의 부통령 겸 공공 사업부 장관 지명자인 카디르(Haji Abdul Qadeer)를 암살했다.[23] 카디르 부통령은 유명한 파슈툰 부족을 대표했던 무자헤딘 지휘관 형제 출신으로 탈레반에게 저항했다.

그림 7-3 **칸다하르와 퀘타의 위치**

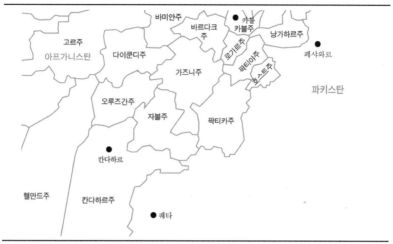

주: 퀘타 북쪽으로 아프가니스탄 국경을 넘으면 바로 칸다하르가 나타난다. 아프가니스탄의 수도인 카불에서 동쪽으로 파키스탄 국경을 넘었을 때 처음으로 나타나는 도시가 페샤와르이다.

그의 동생(Abdul Haq) 또한 9·11 테러 이후 파슈툰 부족을 규합하여 탈레 반에 대한 봉기를 도모했던 인물이었으나 2001년 10월 체포되어 처형되 었다. 이제는 형이 탈레반의 목표가 되었다. 2002년 7월 6일, 탈레반 암 살팀이 카디르 부통령과 그의 사위를 공격했고 경호원들의 별다른 저항 없이 부통령은 암살되었다.[24] 이 공격으로 아프가니스탄 과도정부는 부 통령과 같은 정부 고관의 물리적인 안전을 보장하지 못하는 무능을 보여 주었으며, 탈레반은 그 어떠한 목표물이라도 공격하여 파괴할 수 있다는 능력을 과시했다. 이것은 매우 불길한 징조였다.

이러한 혼란의 와중인 2002년 7월 13일 아프가니스탄 임시정부가 아프가니스탄 과도정부로 전환되었으며, 과도정부의 대통령으로 카르자 이가 선출되었다. 하지만 탈레반 세력은 더욱 빠르게 재집결했다. 퀘타 슈라 이전인 2001년 12월, 파키스탄 북부의 페샤와르(Peshawar)에서 탈 레반 유력 인사들과 파키스탄군의 핵심 인물이 회동하여 미국과의 전쟁 수행을 논의하면서, 만약 패배한다면 어떻게 탈레반 정권을 재건할 것인지에 대한 방안을 토의했다. 탈레반 지휘부와 파키스탄 장교들은 '소련과의 10년 전쟁에서 승리'했던 경험에 기반해 미국에 대한 장기적인 게릴라 전쟁을 강조했다.[25] 이후 아프가니스탄 남부와 동부 지역에서는 미국에 대한 성전(jihad)을 선포하고 미군 협력자들을 '처단'하라는 전단이 떠돌기 시작했다. 야간 치안이 점차 악화되었으며, 공무원과 경찰 가족들에게 그들을 위협하는 협박장이 배달되었다.[26]

2003년, 이라크를 침공하면서 미국은 더 이상 아프가니스탄 문제에 관심을 표명하지 않았다. 아프가니스탄 전쟁은 이제 완전히 방치된 그래서 잊힌 전쟁으로 전락했다. 아프가니스탄 주둔 병력은 1만 명 수준에서 동결되었으며, 상황을 안정시키기 위한 추가 병력은 투입되지 않았다. NATO 중심으로 ISAF 병력 5000명이 파견되었으나, 주로 카불 및 주요 도시를 방어하는 데 집중하면서 인구 대부분이 거주하는 농촌 지역은 방치되었다. 미국과 NATO는 서방 기독교 국가의 군대가 이슬람교 국가인 아프가니스탄을 '점령'하거나 아프가니스탄에 장기 주둔한다는 인상을 주지 않도록 노력하면서, 서둘러 철군했다.[27] 군사작전은 안정화를 위한 치안 유지가 아니라 2002년 6월 아프가니스탄 원로회의 이전에 탈레반과 알카에다 병력을 소탕·제거하는 데 집중되었다. 그리고 원로회의가 '성공적으로 마무리'된 2002년 7월부터 미국 및 NATO 병력은 철수했다.

아프가니스탄 재건 문제 또한 우선순위에서 밀려났다. 2003년 기준으로 주민 1명당 원조 금액은 보스니아 326달러, 코소보 288달러, 동티모르 195달러인 데 반해, 아프가니스탄은 주민 1명당 42달러의 원조만을 받았다.[28] UN 사무총장은 아프가니스탄의 가장 큰 문제는 "치안 부재(insecurity)"라고 규정하면서, 여전히 알카에다와 탈레반 세력이 영향력을 행사하고 있으며 범죄 조직이 활개 치고, 다양한 정파가 아프가니스탄을 장악하기 위해 경쟁하고 있다고 우려했다. 2003년 이라크 침공 이후, 부시 행정부는 이라크와 아프가니스탄 재건 명목으로 870억 달러의 예산을 책정했지만, 이 가운데 12억 달러만이 아프가니스탄에 배정되었다.[29] 처음부터 동원할 수 있는 인적·물적 자원이 부족했던 아프가니스탄은 경제 건설과 사회 발전에 필요한 자원을 외부에서 조달해야 했지만, 외부에서 투입되는 자원은 수요를 충족시키지 못했다. 결국 재건은 난항을 거듭했고 혼란이 지속되는 가운데 미국이 무너뜨린 탈레반 세력에게 부활의 기회가 주어졌다. 2003년 3월 미국이 이라크를 침공한 것이다. 탈레반은 이를 절호의 기회로 여기고 반격을 개시했다.

2004년 11월 탈레반의 지도자인 오마르는 공식 성명을 발표했다. 미국이 아프가니스탄에 괴뢰정권을 수립했다고 비난하면서, 미국은 실패할 것이라고 단언했다. "미국과 그 괴뢰정권은 우리 탈레반이 조국을 해방시키고 주권을 회복하겠다는 의지에 충만했다는 사실을 알아야 한다"라고 주장하면서, "탈레반 조직은 그 어느 때보다 막강하고 더욱 많은 지지를 받고 있으며 우리는 어떠한 고난에도 굴복하지 않으며 이슬람 세력의 해방을 위해 모든 것을 희생할 것이다"라고 선언했다.[30] 해당 성명서는 탈레반 정권의 붕괴 3주년 시점에서 발표되었으나, 과거에 사라진 세력의 잔당들의 장난이라고 치부할 수 없었다. 오히려 오마르의 경고는 아프가니스탄 전쟁이 오래 진행되고 있으며, 앞으로 더 오래 진행될 것이라는 불길한 징조였다. 그리고 그 불길한 징조는 점차 비참하고 냉혹한 현실로 다가오고 있었다.

제8장

진행되지 않는 아프가니스탄 재건

아프가니스탄은 이미 실패한 국가였다. 1979년 12월 소련이 침공하기 이전에 이미 아프가니스탄 국가는 심각한 수준으로 약화되어 있었으며, 국토 전체에 공권력을 유지할 능력을 가진 중앙정부는 작동하지 않았다. 그나마 유지되었던 아프가니스탄 국가 기구는 소련 침공과 이후 무자헤딘의 저항으로 사실상 붕괴했고, 소련이 소멸되는 과정에서 공산 세력이 장악했던 아프가니스탄 민주공화국은 사라졌으며 아프가니스탄이라는 국가는 완전히 망각 속으로 잊혔다. 9·11 테러로 미국이 아프가니스탄을 침공하면서, 이번에는 미국이 아프가니스탄을 재건하고 효율적인 국가를 건설할 수 있는 기회를 포착했다. 하지만 아프가니스탄을 재건하는 일은 쉽지 않았다.

아프가니스탄 국가가 실패국가였기 때문에 그리고 알카에다와 같은 테러 조직이 아프가니스탄을 장악할 수 있었기 때문에, 또 다른 테러를 예방하기 위해서는 아프가니스탄에 적절한 국가 조직을 건설해야 했다.

그 핵심은 아프가니스탄 국경 내부에서 '무력 수단을 합법적으로 독점'할 수 있는 국가 공권력과 이를 지탱할 수 있는 재정적 자립 능력, 이에 기반해 아프가니스탄 주민들에게 기본적인 공공 서비스를 제공할 행정 능력 그리고 대표성을 가진 정부(representative government)가 이 모든 것을 통제할 수 있는 정치제도이다. 2002년 7월 아프가니스탄 과도정부가 출범하고 카르자이가 과도정부의 대통령으로 선출되면서, 미국은 아프가니스탄 국가 건설을 시작했다. 하지만 '무력 수단을 합법적으로 독점'할 수 있는 국가 공권력을 구축하고 '징세에 기반한 재정적 자립 능력'을 확립해서 '아프가니스탄 주민들에게 기본적 공공 서비스를 제공할 행정 능력'을 갖추는 것은 쉽지 않았다.

이라크를 침공하면서 미국은 이라크 문제에 집중했고, 아프가니스탄 국가 건설은 NATO 국가로 구성된 ISAF가 담당하게 되었으며 유럽 국가들이 국방·경찰·세무·보건·교육·사법 등을 각각 분담했다. 하지만 전체 사안을 통합하는 전략이 부족한 상황에서, 국가 건설은 지지부진했고, 이 과정에서 아프가니스탄의 장기적인 발전을 저해하는 요인들이 작동하기 시작했다. 민주주의의 전통이나 사회 경제적 기반이 없는 상황에서 북부동맹을 중심으로 한 주요 군사 세력이 국가권력을 나누어 장악했으며, 카불의 중앙정부는 위태로운 군벌 연합체를 조율하면서 미국의 원조에 의존하여 연명했다.

여기에 아프가니스탄을 파괴하는 아편이라는 끔찍한 힘이 작용했다. 아프가니스탄 내부의 모든 무장 세력이 아편에 투자했고, 마약 거래를 통해 무장 세력을 재정적으로 유지했다. 탈레반은 아편 재배를 위해 농촌 지역을 장악했고, 아편 거래의 수입금으로 저항 세력을 재건했다. 북부동맹에서 갈라져 나온 군벌 세력들 또한 아편 재배와 마약 거래를 통해 막대한 부를 축적했으며, 아프가니스탄 민주주의와 국가 건설은 도외시되었다. 미국은 이러한 상황을 파악은 했으나 속수무책이었고, 이라크 문제에 집중하고 있었다. 2001년 10월 침공 직후 미국이 제시했던 장밋빛 청사진은 사라졌다.

1. 미국 아프가니스탄 정책의 모순

초기 단계에서 부시 행정부는 아프가니스탄 국가 건설의 중요성을 인식하고 있었다. 집권 직전까지도 미국 공화당은 "국가 건설은 미국의 임무가 아니다"라는 입장을 고수했고, 미군 병력을 동원하여 "아이들이 유치원에 가는 것을 호위해서는 안 된다"라고 주장했다.[1] 오히려 부시 행정부는 중국과 러시아와의 강대국 경쟁이 더욱 심각한 위험이라고 판단했고, 중국과 러시아를 '전략적 경쟁자'로 규정했다. 미국은 강대국 경쟁에 대비해야 하며, 따라서 강대국 경쟁과 직접적으로 관련이 없는 국가 건설은 부차적인 사안이라고 보았다. 중앙정부가 작동하지 않으며 내부 역량이 부족하여 국민들에게 보건 의료와 분쟁 해결, 치안 등의 기본 서비스를 제공하지 못하는 실패국가들은 그냥 방치해도 되며, 이것은 중국, 러시아와의 강대국 경쟁 상황에서 중요한 사안이 아니라고 판단했다.

하지만 9·11 테러로 모든 것이 변화했다. 아프가니스탄이라는 실패국가를 장악한 탈레반과 그와 밀착하여 아프가니스탄에 근거지를 확보한 알카에다는 9·11 테러를 감행했고, 그에 대응하여 부시 행정부는 아프가니스탄을 침공하고 아프가니스탄의 국가 건설 필요성을 수용했다. 2002년 4월 부시 대통령은 버지니아 군사대학 졸업식 연설에서, "아프가니스탄 전쟁은 쉽게 끝나지 않을 것이며, 오래 지속될 것"이라고 지적하면서 미국은 "아프가니스탄의 경제적 재건이 완수될 때까지 아프가니스탄과 함께할 것"이며 "아프가니스탄을 포기해서 1990년대와 같이 실패하지 않겠다"라고 다짐했다. 특히 버지니아 군사대학 출신으로 미국 육군 참모 총장 및 국무 장관을 역임했던 마셜(George C. Marshall)과 그가 추진했던 마셜 계획(Marshall Plan)의 전통을 강조했다.[2]

이후에도 미국 정책 결정자들은 아프가니스탄 국가 건설의 중요성을 강조했다. 2002년 7월 울포위츠 국방부 부장관은 카불을 방문하여 새롭게 과도정부 대통령으로 선출된 카르자이와 외교 장관 압둘라(Abdullah Abdullah) 등을 만나서 아프가니스탄 국가 건설에 대한 미국의 의지를 확인했다. 특히 2001년 말 이후의 변화를 강조하면서, "지난 6개월 동안 아프가니스탄에 도입된 제도들이 뿌리내릴 때까지 미국은 철군하지 않겠다"라고 선언했다. 특히 "지난 20년 동안 아프가니스탄을 폐허로 만들었던 내전의 상처를 치유하고 아프가니스탄의 발전을 가능하게 하며 테러 조직이 다시 돌아오지 못하게 할 제도를 구축해야 한다"라고 강조하면서, 미국의 노력은 단순히 군사적인 부분에 국한되지 않고 아프가니스탄 "보안군 구축과 물리적, 경제적 사회간접자본의 건설까지 포함하는 포괄적인 접근(broad efforts)"이라고 발언했다.[3]

이와 같이 매우 모범적인 국가 건설 정책은 2003년 5월 럼즈펠드 국방 장관이 카불을 방문했을 때도 반복해서 강조되었다. 미군이 이라크를 침공하여 바그다드를 점령하고 부시 대통령이 직접 이라크에서 '임무 완수(Mission Accomplished)'를 선언했던 5월 1일, 럼즈펠드는 카불을 방문하여 카르자이 대통령과 공동 기자회견을 열어 아프가니스탄에서의 '임무 완수'를 선포했다. 럼즈펠드는 아프가니스탄에서 "주요 군사작전은 종결(major combat activity is over)"되었으며 아프가니스탄의 "상당 부분은 향후 발전이 가능하고 안전"하다고 진단하면서, 과도정부에 대한 권한 이양이 조속히 진행되어야 한다고 발언했다. 이제 아프가니스탄 재건 및 아프가

니스탄 보안군 육성에 집중해야 한다는 것이 미국 국방 장관의 주장이었다.[4]

하지만 이 과정에서 럼즈펠드는 이전의 기조와는 차별성을 드러냈다. 이전까지 부시 대통령과 울포위츠 부장관은 미국이 아프가니스탄의 재건을 책임지고 아프가니스탄에 오랫동안 남아 있겠다는 입

장을 표명했다. 하지만 럼즈펠드 국방 장관이 강조한 것은 철군이었으며, 이제 미국이 아프가니스탄을 정상화시켰기 때문에 조만간 떠날 수도 있다는 가능성이었다. 즉 '미국은 아프가니스탄에 가능한 소규모로 개입(small footprint)'해야 하며, 따라서 1만 명 이상의 병력이 배치되어서는 안 된다는 것이 미국 국방 장관의 입장이었다.[5] 럼즈펠드는 아프가니스탄에 배치된 8000명 정도의 미군 병력이 탈레반과 알카에다를 군사적으로 소멸시켰다고 치하하면서, 미국은 '이미 달성한 아프가니스탄에서의 안정화 수준을 유지'하기 위한 병력만이 필요하다고 발언했다. 이제 미군 병력의 임무는 안정화이며, 따라서 철군이 가능하다고 지적했다. 이에 아프가니스탄 주둔군 사령관인 맥닐(Dan K. McNeill) 장군은 현 병력을 감축하는 것은 어려우며 2004년 여름까지 9000명에서 1만 2000명 수준의 아프가니스탄 보안군 훈련이 완료된 이후에 미군 철수가 가능하다고 지적했다.[6] 2003년 5월 시점에서 이라크는 13만 5000명 규모의 미군과 영국군 병력에 의해 점령된 상황이었으며, 미국은 이란과 북한을 '악의 축'으로 규정하면서 직접적인 침공을 비롯한 다양한 군사력 사용 가능성을 검토하고 있었다. 그 때문에 미국은 병력 및 군사력이 부족했고, 표면적으

로 안정화된 아프가니스탄에서 점차 철군하고 싶었다.

하지만 실제 상황은 그다지 간단하지 않았으며, 세 가지 문제가 복합적으로 작용했다. 첫째, 사우디아라비아 출신인 빈라덴을 중심으로 중동에서 출발한 알카에다는 아프가니스탄 사회의 일부는 아니었다. 하지만 남부 파슈툰 부족 극단파로 구성된 탈레반은 외부에서 유입된 이질적인 존재가 아니라 아프가니스탄 사회의 핵심 구성원이었으므로 쉽게 제거할 수 없었다. 미국 정보기관은 탈레반 병력의 인명 피해를 근거로 탈레반 세력 자체가 괴멸되었다고 판단했지만, 파슈툰 부족에서 병력이 보충되면서 탈레반 세력은 쉽게 회복되었다.[7] 파슈툰 부족은 아프가니스탄에만 거주하는 것이 아니라 파키스탄에 더 많이 거주한다. 파키스탄의 파슈툰 인구는 4000만 명 이상으로 아프가니스탄의 파슈툰 인구인 1800만 명을 두 배 넘게 초과하는데, 미국 정보기관은 파키스탄에서 동원될 수 있는 파슈툰 병력을 무시했던 것이다.[8] 즉 탈레반 세력이 초기 타격에서 재빨리 회복하는 상황이었기 때문에 아프가니스탄에서 철군하고 미국이 아프가니스탄 문제를 방관하는 것은 매우 위험했다.

둘째, 아프가니스탄이 빨리 안정되었다고 하는 낙관론과 아프가니스탄이 빨리 안정되어야 한다는 당위론이 기묘한 방식으로 결합되면서, 미국은 되도록 적게 개입하고 아프가니스탄 국가 건설은 아프가니스탄 내부의 합의와 역량에 기초해서 진행되어야 한다고 보았다. 특히 미국이 극소수의 CIA 병력과 특수부대에 기초하여 알카에다와 탈레반 세력을 무너뜨리는 데 성공했기 때문에, 미국이 예산을 지원하고 방향성 정도를 제공하면 아프가니스탄 국가 건설도 쉽게 달성할 수 있다고 보았다. 이 과정에서 미국의 '지나친 개입'은 아프가니스탄 민족주의를 자극하여 '미국 제국주의' 의혹을 가져오는 역효과가 있다고 보았다.

하지만 미국이 개입하지 않으면서, 미국의 경제원조는 아프가니스탄 내부에서 매우 비효율적으로 집행되기 시작했고 결국 아프가니스탄에 상상을 초월하는 부패를 가져왔다. 아편 문제로 인해 아프가니스탄 정치와 사회는 기본적으로 마약 조직의 위협에 노출되었고, 여기에 외부에서 유입된 엄청난 원조자금은 마약 조직에서 출발한 아프가니스탄 부정부패를 폭발적으로 확산시켰다. 미국의 지나친 개입이 아프가니스탄 민족주의 및 반미 감정을 초래할 것이라는 우려 자체는 정당했지만, 미국이 개입하지 않으면서 전혀 다른 문제가 발생한 것이다. 베트남 전쟁에서도 같은 문제가 나타났다. 미국은 베트남 전쟁에 개입했지만 베트남 민족주의의 반발을 우려했고, 따라서 남베트남(Republic of Vietnam) 정치 및 군사정책에 깊게 관여하지 않았다.[9] 그 결과 남베트남 정치 및 군사력은 비효율적으로 작동했고 베트남 민족주의의 반발을 불러일으켰다. 미국이 우려했던 일들이 벌어진 것이다. CIA 출신으로 베트남 전쟁에서 전략촌과 주민 통제 업무를 총괄했던 코머(Robert Komer)는 "미국은 베트남에 50만 명의 병력을 주둔시키고 1년에 210억 달러를 지출하는 제국주의 국가이지만, 실제로는 베트남 정부를 통제하지 못한다"라며 한탄했다.[10] 그리고 무엇보다 미국은 아프가니스탄이 아니라 이라크 문제에 집중했고, 기독교 국가가 이슬람 국가를 침공하면서 발생할 수 있는 문제점 등은 크게 개의하지 않았다.

셋째, 미국이 이라크를 침공했고, 그 때문에 미국의 정치, 군사, 정보, 경제, 문화 등 모든 자원이 이라크 문제에 집중되었다. 전쟁 초기 단계에서 큰 문제가 없었던 아프가니스탄은 상대적으로 '수월한 전쟁(good war)'으로 인식되면서, 폭동과 약탈이 발생하고 부시 대통령의 승리 선언이 있었던 5월 1일 이후에도 미군 전사자가 지속적으로 발생했던 이라크에 집중해야 한다는 인식이 확산되었다.[11] 아프가니스탄 전쟁은 우선순위에서 밀려났으며, 부차적인 전쟁으로 취급되었다. 2002년 4월 부시 대

통령과 2002년 7월 울포위츠 국방부 부장관은 아프가니스탄 국가 건설
에 대한 미국의 강력한 의지를 표명했지만, 2003년 3월 미국이 이라크를
침공하면서 상황은 급변했고 미국은 아프가니스탄 국가 건설에 집중할
정치적·군사적 여력을 상실했다. 2004년 이후에도 이라크의 상황이 안
정화되지 않으면서, 미국은 아프가니스탄 국가 건설보다는 상황을 관리
하는 데 만족했고 2007년 12월 합참의장 멀린 제독(Michael Mullen)은 '병
력 절감(economy of force)'이 아프가니스탄 전쟁의 가장 중요한 목표라는
점을 인정했다. 의회 증언에서 멀린 합참의장은 "아프가니스탄에서 미국
은 미국이 할 수 있는 것을 하지만, 이라크에서 미국은 미국이 해야 하는
것을 한다(In Afghanistan, we do what we can. In Iraq, we do what we must)"
라고 발언했다.[12]

　　이와 같은 태도는 아프가니스탄과 이라크에 배치된 미군 병력에서
잘 드러난다. 아프가니스탄의 경우에 미국의 '지나친 개입'이 아프가니스
탄 주민들의 반감을 사고 아프가니스탄 민족주의를 자극하여 '미국 제국
주의' 의혹을 불러일으키는 역효과가 나타날 수도 있다고 생각했다면, 이
라크의 경우도 동일한 논리에 기초하여 미국의 '지나친 개입'으로 이라크
주민들의 반감을 사고 이라크 민족주의를 자극하여 '미국 제국주의' 의혹
을 가져올 역효과를 생각하여 미국은 되도록 빨리 철군했어야 한다. 하
지만 실제 상황은 그와는 달랐다. 부시 행정부는 이라크에서도, 아프가
니스탄에서도 안정화를 달성하지 못했고, 국가 건설은 더욱 요원해졌다.

2. 아프가니스탄 헌법 제정과 대통령·국회의원 선거

　　베버(Max Weber)는 국가는 "일정한 영토에서 무력 수단을 합법적으

로 독점하고 있는 단체"라고 규정했다. 이러한 관점에서 보면, 9·11 테러로 미국이 아프가니스탄을 침공하기 이전에도 아프가니스탄에는 국가가 존재하지 않았다. 기본적으로 타지크·우즈베크 중심의 북부동맹 세력과 남부 파슈툰 기반의 탈레반 세력이 아프가니스탄의 통제권을 둘러싸고 내전을 수행하고 있었으며, 서부의 헤라트 등은 이란의 영향력이 미치는 독자적인 지방 세력의 근거지였다. 그 이전에도 아프가니스탄의 국가 통일성은 심각할 정도로 낮았다. 전통적으로 카불에 위치한 중앙정부의 통제력은 매우 낮았으며, 아프가니스탄 국가는 지방 세력과의 정치적 타협을 통해서만 유지되었다. 1970년대에 들어와서 미국과 소련은 아프가니스탄에 경쟁적으로 원조를 제공했고, 카불의 중앙정부는 외부에서 유입된 자원으로 상당한 국가 통제력을 달성했다. 하지만 1979년 12월 소련의 침공으로 그 모든 진전은 파괴되었으며, 소련군이 철군한 이후에도 지속된 내전으로 국가 능력과 아프가니스탄 사회 전체가 훼손되었다.

무엇보다 아프가니스탄에는 엄청난 수량의 무기가 국가에 의해 통제되지 않는 방식으로 '유통'되고 있었다. 1980년대 전 세계에서 가장 많은 개인 화기가 반입된 국가는 아프가니스탄이었으며, 1992년경에는 인도와 파키스탄에 존재하는 개인 화기보다 아프가니스탄에 존재하는 개인 화기의 수량이 더 많았다.[13] 2020년 추정 인구가 3600만 명인 아프가니스탄에 유입된 개인 화기가 인구 13억의 인도와 인구 2억 3400만 명의 파키스탄에 유입된 총기를 합한 것보다 많다는 것은 심각한 문제이다. 핵심은 아프가니스탄 국가 공권력이 너무나도 취약하다는 점이다. 그렇기 때문에 아프가니스탄 국가는 '무력 수단의 합법적 독점'을 달성하지 못했고, 그에 기반한 재정적 기반을 가지지도 못했고, 아프가니스탄 주민들을 대표할 수준의 대표성도 갖추지 못했고, 아프가니스탄이 하나의 공동체로 살아가는 데 필요한 기본적인 공공 서비스를 제공하지 못했다.

이러한 상황을 타개하기 위해, 미국은 아프가니스탄의 국가 건설이 필요하다는 사실을 명확히 인식하고 대표성을 가진 정부를 구성하고 그 정부가 통제하는 경찰력과 군사력을 구축하는 데 집중했다. 이를 위해 미국이 취했던 접근은 아프가니스탄 헌법을 제정하고 그에 입각하여 선거를 실시하여 대표성을 가진 중앙정부를 건설하는 것이었는데 그 방향 자체는 적절했다. 2001년 12월 독일의 본에서 개최된 국제회의와 그에 기초한 아프가니스탄 임시정부는 이러한 전략의 시작이었고, 2002년 6월 아프가니스탄 원로회의와 7월에 출범한 과도정부 또한 '대표성을 갖춘 아프가니스탄 국가 건설'을 위한 중간 단계였다. 2001년 12월 출범한 아프가니스탄 임시정부의 임무는 아프가니스탄 원로회의를 소집하는 것이었다. 따라서 2002년 6월 원로회의가 개최되어 카르자이를 과도정부의 대통령으로 선출하고, 7월 13일 아프가니스탄 과도정부가 출범하면서 임시정부는 해산되었다. 이어 카르자이 대통령과 과도정부를 중심으로 아프가니스탄 국가 건설이 본격적으로 시작되었다.

2001년 12월 아프가니스탄 임시정부는 정부 수반으로 카르자이를 지명했고, 2002년 6월 원로회의는 카르자이를 과도정부의 대통령으로 선출했지만, 그 원로회의는 아프가니스탄의 충분한 대표성을 가지지 않았다. 2002년 이후 아프가니스탄 국가 건설이 본격화하면서, 대표성이 부족하다는 것은 치명적인 약점이었다. 2001년 12월 본 회의의 결정에 따라 아프가니스탄 임시·과도정부는 향후 2003년 말까지 헌법 초안을 작성해야 했으며, 이에 2002년 10월 아프가니스탄 헌법 제정위원회가 출범했다. 하지만 그 결과물은 아프가니스탄 주민들의 정치적 요구를 충분히 반영하지 못했다. 그 이후 헌법 제정위원회는 기존의 9명에서 35명으로 확대 개편되었고 이 위원회는 아프가니스탄 전역을 순회하면서 헌법 초안에 대한 주민들의 많은 의견을 청취했다. 덕분에 헌법 초안에 대한 반발은 상당 부분 무마되었다.

의견 청취는 주민들의 요구를 반영한다는 측면에서 민주주의 원칙에 부합되며, 아프가니스탄을 통합하고 국가 건설을 추진한다는 측면에서 큰 도움이 되었다. 하지만 이 과정에서 아프가니스탄을 현대식 국가로 변모시키는 데 필요한 종교적 중립과 여성 지위에 대한 보장 그리고 근대식 법률 원칙의 이슬람 전통법에 대한 우위 등이 보장되지 않았다. 아프가니스탄의 공식 국호는 '아프가니스탄 이슬람 공화국(Islamic Republic of Afghanistan)'이 되어야 하며, 이른바 "이슬람 원칙에 부합되지 않는 법률은 인정될 수 없다(no law will be made which will oppose Islamic principles)"라는 헌법 초안은 매우 위험한 가능성을 내포하고 있었다.[14] 탈레반 정권은 이슬람 근본주의에 기초하여 아프가니스탄을 통치했으므로, 미국과 서방 국가들은 아프가니스탄이 이슬람 근본주의가 아니라 근대식 법률 원칙에 기초한 세속적 국가로 출발하기를 희망했다. 하지만 새로운 헌법 초안은 의견 청취를 거치면서 점차 종교적 색채가 강화되었고 그래서 세속적 근대국가로의 아프가니스탄 국가 건설은 어려움에 봉착했다.

예를 들어, 모든 근대국가는 여성의 정치 참여를 보장하며 성별에 따른 차별을 인정하지 않으나, 아프가니스탄 전통의 이슬람교 정치 원리는 여성의 정치 참여를 보장하지 않았다. 2001년 12월 본 회의에서 여성의 정치 참여를 강조하고 2002년 6월 원로회의 참석자 2000여 명 가운데 여성이 최소한 160명은 포함되어야 한다고 규정했지만, 아프가니스탄의 이슬람 근본주의 세력은 이를 헌법에 명문화하는 것을 반대했고 따라서 헌법 초안에 대해서도 저항했다.[15] 1980년대 소련과의 전쟁과 이후 내전을 수행하는 과정에서 이슬람 근본주의는 아프가니스탄 사회에 매우 강력하게 스며들었으며, 여성의 정치 참여 요구는 '외부의 간섭'으로 치부되었다. 일부는 아프가니스탄 헌법에 이슬람 법률(sharia)이 20%만 반영되어야 한다고 주장하면서 이전과 같은 탈레반의 이슬람 근본주의를 지양해야 한다고 주장했다. 하지만 이에 대해서는 매우 강력한 반발이 있었고 반발 세력은 아프가니스탄 문화와 전통을 존중해야 한다고 강조하면서 '외부의 간섭'을 배제해야 한다고 역설했다.[16]

2003년 12월 14일 헌법 제정을 위해 총 500명의 아프가니스탄 원로회의가 소집되었고, 격렬한 토론 끝에 2004년 1월 4일 헌법 초안이 승인되었다. 토론 과정에서 카르자이는 대통령제가 아니면 자신은 대통령을 사임하겠다고 원로회의를 위협하면서 의원내각제가 아니라 대통령제를 관철함으로써 중앙정부의 권한을 강화했다. 그렇게 제정된 헌법에 따라 2004년 7월 5일 대통령 선거가 치러질 예정이었으나 두 번에 걸쳐 연기된 후 10월 9일 대통령 선거가 실시되었다. 대통령 선거는 매우 혼탁했고, 정상적으로 진행되지 않았다. 선거인 명부는 부정확했으며, 이중 투표 및 위협이 횡횡했다. 하지만 '정상적인 선거'가 없었던 국가에서 선거를 통해 국가 최고 지도자를 선출한다는 것은 강력한 정당성을 부여하는 과정이었다. 총 970만 명의 유권자 가운데 83.6%가 선거에 참여했으며, 813만 표 가운데 55.4%인 444만 표를 얻은 카르자이가 아프가니스탄 이슬람 공화국 대통령으로 선출되었다. 12월 7일 카르자이가 공식적으로 5년 임기의 대통령에 취임하면서 아프가니스탄은 정치적 정상화의 길에 접어드는 것으로 보였다.

1969년 9월 총선을 마지막으로 선거 자체가 실시되지 않았던 국가에서 선거를 통해 국가 최고 지도자를 선출한다는 것 자체는 큰 발전이었으며, 강력한 정당성을 확보할 수 있었다. 하지만 국회의원 선거는 선거제도 협상 때문에 계속 연기되었으며, 2004년 6월에 예정되었던 선거마저도 무산되었다. 2005년 2월 협상이 타결되면서 원래 예정되었던 2005년 5월 국회의원 선거는 9월로 미루어졌다. 249명 규모의 아프가니

표 8-1 **2004년 10월 아프가니스탄 대통령 선거 결과**

후보	득표수(표)	득표율(%)
카르자이(Hamid Karzai)	4,443,029	55.4
카누니(Yunus Qanuni)	1,306,503	16.3
모하기그(Mohammed Mohaqiq)	935,325	11.7
도스툼(Abdul Rashid Dostum)	804,861	10.0
총투표 유권자	8,128,940	83.66(총투표율)
총등록 유권자	9,716,413	

자료: Wikipedia. http://en.wikipedia.org/wiki/2004_Afghan_presidential_election (검색일: 2020년 11월 23일).

스탄 국회를 구성하기 위해 2700명의 후보가 난립한 가운데, 9월 18일에 선거가 실시되었다.[17] 아프가니스탄 선거법상 정당은 인정되지 않았기 때문에 모든 후보는 무소속 후보로 활동했으며, 따라서 유권자의 선택에 많은 혼란이 초래되었다. 유권자들은 후보들에 대한 충분한 정보 없이 투표했으며, 그 때문에 투표 참여율은 50% 수준으로 폭락했다.

선거는 매우 혼탁했으며, 이와 같은 혼탁함이 이후 아프가니스탄의 운명을 결정하게 되었다. 2004년 12월 취임한 카르자이 대통령은 국회 의원 선거를 방치함으로써 자신의 권력이 견제되지 않는 상황을 조성했다. 2001~2002년 탈레반 정권을 무너뜨리는 과정에서 군사력을 제공하면서 새로운 아프가니스탄에서 권력을 장악했던 북부동맹 및 남부 파슈툰 무장 세력은 2005년 9월 국회의원 선거를 통해 자신들이 '실질적으로 장악'한 권력에 정당성을 부여하려고 했다. 이를 위해서 오랫동안 국회의원 선거 제도를 협상했고, 무소속 후보를 난립시키면서 지명도가 있는 군벌 지도자 및 후견인들의 출마를 원활하게 했다. 선거 자체에서도 엄청난 부정을 자행했다. 또한 수많은 중복 투표로 득표수를 늘리거나, 투표함을 바꿔치기하고 자신의 후보에게 투표하도록 유권자를 겁박하는 등 선거에서도 부정행위를 서슴지 않았다. 또한 20%밖에 개표되지 않은 상황에서 자신의 후보가 당선되었다고 공표하기도 했다.[18] 선거 결과는 일차적으로 10월 9일에 공개되었지만, 부정선거에 대한 의혹 때문에 최종 결과는 11월 12일에야 공표되었다.

카르자이를 지지하는 정파가 전체 의석의 60%를 차지했으며, 북부동맹을 중심으로 일부 '야당 세력'이 결집했지만 이들은 정치적으로는 무의미했다. 전체 국회의원 249명 가운데 여성 당선자는 본 합의에 의해 전체의 25%를 차지해야 했는데 최종 당선된 여성은 75명으로 하한선인 69명을 겨우 넘는 수준이었다. 북부동맹을 중심으로 하는 '야당 세력'이 국회의장을 차지하여 2004년 10월 대통령 선거에서 2위를 기록했던 카누니가 국회의장으로 선출되었다. 상당 숫자의 탈레반과 알카에다 동조세력이 선거에서 승리하여 국회의원으로 변신했으며, 권력을 일부나마 나누게 되었다. 하지만 이것으로 아프가니스탄이 안정화되지는 않았다.

3. 아프가니스탄 국가 역량의 취약성

헌법 제정과 대통령 및 국회의원 선거는 쉬운 작업이었다. 헌법의 경우에는 외국의 사례와 아프가니스탄 전통을 반영하여 헌법 초안을 마련하고 의견을 조율하고 원로위원회에서 승인을 받으면 되었다. 선거의 경우에도 대충이라도 선거인 명부를 만들고 후보를 결정하고 행정적으로 선거를 관리하면 되었으며, 그 과정에서 발생하는 부정 의혹은 '내전 이후의 국가에서 선거를 진행하면 흔히 발생하는 상황'이라고 치부할 수 있었다. 문제는 그 이후에 국가 기구를 건설하는 일이었으며, 이것이 국가 건설에서 가장 어려운 부분이다.

2001~2002년 당시 아프가니스탄의 상황은 처참했다. 탈레반 정권

은 아프가니스탄 국경 내부에서 '무력 수단을 합법적으로 독점'하지도 못했으며 정권을 유지하는 데 필수인 자원을 동원할 능력도 없었다. 탈레반 정권은 파키스탄의 지원으로 군사적으로는 겨우 연명했지만, 아프가니스탄 주민들이 요구하는 보건 의료 및 교육 등의 기초적인 공공 서비스를 전혀 제공하지 못했다. 아프가니스탄은 근대식 정치체제를 가졌던 국가가 아니었으며, 역사적으로도 중앙집권적 국가가 아닌 지방 세력들이 할거하는 정치적 전통을 가졌던 국가였다. 1978년 4월 공산당 쿠데타 이전이나 1979년 12월 소련 침공 직전까지도, 지방에 대한 중앙정부의 통제권은 매우 미약했다. 아프가니스탄 정부가 재정적으로 자립하지 못하면서 소련과 미국의 경제원조로 국가 재정을 운영했다는 점은 아프가니스탄의 고질적인 문제였다. 소련은 1980년 이후 10년 동안 매년 50억 달러의 원조를 제공하면서 아프가니스탄 중앙정부를 유지하려고 했으나 실패했다.[19] 1991년 12월 소련 자체가 소멸하면서 아프가니스탄 정부는 정상적인 국가 경제의 운영을 포기하고 내전 상황에서 살아남기 위해 무자비하게 자원을 동원하는 일에 집중했지만 끝내 생존하지 못했다.

2001년 미국이 무너뜨린 탈레반 정권의 아프가니스탄은 전형적인 실패국가였으며, 이러한 이유에서 알카에다는 쉽게 아프가니스탄을 장악하고 국가 전체를 테러 기지로 사용할 수 있었다. 아프가니스탄에서는 중앙정부의 사법 및 질서 유지 기능이 정상적으로 작동하지 않았다. 법률 체계는 사실상 작동하지 않았으며, 이슬람 종교에 기초한 형법(刑法) 체계만이 집행되고 있었고, 경제관계를 규율하는 민법(民法)체계는 실질적으로 존재하지 않았다.[20] 또한 국가가 독자적으로 통제하는 군 및 경찰 병력이 없었기 때문에 개별 지역의 민병대가 산재되어 있었다. 하지만 개별 병력은 대부분 문맹자들이었고 체계적인 훈련을 받지 못했다. 이러한 상황에서 미국의 지원으로, 2004년 1월 헌법 초안 승인과 10월 대통령 선거, 2005년 9월 국회의원 선거를 통해, 아프가니스탄에 대표성을 가진 정부가 출범했다. 이제 이와 같이 새롭게 만들어진 아프가니스탄 국가가 스스로를 지탱할 수 있는 능력을 보유해야 할 단계였으며, 아프가니스탄 국가가 '무력 수단을 합법적으로 독점'할 수 있는 공권력을 구축하고 '징세에 기반한 재정적 자립 능력'을 확립해서 '아프가니스탄 주민들에게 기본적 공공 서비스를 제공할 행정 능력'을 갖추어야 했다. 하지만 이것은 너무나도 어려웠다.

미국은 이 어려운 임무를 크게 5개로 나누어 동맹국들과 분담했다. 첫째, 미국이 아프가니스탄 군사력 건설을 담당했고, 선거를 통해 만들어진 정부에 충성하고 선출된 정치 지도자가 통제하는 아프가니스탄 국가 군사력을 구축하기 시작했다. ISAF는 5만 명 규모의 아프가니스탄 보안군을 구상했지만 아프가니스탄 국방부는 20만 명 규모의 군사력이 필요하다고 주장했다. 미국은 아프가니스탄 정부의 전문성 부족 및 관료주의 문제를 지적하면서 20만 명이라는 병력은 유지할 수 없다고 평가했다. 2002년 2월 훈련을 담당할 조직(Office of Military Cooperation — Afghanistan)이 창설되고 카불 인근의 훈련장 시설을 복구하고 5월 미군 병력이 교관으로 투입되면서, 아프가니스탄 병력에 대한 군사훈련이 본격적으로 시작되었다. 문제는 훈련소 1기에 예정되었던 600명 가운데 입소 당일 나타난 인원은 400명에 지나지 않았고, 그 때문에 훈련병을 추가 모집했다. 더 큰 문제는 훈련을 마치고 부대에 배치된 인원 600명 가운데 200명가량이 배치 2개월 이내에 '사라졌다'는 사실이었다.[21] 이에 미국은 군사훈련에 더욱 많은 예산을 배정했고 미군 병력 최대 2만 명을 훈련 업무에 투입했지만 그 성과는 미미했다. 미국은 5억 5천만 달러를 투입하여 2004년 말까지 7만 명에 대한 훈련을 완료한다는 계획을 세웠으나, 훈련을 마친 병력은 1만 6000명에 지나지 않았다.[22] 군벌과 지방 민병대 병력이 50만 명에 가까운 아프가니스탄에서 1만 6000명의 병력을 통제하는 중앙정부는 생존할 수 없는 상황이었다.

둘째, 경찰 조직은 독일이 담당했다. 2002년 3월 경찰 훈련을 담당할 독일 병력이 카불에 도착하여 임무를 시작했다. 독일은 훈련 기간 5년의 장기 플랜을 제시했지만, 아프가니스탄은 당장 2004년 대통령 선거 등을 경비할 5만 명 이상의 경찰 병력이 필요했다. 특히 초기 단계에서 독일은 경찰 훈련을 위한 교관을 단 17명만 파견했는데 부시 행정부는 이를 못마땅하게 여겼다.[23] 결국 미국이 추가로 1억 6000만 달러를 투입하면서 경찰 병력에 대한 기본 훈련이 시작되었고, 독일과 미국이 주도하여 2004년 말까지 5만 명의 경찰 병력이 훈련 후 배치되는 것을 목표로 했다.[24] 하지만 여기에는 두 가지 문제가 있었다. 우선 목표했던 5만 명의 훈련된 경찰 병력은 배출되지 못했으며 3만 3000명의 경찰관이 훈련을 마칠 수 있었다. 더 큰 문제는 실제 배출된 3만 3000명이든 계획했던 5만 명이든, 아프가니스탄의 치안을 유지하기에는 너무나도 적은 숫자였다는 사실이었다. 경찰 병력 5만 명은 인구 10만 명당 175명의 경찰관이 필요하다고 상정하고 산출된 규모였으나, 이것은 매우 낮은 숫자였다. 당시 인구 10만 명당 경찰관 숫자는 미국의 경우 244명, 독일은 292명, 키르기스스탄 340명, 카자흐스탄 464명, 요르단 600명, 러시아는 1222명이었다.[25] 내전이 막 끝나고 탈레반 잔존 세력이 존재하는 상황에서 인구 10만 명에 175명으로 산출한 경찰 병력 5만 명은 국가 치안을 유지하기에는 턱없이 부족했다.

셋째, 영국은 아프가니스탄 마약 문제를 담당했다. 군벌과 탈레반 세력이 아편 재배 및 마약 거래를 통해 엄청난 돈을 벌어들이고 있었기 때문에, 이를 근절하는 것은 아프가니스탄 안정화와 국가 건설의 핵심이었다. 그리고 미국은 이에 1억 2300만 달러를 배정하여 영국의 마약 단속(counternarcotic)을 지원했으며, 2004년 말 8억 달러를 추가로 투입하면서 아프가니스탄 마약 재배를 근절하겠다고 선언했다. 넷째, 이탈리아는 사법제도 전반을 구축하는 임무를 맡아서 법원 및 교정 시설 그리고 법률가 교육기관의 구축 등에 예산을 투입했고, 미국 또한 추가로 1000만 달러를 제공했다. 동시에 미국은 근대식 법률 체계를 도입하여 민법과 형법 법전을 편찬하고 이를 적용할 수 있는 사법제도의 인프라를 구축하려고 시도했다.

다섯째, 일본은 기존 탈레반 및 알카에다 병력 그리고 아프가니스탄 군벌 병력 및 민병대의 무장해제와 사회 통합(DDR: Disarmament, Demobilization, and Reintegration)을 담당했다. 2003년 초 아프가니스탄에는 6만 명에서 20만 명의 무장 세력이 존재하는 것으로 추정되었기 때문에 이러한 군사력을 무장해제하고 사회에 통합시켜야만 아프가니스탄 국가 건설이 완료될 수 있었다.[26] 이에 미국은 4500만 달러를 투입했으며 일본도 추가 예산을 제공했다. 2004년 무장해제 및 사회 통합 프로그램의 목표는 10만 명이었으나, 실제로 집행된 것은 3만 명에 지나지 않았다.[27] 문제는 크게 세 가지였다. 첫째, 군벌 세력은 카불 정부의 무장해제 및 사회 통합 프로그램이 자신들의 군사력을 약화시킨다고 보고 저항했으며, 동시에 카불 정부의 국방 장관이었던 파힘은 자신에게 적대적인 군벌 병력을 우선 무장해제시키려고 했다. 따라서 갈등은 불가피했다. 둘째, 무기를 내려놓고 사회에 재통합되기 위해서는 기존 무장 병력이 적절하게 고용되어 생계를 유지할 수 있어야 했다. 하지만 현실적으로 군벌 및 민병대 활동을 대신할 정도의 일자리가 없었기 때문에 결국 많은 병력이 생계 문제로 무장 세력에게 '고용'되어 있었으며 군벌은 자신의 병력을 유지하기 위해 마약 거래에 개입했다. 셋째, 무장해제 과정에서 무장 세력은 당연히 더욱 많은 보상금 및 정착 지원금을 받기 위해서 자신들의 병력 규모를 부풀렸으며, 이미 제출한 무기를 빼돌리기 시작했다. 그 때문에 무장해제 및 사회 통합은 쉽지 않았고, 오히려 암시장의 무기 거래가 증가하는 부작용이 발생했다.

이러한 국가 건설 노력에도 불구하고 아프가니스탄 현장에서 실질적인 성과는 거의 없었다. 아프가니스탄 보안군의 훈련은 지지부진했고, 사법제도의 확립은 진척이 쉽지 않았다. 여기에 미국 및 NATO는 국가 건설에서 핵심적인 사안 하나를 빠트렸다. 모든 근대국가는 징세를 통해 자신의 재정적 기반을 확립하지만, 카불의 아프가니스탄 정부는 이러한 관점에서 조세 수입을 확보하지 못했다. 지방의 조세 수입이 자동적으로 수도 카불에 집중되는 것이 아니라, 재무 장관이 직접 해당 지방을 방문하여 지역의 무장 세력 및 지사들과의 협상을 거쳐야만 '수금'이 가능했다. 하지만 상당 수준의 금액을 개별 지방에서 통제했기에 횡령이 비일비재했을 뿐만 아니라 지방정부에서 횡령한 금액은 지방 군벌 및 무장 세력의 재정 기반으로 작동했다. 파키스탄과의 무역에서 발생하는 관세 또한 해당 지역을 장악한 무장 세력이 횡령했으며, 이를 둘러싸고 탈레반 세력과 군벌 세력의 무력 충돌이 빈번했다.

2005년 가을 이후, 탈레반 세력은 점차 아프가니스탄에 복귀했다. 그들은 주민들을 겁박하고 카불 정부가 임명한 지방 공무원들을 살해했다. 탈레반은 2005년 12월~2006년 2월까지 아프가니스탄 남부 헬만드(Helmand) 지방의 13개의 하부 행정구역 가운데 6개를 사실상 장악했다. 이 과정에서 이에 저항한 행정구역 담당자 4명을 살해하기도 했다. 하지만 해당 지역에 배치된 보안군 및 경찰 병력은 50명에 불과했다.[28] 2006년 봄 탈레반이 본격적으로 반격을 시작함으로써 미국의 적극적인 군사 개입이 필요했다. 하지만 2005년 이후 이라크 사정이 계속 악화되었고 마침내 2006년 2월 종파 내전으로 폭발하면서, 미국은 아프가니스탄 문제에 더

그림 8-2 **파괴된 이라크의 알아스카리 사원(2006년 2월 22일)**

자료: Wikipedia. https://en.wikipedia.org/wiki/2006_al-Askari_mosque_bombing#/media/File:Al-Askari_Mosque_2006.jpg (검색일: 2018년 12월 2일).

이상 주목하지 않았다.

2003년 이라크에서 미군 486명이 전사했고, 2004년과 2005년에는 각각 849명과 846명이 전사했다. 하지만 아프가니스탄에서 발생한 미군 전사자는 2003년 48명, 2004년 52명, 2005년 99명이었다.[29] 즉 미국 입장에서는 이라크에서의 전사자가 압도적으로 많은 상황에서 아프가니스탄에 대한 정치적 관심은 줄어드는 것이 당연했으며, 이라크 안정화에 자원을 집중했다. 미국의 노력에도 불구하고 2006년 2월 22일 시아파의 성지(聖地)인 알아스카리 사원(Al-Askari Mosque)이 폭파되면서, 이라크 내부의 다수 시아파와 소수 수니파의 갈등은 종파 내전으로 폭발했다. 2월 22일에서 26일까지의 '4일 동안 바그다드에서 1300명 이상이 살해'되면서 이라크는 통제할 수 없는 유혈 사태로 빨려 들어갔다.[30] 그리고 아프가니스탄 전쟁은 미국 정책 결정자들에게 점차 잊힌 전쟁이 되고 말았다.

제9장

부시의 아프가니스탄 전쟁

2002년 7월 아프가니스탄 과도정부가 출범하고 그 수반으로 카르자이가 대통령으로 선출되면서, 아프가니스탄에서는 기존 탈레반 정권을 대신한 새로운 국가 체계가 수립되었다. 하지만 이것은 전쟁의 시작이었으며, 부시 행정부의 아프가니스탄 전쟁은 2002년 여름부터 본격적으로 진행되었다. 9·11 테러를 감행했던 알카에다 세력이 아프가니스탄의 불안정 및 역량 부족을 틈타 세력을 구축했기 때문에, 탈레반 정권을 무너뜨린 미국은 아프가니스탄을 '안정적이고 대내외 통치 역량을 가진 민주주의 국가'로 재건해야 했다. 문제는 미국 군사조직은 이러한 목표를 달성할 능력이 없었을 뿐더러 전쟁의 목표를 달성하기 위해서는 군사적인 수단이 아니라 정치적·경제적 수단이 더욱 필요했다는 점이었다. 아프가니스탄 전쟁은 미국 군사조직이 선호하지 않는 형태의 전쟁이었으며, 따라서 거의 모든 것이 미국이 예상했던 바와는 달리 전개되었다.

우선 군사적 측면에서, 미국은 탈레반 저항 세력을 격멸하는 데 집중했다. 적(敵)을 말살하기 위해서 무력을 사용하는 것이 군사조직의 핵심 기능이라는 측면에서, 이러한 미국 군사조직의 대응 자체는 매우 자연스러웠다. 하지만 아프가니스탄 전쟁은 적인 탈레반 저항 세력을 파괴하는 데 그치지 않고, 아프가니스탄에 적절한 국가를 건설해야 하는 전쟁이었고, 그 때문에 군사력 사용은 그 자체로는 큰 의미가 없었다. 미군은 새로운 상황에 비교적 빨리 적응했지만 그 성과는 미미했다. 미군은 저항 세력을 분쇄하지 못했으며, 아프가니스탄 주민들에게 충분한 치안·안전을 보장하지 못했으므로 중앙정부를 지지하도록 그들을 설득하지도 못했다.

정치적 차원에서 문제가 존재했다. 부시 대통령 자신은 카르자이 대통령을 인간적으로 존중했고, 아프가니스탄 부정부패를 척결하라고 강력하게 압박하지 않았다. 그 결과 아프가니스탄 지도부 및 국가조직은 미국의 원조 자금을 엄청난 규모로 횡령했다. 미국은 탈레반·알카에다 세력이 근거지를 구축한 파키스탄에 대해서도 별다른 조치를 취하지 않았다. 결국 미군은 아프가니스탄 국경 내부에서만 저항 세력과 전투를 수행했지만, 이것으로는 파키스탄에서 계속 충원되는 저항 세력을 격퇴할 수 없었다.

아프가니스탄 국가 역량이 축적되지 않았다. 중앙정부가 통제하는 군 및 경찰 병력인 아프가니스탄 보안군 병력은 증강되지 않았으며, 아프가니스탄 경제는 발전하지 않았다. 미국의 원조 때문에 아프가니스탄 자체가 겨우 유지되었지만, 부시 행정부 말기인 2008년까지도 상황 자체는 나아지지 않았다. 이라크 상황은 급박했고, 부시 행정부는 아프가니스탄 전쟁에 집중할 수 없었다. 부시 행정부의 아프가니스탄 전쟁은 2009년 1월 종식되었다. 하지만 아프가니스탄 전쟁 자체는 종식되지 않고 오바마의 아프가니스탄 전쟁으로 이어졌다.

1. 아프가니스탄 전쟁 목표 설정 및 군사작전의 전개

2002년 4월 부시 대통령이 미국은 아프가니스탄의 경제적 재건을 완수하겠다고 다짐했고, 2003년 5월 럼즈펠드 국방 장관은 아프가니스탄에서 주요 군사작전은 종결되었고 아프가니스탄의 상당 부분은 향후 발전이 가능하고 안전하다고 선언했다. 아프가니스탄 전쟁에서 미국의 전략목표는 아프가니스탄에 '정상적인 국가를 건설'하는 것이었다. 즉, 아프가니스탄이 (1) 테러와의 전쟁에서 미국이 신뢰할 수 있는 동맹국으로 행동하며, (2) 민간 경제가 활성화되고 근본주의에 치우치지 않는 민주주의 국가로 성장하고, (3) 자신의 영토 및 국경을 적절하게 통치할 역량을 가지고, (4) 국민의 기본 권리를 존중하는 국가로 유지되는 것이었다.[1] 국가 건설은 부시 대통령이 취임 이전에 거부했고 클린턴 행정부를 비난했던 사항이었지만, 미국은 결국 아프가니스탄 국가 건설을 전략목표로 수용했다.

하지만 이와 같은 전략목표는 몇 가지 문제점을 가지고 있었다. 첫째, 9·11 테러로 미국을 공격했던 것은 알카에다인데, 미국은 알카에다를 제거하는 데 그치지 않고 탈레반 정권을 공격하고 아프가니스탄에서 국가 건설을 시작했다. 1990년대 내전 이후 아프가니스탄은 실패국가로 전락했고 이러한 상황을 알카에다가 이용하여 탈레반 정권과 결탁하여 아프가니스탄을 이용한 것은 분명하지만, 문제의 근원은 통치 능력이 없는 탈레반이 아니라 테러 조직인 알카에다였다. 그러므로 미국이 아프가니스탄 국가 건설에 성공하면 알카에다는 다른 실패국가를 찾아서 그곳에 기지를 건설할 가능성이 있었다.[2] 즉 미국이 알카에다 조직을 뿌리 뽑지 않으면 알카에다는 다른 실패국가에 근거지를 건설할 것이고 이것이 반복되면 미국은 세계의 모든 실패국가를 재건해야 하는 것이다. 이러한 이유에서 아프가니스탄 국가 건설은 잘못된 목표였다.

둘째, 국가 건설 자체를 원칙적 차원에서 거부했기 때문인지, 부시 행정부는 국가 건설 문제에서 모순적인 태도를 견지했다. 강대국 경쟁이 더욱 중요하다고 강조했던 부시 행정부의 네오콘 세력은 국가 건설은 상대적으로 매우 쉽다고 평가했고, 반면 강대국 경쟁은 상대적으로 어렵다고 보았다. 따라서 아프가니스탄 국가 건설에 군사력을 거의 투입하지 않았다. 2002년 여름 이후 럼즈펠드는 아프가니스탄에 병력을 증강하는 것을 반대했으며, 병력 부족 문제가 거론되면 해당 사안을 항상 무시했다. 국방 장관이 '내 판단은 다르다'는 입장을 견지하는 한, 아프가니스탄 전쟁에 추가 병력을 배치하는 것은 불가능했다.[3] 반면, 부시 행정부는 엄청난 예산을 투입하여 아프가니스탄 국가 건설을 시도하면서, 관련 권한을 군에 위임했다. 즉 병력을 투입하여 고통스러운 전쟁을 수행하기보다는 재정을 투입하고 아프가니스탄 전쟁을 담당하는 군에 예산 사용과 관련된 권한만 위임하면 국가 건설 문제를 쉽게 해결할 수 있다고 보았다. 하지만 이러한 예산은 아프가니스탄 국가 건설에 직접 투입되지 못하고 대부분 낭비되었으므로 실질적인 변화를 가져오지는 못했다. 오히려 아프가니스탄의 고질적인 부패 문제를 더욱 악화시켰을 뿐이다.

셋째, 국가 건설을 직접 담당했던 미국 군사조직의 문제점이 노출되었다. 모든 근대화된 군사조직과 마찬가지로, 미국 군사조직 또한 자신이 선호하는 형태의 전쟁·전투가 존재했다. 미군을 비롯한 근대화된 거의 모든 군사조직은 대규모 병력을 투입하고 강력한 화력으로 적군을 섬멸하는 전쟁을 선호하며, 이러한 측면에서 미군은 1944년 여름 이후 유럽 대륙에서 진행되었던 전차전 등을 가장 '이상적인 전투'로 인식했다. 냉전의 경험으로 이러한 인식은 더욱 강화되었으며, 동서독 국경선을 돌파하여 서부 유럽을 침공하는 소련군 전차 부대를 재래식 화력을 집중하

여 격파하는 것이 미국 육군과 공군이 가장 중요하게 생각해서 가장 많이 대비했던 전쟁 양상이었다.[4]

그렇기 때문에 아프가니스탄 전쟁에서 미군이 처한 상황은 기묘했다. 미군은 아프가니스탄에서 자신이 선호하지 않는 형태의 전쟁을 수행해야 하지만, 충분한 병력은 주어지지 않았다. 대신 풍족한 예산을 가지고 자신들의 전문성과는 무관하게 '정상적인 국가'를 건설해야 하는 임무를 맡았다. 미국 정치에서 가장 이상적인 민주주의로 여겨지는 '제퍼슨 민주주의(Jeffersonian Democracy)'에 대한 허무맹랑한 이야기가 아프가니스탄 현실과는 무관하게 거론되었으며, 이를 둘러싸고 방향성을 상실한 단순 가능성들만이 검토되었다.[5] 대통령과 국방 장관이 이라크 문제에 집중하면서 권한을 위임받은 미군 사령관들은 아프가니스탄 전쟁 수행에 대한 전체적인 계획(campaign plan)을 가지고 있지 않았다.[6] 결국 개별 지휘관의 성향에 따라, 아프가니스탄 전쟁은 각각 다른 방향으로 전개되었다.

초기 단계에서 미군은 아프가니스탄에 장기간 주둔할 의향이 없었으므로, 임시 사령부(Task Force) 형태로 병력을 운용했다. 2002년 5월 미군은 아프가니스탄에서 전투를 수행하고 있던 10산악사단과 82공수사단 소속 병력을 중심으로 맥닐 장군이 지휘하는 특수 임무 사령부(Combined Joint Task Force)를 창설했다. 특수 임무 사령부는 단 5000명 정도의 병력으로 탈레반 및 알카에다 잔존 세력을 소탕하는 데 집중했다. 특수 임무 사령부는 2002년 8월 파키스탄 국경 지역에서 헬리콥터 강습 등의 공세를 시작했지만, 동원할 수 있는 병력은 2개 대대에 지나지 않았다. 또한 2002년 9월 파키스탄 국경 지대를 봉쇄하기 위해 전진기지(FOB: Forward Operation Bases)를 구축했지만, 아프가니스탄 민간인들을 보호하지도 못했고 탈레반 및 알카에다 병력의 이동을 차단하지도 못했다.[7]

미군은 이렇듯 병력 부족으로 작전에 난항을 거듭했으며, 전혀 대비하지 않았던 방식의 전쟁을 수행하면서 많은 문제점을 노출했다. 냉전 시기의 미국 군사 정보기관은 무선통신 감청 및 항공·위성 사진 분석에 집중했으나, 감청 및 항공·위성을 통해서는 탈레반 및 알카에다에 대한 정보를 입수할 수 없었다. 대신 탈레반 정권이 붕괴하는 과정에서 엄청난 숫자의 포로가 발생했고, 카불 및 칸다하르가 함락되는 과정에서 막대한 양의 문서를 노획했지만, 포로를 심문하고 문서를 번역할 언어 능력을 가진 미군 인력이 없었다. 이는 병력 부족이 가져온 또 다른 문제점이었다.

2003년 5월 배치 병력이 교체되면서 사령부 구성과 아프가니스탄 전쟁 수행 방식이 달라졌다. 맥닐 장군의 후임으로 바르노(David Barno) 중장이 아프가니스탄 전쟁을 지휘하면서, 전투를 통해 탈레반과 알카에다 세력을 제거하는 것에서 경제 재건 및 국가 건설을 강조하는 방향으로 전쟁 수행 방식을 수정했다. 하지만 미군은 재건 및 국가 건설에 필요한 인력을 가지고 있지 못했으며, 중장이 지휘하는 사령부에 배정된 병력 또한 6명에 지나지 않았다.[8] 바르노 장군은 군 사령부와 대사관의 협력을 강조한다는 관점에서 사령부를 카불 주재 미국 대사관 건물로 이전했고 전투 부대에서 병력을 축소함으로써 아프가니스탄 국가 건설 업무를 담당할 인력을 마련했다. 바르노 장군은 이제 비군사적인 측면에서 아프가니스탄 전쟁을 수행한다는 방침을 강조했고, 탈레반과 알카에다를 격멸하는 것이 아니라 아프가니스탄 민간인들을 보호하고 통제하는 것이 더욱 중요하다고 역설했다. 즉 아프가니스탄 주민들이 미군의 군사 작전을 용인하는 것이 중요하다고 지적하면서, 미군은 조심스럽게 행동해야 하며, 주민들의 지지를 확보하고 유지하지 위해 노력해야 한다고 강조했다.[9]

이것은 매우 고전적인 대반란전(COIN: counterinsurgency) 교리이지만, 2003년 당시 미군에는 매우 생소한 개념이었다. 베트남 전쟁 이후 미군은 의도적으로 대반란전을 외면했고, 그 결과 베트남 전쟁의 '교훈'은 빠르게 망각되었다. 하지만 일부 장교들은 '집중된 화력으로 소련 전차 부대를 중부유럽에서 격파하는 전투'에만 집중하지 않고, 대반란전 개념에 관심을 가지고 있었다. 바르노 장군은 이에 기초하여 (1) 탈레반과 알카에다를 공격하지만 동시에 그 경쟁 조직과 타협하고 내부의 분열을 조장하며, (2) 아프가니스탄 육군 및 경찰 병력을 재건하며, (3) 병력이 단순히 전진기지(FOB)에 주둔하는 것을 넘어 인근 지역을 확실하게 장악(own)해야 하며, (4) 아프가니스탄의 국가 재건 및 통치 능력을 강화해야 하며, (5) 파키스탄 등 주변 국가와의 협력이 중요하다는 5가지 지침을 하달했다.

미군은 재건 사업을 가속화하는 방식으로 지역 재건 사업단(PRT: Provincial Reconstruction Team)을 적극 활용했다. 2002년 초 영국군은 아프가니스탄 재건 사업을 담당할 PRT를 아프가니스탄에 도입했고, 미군은 이를 확대해 군 병력이 제한적으로 그 활동을 관할하고 인원을 보호했다. 2002년 말 총 4개에 지나지 않았던 아프가니스탄 PRT는 상대적으로 안전한 북부와 중부 지역에 배치되었지만, 바르노 장군이 PRT 활동을 강화하면서 8개의 PRT가 탈레반 및 알카에다 세력이 여전히 존재하는 동부와 남부 지역에 추가되었다. PRT 예산 또한 확대되어, 2002년 말 발주된 재건 사업의 총액수는 1400만 달러 규모였으나 2003년 중반 2000만 달러 이상의 공사를 발주했고 2004년에 들어서 그 예산은 18억 달러로 확대되었다. 특히 1억 달러의 예산을 긴급 편성하여 주요 도시를 연결하는 도로 건설을 시작했고, 이를 통해 탈레반 정권이 이룩하지 못했던 아프가니스탄 인프라 건설을 추진했다. 동시에 바르노 장군은 지휘관 전결

그림 9-1 **2004년 배치된 PRT**

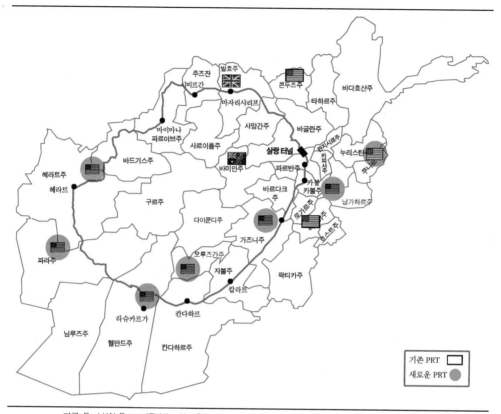

기존 PRT ☐
새로운 PRT ●

자료: David W. Barno, "Fighting 'the Other War': Counterinsurgency Strategy in Afghanistan, 2003-2005," *Military Review*, Vol.87, No.5(September/October 2007), p.41.

로 일단 2만 5000달러까지 사용할 수 있는 신속대응 프로그램(CERP: Commander's Emergency Response Program)을 확대했다. 2003년 여름까지 미군 지휘관들은 CERP 사용에 소극적이었지만 바르노는 CERP 사용을 독려했으며, 해당 예산도 4000만 달러로 확대되었다. 이에 미군은 아프가니스탄 민간인들을 기지에서 치료하고, 지역 농민들에게 비료와 종자를 제공하고, 학교 시설을 복구했다.[10]

2005년 5월 바르노 장군의 후임으로 아이켄베리(Karl W. Eikenberry)

중장이 사령관으로 부임했다.[11] 아이켄베리 중장은 2002년 9월부터 1년 동안 아프가니스탄 보안군 병력의 훈련을 담당했으며, 2007년 2월까지 아프가니스탄 주둔 연합군 사령관(Combined Forces Command, Afghanistan) 직책을 유지하면서 NATO 국가 중심의 ISAF 사령부와의 협력 관계를 상대적으로 잘 유지했다. 2007년 여름 ISAF가 아프가니스탄 작전의 대부분을 관할하게 되면서, 탈레반 세력이 뿌리 깊은 아프가니스탄 남부와 동부 지역의 작전은 미군과 영국군이 담당하게 되었다. 과거 아프가니스탄 보안군 훈련 업무를 담당했던 아이켄베리 장군은 국가 건설을 통한 대반란전 승리 전략 가운데 보안군 훈련을 강조했고, 미군 및 보안군 병력을 동원하여 탈레반 세력을 제거하는 군사행동에 집중했다.[12]

이 과정에서 2003년에서 2005년까지 적극적으로 추진되었던 재건 업무의 비중은 상대적으로 감소했다. 아이켄베리는 바르노 장군이 추진했던 5가지 지침과 이에 기초한 아프가니스탄 재건 및 대반란전을 '매우 우아한 소련식 5개년 계획'이라고 평가했다.[13] 아이켄베리는 파키스탄에서 유입되는 탈레반 병력 및 무기를 차단하기 위해 국경 지대에 전진기지를 배치했지만, 병력이 부족한 상황에서 모든 지역을 장악하는 것은 불가능했다. 특히 아프가니스탄 남부 지역에서는 미군 병력이 영국군으로 교체되는 과정에서, 주민들은 탈레반이 공격할까봐 공포에 질려 있었으며 지역 경찰은 도주했다. 칸다하르 북부의 우루즈간(Uruzgan) 지방의 전체 경찰 병력은 347명인 데 반해 탈레반 병력은 300명에서 1000명 수준으로 추정되었기 때문에 아프가니스탄 정부는 보안군 병력 500명을 긴급 배치했다.[14] 상황을 타개하기 위해서는 아프가니스탄 중앙정부인 카르자이 행정부의 역량이 빠른 속도로 향상되었어야 하지만 이는 끝내 이루어지지 않았다.

2. 진척되지 않는 아프가니스탄 보안군 증강

아이켄베리 장군의 접근 자체는 적절했다. 단 그 접근은 아프가니스탄 정부의 역량이, 특히 아프가니스탄 국가의 군사적 역량이 신속하게 강화된다는 것을 가정으로 하고 있었다. 즉 미군과 영국군이 아프가니스탄 동부와 남부에서 탈레반 무장 세력을 소탕하면, 훈련을 마친 아프가니스탄 보안군이 해당 지역을 인계하여 중앙정부의 행정력을 유지하는 것이다. 이를 위해서는 미국의 군사력에 의한 소탕(Clear) 이후 해당 지역의 유지(Hold)에 필요한 아프가니스탄 정부의 군사력이 적절하게 생산되어야 했다. 하지만 여기에서 문제가 발생했다.

일단 미국은 〈표 9-1〉과 같이 각 회계연도에 아프가니스탄 보안군 증강에 – 아프가니스탄 육군과 경찰 병력의 증강에 – 많은 자원을 투입했다. 미국의 침공 직후인 2002년 아프가니스탄 GDP는 40억 달러였으며, 2008년 GDP는 100억 달러 수준에 도달했다. 하지만 미국이 아프가니스탄 보안군 비용으로 지출한 금액은 2002년에 1억 8654만 달러였고, 2008년에는 34억 달러에 가까웠다.[15] 아프가니스탄 정부가 순수한 재정 지출로는 군 및 경찰 병력의 급여조차 충당하지 못하는 상황에서, 미국은 2004년 이후 아프가니스탄 정부의 재정 지출 금액의 몇 배가 되는 물량을 군사원조로 제공했다. 덕분에 아프가니스탄 정부는 탈레반 무장 세력과의 전쟁을 수행하는 데 필요한 군 및 경찰 병력을 유지할 수 있었다.

하지만 아프가니스탄 보안군의 역량은 나아지지 않았다. 기본적인 병력을 확보하는 문제가 해결되지 않았지만, 육군 병력 7만 명과 경찰 병력 6만 2000명의 목표를 2008년까지 달성하기는 했다. 탈레반 저항 세력이 2006년부터 공세를 시작하면서, 아프가니스탄 보안군은 2007년 5월 경찰 병력이 8만 2000명으로, 2008년 2월 육군 병력이 8만 명으로 각각

표 9-1 **아프가니스탄 경제 및 정부 지출 규모와 미국의 군사원조**

(단위: 백만 달러)

프로그램	2002년	2003년	2004년	2005년	2006년	2007년	2008년	합계
국가 경찰	24	0	160	624	1,218	2,523	1,017	5,567
마약 단속반	40	3	126	775	419	737	619	2,720
육군	86	361	720	1,633	736	4,872	1,725	10,132
군사원조 합계	187	391	1,075	3,083	2,409	81,168	3,383	91,694
아프가니스탄 정부 지출	350	450	560	660	810	1,080	1,070	
아프가니스탄 GDP	4,055	4,516	5,227	6,209	6,971	9,748	10,109	

자료: 1) 아프가니스탄 정부 지출, GDP: https://data.worldbank.org/country/afghanistan?view=chart; https://https://www.theglobaleconomy.com/Afghanistan/ (검색일: 2021년 1월 14일).
2) 국가 경찰, 마약 단속반, 육군, 군사원조 합계: Special Inspector General for Afghanistan Reconstruction (SIGAR), *Quarterly Report to the United States Congress*(October 2008), p.21.

증강되었다.[16] 하지만 병력 증강과는 별도로 증강의 실질적인 내용에서는 많은 문제가 존재했다. 첫째, 훈련 교관이 너무나 부족했다. 2008년 3월 현재 아프가니스탄 육군 훈련을 위한 교관은 2391명이 필요했지만, 미국 및 NATO 국가에서 파견된 훈련 교관은 1062명으로 필요 인력의 44%에 지나지 않았다. 또한 경찰 훈련을 맡은 독일은 경찰의 수사 능력 교육에 집중했기 때문에 정작 치안 유지에 필요한 경찰이 부족했다. 경찰 훈련 교관은 2358명이 필요했지만, 39% 수준인 921명만이 배치되었다.[17]

병력 충원 문제도 심각했다. 아프가니스탄은 징집을 하지 않고 지원병 제도를 채택했으며, 따라서 군 및 경찰에 지원하는 인력은 충분할 것이라고 예상했다. 하지만 그것은 잘못된 예측이었다. 〈표 9-2〉에서 나타나듯이, 군 및 경찰에 지원하는 인력은 심각한 수준으로 부족했다. 2004년 3월까지 9671명이 육군에 지원했으며, 이후 증가하여 2007년 4월에서 2008년 3월까지 3만 2135명이 육군에 지원했다. 2003년 이후 아프가

표 9-2 **아프가니스탄 육군 지원자 숫자**

(단위: 명)

시점	지원자 수
2004년 3월	9,671
2005년 3월	15,790
2006년 3월	11,845
2007년 3월	21,287
2008년 3월	32,135
총합	90,728

자료: Department of Defense, *Report on Progress toward Security and Stability in Afghanistan* (June 2008), p.18.

니스탄 육군에 지원한 인원 전체는 9만 728명으로 해당 인원 모두가 군에서 복무하고, 90% 이상이 자발적으로 복무를 연장하고, 전투 및 임무 수행 중 손실이 거의 없어야만 목표했던 8만 명 규모를 달성할 수 있었다. 하지만 이것은 실현될 수 없었다. 경찰의 경우, 2003년에서 2008년까지 총 14만 9000명 이상이 지원했고 훈련을 마쳤다는 측면에서 아프가니스탄 육군에 비해서는 병력 충원에서 유리했다. 하지만 지원자는 지속적으로 감소했고, 2007년 4월에서 2008년 3월의 기간에 아프가니스탄 경찰에 지원한 인원은 1만 7474명에 지나지 않았다.[18]

　더욱 심각한 문제는 훈련이었다. 오랜 내전으로 인해, 아프가니스탄 성인 남성들 대부분은 총을 다룰 수 있었다. 문제는 아프가니스탄 남성들이 총을 쏠 수 있다는, 즉 방아쇠를 당길 줄 안다는 것과 체계적인 군사훈련을 통해 부대 단위로 작전을 한다는 것은 다르다는 사실이다. 아프가니스탄 성인 남성은 체계적인 군사훈련을 받은 적이 없었기 때문에 군사훈련의 기본인 분열·행진부터 시작해야 했다.[19] 2004년 아프가니스탄 보안군 훈련 상황을 점검했던 퍼트레이어스 장군은 훈련 프로그램이 분열·행진에 집중되어 있고, 사격 훈련이 없다는 사실을 발견했다. 이에 대한 답변은 "분열·행진 훈련만으로도 시간이 없다"라는 것이었고, 퍼트레이어스는 아프가니스탄 보안군 훈련이 '어린이 데이케어'에 가까우며 "실질적인 군사훈련이 아니다"라고 평가했다.[20]

훈련 자체가 엄격하지 않았음에도 훈련 과정에서 많은 병력이 탈락했다. 특히 병력에 대한 훈련을 시작했던 초기 단계인 2003년, 아프가니스탄 육군 지원자들은 훈련 과정에서 심각한 수준으로 이탈했다. 처음으로 훈련을 시작했던 대대들은 정원의 36~37%만이 훈련을 마치기도 했다. 그 이후 훈련 과정이 '개선'되면서, 훈련을 이수하는 비율은 60% 정도로 증가했다. 하지만 이 과정에서 훈련의 질(quality)은 낮아질 수밖에 없었다.[21]

훈련이 부족했기 때문에 작전 능력은 매우 제한되었다. 아프가니스탄 육군의 경우 2008년 3월 시점에서 8만 명 병력을 85개 대대, 14개 전투 여단으로 편성했다. 하지만 전체 가운데 1개 대대만이 독자적인 작전 능력을 보유하고 있었으며, 26개 대대는 미군의 지원이 있는 경우에 대대 작전을 수립할 능력이 있었고, 26개 대대는 미군 지원이 있는 경우에 중대 작전을 수행할 수 있었다. 10개 대대는 편성은 되었지만 작전 능력은 없었으며, 22개 대대는 서류상으로만 편성된 상황이었다. 현실적으로 존재하는 병력과 부대는 8만 명에 85개 대대가 아니라, 4만 9000명 정도의 병력이 63개 대대에 단순히 편성된 것에 지나지 않았다.[22] 경찰의 상황은 더욱 좋지 않았으며, 특히 치안을 유지하는 경찰 훈련을 미국과 ISAF 모두가 간과하면서 훈련에 대한 문제점조차 파악하지 못하고 있었다.

아프가니스탄 군 및 경찰은 고질적인 탈영 및 근무지 무단이탈(AWOL: absence without official leave) 문제에 직면했다. 육군의 경우, 평균적으로 10%의 병력이 편성 인원에서 부족했으며, 전투가 없었던 겨울인 2008년 2월의 경우 8.4%가 이탈한 상황이었고 농사철과 전투가 격화되는 여름에는 12~15% 정도가 무단이탈했다.[23] 아프가니스탄에는 은행 및 금융 기관이 많지 않았고 금융 시스템이 발달되지 않았기 때문에 병사들은 주기적으로 근무지를 이탈하여 자신의 봉급을 가족들에게 직접 가져다주었다. 교통편도 좋지 않아 가족들을 만나 봉급을 전달하는 데 어떤 경우에는 몇 주일이나 몇 개월이 소요되기도 했다. 병력 대부분은 부대로 복귀했지만 이 기간 동안 훈련은 중단되었고 그로 인해 부대 응집력은 심각한 수준으로 약화되었다.[24]

또 다른 문제는 탈레반 세력이 강화되고 있다는 사실이었다. 2007년 가을, 미국 국방부는 아프가니스탄의 탈레반 저항 세력의 병력은 1만 명 수준이며, 이 가운데 잘 훈련된 병력은 2000명에서 3000명 정도이고 그 10% 정도인 200~300명 정도가 외국에서 유입된 알카에다 조직원이라고 보았다. 문제는 이슬람 근본주의 세력이 외부에서 계속 유입되고 있었으므로 그 때문에 아프가니스탄이 안정화되지 않는다고 보았다.[25] 교전이 간헐적으로 발생했지만 결정적인 전투는 없었고, 저항 세력이 장악한 지역이 점차 증가하면서 아프가니스탄 정부의 통제력이 점차 약화되었다. 특히 동부 지역에서는 공격 횟수가 50% 증가했고, 파키스탄에서 유입된 병력에 기초하여 탈레반 세력이 재건되었다. 이에 따라 공격 빈도 또한 증가했다. 폭탄 공격은 2006년 1931회에서 2007년 2615회로 증가했고, 월 평균 공격 또한 2005년 400회 수준에서 2006년 800회 수준으로 두 배 증가했으며, 2007년 1000회 이상으로 더욱 상승했다.[26] 2008년 6월 탈레반은 칸다하르 감옥(Sarposa Prison)을 습격하여 경비 병력을 사살하고 350명의 탈레반 포로를 포함하여 1200명의 죄수를 석방했다.[27]

보안군 증강의 어려움과 탈레반 세력의 강화 등은 문제의 일부에 지나지 않다. 근본적인 문제는 아프가니스탄 국가 역량 자체가 제자리걸음이라는 점이었다. 아프가니스탄 육군 및 경찰 병력은 쉽게 증강되지 않았고, 아프가니스탄 경제도 쉽게 발전하지 않았다. 미국의 원조 덕분에 GDP 자체는 증가했고, 경제가 겨우 유지되고 있었지만 부시 행정부의 임기 마지막인 2008년까지도 상황은 개선되지 않았다. 이라크 전쟁은 2006년 2월 이후 시아파와 수니파의 종파 내전으로 확대되어 더욱 급박하게 진행되었기 때문에 부시 행정부는 아프가니스탄 전쟁에 집중하지 않았고 집중할 수도 없었다. 이렇게 부시의 아프가니스탄 전쟁은 큰 성과 없이 종결되었다. 아프가니스탄 전쟁 자체는 종식되지 않고 오바마의 아프가니스탄 전쟁으로 이어졌다.

3. 아프가니스탄의 심각한 부정부패

이와 함께 정치적 차원에서도 두 가지 문제가 있었다. 첫째, 부시 행정부는 카르자이 행정부 자체를 상당 부분 존중했고, 아프가니스탄에 존재하는 엄청난 수준의 부정부패를 해결할 것을 '적절하게 요구'하지 않았다. 미국이 엄청난 금액의 원조를 제공하는 상황에서, 아프가니스탄 지도부 및 국가조직은 천문학적 규모의 횡령을 자행했지만 미국은 이를 묵인했다. 또한 탈레반·알카에다 세력이 근거지를 구축한 파키스탄에 대해서도 별다른 조치를 취하지 않았다. 미군은 아프가니스탄 국경 내부에서 저항 세력과 전투를 수행했지만, 이것으로는 아프가니스탄 부정부패 문제를 해결하고 효율적인 국가를 건설할 수 없었다. 아프가니스탄의 국가 건설을 위해서는 아프가니스탄 정부의 강력한 변화 의지가 있어야 했다. 그리고 아프가니스탄 정부가 스스로 변화할 수 없다면, 아프가니스탄 정부가 변화하도록 압력을 행사하겠다는 미국의 의지가 필요했다. 하지만 이에 필요한 정치적 의지는 부족했다.

침공 직후 부시 행정부는 새로운 아프가니스탄 정부를 승인하고, 대사급 외교 관계를 수립했다. 1979년 2월 아프가니스탄 주재 미국 대사(Adolph Dubs)가 납치·살해되기 이전까지 미국은 아프가니스탄에 대사를 파견했으나, 이후 대리대사만을 파견했다. 아프가니스탄 공산 정권이 붕괴하던 1989년 2월, 미국은 아프가니스탄 주재 공관을 폐쇄하고 모든 외교관들을 파키스탄으로 철수시켰다. 침공 후 미국은 아프가니스탄 주재 대사관을 다시 개설하기로 결정했고, 2002년 1월 크로커(Ryan Crocker)가 대사대리 자격으로 '히틀러가 자살하고 치열한 시가전 끝에 독일이 소련에 항복했던 1945년 5월 베를린을 방불케 하는' 카불에 도착했다. 카불은 완전 초토화되었고, 공항도 파괴되어서 크로커는 미군이 장악한 바그람 공군기지로 입국했고 이 과정에서 아프가니스탄 공무원은 전혀 관여하지 않았다.[28]

2002년 3월 핀(Robert Finn)이 아프가니스탄 주재 대사로 임명되어 2004년 여름까지 2년간 활동했다. 아프가니스탄 출신으로 미국에 이민한 할릴자드(Zalmay Khalilzad)가 2004년 9월 아프가니스탄 대사로 임명되었다. 하지만 중요한 사안들은 정규 외교 관계 또는 아프가니스탄 주둔 미군 지휘관들을 통해 결정되지 않고, 정상 수준에서 처리되었다. 2004년 10월 대통령 선거에서 카르자이가 승리하고 12월 정식으로 아프가니스탄 대통령에 취임하자, 부시는 카르자이와 격주로 화상회의를 진행했다. 문제는 카르자이 대통령이 화상회의를 악용하여 부시 행정부가 요구하는 아프가니스탄 부정부패 및 정부 개혁 압력을 회피했다는 사실이다. 카르자이는 화상회의에서 아프가니스탄 주재 미국 대사 및 미군 사령관의 '무례한 요구'에 대해 부시에게 직접 항의했고, 이에 부시가 사과하면서 부패 청산 및 정부 개혁에 대한 미국의 요구는 매번 무시되었다. 2007년 이후 카르자이는 화상회의에 1월에 갓 태어난 자신의 아들을 데리고

표 9-3 아프가니스탄 민주주의 및 역량에 대한 미국의 재정 지원

(단위: 백만 달러)

프로그램	2002년	2003년	2004년	2005년	2006년	2007년	2008년	합계
정부 역량	83.95	63.64	113.57	137.49	10.55	107.25	245.08	761.53
선거	12.30	12.50	24.41	15.75	1.35	29.90	90.00	186.21
법치·인권	6.60	8.40	29.40	20.98	29.95	65.50	125.28	285.66
합계	109.55	96.94	262.18	243.72	109.81	148.00	366.00	1,336.20

자료: SIGAR, *Quarterly Report to the United States Congress*(October 2008), p.21.

들어와서, 곤란한 사항이 거론되는 경우에는 아이가 운다는 핑계로 서둘러 회의를 끝내기도 했다.[29] 2009년 이후 오바마 행정부는 화상회의를 폐지했고, 카르자이와 오바마의 대화 채널 자체를 봉쇄했다.

아프가니스탄은 오랜 전쟁으로 산업이 발달하지 못했고, 고용의 70%와 GDP의 45%가 농업 부문에서 만들어지고 있었다. 수도 카불에는 정부 업무에 필요한 가장 기본적인 하드웨어조차 존재하지 않았다. 사무기기와 종이가 없어서, 초기 내각 회의는 탈레반 문장이 찍힌 탈레반 정부의 공식 용지에 기록되었다.[30] 빈곤율은 50%가 넘었고 그 가운데 20%는 빈곤선 바로 위에 위치했다. 여성 인권은 끔찍한 수준이었으며, 마약은 아프가니스탄의 모든 것을 파멸로 끌고 가는 중이었다. 그리고 이 모든 것의 핵심에는 '규모를 파악하기도 어려운 정부의 부정부패'가 자리 잡고 있었다. 부정부패가 아프가니스탄 정부 및 국가의 정당성을 위협하는 수준이었지만[31] 부시 행정부는 부정부패 문제에 대해 별다른 조치를 취하지 않았다.

〈표 9-3〉에서 나타나는 바와 같이, 미국은 아프가니스탄 민주주의 및 정부 역량의 강화를 위해 많은 예산을 투입했다. 하지만 낮은 교육수준 때문에 정부 역량 강화에 필수적인 인력을 찾을 수 없었으며, 공산주의 정권 시기인 1980년대 고등교육을 받았던 인력들은 이슬람 근본주의

성향이 강력한 아프가니스탄에서는 배교자(背敎者)로 취급되면서 대부분의 경우 경원시되었다. 미국의 재정 지원으로 재원은 부족하지 않았지만 이를 사용할 인력이 부족했기 때문에, 풍부한 재원은 독(毒)으로 작용했다. 아프가니스탄 정치에는 너무나도 많은 자금이 유통되었으며 이는 결국 엄청난 비효율과 낭비를 초래함으로써 부정부패를 악화시켰다.

아프가니스탄 주민들은 국가를, 특히 국가 공권력을 불신했으며, 미군과 ISAF 군사작전이 너무나도 파괴적이라고 보았다. 즉 아프가니스탄 주민들은 국가 공권력과 미군이 자신들을 보호해 주지 않는다고 평가했다. 하지만 그들은 탈레반을 지지하지도 않았다. 병력이 부족한 미군은 교전이 발생하면 많은 경우에 항공 지원을 요청했고, 이 과정에서 민간인 피해가 불가피하게 발생했다. 이와 같은 민간인 피해는 탈레반이 민간인들을 인간 방패로 사용했기 때문이기도 했지만, 오폭으로 발생한 경우도 많았다. 이 때문에 미군과 ISAF에 대한 인식이 악화되었으며, "정부는 우리를 약탈(rob)하고, 탈레반은 우리를 억압(beat)하고, ISAF는 우리를 폭격(bomb)한다"라는 것이 아프가니스탄 주민들의 일반적인 태도였다.[32]

둘째, 부시 행정부는 파키스탄 문제를 방치했다. 파키스탄에 근거지를 마련한 탈레반 세력은 아프가니스탄 국경을 넘어 남부와 동부 지역에 자신들의 영향력을 강화했고, 미군 및 영국군 병력을 공격하면서 아프가니스탄 주민들을 통제하고 있었다. 어떠한 방식으로든 부시 행정부는 '파키스탄 문제'를 해결해야만 했다. 특히 파키스탄 정부가 아프가니스탄 인근 지역에 대한 통제권을 탈레반에 동조하는 파슈툰 세력에게 '이양'했고, 그 이양의 조건이었던 '알카에다와 탈레반 세력화 금지'가 전혀 지켜지지 않았기 때문에 그 위험성은 더욱 심각했다. 부시 행정부는 해당 사안을 파키스탄 정부에 거론했지만 파키스탄 정부를 압박하지는 않았다.[33]

대신 미국은 파키스탄이 '테러리스트 제거에 적극적'이라는 주장에 동조하면서, 그 이상의 조치를 취하지는 않았다. 오히려 부시 행정부는 파키스탄의 핵무기 문제에 더욱 많은 주의를 기울였으며, 파키스탄 정부를 지나치게 압박하면, 현재 파키스탄을 장악하고 있는 친 서방 정권이 붕괴하고 이슬람 근본주의 세력이 권력을 잡고 파키스탄의 핵무기를 탈레반과 알카에다 세력에게 제공할 가능성을 더욱 두려워했다.[34] 하지만 파키스탄 군사정권은 부시 행정부의 조심스러운 태도를 거꾸로 이용했고, 이를 통해 미국의 압력을 회피하고 미국으로부터 더욱 많은 원조를 확보했다. 결국 파키스탄과 관련해서도 상황은 나아지지 않았다.

그림 9-2 **부시 미국 대통령과 무샤라프 파키스탄 대통령**

주: 2006년 3월 4일 파키스탄을 방문한 부시 대통령이 무샤라프 대통령과 함께 공동 기자회견장으로 가는 장면이다.
자료: The White House, "President Bush and President Musharraf of Pakistan Discuss Strengthened Relationship," March 4, 2006. https://georgewbush-whitehouse.archives.gov/news/releases/2006/03/images/20060304-2_p030406sc-0591-515h.html (검색일: 2021년 1월 26일).

2007년 5월 부시 대통령은 이라크와 아프가니스탄 전쟁 전체를 총괄하는 직위(war czar)를 NSC에 신설하고, 루트(Douglas Lute) 중장을 임명했다. 후일 루트 장군은 부시 행정부는 "전체 에너지의 85~90% 정도를 이라크 전쟁에 집중했고, 아프가니스탄 전쟁에 대해서는 10~15% 수준만 투자했다"라고 회고했다.[35] 당시 루트 장군의 업무는 빠른 속도로 안정되고 있던 이라크 전쟁에 집중되었고, 아프가니스탄 전쟁은 사실상 방치되었다. 하지만 2008년 이후 아프가니스탄 전쟁 상황을 추적하며 깜짝 놀란 루트 장군은 국무 장관 특별보좌관으로 2007년 여름부터 아프가니스탄 전쟁에 주목했던 코헨(Eliot A. Cohen)과 함께 문제점을 집중 분석했다. 2008년 11월 루트 장군은 부시 대통령에게 탈레반의 공세와 카르자이 정권의 부정부패와 무능, 아프가니스탄 보안군의 취약성, ISAF의 내부 혼란 등을 보고했다. 이에 대한 부시 대통령의 답변은 간단했다. "그것은 우리의 전쟁이 아니다. 오바마의 전쟁이다."[36] 이렇게 부시의 전쟁이 종결되고, 오바마의 아프가니스탄 전쟁이 시작되었다.

제3부

오바마의 증파와 국가 건설의 지속적 실패
(2009~2016년)

세계 금융 위기의 와중에 진행된 2008년 11월 미국 대통령 선거에서, 오바마 (Barack Hussein Obama II)가 승리했다. 미국 민주당은 다시 백악관을 차지했고, 공화당 부시 행정부와는 다른 방식으로 아프가니스탄 전쟁을 수행하겠다고 다짐했다. 오바마 행정부는 부시 행정부가 정작 중요한 전쟁이었던 아프가니스탄 전쟁은 방관하고 불필요한 이라크 전쟁을 시작했으며 이후 이라크 전쟁에만 집중했다고 봤다. 미국을 공격했던 것은 아프가니스탄에서 출발한 알카에다 테러 조직이었지, 사담 후세인의 이라크가 아니었다. 부시 행정부는 사담 후세인 정권이 핵무장을 통해 중동을 제패하려 한다고 잘못 판단하여 이라크를 침공했고, 이라크 전쟁은 미국을 한때 수렁에 빠뜨렸으나 다행히 이라크는 2007년 여름 이후 안정을 되찾았다. 이러한 상황에서 오바마 행정부는 이라크가 아니라 아프가니스탄에 집중해야 한다고 보았다.

하지만 오바마 행정부는 아프가니스탄 전쟁에 무한정 집중하지는 않으려고 했다. 2008년 세계 금융 위기는 미국의 재정 상황을 극도로 악화시켰고, 중국이 점차 부상하면서 동아시아에서의 세력 균형 변화는 지금까지 유지되었던 미국의 지역 우위를 위협하고 있었다. 따라서 아프가니스탄 국가 건설을 통해 전쟁에서 승리한다는 오바마 행정부의 구상은 매우 제한된 자원으로만 수행될 수 있었다. 끝없이 ― 또는 매우 오랜 시간 동안 ― 미국의 자원을 투입하면서 아프가니스탄 국가 건설에 집중하는 것은 불가능했고, 매우 제한된 시간에 제한된 자원을 집중 투입하여 탈레반 세력을 궤멸시키고 아프가니스탄 국가 건설을 완성해야 했다.

국가 건설을 통해 아프가니스탄 전쟁을 수행하는 데는 많은 장애물이 존재했다. 침공 과정에서 미국은 북부동맹과 같은 기존 무장 세력과 연계했으며, 탈레반이 기반으로 하고 있는 남부 파슈툰 지역에서도 상당한 무장 세력을 육성했다. 이러한 무장 세력은 군벌로 발전하면서 아프가니스탄 중앙정부에 반항하고 동시에 아프가니스탄 국가를 탈취하여 자신들의 이익을 극대화하려고 했다. 또한 아프가니스탄에서 생산되는 마약은 아프가니스탄 국가 건설을 방해하는 심각한 문제점으로 마약 생산과 관련된 부정부패는 아프가니스탄 국가 건설에 치명적인 변수로 작용했다. 인도와의 경쟁에서 아프가니스탄을 이용하려고 했던 파키스탄은 내부의 이슬람 근본주의 세력을 통제하는 데 실패하면서 아프가니스탄 국가 건설 속도를 저해하고 동시에 자기 스스로가 실패국가로 전락하게 되었다.

그 결과 아프가니스탄 국가 건설은 적절하게 진행되지 않았다. 아프가니스탄 국가 건설에 기초한 오바마 행정부의 아프가니스탄 전쟁도 제대로 수행될 수 없었다. 아프가니스탄 정부는 너무나 비효율적이었으며, 아프가니스탄 보안군은 너무나 무기력했다. 미국의 원조에도 불구하고 아프가니스탄 사회와 경제의 발전은 이루어지지 않았으며, 이라크에서 마법과 같이 작동했던 대반란전 비결은 아프가니스탄에서는 기대했던 효과를 가져오지 못했다. 2014년 IS가 이라크를 침공하여 영토의 상당 부분을 점령하자, 미국은 또 다시 이라크 전쟁에 집중하게 되었다. 아프가니스탄 전쟁에 무관심했던 부시 행정부를 비난했던 오바마 행정부 또한 아프가니스탄에 무심해졌다. 이에 미국의 아프가니스탄 침공 직후에 와해되었던 탈레반 무장 세력은 파키스탄에서 정비해 전열을 가다듬고 미국이 지원하는 아프가니스탄 중앙정부와 대결하기 시작했다.

제10장

아프가니스탄 증파와 시한 설정

2008년 11월 미국 대통령 선거에서 민주당의 오바마 후보가 승리함으로써 미국 민주당은 8년 만에 백악관을 탈환했다. 오바마는 미국의 이라크 침공을 맹렬히 비난했고, 부시 행정부가 전쟁을 선택(war by choice)했다고 지적하면서 이라크 전쟁 자체의 필요성을 부정했다. 반면 오바마는 아프가니스탄 전쟁은 필요한 전쟁(war by necessity)이라고 지칭하면서, 이제 미국이 아프가니스탄 전쟁에 집중하겠다고 선언했다. 아프가니스탄에 기반을 둔 알카에다가 9·11 테러를 감행했다는 사실을 고려한다면, 아프가니스탄 전쟁에 집중해야 한다는 오바마 대통령의 지적은 매우 적절했다.

하지만 오바마 대통령은 아프가니스탄 전쟁에 무조건적 병력을 투입하지는 않았으며, 일단 병력을 증강함으로써 상황을 통제할 수 있도록 행동했다. 2009년 1월 취임 직후, 오바마는 미군 전투 및 교관 병력 2만 1000명을 아프가니스탄에 증강했고, 이후 상황을 본격적으로 점검했다.

취임 첫 10개월 동안, 오바마 대통령은 미국의 아프가니스탄 전략을 검토하면서 다양한 선택을 논의했다. 주요 정책 결정자들은 다양한 가능성을 토의했으며, 미국이 아프가니스탄 전쟁에서 추구하는 목표를 명확하게 규정하고, 그에 기초하여 사용할 수 있는 수단을 명시적으로 논의했다. 이것은 매우 연역적이었으며, 아프가니스탄 전쟁과 관련된 핵심 인사들의 견해 및 이익을 충분히 고려하는 방식이었다. 하지만 이 과정에서 주요 정책 결정자들이 자신들에게 유리한 방향으로 미국의 아프가니스탄 전략을 '유도'하려고 하면서, 오바마 대통령을 중심으로 하는 백악관과 전쟁을 수행하는 국방부·중부군사령부가 대립했다.

그렇기 때문에 오바마 대통령은 아프가니스탄 전쟁에 무제한으로 집중하겠다고 다짐하지 않았고 다짐할 수 없었다. 아프가니스탄 전쟁을 둘러싼 미국 정책 결정자들 사이의 내부 갈등이 점차 고조되면서, 오바마 대통령 및 백악관은 군이 아프가니스탄 전쟁에 필요한 자원을 과다하게 요구한다고 의심했으며 민주당 행정부를 아프가니스탄이라는 끝없는 전장으로 유도한다고 보았다. 취임 초기이므로 아직 상황을 파악하지 못한 오바마 행정부는 취임 직후에서 나오는 막강한 권한으로 오랜 경험과 전문성이 있고 풍부한 현장 정보까지 사용할 수 있는 국방부 및 군을 통제하고자 했다. 이를 위해 오바마 대통령은 아프가니스탄 전쟁에 집중하는 시간을 명시적으로 규정했고, 그 시한 이후에는 증파 병력을 철수하겠다고 다짐했다. 2001년 10월 침공 이후 처음으로 미국은 아프가니스탄 전쟁에 집중하기로 결정했고, 이에 필요한 자원을 집중 투입하기 시작했다. 문제는 전쟁이 시작된 지 거의 10년이 지났고, 그 10년 동안 굳어진 아프가니스탄 상황을 변화시키는 일은 절대로 쉽지 않았다는 사실이었다.

1. 오바마 행정부의 아프가니스탄 전쟁 평가

2004년 11월 연방 상원 의원에 당선된 오바마는 이라크 침공 문제에서 상대적으로 자유로웠다. 미국이 이라크를 침공했을 당시, 미국 정치권에서 뚜렷한 발언권을 가지지 못했던 오바마는 일리노이주 상원 의원 자격으로 이라크 침공에 반대하는 시위를 주도했다. 2002년 10월 시카고에서 열린 침공 반대 시위에서, 오바마는 "이라크와의 전쟁이 아니라 우선 알카에다 및 빈라덴과의 전쟁을 먼저 끝내야 한다"라고 주장하면서 "나는 모든 전쟁을 반대하는 것이 아니라 멍청한(dumb) 전쟁을 반대하며, 현재 시점에서 이라크를 침공하는 것이 바로 멍청한 전쟁을 시작하는 것이다"라고 비난했다.[1] 반면 2008년 민주당 대통령 경선에서 오바마와 대결했던 클린턴(Hillary Clinton) 뉴욕주 연방 상원 의원은 2001년 10월 미국의 아프가니스탄 침공을 강력하게 지지했으며, 이라크 침공에 필요한 군사력 사용을 승인했던 2002년 10월 이라크 침공 결의안(Iraq War Resolution) 또한 찬성했다.[2] 따라서 2008년 대통령 선거운동 당시 오바마는 이라크 침공을 비난하고 아프가니스탄 전쟁에 집중해야 한다고 주장하는 데 큰 어려움이 없었다.

2008년 대통령 선거에서 오바마의 상대방으로 출마한 공화당 후보는 매케인(John McCain)으로, 그는 미국 정치의 핵심 인물이었으나, 아프가니스탄과 이라크 전쟁에 염증을 느끼고 세계 금융 위기에 직면한 미국 유권자들을 설득할 수 없었다.[3] 11월 대통령 선거에서 오바마가 전체 유권자의 52.9%를 그리고 총 538명의 대통령 선거인단에서는 365표를 얻으면서 승리했다. 이로써 미국 민주당은 8년 만에 백악관을 탈환했고, 오바마는 미국 최초의 흑인 대통령이 되면서 미국 역사에 한 획을 그었다. 이어, 오바마 대통령은 아프가니스탄 전쟁에 대해서도 이전과는 다른 방식으로 접근했다.

기본적으로 오바마 대통령은 부시 행정부의 아프가니스탄 전쟁 수행에 비판적이었다. 2002년 10월 연설에서도 나타나듯이, 오바마는 부시 행정부가 아프가니스탄 전쟁에 집중해야 했지만 이라크를 침공함으로써 전선이 불필요하게 확대되었다고 보았다. 또한 9·11 테러를 감행했던 것은 사담 후세인의 이라크가 아니라 무자헤딘 정권이 붕괴한 이후 전 세계가 방관했던 아프가니스탄에 기지를 둔 알카에다였다고 지적했다. 오바마 대통령은 이라크를 침공하지 않고 대신 아프가니스탄 전쟁에 집중하는 것이 더 현명한 전략이라고 판단하면서, 이라크 전쟁은 선택에 의한 전쟁이지만 아프가니스탄 전쟁은 필요한 전쟁이라고 규정했다. 이러한 논리에 기초하여, 오바마 대통령은 이제 미국은 필요한 전쟁인 아프가니스탄 전쟁에 집중해야 하며, 9·11 테러의 원흉이며 장차 유사한 테러를 감행할 수 있는 테러 조직을 아프가니스탄에서 완전히 제거하는 것이 중요하다고 보았다. 하지만 부시 행정부는 아프가니스탄 전쟁에 집중하지 않았고, 그 때문에 알카에다 조직은 2001~2002년의 미국 침공의 충격에서 회복하여 이전 동맹이었던 탈레반 무장 세력과 다시 연계해서 아프가니스탄에 테러 기지를 재건하고 있다고 보았다.

이러한 오바마 행정부의 인식은 정확했다. 〈표 10-1〉에서 나타나듯이 미국의 부시 행정부는 2003년 이후 이라크 전쟁에 집중하면서 아프가니스탄 전쟁에는 자원을 거의 투입하지 않았다. 2001년 10월 미국이 아프가니스탄을 침공했지만, 당시 동원했던 병력은 극소수였다. 카불과 칸다하르가 함락되었던 2001년 11~12월 시점에서 아프가니스탄에 배치된 미군 병력은 2500명에 지나지 않았으며, 침공 6개월이 지난 2002년 5월에도 7600명 수준이었다. 미군 병력은 2002년 12월 9700명을 기록하면서 1만 명 규모에 근접했지만, 부시 행정부가 아프가니스탄에 1만 명 이

표 10-1 **아프가니스탄과 이라크 배치 미군 병력**

	아프가니스탄 배치 병력(명)	이라크 배치 병력(명)	아프가니스탄·이라크 배치 병력 비율(%)
2001년 12월	2,500	침공 이전	
2002년 6월	7,875	침공 이전	
2002년 12월	9,700	침공 이전	
2003년 6월	9,900	150,000	6.6
2003년 12월	13,100	122,000	10.7
2004년 6월	17,800	138,000	12.9
2004년 12월	16,700	148,000	11.2
2005년 6월	18,200	135,000	13.5
2005년 12월	17,800	160,000	11.1
2006년 6월	22,000	126,900	17.3
2006년 12월	22,100	140,000	15.8
2007년 6월	23,700	157,000	15.1
2007년 12월	24,700	160,000	15.4
2008년 6월	30,700	148,000	20.7
2008년 12월	31,800	145,000	21.9
2009년 6월	57,600	130,000	44.3

자료: Hannah Fairfield, Kevin Quealy and Archie Tse, "Troop Levels in Afghanistan Since 2001," *The New York Times*, October 1, 2009; Michael E. O'Hanlon and Ian Livingston, *Iraq Index: Tracking Variables of Reconstruction & Security in Post-Saddam Iraq*(Washington, DC: Brookings Institution, January 26, 2010), p.22.

상의 병력을 실제로 배치했던 것은 2003년 8월이었다. 그 이후 병력은 차츰 증가하여 2004년 3월과 4월 1만 5000명 규모로 증강되었지만, 그 수준에서 멈춰서 2006년 1월까지 2만 명 미만으로 유지되었다. 2006년 2월 2만 명 규모를 돌파했던 미군 병력은 2008년 3월 3만 명 규모로 증강되기까지 2만 5000명 내외로 유지되었으며, 2008년 3월 이후에도 3만 5000명 이상 배치되지 않았다. 오바마가 취임했던 2009년 1월 아프가니스탄에 배치된 미군 병력은 3만 4400명이었다.[4]

반면 부시 행정부는 이라크에 병력을 집중 배치했다. 〈표 10-1〉에서 나타나듯이, 2003년 3월 이라크를 침공하면서 미국은 25만 명 이상의 병력을 동원했으며, 전투가 종결된 이후 철수가 이루어졌지만 최소한 12만 명 규모의 병력을 이라크에 유지했다.[5] 2004년 2월 미군 병력이 11만 5000명으로 잠시 감소했지만, 병력 규모는 바로 복귀되었다. 2006년 2월 이후 이라크에서 종파 내전이 폭발했지만, 미군 병력은 13만 명 수준에서 큰 변화가 없었다. 2007년 1월 증파(Surge)가 선언되면서 추가 병력이 배치되었지만, 증파 전략의 핵심은 절대적인 병력 규모가 아니라 병력 운용에 있었다. 동시에 2007년 7월 이후 증파 병력이 이라크에 배치되면서 미군 병력이 16만 명에서 17만 명 수준으로 잠시 증강되었지만, 2008년 들어서면서 다시 15만 명 이하로 감축되었다.[6] 상대적 비율 측면에서, 아프가니스탄 배치 병력은 이라크 배치 병력의 15% 수준이었으며 20% 이상의 병력은 2008년에 들어와서야 배치되었다.

배치 병력을 비교해 볼 때, 부시 행정부는 아프가니스탄 전쟁에 집중하지 않았고 동시에 집중할 수 없었다. 오바마 대통령의 지적과 같이, 부시 행정부는 이라크 전쟁을 선택했고 따라서 이라크 전쟁에서 반드시 '승리'해야 했다. 그러므로 상대적으로 큰 문제가 없는 아프가니스탄의 '좋은 전쟁'은 군사자원과 병력 배치의 우선순위에서 밀려났으며, 사용 가능한 모든 병력은 이라크 전쟁에 투입되었다. 부시 행정부는 이와 같이 이라크 전쟁에 집중했지만 상황은 통제되지 않았다. 2007년 여름 이라크 전쟁이 정점을 찍고 기적처럼 상황이 안정되기 전까지 악몽과 같은 혼란이 지속되었다. 그리고 이 악몽 때문에, 부시 행정부는 아프가니스탄 전쟁이 점차 악화되고 문제가 점차 ─ 상대적으로 느리게 그리고 훨씬 덜 주목받으면서 ─ 심각해지는 것을 방치했다.

2. 오바마 행정부의 아프가니스탄 증파 결정

오바마 대통령은 이러한 상황을 타개하고자 했다. 2007년 여름 최악의 순간을 거치면서 이라크 상황이 안정화되자 미국은 아프가니스탄 전쟁에 집중할 수 있는 군사적 여유를 가지게 되었다. '선택한 전쟁'이 안정을 찾으면서 이제 미국은 '필요한 전쟁'에 자신의 병력과 군사자원을 투입하는 것이 가능해졌다. 하지만 아프가니스탄 전쟁을 적절하게 수행하기 위해서는 현황을 정확하게 점검하고 문제를 해결하기 위한 전략이 필요했다. 이를 위해 오바마 대통령은 취임 직후인 2009년 1월 21일, CIA 출신 중동 및 남아시아 전문가인 리델(Bruce Riedel)에게 60일 동안 아프가니스탄 상황을 점검하고 해결책을 제시할 것을 요청했다.[7] 즉 아프가니스탄 전쟁이 적절하게 진행되지 않는 이유가 단순히 미군 병력이 부족하기 때문이 아니라 다른 이유가 있다면, 그 상황을 정확하게 진단하고 증파된 병력을 좀 더 잘 활용할 방법을 찾아내려고 했다. 특히 백악관 정무팀은 지금까지 부시 행정부가 이라크와 아프가니스탄 전쟁에 대해서 군을 너무 신뢰했다고 판단했고, 따라서 이제 백악관이 직접 전략 문제를 결정하고 민간인들이 전쟁 수행에 더욱 많이 관여해야 한다고 보았다.[8]

아프가니스탄 전쟁을 다루는 첫 회의는 1월 22일에 개최되었고, 여기서 오바마는 2008년 당시 미국이 아프가니스탄에서 수행하고 있는 전쟁이 대테러 전쟁이며, 이러한 기존 전략 방향을 포함한 전면적인 재검토가 필요하다고 강조했다. 백악관 정무팀은 '현재 시점에서는 어떠한 사항도 결정되지 않았으며,' 추가 병력 등을 요청하려면 '그 병력을 어떻게 사용할 것인지에 대한 전략을 먼저 제시'하라고 군에 요구했다.[9] 이라크 전쟁을 기적처럼 안정시킨 덕분에 아이젠하워만큼 명성을 가지게 된 퍼트레이어스 중부군 사령관은 일단 2개 여단 1만 3000명 규모의 병력을 증파해야 한다고 주장했지만, 백악관 안보보좌관실은 이를 불신하면서 '정책을 결정하는 데 필요한 전략 개념'을 먼저 요구하고 그 '전략을 수행하는 데 필요한 정확한 병력 규모'를 제시해야 한다고 주장했다. 이에 퍼트레이어스 등은 2009년 여름으로 예정된 아프가니스탄 대통령 선거에 대한 위협을 제거하는 것이 중요하며, 이를 위해서는 2009년 2월까지는 병력 증파를 결정해야만 해당 병력이 이동하여 아프가니스탄에 배치되어 '안전한 선거'를 실시할 수 있다고 지적했다. 그 결과 2009년 2월 17일 오바마는 일단 1만 7000명의 병력을 아프가니스탄에 우선 배치하기로 결정하고, 추후 검토를 통해 병력이 증강될 수 있다는 조건을 명시했다.[10]

이 과정에서 백악관 정무팀은 군의 행동에 격분했다. 우선, 군에서 요청한 증파 병력이 1만 3000명 규모에서 1만 7000명 규모로 별다른 논의 없이 증가한 것이 문제였다. 오바마 대통령은 이러한 상황에 좌절감을 드러냈지만, 상황 변화 및 병력 배치의 현실적 어려움으로 치부하고 4000명의 병력 증강이 이루어지는 과정을 수용했다.[11] 하지만 아프가니스탄 선거를 위해 뚜렷한 검토 없이 우선적으로 배치된 병력이 대통령 선거 과정에서 치안 유지를 위해 투입된 것이 아니라 아프가니스탄 유권자의 1%만이 거주하고 있지만 탈레반 저항 세력이 장악하고 있는 지역에 집중 배치되었다는 사실이었다. 정무팀은 군이 자신들이 원하는 병력을 얻어내기 위해서 대통령을 기망했다고 판단했고, 특히 알카에다 테러 조직의 격멸이라는 관점에서 아프가니스탄 전쟁을 지휘하는 매키어넌(David D. McKiernan) 장군을 강력하게 비판했다.[12]

3월 11일 리델은 아프가니스탄 전쟁에 대한 검토 보고서를 제출했는데 이 보고서에서 리델은 아프가니스탄의 문제는 아프가니스탄에 국한되지 않으며 알카에다 및 탈레반 근본주의 세력을 보호하고 있는 파키스탄에도 있다고 지적했다. 즉 아프가니스탄에서 승리하기 위해서는 '파키스탄 문제를 해결'해야 하며, 아프가니스탄 전쟁은 아프가니스탄의 문제가 아니라 '아프가니스탄-파키스탄 문제'라는 주장이었다. 이와 같은 관점에서, 아프가니스탄 전쟁에서 사용할 수 있는 전략은 크게 세 가지라고 지적했다. 첫째, 아프가니스탄 전쟁을 단순한 대테러 전쟁으로 수행하는 것이며, 이를 위해서는 현재의 특수전 부대만으로도 충분하다고 보았다. 둘째, 아프가니스탄 전쟁을 대규모 대반란전으로 규정하고 10만 명 규모의 병력을 증파하여 아프가니스탄 국가를 대규모로 건설하는 전략이다. 셋째, 2월에 배치 결정된 1만 7000명의 전투 병력에 4000명 수준의 교관 병력을 추가하여 아프가니스탄 보안군 병력을 증강하는데 집중할 수 있다.[13] 이에 바이든 부통령은 아프가니스탄 전쟁을 대테러 전쟁으로 수행하는 방안을 적극 주장하면서, 현재 병력으로도 큰 차이가 없다면 증파해도 무의미하다는 입장을 견지했다. 무엇보다 바이든은 통제되지 않는 군이 미국을 "무의미하고 엄청난 비용이 드는 국가 건설 사업에 끌어들이려고 한다"라고 지적했다.[14] 하지만 클린턴 국무 장관과 게이츠 국방 장관은 국가 건설 및 대반란전 접근에 찬성하면서, 어느 정도의 병력을 증파하는 것에 동의했다. 초기 단계에서 미군으로 탈레반·알카에다 세력에게 타격을 주고, 이어서 아프가니스탄 병력을 증강해서 안정을 유지한다는 방안은 매력적이었다. "미군 병력 1명에 대한 비용이 1년에 25만 달러이지만 아프가니스탄 병력 1명의 비용은 1만 2000달러에 지나지 않는다"라는 논거는 세계 금융 위기의 와중에서 사투하고 있던 오바마 대통령에게는 매우 중요한 사항이었다.[15]

이에 오바마 대통령은 3월 27일 연설을 통해 아프가니스탄 병력 증파를 선언했다. 리델 보고서를 검토하기 이전에 이루어졌던 2월 17일의 1만 7000명 증파를 정당화하고 추가 4000명의 교관 병력을 파견하면서,

오바마 대통령은 자신의 아프가니스탄 전략을 체계적으로 제시했다. "아프가니스탄과 파키스탄에 대한 포괄적이고 새로운 전략(comprehensive, new strategy for Afghanistan and Pakistan)"이라는 연설에서, 오바마 대통령은 미국의 전쟁 목적은 "아프가니스탄과 파키스탄에서 알카에다를 저지하고 해체하여 패배(disrupt, dismantle, and defeat)시키는 것"이라고 규정했다.

오바마는 이를 위해 아프가니스탄 보안군 훈련을 가속화하여, 군 병력 13만 4000명과 경찰 병력 8만 2000명을 2011년까지 반드시 달성하고 추가 병력에 대한 훈련도 진행하겠다고 선언했다. 2008년 여름 부시 행정부는 아프가니스탄 육군 병력을 13만 4000명으로 증강하는 데 필요한 비용을 제공했는데, 오바마 행정부는 이것을 다시 두 배로 증강하여 26만 명으로 확대하고 그에 따른 비용을 제공하기로 했다. 동시에 경찰 병력도 14만 명으로 확대해 국내외의 안전을 유지하는 아프가니스탄 보안군(Afghan Security Forces)을 40만 명으로 증강하고 필요한 장비와 비용을 미국이 지원하기로 결정했다.[16]

여기서 오바마 대통령은 알카에다와 탈레반 저항 세력을 구분하여, 알카에다 테러 조직은 패배(defeat)시켜야 하는 대상으로 규정했지만 탈레반 세력은 패배시켜야 하는 대상으로는 보지 않았다. 물론 '일부 타협이 불가능한 탈레반 구성원'은 패배시키고 제거해야 하지만, 그렇지 않고 협상이 가능한 탈레반 세력은 새로운 아프가니스탄 국가 체제에 포용하는 것이 가능하다고 강조했다. 동시에 파키스탄의 역할을 강조하면서, 파키스탄 정부의 역량이 강화되어 국경 지대에서 암약하고 있는 알카에다 테러리스트 세력을 완전히 파괴(destroy)하고 파키스탄 정부가 국토 전체에 대한 통제력을 확립해야 한다고 지적했다.[17]

하지만 이것은 임시방편이었다. 오바마 행정부는 리델이 제출한 검토 보고서를 바탕으로 아프가니스탄 전쟁을 어떻게 수행할 것인지를 둘

그림 10-1 **백악관 집무실에서 매크리스털 장군과 대화하는 오바마 대통령(2009년 5월)**

자료: Wikipedia. https://en.wikipedia.org/wiki/Stanley_A._McChrystal#/media/File:Barack_Obama_meets_with_Stanley_A._McChrystal_in_the_Oval_Office_2009-05-19.jpg (검색일: 2021년 3월 11일).

러싸고 많은 토론을 벌였다. 이 과정에서 백악관 정무팀은 우선적으로 아프가니스탄 전선 지휘관의 교체를 요구했고, 바이든 부통령 말고는 누구도 지지하지 않는 대테러전에 집중했던 매키어넌 장군은 바로 교체되었다. 2009년 4월 말, 멀린 합참의장이 직접 아프가니스탄을 방문하여 매키어넌 장군에게 퇴역을 종용했지만, 장군은 이를 거부했다.

5월 11일 매키어넌 장군은 결국 경질되었다. 1951년 4월 한국전쟁 중에 맥아더 장군이 해임된 이후 처음으로 전쟁 중에 전선 지휘관이 경질되는 사태가 발생한 것이다. 그 후임으로 특수부대 출신의 매크리스털(Stanley A. McChrystal)이 임명되었고, 오바마 행정부는 매크리스털이 자신이 원하는 장교들로 보좌진을 구성할 수 있는 자율권을 주면서 그에게 상당한 신임을 보여주었다.[18]

하지만 매크리스털 장군과 오바마 대통령의 밀월 관계는 얼마 가지 못했다. 6월 10일 미국 상원은 매크리스털 장군의 진급 및 아프가니스탄 사령관 취임 조치를 승인했지만, 인준 청문회에서 매크리스털 장군은 아프가니스탄의 안정화를 위해서는 2만 1000명 정도의 병력이 추가로 필요하다고 발언했다. 이에 해병대 사령관 및 NATO 사령관을 역임하고 오바마 행정부의 백악관 안보보좌관 직위에 있던 존스(James L. Jones)는 격분하면서, 이것은 "대통령의 뒤통수를 치는 행동"이라며 경고했다. "상황을 다시 검토하지 않고 무조건 병력 증강만을 요구하는 것은 용납할 수 없다"라는 것이 백악관의 기본 입장이었다.[19]

이에 매크리스털은 독자적으로 아프가니스탄 상황을 점검했다. 민간 전문가로 팀을 구성하고, 아프가니스탄에서 대반란전이 성공할 수 있는지, 성공하려면 무엇이 필요하며, 특히 어느 정도의 추가 병력이 필요한지를 검토하도록 했다. 「지휘관 초기 평가(Commander's Initial Assessment)」라는 제목의 66페이지짜리 보고서는 8월 30일 국방 장관에게 제출되었는데, 그 전문이 9월 20일 언론에 유출되었다.[20] 여기서 매크리스털은 "향후 12개월 이내에 주도권을 장악하고 저항 세력의 승세를 꺾지 못하면, 전쟁에서 승리하는 것은 어렵다"라고 경고하면서, "상황은 심각하지만 승리할 수 있다"라고 주장했다. 단 승리하기 위해서는 현재보다 더 많은 병력이 필요하며, 특히 '적절한 자원', 즉 최소한 4만 명 정도의 병력이 투입되어야 한다고 강조했다. 하지만 병력이 증강된다고 해도, 승리할 가능성은 50% 미만이라고 평가했다. 매크리스털은 아프가니스탄 보안군 훈련 및 대테러 작전을 담당하는 1만 명 파병, 제한적인 대반란전 및 아프가니스탄 국가 건설을 담당하는 4만 명 파병, 전반적인 대반란전 및 아프가니스탄 대규모 국가 건설을 위한 8만 5000명 파병 등 3가지 선택지를 제시했다.[21] 하지만 이 가운데 현실적으로 선택할 수 있는 것은 4만 명을 파병하는 것이었고, 백악관은 이러한 행동을 대통령을 궁지에 몰아 원하는 병력을 얻어내려고 하는 장군들의 농간이라고 받아들였다. 하지만 일단 매크리스털의 보고서에 기초하여 논의가 진행되었다.

이러한 논의에서 나타난 아프가니스탄 전쟁에 대한 오바마의 기본 입장은 다음과 같이 정리할 수 있다. 첫째, 탈레반과 알카에다를 구분하는 것이 쉽지 않으며, 따라서 파키스탄에 근거지를 둔 알카에다 및 근본주의 세력을 근절하지 못하는 한, 아프가니스탄에서 탈레반 세력을 완벽하게 제거하는 것은 사실상 불가능하다. 둘째, 따라서 미국이 아프가니스탄에서 추구할 수 있고 실현 및 유지 가능한 목표는 탈레반·알카에다 세력을 통제 가능한 수준으로 약화시키는 것이다. 셋째, 아프가니스탄 정부의 부정부패 문제는 반드시 해결되어야 하며, 이를 위해 미국은 지금보다 더 강력하게 아프가니스탄의 카르자이 행정부를 압박해야 한다.

2009년 10월 1일 매크리스털 장군은 테러 조직을 파괴하는 것으로는 아프가니스탄 전쟁에서 승리할 수 없다고 발언했고, 이에 멀린 합참의장은 "검토 중인 사안에 대해서 공개 발언하지 말라"라고 경고했다.[22] 가을에 들어서면서, 미국의 아프가니스탄 전략은 대통령의 의중에 따라서 신속하게 정리되었다. 아프가니스탄 전쟁의 목표는 알카에다를 파괴하는 것이 아니라 탈레반 무장 세력이 카불에 위치한 아프가니스탄 중앙 정부를 전복하지 못하는 수준으로 약화시키는 것으로 수정되었다. 그리고 이를 위해서 제한된 병력을 일정 기간 동안에 한하여 아프가니스탄에 증강 배치하며, 어떠한 경우에서든 아프가니스탄에 무한정 주둔하지 않는 것으로 결론을 내렸다. 2009년 12월 1일 웨스트포인트 육군사관학교에서 이루어진 오바마의 연설은 이와 같은 행정부 주요 정책 결정자들의 토의를 통해 결정되었다.

이른바 '아프가니스탄 증파'로 알려진 12월 발표에서, 오바마 대통령은 미국의 전쟁 목표는 변화하지 않았다고 주장하면서, 2009년 3월에 지시되었던 '저지, 해체, 패배(disrupt, dismantle, and defeat)'를 다시 강조했다.[23] 하지만 아프가니스탄에서의 목표는 알카에다가 근거지(safe haven)를 확보하지 못하도록 거부하며, 탈레반의 승세를 꺾고 중앙정부를 전복할 능력을 약화시키고, 아프가니스탄 보안군 역량을 강화하여 중앙정부가 아프가니스탄의 미래를 주도하도록 한다는 3가지로 정리했다. 이를 위해 3만 명의 병력을 투입하여 탈레반의 승세를 꺾고 향후 18개월 동안 아프가니스탄 보안군의 역량을 군사적으로 강화해야 한다고 주장했다. 군사적 상황 안정화가 달성되면, 비군사 부분에서도 개혁을 감행하여 아프가니스탄 정부의 부정부패를 척결하고 아프가니스탄 중앙정부가 효율적으로 작동하게 함으로써 국민들에게 보건 의료, 교육, 전기, 수도, 치안 등 기본적인 서비스를 제공해야 한다고 보았다. 외교적으로는 파키스탄 또한 미국과 아프가니스탄의 노력에 동참하여 내부의 근본주의 세력을 근절하여 좀 더 효과적인 동반자 관계를 수립해야 한다고 강조했다.

그림 10-2 **아프가니스탄 증파를 발표하는 오바마 대통령(2009년 12월 1일)**

자료: https://obamawhitehouse.arc hives.gov/photos-and-video/photog allery/presidents-speech-afghanista n (검색일: 2012년 11월 2일).

2009년 12월 오바마는 이 연설을 통해 이제 미국이 아프가니스탄 전쟁에 본격적으로 개입하겠다고 전 세계에 공언하면서, 명시적으로 "미국은 아프가니스탄을 점령할 의도가 없다"라고 선언했다. 하지만 이 연설에 대해서 그리고 '아프가니스탄 증파'에 대해서 많은 비판이 있었다. 그 비판의 핵심은 오바마가 증파 병력을 18개월이라는 일정 기간에만 유지하겠다는 것이었는데, 왜냐하면 탈레반과 알카에다는 미국의 증파에 저항하지 않고 18개월을 기다려서 미군이 철군하기만을 기다릴 수도 있기 때문이었다. 이러한 지적은 타당했으며, 결과적으로 2011~2012년 미군 병력이 아프가니스탄에서 철군하면서 탈레반 세력이 다시 주도권을 장악했다. 그럼에도 불구하고 2009년 12월 증파가 이루어지는 과정에서는 다음 세 가지 변수가 집중적으로 고려되었다.

3. 아프가니스탄 증파에 대한 18개월의 시한

오바마 행정부의 기본 원칙은 간단했다. 미국은 아프가니스탄 전쟁에서 승리해야 하지만, 아프가니스탄 전쟁에 무한정으로 자원을 투입하지 않는다는 것이다. 아프가니스탄 전쟁을 '필요한 전쟁'으로 규정했지만, 이 전쟁을 무한정으로 수행하지 않겠다고 다짐했으며 무한정으로 수행할 수 없다고 보았다. 2008년 세계 금융 위기로 미국 경제가 심각한 타격을 입은 상황에서, 오바마 행정부는 국가 재정 상황을 고려하지 않을 수 없었다. 이것이 미국의 힘, 즉 오바마 행정부가 사용할 수 있는 자원을 제한하고, 따라서 아프가니스탄 증파를 근본적으로 제한한 첫 번째 제약 요건이었다. 증파를 결정하는 과정에서 오바마 대통령은 아프가니스탄 전쟁이 지금과 같은 방식으로 진행되는 경우에 향후 10년 동안 거의 1조 달러의 비용이 들어간다는 추정에 매우 놀랐으며, "그 어떠한 상황에서도 이것은 용납될 수 없다"라며 명확하게 선을 그었다.[24] 이러한 재정적 한계는 전쟁에 대한 정치적 지지 약화로도 이어졌다. 세계 금융 위기 때문에 아프가니스탄 전쟁에 대한 미국 내부의 정치적 지지가 매우 약화된 상황에서, 미국은 18개월 이상 아프가니스탄에 집중할 수 없었다. 18개월 동안 제한된 병력을 투입해서 상황을 역전시키는 것이 최선이며, 그렇지 못할 경우 아프가니스탄 전쟁에 대한 접근을 변경한다는 것이 중요한 고려 사항이었다.

18개월이라는 시한이 명시된 두 번째 이유는 미군 지휘부와의 마찰 때문이었다. 민주주의 국가 미국에서 문민 통제(文民統制, civilian control)의 원칙은 명확하게 작동했기 때문에 군부가 쿠데타를 감행하거나 쿠데타로 위협하여 대통령에게 자신들의 요구 사항을 직설적으로 제시하지는 않았다. 하지만 군이 다양한 방식으로 대통령을 압박했고, 대통령에게 실질적으로는 선택의 여지를 주지 않고 자신들의 요구를 실질적으로 강요했다. 바이든 부통령은 대통령을 압박하는 미군 지휘부의 행동에 격분하며 강하게 반발했고, 국방부가 대통령을 농락(bait and switch)한다고 보았다. 오바마 또한 장군들이 언론 및 정치권을 통해 더 많은 병력을 확보하려고 한다고 보고, 군 지휘부에게 직접적으로 경고했다. 오바마 대통령은 백악관 집무실에 게이츠 국방 장관과 멀린 합참의장을 소환하여, 국방부와 군이 "대통령에 대한 기본적인 존중이 없다(basic lack of respect)"라고 질책했다.[25]

즉 대통령이라는 본인(本人, principal)이 군 지휘관을 대리인(代理人, agent)으로 임명했지만, 대리인이 본인의 이익을 대변하지 않고 대리인 자신들의 이익만을 추구했다. 이와 같은 '배임(背任)' 행위를 통해, 대리인인 군은 자신들의 이익을 챙기지만 본인인 대통령은 정작 자신의 이익을 추구하지 못했다.[26] 군 통수권자는 전문성과 시간의 관점에서 대리인을 선임해야 하지만, 동시에 대리인이 배임 행위를 하지 못하도록 잘 감시하고 이미 위임한 대리인의 전문 분야까지 — 군사 및 전략 문제까지 — 제한적으로라도 직접 개입해야 한다. 미국 남북전쟁에서 링컨 대통령이, 제1차 세계대전에서 클레망소 프랑스 수상이, 제2차 세계대전에서 처칠 영국 총리가, 중동 전쟁에서 벤구리온 이스라엘 총리가 개입했듯이, 전쟁을 수행하고 있는 민주주의 국가는 민간 정치 지도자들이 직접 전쟁 수행에 관여해야 하고 필요하다면 군사작전에도 관여해야 한다. 대리인을 — 군사 문제의 경우에는 군을 — 전적으로 믿고 맡기는 경우에는, 배임과 횡령(橫領)의 가능성이 증가한다고 본다. 이러한 관점에서 본인, 즉 전쟁 과정에서는 군 통수권자인 정치 지도자들은 대리인이 맡은 임무를 정확하고 성실하게 잘 이행하는지를 직접 확인해야 한다.[27]

증파를 논의하는 과정에서 오바마 행정부는 — 최소한 백악관 정무팀은 —

그림 10-3 **대화하는 멀린 합참의장과 퍼트레이어스 중부군 사령관(2009년 6월)**

주: 왼쪽이 멀린 제독, 오른쪽이 퍼트레이어스 장군이다.
자료: Department of Defense, https://www.defense.gov/observe/photo-gallery/igphoto/2002027190/ (검색일: 2021년 3월 22일).

이러한 시각에서 병력 증파에 대한 군의 요청을 바라보았다. 이러한 인식에 따르면, 미군 지휘부는 오바마 대통령에게 적절한 조언을 하고 자유롭게 선택할 수 있는 선택지를 제공하지 않았으며, 오히려 자신들이 원하는 병력을 얻어내기 위해서 대통령을 궁지에 몰아넣었다. 특히 해병대 사령관 출신인 존스 백악관 안보보좌관은, 게이츠 국방 장관은 군을 통제하지 않고 군의 입장을 너무 대변하며, 멀린 합참의장과 퍼트레이어스 중부군사령관, 매크리스털 장군 등이 교묘하게 언론 플레이를 시도하면서 오바마 대통령이 곤경에 처했다고 보았다.[28] 2009년 2월 초기 증파에서 퍼트레이어스는 1만 3000명의 배치가 필요하다고 주장했지만 뚜렷한 설명 없이 그 규모를 1만 7000명으로 변경했으며, 6월 의회 증언에서 아프가니스탄 신임 사령관인 매크리스털은 상황을 정확하게 검토하지 않은 채 2만 1000명의 추가 병력이 필요하다고 발언했다. 민주당 행정부를 공격하려는 공화당 의원들에게 매크리스털 장군의 발언은 좋은 빌미였으며, 이에 안보보좌관인 존스 장군은 멀린 합참의장에게 전화로 "한 번 더 그렇게 행동하면 당신이나 퍼트레이어스가 해임될 것이다"라고 경고했다.[29]

이러한 문제는 증파 병력의 규모를 둘러싸고 드러났다. 아프가니스탄 전쟁과 관련해서 군이 제시했던 선택지는 보안군 훈련 및 대테러 작전을 위한 1만 명, 제한적인 대반란전을 위한 4만 명, 대규모 국가 건설을 위한 8만 5000명 등 3가지였다. 이 3가지 중에서 교관 및 특수부대 1만 명 파병은 아프가니스탄 정상화를 포기하는 것이기 때문에 수용될 수 없었고, 대규모 대반란전과 재건을 담당할 8만 5000명 파견 또한 비용 문제로 수용될 수 없었다. 오바마 대통령 자신이 표현했듯이, 군이 대통령에게 제시한 3가지 선택지는 '진정한 의미에서 3개가 아니며, 3개로 가장된 1개'에 지나지 않았다.[30]

이와 같은 군의 '정치적 행동'으로 인해, 오바마 대통령은 군에게 '필요한 모든 자원을 무제한으로 허용'하지 않았다. 필요한 병력 자체는 승인하지만 그 병력을 무한정으로 유지하지 않을 것이라고 다짐했고, 18개월이라는 시간을 주고 그 기간에 주어진 병력을 집중적으로 사용하여 성과를 달성하라고 했다. 오바마 대통령은 시한이 주어지지 않으면, 군이 배치된 병력을 사실상 무기한으로 계속 사용할 것을 우려했다. 실제로 퍼트레이어스 장군 등은 일단 아프가니스탄에 병력이 증파되어 작전을 시작하면 18개월이 지나도 대통령이 철군을 명령하지 못할 것이라고 판단했고, 따라서 18개월이라는 시한에 동의했다.[31] 군이 아프가니스탄에서 증강된 병력을 무기한 사용할 가능성을 방지하기 위해 오바마는 18개월이라는 시한을 강조했고, 대신 아프가니스탄 전쟁에서 미국이 추구하는 목표를 축소했다. 즉 오바마는 알카에다와 탈레반 세력을 파괴하는 것이 아니라 아프가니스탄 정부가 통제할 수 있는 수준으로 저항 세력을 약화시키는 것을 핵심 목표로 규정했다. 요청한 자원을 제한된 시간 동안 사용하도록 하지만, 그 자원으로 달성해야 하는 목표 자체를 축소했던 것이다.[32]

18개월이라는 시한이 명시된 세 번째 이유이자 가장 중요한 이유는 아프가니스탄 정부의 역량 및 부정부패 문제였다. 2001년 10월 아프가니스탄을 침공한 시점에서부터 미국은 아프가니스탄에서 알카에다 테러조직을 제거하기 위해서는 반드시 아프가니스탄을 재건해야 한다고 생각했다. 아프가니스탄 중앙정부가 효율적으로 작동하여 국민들에게 보건 의료, 교육, 전기, 수도, 치안 등 기본적인 서비스를 제공해야 한다고 보았다. 그리고 이를 위해서 미국은 많은 자원을 투입했고, 2002년에서 2009년까지 아프가니스탄 정부에 제공된 공식 원조의 누적 금액은 310억 달러에 육박했다.[33] 하지만 아프가니스탄의 상황은 개선되지 않았고, 문제의 근원 가운데 하나는 아프가니스탄 정부의 극심한 부정부패였다. 국가적 부정부패를 측정하는 국제투명성 지수(Transparency International)의 평가에 따르면 2009년 전체 180개 국가 가운데 아프가니스탄은 179위를 차지했다.[34] 즉 2009년 전 세계의 부정부패 순위에서 아프가니스탄은 전 세계에서 두 번째로 부패한 국가였다.

부시 행정부는 아프가니스탄의 부정부패에 대해 처음부터 인식하고 있었지만, 그에 대한 해결책을 제시하지 않았다. 하지만 오바마 행정부는 부정부패 문제를 해결하여 아프가니스탄 국가 역량을 강화하겠다고 다짐했다. 오바마 대통령은 2009년 12월 연설에서도 "더 이상 아프가니스탄에 백지수표를 주지 않겠다(days of providing a blank check are over)"라고 선언했고, 미국의 지원은 아프가니스탄 정부의 실질적 성과(performance)에 따라 결정될 것이라고 강조했다. 이에 오바마 행정부는 초기 단계에서부터 아프가니스탄 부정부패 및 국가 역량 강화 문제에 집중했으며, 취임 이전인 2009년 1월, 바이든 부통령 당선인과 공화당의 그레이엄(Lindsey Graham) 상원 의원은 아프가니스탄을 방문하여 카르자이 대통령을 면담했다. 미국 특사단이 부정부패의 심각성을 거론하자, 카르자이는 "아프가니스탄 정부는 부패하지 않았다"라고 주장하면서 만약 부패했다면 그것은 모두 '미국의 잘못'이라고 반박했다. 만찬장에서 설전이 오고가면서 양측은 흥분했고, 결국 바이든 당선인은 냅킨을 바닥에 집어던지고 말았다.[35] 이와 같은 바이든의 과격한 행동에 카르자이는 깜짝 놀라

태도를 바꾸어, "오바마 대통령과 우호적인 관계를 바란다"라고 발언했다. 이에 바이든은 "이제 상황은 바뀌었다. 당신은 오바마 대통령과 1년에 한두 번 만나거나 대화할 수 있겠지만, 부시 시절과 같이 매주 대화하지는 못할 것이다"라고 선언했다.[36]

오바마 행정부는 카르자이를 "신뢰할 수 없고 능률적이지도 않다"라고 평가했으며, 부시 행정부는 이러한 인물을 영웅시하면서 카르자이가 원하는 것을 무조건적으로 수용했다고 보았다. 부시와 카르자이가 격주로 원격 회의를 진행하면서 실무진에서의 의견이 모두 차단되었기 때문에, 오바마 행정부는 원격 회의 자체를 중단했다. 바이든은 카르자이에게 "우리는 부시와 다르다"라고 통보하면서, "아프가니스탄 국가 역량이 강화되지 않으면 당신은 아프가니스탄 대통령이 아니라 카불 시장에 그치게 될 것이다"라고 거칠게 경고했다.[37] 이것은 정확한 평가였지만, 현명한 행동은 아니었다. 미국의 태도가 급변하면서, 카르자이 대통령은 오바마 행정부가 자신을 제거하려고 한다고 – 상당 부분은 정확하게 – 판단했다. 이에 카르자이는 자신의 정치적 생존을 위해 기존의 부정부패 구조를 타파하지 않고 더욱 많은 특혜를 배분하면서 정권을 연장하고자 했다. 그 때문에 문제는 더욱 악화되었다.

아프가니스탄 증파가 선언되기 직전인 2009년 11월, 아프가니스탄 주재 미국 대사인 아이켄베리는 아프가니스탄에 대규모 병력을 투입해서 대반란전을 수행하는 것에 대해 매우 부정적인 입장을 취했다.[38] 언론에 유출된 기밀 전문에서, 아이켄베리 대사는 카르자이는 "믿을 만한 전략적 파트너가 아니며, 국가 지도자로의 책임을 끝없이 회피하려고 한다"라고 비난했으며, 대규모 병력을 투입한다면 아프가니스탄의 미국에 대한 의존도만 더욱 높아지며 그 비용은 천문학적으로 증가할 것이며 미국이 아프가니스탄에서 철군할 가능성은 점차 줄어들 것이라고 강조했다.[39] 그 전문은 다음과 같은 경고로 마무리되었다. "미국은 출구를 찾지 못할 것이며 아프가니스탄이 다시 무법 지대와 혼란에 빠지는 것을 방관하지도 못할 것이다."

이와 같은 딜레마에 대한 오바마 대통령의 해결책이 증파 병력에 대한 시한이었다. 오바마 대통령은 만약 시한이 없다면 아프가니스탄 정부의 미국에 대한 의존도는 끝없이 악화될 것이며, 아프가니스탄의 부정부패는 교정되지 않고 그 결과 국가 역량은 전혀 강화되지 않을 것이라고 우려했다. 부시 행정부의 '너그러운 정책'이 아프가니스탄 상황을 악화시켰기 때문에, 오바마 행정부는 의도적으로 아프가니스탄에 대해 '가혹하게 행동'하기로 결정했다. 바이든의 고압적인 행동, 증파 병력에 대한 18개월의 시한 등을 통해, 오바마 행정부는 카르자이 행정부에 방기(abandonment)의 공포를 자아냄으로써 카르자이 행정부가 자발적으로 부정부패 문제를 해결하고 국가 역량을 강화하기를 기대했다. 만약 18개월 후에도 기대했던 결과가 나타나지 않는다면, 더 이상 대규모 미군을 주둔시키면서 아프가니스탄 국가 건설에 투자하지 않는다는 것이 오바마 대통령의 결정이었다. 이 모든 변수를 고려한 결정이 바로 2009년 12월 1일 증파 연설이었다.

제11장

오바마의 아프가니스탄 전쟁 (1)
증파의 군사적 한계

2009년 1년 동안 오바마 행정부는 다양한 선택지를 검토했으며, 이 과정에서 2009년 2월과 3월 일단 1만 7000명과 4000명의 병력을 아프가니스탄 전쟁에 추가로 투입했다. 본격적으로 상황을 점검한 후 2009년 12월 오바마 대통령은 3만 명의 병력을 추가로 아프가니스탄에 증파한다고 선언했다. 미국은 대통령이 '필요한 전쟁'이라고 규정한 아프가니스탄 전쟁에 병력을 투입하여 본격적으로 수행하기 시작했다. 하지만 전쟁 수행이 본격적으로 진행되면서 많은 어려움이 등장했고, 오바마의 아프가니스탄 전쟁은 난관에 봉착했다.

우선 미군 지휘관들에게 문제가 있었다. 2009년 6월 경질된 매키어넌 장군은 적극적으로 화력을 사용함으로써 탈레반을 격멸하려고 시도했다. 따라서 추가 파견된 미군 병력을 탈레반 저항 세력과의 전투에 투입했다. 그 후임인 매크리스털 장군은 화력 사용을 엄격하게 제한하면서 아프가니스탄 주민 통제를 강조했다. 그 방향성 자체는 적절했지만 매크리스털은 대통령의 권위에 도전하는 내용의 언론 기사로 인해 2010년 6월 사임했다. 후임으로는 이라크 전쟁의 영웅인 퍼트레이어스 장군이 선정 되었고, 퍼트레이어스는 더 공격적인 방식으로 화력을 사용하며 아프가 니스탄 전쟁을 지휘했다.

또 다른 문제는 대반란전에 대한 미군 지휘관들의 경직적인 태도에 서 발생했다. 특히 매크리스털은 작전 지침 및 지휘관 지시 사항 등을 통 해, 미군의 화력 사용을 극히 제한했으며 가능한 한 포격 및 폭격을 하지 않으면서 전투를 수행하라고 했다. 이와 같은 접근 자체는 아프가니스탄 민간인 피해를 최소화했지만, 탈레반 세력을 파괴하는 데는 상당한 장애 물로 작동했다. 후임 지휘관인 퍼트레이어스는 화력 사용을 확대했지만, 탈레반 저항 세력은 미군과의 교전을 계속 회피하면서 미군 증파의 시한 까지를 기다렸다.

실제 군사작전은 10만 명의 병력이 투입된 것에 비하면, 대규모 병 력이 집결하여 충돌하는 형태가 아니라 소규모 교전이 점철되는 형태로 진행되었다. 탈레반 저항 세력은 화력 및 병력의 숙련도에서 열세였기 때문에 미군 병력과의 정면 대결을 회피했고, 미군 초소 및 순찰 병력에 대한 산발적 총격과 사제 폭탄(IED: Improvised Explosive Devices) 및 지뢰 공격 등으로 미군을 공격했다. 일부 경우에 소규모 미군 병력이 탈레반 병력의 매복에 걸려 피해를 입기도 했지만, 탈레반은 극히 예외적인 경 우를 제외하고는 병력을 집결하여 미군을 공격하지 않았다. 18개월이라 는 시한이 설정된 상황에서, 미국은 탈레반 저항 세력을 군사적으로 섬 멸하지 못하면서 전략적으로 불리한 환경에 직면하게 되었다.

1. 아프가니스탄 증파와 매크리스털 장군

2009년 12월 오바마 대통령은 아프가니스탄에 18개월 시한으로 3만 명의 병력을 추가 투입한다고 선언했지만, 실제 병력 증파는 취임 직후인 2009년 2월과 3월에 이미 시작되었다. 1만 7000명의 전투 병력과 4000명의 교관 병력, 총 2만 1000명의 병력이 2009년 초에 증강되었으며, 2009년 12월 오바마는 육군사관학교 연설을 통해 전투 병력 3만 명의 추가 파병을 공식 선언함으로써 아프가니스탄 증파를 최종적으로 마무리했다. 이와 함께 오바마 행정부는 증파된 병력을 사용하는 방법에 대해서도 새로운 접근을 요구했다. 즉 기존과 동일한 방식으로 병력을 사용하도록 증강한 것이 아니라, 이전과는 다른 새로운 방식으로 아프가니스탄 전쟁을 수행하도록 더 많은 병력을 증파한 것이었다. 오바마 행정부가 주목했던 방식은 이라크 전쟁에서 '검증된' 대반란전 전략이었으며, 이라크 상황을 기적과 같이 안정화시켰던 퍼트레이어스는 대반란전의 메시아이자 모든 전쟁에서 승리하는 다윗왕(King David)으로 평가되었다.[1] 하지만 대반란전과 퍼트레이어스에 대한 미국 육군의 조직적인 반감은 상당했으며, 동시에 대반란전 전략을 너무나도 충실히 이행하고 주창하는 지휘관들이 정치적 이유에서 승진하면서 정치전략과 군사전략이 모순되는 결과가 초래되었다.

그 때문에 오바마 행정부의 아프가니스탄 증파와 대반란전 전략은 처음부터 난항을 거듭했다. 2009년 초반 2만 1000명의 병력이 증파되자, 매키어넌 장군은 전투 병력을 아프가니스탄 주민 보호가 아니라 탈레반 저항 세력과의 전투에 동원했다. 특히 병력이 집중되었던 지역은 도시와 같은 인구 밀집 지역이 아니라 탈레반이 장악하고 있는 지역이었다. 따라서 무력 충돌이 증가했으며, 미군 전사자는 2007년 117명에서 2008년

표 11-1 **2001~2009년 아프가니스탄 전쟁 미군 월별 전사자**

(단위: 명)

	1월	2월	3월	4월	5월	6월	7월	8월	9월	10월	11월	12월	합계
2001	0	0	0	0	0	0	0	0	0	3	5	4	12
2002	10	11	9	5	1	3	0	1	1	6	1	1	49
2003	4	7	12	2	1	3	2	4	2	4	6	1	48
2004	9	2	3	3	8	5	2	3	4	5	7	1	52
2005	2	1	6	18	4	27	2	15	11	7	3	3	99
2006	1	17	7	1	11	18	9	10	6	10	7	1	98
2007	0	14	5	8	11	12	14	18	8	10	11	6	117
2008	7	1	8	5	17	28	20	22	27	16	1	3	155
2009	15	15	13	6	12	25	45	51	40	59	5	0	286

자료: http://icasualties.org/App/AfghanFatalities

155명으로 증가했고, 2009년에 들어서면서 전사자는 급증했다. 2009년 1월에서 6월까지의 상반기 미군 전사자는 86명으로, 2008년 66명, 2007년 50명, 2006년 55명, 2005년 58명과는 다르게 확실히 증가했다. 1월에서 3월 사이의 전사자는 2005년 9명, 2006년 25명, 2007년 14명, 2008년 16명, 2009년 43명으로 증가했다.[2] 일반적으로 병력이 증가하면 전사자가 증가하기 마련이지만 병력이 2.5배 이상으로 증강되지 않았는데도 전사자가 16명에서 43명으로 거의 2.5배 증가한 것은 상황이 변화했다는 사실을, 특히 미군 병력이 전투에 집중 투입되었다는 사실을 보여준다.

이러한 이유에서 매키어넌 장군에 대한 평가는 매우 좋지 않았다. 특히 병력을 아프가니스탄 동부 지역에 집중하여 파키스탄 국경 지대에서 탈레반 병력과의 전투를 거듭하면서 칸다하르와 같은 아프가니스탄 남부의 도시 지역을 방치하는 것에 대한 '우려의 목소리'가 높아졌다. 합참의 장과 국방 장관이 매키어넌 장군에게 전역을 종용했지만 '구식 육군장교(Old-Schooled Army)'인 그는 이에 저항했고, 결국 국방 장관이 전선 사령관을 직접 경질했다.[3] 게이츠 장관은 '새로운 사고방식'을 가진 지휘관이 필요하다고 생각했고, 이러한 '새로운 사고방식'을 실현할 지휘관으로 특수부대 출신의 매크리스털 장군이 등장했다. 오바마 행정부는 아프가니스탄 전쟁을 '새로운 사고방식'으로 수행하면 승리할 수 있다고 보았다.

2009년 시점에서 이라크 상황은 마법과 같이 안정화되었고, 2007년 1월 이후 증파 병력으로 대반란전 전략을 효율적으로 집행하여 이라크를 안정시켰던 퍼트레이어스 장군은 '아이젠하워 이후 최고의 전쟁 영웅'으로 추앙되었다. 이와 같은 관점에서 오바마 행정부는 아프가니스탄을 안정시킬 '또 다른 퍼트레이어스'를 찾고 있었고, 아프가니스탄에서 테러리스트를 군사력으로 제거하는 것이 아니라 아프가니스탄 주민들을 보호하고 아프가니스탄 정부를 강화하여 '정상적인 국가를 건설'할 적임자로 매크리스털을 선택했다. 멀린 합참의장은 매크리스털을 적극 추천했으며, 게이츠 장관도 매크리스털의 효율성을 높게 평가했다.[4] 이라크 전쟁의 경험을 통해 대반란전의 특성을 완벽하게 파악했다고 자신했던 미군은 이제 그 경험을 아프가니스탄에서 반복하기만 하면 된다고 보았다. 새롭게 증강된 병력과 예산으로 '이라크 전쟁의 기적'을 되풀이하면 된다는 것이 2009년 시점에서 오바마 행정부와 미군의 판단이었다. 이를 실행할 수 있다고 평가된 인물이 매크리스털이었다.

하지만 이러한 판단에는 몇 가지 문제가 있었다. 매크리스털은 매우 유능한 장군이지만, 기본적으로 특수부대 출신으로 그의 핵심 경력은 모두 특수부대와 공수부대에서 만들어졌다. 그는 2003년 9월 합동특수작전사령부(JSOC: Joint Special Operations Command) 사령관으로 부임하여 2008년 8월까지 미국 특수전 병력으로 테러 조직을 군사적으로 제거하는 데 집중하여, 대테러 작전의 효율성을 이전과는 다른 차원으로 도약시키는 성과를 거두었다. 덕분에 2006년 6월 미국 특수전 부대는 이라크 알카에다 조직의 수장이었던 알자르카위(Abu Musab al-Zarqawi)를 사살했다. 매크리스털 장군은 일반적인 육군 장군이 아니었으며, 사단·군단 등 대규모 병력을 지휘한 경험이 없는 킬러 조직의 수장에 가까웠다.[5] 또한 매크리스털은 특수부대 특유의 강력한 응집력을 매우 중요하게 생각했고, 자신의 부관 및 보좌진들에게 절대적인 충성을 요구했다. 동시에 부관들은 장군을 숭상했으며, 매크리스털이 이소룡(李小龍, Bruce Lee)을 자주 인용하자 장군을 이소룡과 같은 '철학자-무술가(philosopher-warrior)'로 숭상했다. 매크리스털은 자신의 이름과 사성장군을 상징하는 별 4개가 새겨진 쌍절곤을 가지고 다녔다.[6]

조직 지휘 면에서도 문제가 있었다. 엘리트 부대들을 지휘했던 매크리스털 장군은 갑자기 10만 명 규모의 대규모 병력으로 아프가니스탄 전쟁을 수행하게 되었고, 이에 조직 지휘에서 여러 문제가 나타나기 시작했다. 매크리스털은 전쟁 수행 방식을 바꾸는 데 필요한 문제점을 파악하고 이를 조직 차원에서 해결하기보다, 화력 사용의 제한을 강조하고 이를 하급 부대가 정확히 실행하라고 지시했다. 기본적으로 매크리스털은 상황을 정확하게 파악하고 있었다. 현재 미군의 군사작전으로 아프가니스탄 민간인 피해가 증가하고 있기 때문에 포격과 폭격 등 화력 사용을 제한해야 하며, 탈레반 저항 세력을 군사적으로 제거하기보다 아프가니스탄 주민들과 물리적으로 분리하여 정치적으로 고사(枯死)시켜야 한다는 것이었다. 하지만 '새로운 사고방식'에 기초한 '정확한 상황 인식'을 실제 군사행동을 통해 실행하고 최종적인 목표를 달성하기에는, 10만 명의 미군 병력은 너무나 둔중했다.

오랜 훈련을 거쳐 최고 수준으로 숙달된 특수부대의 경우에는 엄격한 화력 제한을 감수하고도 전투에서 승리할 수 있겠지만, 숙련도에서 큰 차이를 보이는 일반 미군 병력은 폭격과 포격을 엄격하게 제한하는 조치에 반발했다. 매크리스털은 이러한 불만을 대규모 군사조직에서 필연적으로 나타나는 관성(dumbness of the hated Big Army)으로 치부하면서 무시했다.[7] 그럼에도 불구하고 매크리스털은 전선에서 직접 전투를 수행하는 일반 병사들과 교감하려고 했다. 2010년 2월 27일 미군 하사(staff sergeant Israel Arroyo) 한 명이 매크리스털 장군에게 이메일을 보냈고, 장군은 자신이 직접 현장을 방문하겠다고 바로 답장했다. 이틀 후 매크리스털 장군이 직접 해당 초소에 등장하여 일선 병력과 함께 4km를 순찰했고, 4월 28에 또 다시 해당 초소를 방문하여 병사들에게 화력 사용을 자제할 것을 설득했다. 여기서 매크리스털은 강력한 화력을 동원할 필요가 없다고 생각되는 지역만 순찰하라고 했고, 병사들은 사령관의 지시사항에 즉각 반박했다.[8]

매크리스털 장군에게 치명타를 입힌 것은 2010년 6월에 나온 예상하지도 못했던 언론 기사였다. 그 때문에 매크리스털 장군은 즉시 경질되었다. 엘리트 특수부대 지휘관으로 활동했던 매크리스털 장군은 아프가니스탄 전쟁을 통해 미국 육군의 주류가 변경되었다고 확신했고, 자신은 그 새로운 주류를 대표한다고 생각했다. 또한 매크리스털은 허영심이 생겨 미국의 음악 및 정치 전문 격주간지인 ≪롤링스톤(Rolling Stone)≫의 표지 모델이 되기 위해 해당 언론의 기자(Michael Hastings)와 함께 생활하면서 자신의 모든 회의에 그 기자가 배석할 수 있도록 했다.[9] 6월 22일 인터뷰 내용이 공개되었는데, 그 인터뷰에서 매크리스털 장군은 오바마 행정부의 주요 인물들을 개인적으로 비난했다. 아이켄베리 대사는 사령관인 자신을 '배신'했고, 국가안전보좌관인 존스 장군은 '광대'이며, 바이든 부통령은 '짜증나는 인간'이며, 오바마 대통령은 '대통령이라는 자신의 직위에 대해 아는 것이 없으며,' 무엇보다 '장군들을 만나서는 매우 위축되어 있다'고 발언했다.[10]

이 사실이 공개되자, 이러한 발언에 대해서 게이츠 국방 장관은 매크리스털 장군이 '잘못 판단'했으며, '큰 실수를 저질렀다'고 지적했다.[11] 매크리스털은 즉시 워싱턴으로 소환되었다. 매크리스털은 워싱턴으로 가는 동안에 관련된 사람들에게 전화해서 사과하고 해명했지만, 사태는 수습되지 못했다. 바이든 부통령은 사안을 보고받지 않은 상황에서 일단 사과를 받았는데, 이후 기사를 읽은 바이든은 격분했고 오바마 대통령은 직접 바이든을 진정시켜야 했다.[12] 매크리스털 장군은 ISAF 사령관 직위에서 사임했으며, 5일 후 육군에서 전역했다.

그 후임으로는 이라크 전쟁의 마법사, 퍼트레이어스 중부군 사령관이 임명되었다. 이라크와 아프가니스탄 전쟁 전체를 담당하는 중부군 사령관에서 아프가니스탄 사령관으로 이동하는 것은 사실 강등에 가까웠지만, 정치적 감각이 뛰어난 퍼트레이어스는 이를 수용했다. 카불에 부임한 직후 미국 대사관을 방문하여 아이켄베리 대사를 면담하고 미군과 미국 대사관의 협력을 다짐했으며, 롤링스톤 사건을 계기로 얼어붙은 언론과의 관계도 복원했다. 퍼트레이어스는 역시 능숙했다. 군인으로서의 전문성 측면에서 매크리스털과 퍼트레이어스는 큰 차이가 없었지만, 정치적 감각이라는 관점에서 퍼트레이어스는 동시대 모든 군인들을 뛰어넘는 인물이었다. 그리고 그 인물이 이제 이라크에서의 마법을 아프가니스탄에서 재현해야 하는 임무를 맡았다.

2. 미국의 대반란전 전략과 매크리스털의 전투

대반란전은 오랜 전통을 가진 전쟁으로, 강대국의 침략에 약소국이 저항하면서 사용하는 전쟁 수행 방식이 게릴라 전쟁이라면, 게릴라 전쟁으로 저항하는 약소국을 제압하는 것이 바로 대반란전이라고 할 수 있다. 특히 강대국이 약소국을 점령하고 영토를 병합하려면 약소국의 기존 정치 세력을 파괴해야 하며, 이에 저항하면서 '반란(insurgency)'을 책동하는 기존 세력을 진압하는 대반란전(counterinsurgency)이 필수적이다. 이러한 저항 세력의 게릴라 전략과 강대국의 대반란전 전략은 사실상 동전의 양면이며, 따라서 인류 역사의 초기 단계에서부터 존재했고 그에 대한 분석 또한 오랜 기간 이루어졌다. 나폴레옹 전쟁에서 프랑스는 이베리아 반도에서 프랑스의 점령에 저항하는 스페인과 포르투갈 국민들에 대한 대반란전을 수행했다. 그 이후 클라우제비츠(Carl von Clausewitz)는 프랑스가 이베리아 반도에서 수행했던 대반란전에 대해서 자신의 저서(On War)에서 분석했다.[13]

19세기 영국은 아시아와 아프리카에서 지역 주민들의 강력한 저항에 직면했으나, 이를 정치적·군사적 수단을 동원하여 진압하고 식민 제국을 건설했다. 영국은 이러한 식민지 전쟁을 '소규모 전쟁(small wars)'이라고 부르면서 유럽 대륙에서 발생하는 강대국 사이의 '대규모 전쟁(large wars)'과의 차이점을 강조했으며, 1896년 단행본(Small Wars: Their Principles and Practice)에서 그 교훈을 종합했다. 이러한 관점은 미국 해병대에 수용되어, 중남미 국가들에 대한 군사 개입과 사실상의 식민지 통제에 유용하게 사용되었다. 1940년 미국 해병대는 자신들의 경험을 종합하여 『소규모 전쟁 교범(Small Wars Manual)』을 편찬하기도 했다.[14] 베트남 전쟁에서 미군은 '게릴라 전쟁은 정규전이 아니며, 따라서 미군에게는 익숙하지 않은 전쟁'이라고 강변했지만, 이러한 주장은 잘못된 것이었다. 미국은 대반란전에 익숙했으나, 그 '익숙함'이 사라졌던 것뿐이었다.

이라크 전쟁에서 퍼트레이어스의 성공은 바로 이러한 대반란전 교훈을 되살려서 체계적으로 전파한 덕분에 가능했다. 2006년 4월 배포된 대반란전 야전 교범(FM 3-24: Counterinsurgency)은 과거 교훈을 21세기 환경에 맞추어 업그레이드한 결과물이었으며, 2007년 이후 미군이 이라크에서 증파 전략으로 상황을 안정화시키는 데 큰 도움이 되었다.[15] 아프가니스탄 전쟁을 지휘하게 된 퍼트레이어스는 이라크 전쟁에서의 성공이 우연이 아니었음을 보여주어야 했으며, 이에 이라크 전쟁의 경험과 대반란전 야전교범에 의존했다. 이라크에서의 성공 경험은 퍼트레이어스와 미국의 수뇌부를 — 행정부와 의회 지도자들을 — 매혹시켰고, 덕분에 퍼트레이어스는 매케인 상원 의원 등의 절대적인 지지를 확보할 수 있었다.[16]

대반란전 승리의 핵심은 주민 통제와 이를 통한 정치적 지지 확보이다. 지역 주민들을 통제하지 못하거나 주민을 통제하기 위해 지나치게 무력을 사용하면 주민들이 정부·식민 당국을 지지하지 않게 된다. 대반란전 승리의 비결은 '저항 세력을 군사력으로 제압(outgun)하는 것이 아니라, 더 나은 통치 및 공공 서비스를 제공해서 정치적으로 제압(out-govern)'한다는 공식으로 정리할 수 있다. 이를 위해서는 해당 지역의 주민들을 장악하거나 위협하는 저항 세력을 일단 군사적으로 축출(clear)해야 한다. 그리고 그 지역을 유지(hold)하면서 해당 지역의 정치·경제 사회 기반을 구축(build)해야 한다.

매크리스털 장군이 집중했던 것은 대반란전의 3단계 가운데 첫 단계인 저항 세력의 축출이었다. 특히 매크리스털은 저항 세력을 축출하는 과정에서 지나친 화력 사용을 자제하라는 전술 지시를 통해 '저항 세력을 군사적으로 제압'하지 않는다는 부분을 강조했다. 〈그림 11-1〉에서 나타나듯이, 2009년 7월 6일 매크리스털 장군은 전술 지시를 통해 '아프가니스탄 전쟁은 통상적인 전쟁과 다르며,' 따라서 '화력을 지나치게 사용해서 주민들에게 피해를 입히는 것은 심각한 위험 요인'이라고 지적했다. '주민들에게 피해를 줄 수 있는 근접 항공 지원'은 되도록 자제해야 하며,

그림 11-1 매크리스털 장군의 2009년 7월 6일 전술 지시 서한

NATO/ISAF UNCLASS

Headquarters

International Security Assistance Force

Kabul, Afghanistan

HQ ISAF
6 July 2009

TO:　See Distribution

SUBJECT:　Tactical Directive

The Commander of NATO's International Security Assistance Force (ISAF), General Stanley McChrystal, issued a revised Tactical Directive on 02 July 2009. The Tactical Directive provides guidance and intent for the employment of force in support of ISAF operations and updates the previous version issued by the previous commander in October 2008. This directive also applies to all U.S. forces operating under the control of U.S. Forces-Afghanistan (USFOR-A).

Although the Tactical Directive has been classified for the protection of our own forces, portions of the directive are being made public in order to ensure a broader awareness of the intent and scope of General McChrystal's guidance to ISAF and USFOR-A forces.

What follows are the releasable portions of the Tactical Directive:

Our strategic goal is to defeat the insurgency threatening the stability of Afghanistan. Like any insurgency, there is a struggle for the support and will of the population. Gaining and maintaining that support must be our overriding operational imperative – and the ultimate objective of every action we take.

We must fight the insurgents, and will use the tools at our disposal to both defeat the enemy and protect our forces. But we will not win based on the number of Taliban we kill, but instead on our ability to separate insurgents from the center of gravity – the people. That means we must respect and protect the population from coercion and violence – and operate in a manner which will win their support.

This is different from conventional combat, and how we operate will determine the outcome more than traditional measures, like capture of terrain or attrition of enemy forces. We will avoid the trap of winning tactical victories – but suffering strategic defeats – by causing civilian casualties or excessive damage and thus alienating the people.

While this is also a legal and a moral issue, it is an overarching operational issue – clear-eyed recognition that loss of popular support will be decisive to either side in this struggle. The Taliban cannot militarily defeat us – but we can defeat ourselves.

I recognize that the carefully controlled and disciplined employment of force entails risks to our troops – and we must work to mitigate that risk wherever possible. But excessive use of force resulting in an alienated population will produce far greater risks. We must understand this reality at every level in our force.

I expect leaders at all levels to scrutinize and limit the use of force like close air support (CAS) against residential compounds and other locations likely to produce

civilian casualties in accordance with this guidance. Commanders must weigh the gain of using CAS against the cost of civilian casualties, which in the long run make mission success more difficult and turn the Afghan people against us.

I cannot prescribe the appropriate use of force for every condition that a complex battlefield will produce, so I expect our force to internalize and operate in accordance with my intent. Following this intent requires a cultural shift within our forces – and complete understanding at every level – down to the most junior soldiers. I expect leaders to ensure this is clearly communicated and continually reinforced.

The use of air-to-ground munitions and indirect fires against residential compounds is only authorized under very limited and prescribed conditions (specific conditions deleted due to operational security).

(NOTE) This directive does not prevent commanders from protecting the lives of their men and women as a matter of self-defense where it is determined no other options (specific options deleted due to operational security) are available to effectively counter the threat.

We will not isolate the population from us through our daily conduct or execution of combat operations. Therefore:

Any entry into an Afghan house should always be accomplished by Afghan National Security Forces (ANSF), with the support of local authorities, and account for the unique cultural sensitivities toward local women.

No ISAF forces will enter or fire upon, or fire into a mosque or any religious or historical site except in self-defense. All searches and entries for any other reason will be conducted by ANSF.

The challenges in Afghanistan are complex and interrelated, and counterinsurgencies are difficult to win. Nevertheless, we will win this war. I have every confidence in the dedication and competence of the members of our force to operate effectively within this challenging environment. Working together with our Afghan partners, we can overcome the enemy's influence and give the Afghan people what they deserve: a country at peace for the first time in three decades, foundations of good governance, and economic development.

자료: https://www.nato.int/isaf/docu/official_texts/Tactical_Directive_090706.pdf

폭격과 포격은 '매우 제한된 그리고 사전 규정된 조건(very limited and pre-scribed conditions)'에서만 허용된다고 선언했다.

매크리스털 장군의 화력 사용 자제라는 접근은 적절했다. 특히 병력이 부족한 상황에서 미군이 많은 경우에 포격과 폭격으로 탈레반 저항세력의 공격을 격퇴했기 때문에 화력 사용을 줄일 필요는 있었다. 하지만 이러한 조치에는 세 가지 문제가 있었다. 첫째, 화력 사용을 자제하라는 사령관 전술 지시 사항에 대해 일선 병력은 공포에 휩쓸려 반발했다. 그 때문에 매크리스털은 일선 초소를 방문하기도 했다. 최고 지휘관 입장에서 해당 지시는 '주거지역 및 민간인 피해 가능 지역에 대한 공습 및 포격에 주의'하라는 내용이었지만, 일선 병력과 초급 장교들은 이러한 '주의 사항'을 엄격한 '화력 사용 금지 명령'으로 받아들였다. 이와 함께 탈레반과 교전하는 경우에도 "후퇴할 수 있으면 후퇴하라"라는 구두 명령이 하달되었으며, 이후 화력 지원을 요청하면 무선통신으로 논쟁을 해야 하는 상황까지 초래되었다.[17] 사령부와 일선 부대의 괴리가 심각한 상황에서 인권 변호사 출신의 민간 자문 위원까지 '보다 강력한 화력 사용의 필요성'을 권고했지만, 매크리스털 장군은 "전쟁 수행은 내가 알아서 한다"라는 입장을 피력하며 화력 사용의 제한 방침을 고수했다.[18]

둘째, '화력 사용 제한' 지시는 기대했던 효과를 거두지 못했다. 우선 아프가니스탄 주민 대부분은 미군의 작전으로 민간인들이 희생된다고 믿고 있었다. 2010년 2월 아프가니스탄 남부의 마르자(Marja)를 점령한 미국 해병대는 간단한 설문 조사를 실시했다. 실제 작전에서 아프가니스탄 민간인 사망자는 10명 정도였지만, 설문에 답했던 지역 주민의 96%는 "수백 명의 민간인들이 미군 포격으로 사망했다"라고 답했다. 그리고 67%는 "미국과 NATO 그리고 카르자이 정권은 패배하고 탈레반 세력이 전쟁에서 승리할 것"이라고 판단했다.[19] 매크리스털 장군이 일선 병력의 반발을 무릅쓰고 화력 사용의 제한을 강행했음에도 불구하고, 아프가니스탄 주민들은 미군의 행동 변화를 긍정적으로 평가하지 않았다. 오히려 미군의 화력 사용 자제는 '탈레반의 승리' 징후로 인식되었던 것이다.

셋째, '화력 사용 제한' 지시는 오바마 행정부의 아프가니스탄 증파 전략의 시한 문제와 논리적으로 모순되었고, 이것은 아프가니스탄 증파가 결국 실패했던 군사적 원인이었다. 오바마는 아프가니스탄 전쟁에 모든 것을 집중할 수 없었고, 따라서 병력 증파는 2010년 1월에서 2011년 6월까지의 18개월이라는 시한과 ─ 2만 1000명의 병력 증강이 있었던 2009년 3월에서 계산한다면 28개월의 시한과 ─ 연동된 시한부 조치로 실행되었다. 즉 매크리스털은 18개월 ─ 또는 28개월 ─ 이내에 탈레반의 영향력이 확대되는 것을 군사적으로 저지하고, 탈레반 군사력을 해체하여 패배시켜야 했다. 이러한 군사적 목표를 18개월 내에 달성하기 위해서는 강력한 화력은 필수였지만 매크리스털은 화력 사용 자제를 지시했다. 몇 년의 시간이 주어졌다면 화력 사용을 제한하고서도 대반란전 목표를 달성할 수 있었겠지만, 그 목표를 달성하기에는 매크리스털 장군에게 허용된 시간은 턱없이 부족했다.

2010년 6월 롤링스톤 기사 문제로 매크리스털 장군이 사실상 해임되었고, 7월 4일 퍼트레이어스 장군이 그 후임으로 취임했다. 퍼트레이어스는 화력 사용 자제의 문제점을 파악하고 8월 1일 해당 지시를 수정하면서 '화력 사용 자제' 원칙은 사실상 폐기되었다. 그 이후 미군은 탈레반 저항 세력을 사살하는 데 집중했다. 화력 사용에 대한 새로운 지시 사항 덕분에 폭격 횟수는 비약적으로 증가했다. 2009년 전체 기간 동안 미군은 아프가니스탄에서 800회 정도의 폭격 및 무인기 공격을 수행했지만, 퍼트레이어스가 지휘관을 승계한 7월에서 9월까지 3개월 동안 미군 폭격은 1600회로 증가했다. 즉 폭격 횟수는 8배로 증가했다. 특수부대 작전도 증가하여, 300명의 탈레반 지휘관을 사살 또는 체포했고 800명의 탈레반 병력을 사살하고 2000명 이상을 체포했다.[20] 칸다하르 인근의 미군 부대는 90일 동안 박격포 2952발, 155mm 곡사포 2035발, 다련장 로켓 60발, 헬파이어 미사일 19발, 항공 폭격 266회 등을 동원하면서 화력을 아낌없이 과시했다. 이 과정에서 수백 명의 저항 세력이 사살되었지만 민간인 피해는 매우 경미했다. 격렬한 전투 때문에 미군 사상자 또한 급증하여, 65명이 전사했고 그 가운데 장교와 부사관이 2/3를 차지했다. 부상자는 426명으로 이 가운데 50명 이상이 팔다리를 상실하는 중상을 입었다.[21]

퍼트레이어스는 이라크 전쟁 대반란전 전략의 전도사를 자임했다. 퍼트레이어스 장군은 이라크 전쟁 지휘관을 장악한 이후, 2007년 6월 매주 1750회 발생했던 이라크 저항 세력의 공격을 2007년 9월 800회 수준으로, 2008년 4월 400회 수준으로 통제하는 데 성공하는 마법사적인 재능을 보여주었다. 하지만 아프가니스탄 전쟁에서 퍼트레이어스는 자신에게 명성을 가져다주었던 대반란전을 고집하지 않고, 대반란전에서 기피하는 화력전을 허용하고 탈레반에게 소모전을 강요했다. 퍼트레이어스는 이라크 전쟁이라는 영광스러운 과거의 성공 사례에 얽매이지 않고 아프가니스탄 전쟁이라는 새로운 환경을 정확하게 판단하고 적절하게 대응했다. 매크리스털이 이라크 전쟁의 경험과 대반란전 개념을 너무나 교과서적으로 적용했던 데 반해, 퍼트레이어스는 훨씬 유연하게 행동했다.

3. 오바마의 전쟁과 퍼트레이어스의 전투

그럼에도 불구하고, 퍼트레이어스의 아프가니스탄 전략은 '18개월의 시한'이라는 근본적인 문제점을 가지고 있었다. 오바마 대통령은 2009년 12월 아프가니스탄 증파를 선언하면서, '2011년 여름까지의 18개월'이라는 시한을 설정했다. 이러한 시한 설정 자체에 대해서는 여러 가지 평가가 가능하지만, 일단 대통령이 시한을 설정한 이상 전선 지휘관은 그 시한을 고려해서 전쟁을 지휘해야 했다. 하지만 매크리스털은 대반란전 야전교범에 따라 매우 교과서적으로 아프가니스탄 전쟁을 지휘했고, 화력 사용을 제한할 것을 강조했다. 퍼트레이어스는 화력 사용의 제한을 완화했고, 이를 통해 '18개월' 이내에 탈레반 세력을 군사적으로 제압해야 한다고 판단했다.

하지만 퍼트레이어스는 그 이상으로는 행동하지 않았다. 화력 사용이 효율적이려면 탈레반 병력이 집결했을 때 화력을 집중해서 사용해야 하는데 이를 위해서는 탈레반 세력에게 결전을 강요하거나 탈레반 지휘부가 결전을 결심하도록 유도해야 했다. 하지만 퍼트레이어스는 이러한 노력을 하지 않았다. 그는 화력 사용 제한에 대한 일선 병력의 반발이 극심했기 때문에 그 제한을 풀었지만, 화력 집중을 통해 '18개월' 이내에 확실한 성과를 달성해야 한다는 사실 자체는 자각하지 못했다. 이러한 측면에서 퍼트레이어스는 여전히 이라크 전쟁의 성공에서 자유롭지 못했다. 〈그림 11-2〉에서 나타나듯이, 아프가니스탄 전략을 설명하는 자료는 이라크 전쟁 과정에서 사용했던 자료와 실제로는 동일했다. 과거의 성공과 영광이 현재의 성공 가능성을 제약한 것이다.

베트남 전쟁에서 프랑스와 미국은 북베트남 병력을 유인해 화력으로 제압하려고 시도했는데, 북베트남은 프랑스와 미국의 압박과 유도에 반응하여 병력을 집결시켜 결전에 나섰다. 베트남에서 식민지 전쟁을 수행하던 프랑스는 1953년 11월 북베트남의 한 지점에 대규모 병력을 투입하고 라오스로 침투하는 북베트남 병력의 보급로를 차단함으로써 북베

그림 11-2 퍼트레이어스 장군의 이라크 전쟁과 아프가니스탄 전쟁 승리 전략 슬라이드

1. 이라크 전쟁 전략

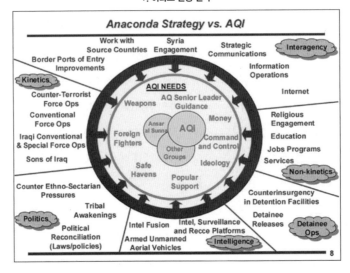

2. 아프가니스탄 전쟁 전략

자료: Anthony H. Cordesman, *The Iraq War: Progress in the Fighting and Security*(Washington, DC: Center for Strategic and International Studies, February 2009), p.14; Wikipedia. https://en.wikipedia. org/wiki/File:Anaconda_Strategy_vs_Insurgents_101020.jpg(검색일: 2021년 4월 21일).

트남이 병력을 집결하여 프랑스군 요새를 공격하도록 유도했다. 프랑스 군은 화력으로 북베트남 병력을 제압할 수 있다고 보았기 때문에 북베트 남 내륙 지역에 1만 명 규모의 병력을 투입하여 요새를 건설했고, 항공 보급으로 이를 유지할 수 있다고 자신했다. 하지만 북베트남군은 프랑스 군 요새를 공격할 해발 500m 고지에 105mm 곡사포를 인력으로 끌어올 렸다. 그 결과 1954년 3월 디엔비엔푸 전투(Battle of Dien Bien Phu)가 시 작되었지만, 예상과는 달리 프랑스군은 북베트남군을 제압하지 못했다. 북베트남군 8000명이 전사하고 1만 5000명이 부상했지만, 1954년 5월 프랑스군 요새를 점령하는 데 성공했다. 그 결과 프랑스는 인도차이나 식민지를 포기하고 1954년 7월 제네바 평화조약을 체결함으로써 전쟁을 포기했다.

　　베트남 전쟁에서 미국 또한 비슷한 방식으로 행동했다. 1962년 미군 특수부대는 남베트남 국경지대의 케산(Khe Sanh)에 간이 비행장을 건설 하고 전진기지를 구축하여, 남하하는 북베트남군을 저지하고 라오스로 우회하는 호치민 루트를 압박했다. 이에 북베트남군은 1954년 프랑스군 을 디엔비엔푸에서 격파했듯이, 케산에서도 미군 기지를 함락시킬 수 있 다고 보았다. 1968년 1월 북베트남군은 인근 지역에 포병 화력을 집결시 켜 국지적 화력 우위를 확보하고, 3만 5000명의 병력으로 케산 및 인근 지역을 포위해 6000명의 미국 해병대 병력을 고립시켰다. 7월까지 진행 된 포위전에서 북베트남은 미군을 화력으로 제압하지 못했고, 미군은 케 산 기지에 고립된 병력에게 항공 수송으로 보급을 유지했으며 지원 병력 을 투입하여 북베트남군 포위망을 무너뜨리는 데 성공했다. 1954년 프랑 스군과 달리 1968년 미군은 북베트남군 화력에 제압되지 않았고, 북베트 남군에게 엄청난 손실을 강요하는 데 성공했다. 케산 전투에서 북베트남 군은 전사자만 1만 5000명에 달하는 인명 피해를 입었으며, 특히 북베트남 정규군이 아닌 베트콩 게릴라 병력은 엄청난 타격을 입어 1968년 이후 군사적으로 무의미한 존재로 전락하고 말았다.

이라크 전쟁에서는 이와 같은 대규모 포위전이 없었으며, 미군은 수니파 주민들의 '전향'을 유도하면서 알카에다 세력을 고사시키는 데 성공했다. 2007년 증파 병력으로 퍼트레이어스는 수니파 주민들에게 안전을 확보해 주면서 미국과 협력해서 수니파의 '몫'을 찾는 방안을 모색할 수 있다고 설득했다. 이것이 바로 이라크 전쟁에서 퍼트레이어스가 보여주었던 마법의 비결로 그 과정에서 알카에다 및 이라크 저항 세력을 군사적으로 파괴하지는 않았다. 아프가니스탄 전쟁에서도 파슈툰으로 구성된 탈레반 저항 세력이 전향하거나 지역에 기반을 두고 있는 파슈툰 탈레반 세력과 외부에서 유입된 알카에다 테러 조직 사이에 내분이 발생했다면, 퍼트레이어스는 기회를 포착하고 이용했을 수 있다. 하지만 파슈툰과 탈레반, 알카에다 연합은 쉽게 균열되지 않았기 때문에 퍼트레이어스는 군사적인 방식으로 탈레반 및 알카에다 병력을 파괴해서 저항 세력 연합을 약화시켜야 했다. 이를 위해서는 디엔비엔푸 전투나 케산 전투와 같이 탈레반·알카에다 연합이 공격할 수밖에 없도록 압박하고, 소수의 미군 병력을 의도적으로 취약한 지역에 배치하여 저항 세력의 공격을 유도하고 화력을 집중하여 격파했어야 한다.

퍼트레이어스는 이와 같은 전략을 구사하지 않았다. 일부 전초기지는 방어가 어려운 지형에 배치되었으며 저항 세력은 이러한 전초기지를 간헐적으로 공격하기는 했지만, 대규모 병력을 투입해서 디엔비엔푸 전투나 케산 전투와 같이 포위전을 구사하지 않았다. 아프가니스탄 전쟁에서 '가장 치열했다'고 평가되는 2008년 7월의 와낫 전투(Battle of Wanat)와 2009년 10월 캄데시 전투(Battle of Kamdesh)에서 발생한 미군 전사자는 각각 9명과 8명이었으며, 탈레반 전사자는 50명 미만과 150명 수준이었다. 미군 전사자가 가장 많이 발생했던 것은 2005년 6월 작전(Operation Red Wings)으로, 해당 작전에서 미군 특수부대원 4명이 이동하다가 탈레반 병력과 교전하게 되었고, 증원 병력을 수송하던 미군 헬리콥터가 휴대용 로켓(RPG-7)에 격추되면서 19명이 전사했다.[22]

미군 지휘관이 저항 세력을 압박하여 미군을 공격하도록 유도하지 않는 가운데, 탈레반은 대규모 결전을 계속해서 회피했다. "결전에서 패배하지 않으면 전쟁에서 승리한다(winning a war by not losing it)"라는 강대국과의 전쟁에서 약소국이 승리하는 비결을 고집했다. 탈레반 저항 세력의 입장에서 이것은 매우 현명한 선택이었고, 화력 열세를 극복할 수 없는 상황에서 불가피한 선택이었다. 하지만 많은 경우, 열세에 빠진 세력은 '고립된 소수 병력을 한 번의 공격으로 격파하여 우세한 상대방의 공격 의지를 꺾는다'는 유혹에 빠지게 된다. 1954년과 1968년 북베트남은 이러한 유혹을 거부하지 못했고, 프랑스군을 공격하여 제압했지만 미군을 제압하지는 못했다. 반면 탈레반은 이러한 유혹에 넘어가지 않았고, 끝까지 이미 검증되긴 했지만 매우 오랜 시간이 걸리는 저항 세력 본연의 전략만을 고집했다.

무엇보다 이라크 전쟁의 마법사 퍼트레이어스는 탈레반 저항 세력이 결전을 결심할 정도로 압박하지도 않았고, 탈레반이 병력을 집중해서 소수의 미군을 공격해서 승리할 수 있다고 판단할 정도의 '매력적인 목표물'을 제시하지도 않았다. 전체 상황에 영향을 미치지 못하는 소규모의 산발전인 전투들이 되풀이되면서, 전쟁은 큰 변화 없이 진행되었다. 퍼트레이어스와 같은 미군 주요 지휘관들은 18개월의 시한 이후에도 병력 유지가 가능하다고 생각하면서 아프가니스탄 증파가 지속될 수 있다고 보았다. 하지만 이러한 기대와 예상은 잘못된 것이었다. 오바마 대통령의 철군 입장은 의외로 강경했고, 이에 대통령이 제시했던 18개월의 시한은 차츰 다가오고 있었다. 결국 이러한 시한과 잘못된 군사전략으로 아프가니스탄 증파는 기대했던 효과를 가져오지 못했다. 하지만 이와 함께 또 다른 문제인 아프가니스탄의 마약 및 부정부패 문제가 부상하면서 아프가니스탄 증파의 성공 가능성은 더욱 감소했다.

제12장

오바마의 아프가니스탄 전쟁 (2)
부정부패와 아프가니스탄 국가

아프가니스탄 전쟁에서 가장 큰 문제는 결국 정치 영역이었다. 오바마 행정부는 아프가니스탄 증파의 시한을 설정했고, 이를 통해 아프가니스탄 정부를 압박하여 개혁을 유도하려고 했다. 하지만 2009년 8월 아프가니스탄 대통령 선거 과정에서 미국은 카르자이 대통령을 압박하지 못했고, 이 결정적인 순간을 놓친 미국은 '아프가니스탄의 안정'을 위해 카르자이를 지지했다. 아프가니스탄 대통령 선거를 적절하게 이용했다면 18개월의 시한 자체는 카르자이를 압박할 수 있었겠지만, 2009년 말, 그 긍정적인 효과는 사라졌고 연임에 성공한 카르자이는 아프가니스탄 개혁을 시도하지 않았다. 압박 수단을 상실한 미국은 카르자이 대통령과의 갈등만 노출하면서, 아무런 성과를 거두지 못했다. 결국 2011년 여름, 18개월의 시한이 다가왔으며, 오바마의 증파는 ─ 그 도박에 가까운 미군의 실험은 ─ 최초 목표를 달성하지 못하고 실패했다.

오바마 행정부의 아프가니스탄 전쟁 전략이 실패했던 이유는 아프가니스탄 국가에서 나타난 끔찍한 수준의 부정부패와 역량 부족 때문이었다. 오바마 행정부뿐만 아니라 부시 행정부나 트럼프 행정부에서도, 아프가니스탄의 부정부패와 역량 부족 문제는 미국의 아프가니스탄 전쟁에서 심각한 장애물로 작용했다. 미국은 대반란전 관점에서 아프가니스탄 전쟁을 진행했으며, 특히 오바마 행정부는 아프가니스탄 전쟁에 더욱 많은 병력을 투입하여 국가 재건 및 경제 건설을 강조했다. 탈레반을 화력으로 제압하고 군사적으로 파괴하는 것을 넘어서, 미국은 아프가니스탄 주민들에게 더욱 좋은 공공 서비스와 더 나은 통치를 제공해서 탈레반 저항 세력을 정치적으로 제압해야 했다. 이를 위해서 아프가니스탄 주민들이 선거를 통해 지도자를 선출하고, 그렇게 탄생한 아프가니스탄 정부는 교육과 공중 보건 그리고 도로와 전기 등의 사회간접자본을 구축함으로써 확실한 성과를 보여주었어야 했다. 이것이 대반란전 승리의 공식이었다.

하지만 아프가니스탄의 국가 건설은 쉽지 않았다. 단순히 자원이 부족한 것은 아니었다. 즉 투입된 예산이 충분하지 않았던 것은 아니었다. 문제는 투입된 자원과 예산이 너무나도 비효율적으로 사용되었다는 사실이며, 동시에 외부에서 유입된 자금은 아프가니스탄의 부정부패를 더욱 심각한 수준으로 악화시켰다. 아프가니스탄의 비효율성과 부정부패는 부시 행정부 시기에도 이미 심각했으므로 2009년에 출범한 오바마 행정부는 이 문제를 해결해야 한다고 판단했다. 2009년 8월 아프가니스탄 대통령 선거는 이 문제를 해결할 수 있으며 이 문제에 대한 아프가니스탄 정부의 정치적 의지를 강화할 수 있는 절호의 기회였다. 하지만 오바마 행정부는 공정 선거를 위한 특별한 행동을 취하지 않았고, 많은 문제가 있었던 아프가니스탄 대통령 선거 결과를 용납했다. 이후 미국은 아프가니스탄의 국가 개혁을 위해 많은 노력을 기울였지만, 실제 성과는 없었다.

1. 대반란전과 국가 건설

오바마 행정부의 아프가니스탄 전쟁 전략은 기본적으로 대반란전으로 미국은 이전까지 확실한 방향성 없이 추진되었던 아프가니스탄 전쟁을 대반란전 전략이라는 명확한 전략 개념을 부과하고 좀 더 체계적으로, 좀 더 많은 자원을 투입해서 수행하려고 했다. 이러한 결정은 적절했으며, 아프가니스탄에서 탈레반 정권을 축출하고 저항 세력을 소멸시킴으로써 알카에다와 같은 테러 조직이 아프가니스탄을 장악하는 상황을 방지할 수 있는 매우 효과적인 방법이었다. 이와 같은 대반란전 전략이 성공하기 위해서는 저항 세력을 군사적으로 제압해야 할 뿐만 아니라, 국민들에게 더욱 좋은 공공 서비스와 더 나은 통치를 제공하여 저항 세력을 정치적으로 제압해야만 한다. 즉 군사 공격과 함께 정치적 공세가 반드시 같이 이루어져야 했다.

미국은 군사적 공세를 담당할 수 있었으며, 미군 병력을 증강하여 아프가니스탄에서 직접 전쟁을 수행하고 탈레반 저항 세력과 알카에다 테러 조직을 군사적으로 파괴할 수 있었다. 하지만 미군 병력을 동원하여 아프가니스탄에서 국민들에게 더욱 좋은 공공 서비스와 더 나은 통치를 제공하여 탈레반을 정치적으로 무력화시키는 것은 불가능했다. 정치적 공세를 통해 탈레반을 정치적으로 제압하기 위해서는 아프가니스탄에 독립된 정부가 수립되고 이 정부가 매우 효율적으로 작동해야 한다. 1980년대 이후 지속된 전쟁 때문에 아프가니스탄의 사회간접자본은 거의 모두 파괴되었으며, 교육 기반이 붕괴하면서 인적 자본 또한 거의 축적되지 않았다. 따라서 행정 체계를 구축하고 외부의 지원을 받아 아프가니스탄을 재건하는 데 필요한 국가 관료조직을 만드는 것 자체가 사실상 불가능에 가까웠다. 외부에서 유입되는 자원이 풍부했기 때문에 예산 자체가 부족하지는 않았지만, 예산이 효율적으로 사용되지는 않았다.

이는 사실 대반란전에서는 고질적인 문제점이었다. 베트남 전쟁에서도 행정적인 비효율성은 심각했다. 그 때문에 미국이 효율적인 전략을 수립한다고 해도 그 전략이 적절하게 집행되지 않았으며, 그 결과 베트남 전쟁에서 미국이 패배했다는 평가까지 존재한다. 1960년대 후반 베트남 전쟁에서 대반란전 전략의 일환으로 안정화 작전(pacification operation)을 담당했던 코머는 남베트남 정권은 자신들의 약점을 이용하여 미국의 압력에 저항했으며, 그 때문에 미국은 남베트남의 정치적·행정적 개혁을 통한 효율성 증가와 역량 강화에 실패했다고 토로했다.[1] 동일한 역동성은 아프가니스탄 전쟁에서도 등장했다. 아프가니스탄 정치 엘리트들은 개혁 과정에서 필연적으로 발생하는 혼란을 이유로 정치 개혁을 요구하는 미국의 압력 자체를 거부했고, 장기적인 효율성과 함께 단기적인 안정성을 강조했던 오바마 행정부는 카르자이 정권을 약화시키면서까지 아프가니스탄 정치 개혁을 압박하지 못했다. 그 때문에 미국은 대반란전의 두 축 가운데 하나인 정치적 공세를 수행하는 데 많은 제약에 직면했고, 군사적인 승리만으로는 승리할 수 없는 전쟁에서 정치적인 공세를 수행하지 못하는 상황에 처했다.

전통적인 관점에서 이러한 문제점은 매우 쉽게 극복할 수 있었다. 대반란전을 수행하는 입장에서는 자신의 압도적인 군사력으로 저항 세력을 분쇄할 수 있으며, 해당 지역을 직접 행정적, 군사적으로 통치하면서 국민들에게 더욱 훌륭한 공공 서비스와 통치를 제공함으로써 저항 세력을 정치적으로 말살할 수 있었다. 1858년에서 1947년까지 영국은 인도를 식민 통치했으나, 영국인으로 인도 총독부에 직접 소속되어 고위 공무원(Indian Civil Service)으로서 식민 통치를 직접 수행했던 인원은 연평균 1000명 정도에 지나지 않았다. 아프리카를 통치할 때도 영국인 공무원 1200명 정도가 행정을 담당했으며, 현재의 말레이시아와 싱가포르를 통치했을 때도 영국인 공무원은 220명 정도였다.[2] 영국인들은 고위 행정직을 장악하고 많은 숫자의 영국인 및 현지인 하급 행정관들을 채용하여 실무를 담당하도록 했지만, 영국 본국이 설정한 목표를 행정적으로 달성하고 식민지를 '장기적으로 착취'하기 위한 여러 제도를 매우 효율적으로 도입했다.[3] 군사적으로도 영국은 인도에서 충분한 효율성을 발휘했다. 영국인 장교가 지휘하지만 인도인 세포이 용병으로 구성된 인도군은 영국 식민 통치의 가장 강력한 수단이었다. 이와 같은 인도군은 영국군 부대와 함께 작전하면서 식민 통치를 유지하고 영국의 아시아·아프리카 군사작전을 수행하면서 매우 높은 효율성을 보여주었다.[4]

하지만 이는 대반란전으로 분류되지 않으며, 보통 식민 통치 또는 제국주의라고 지칭한다. 현실에 있어서, 특히 1945년 이후 이러한 방식은 사용될 수 없다. 1979년 아프가니스탄을 침공하여 실질적으로는 아프가니스탄을 '식민지로 장악'했다고 볼 수 있는 소련 또한 아프가니스탄을 행정적으로 지배하지 않았다. 대신 간접적으로 아프가니스탄 공산 정부에 '조언'하고 '자문'을 제공했을 뿐이었다. 1960년대 후반 남베트남에 50만 명의 병력을 파견하고 연간 210억 달러의 원조를 제공했던 미국 또한 남베트남을 행정적으로 통치하지 않았다. 1964년에서 1968년까지 베트남 주둔 미군 사령관으로 베트남 전쟁을 지휘했던 웨스트모어랜드(William Westmoreland) 장군은 자신이 '남베트남 정부를 충분히 통제할 수 있다'고 자신하면서 더 강력한 압력을 가하고 미군과 남베트남군 병력을 통합하여 미군이 지휘하는 것은 '제국주의와 같다'는 이유에서 반대했다. 하지만 미국은 남베트남을 통제하지 못했으며, 그 때문에 코머는 미국은 "제국주의 국가이지만, 실제로는 베트남 정부를 통제하지 못한다"라고 한탄했고, "이러한 상황에서 국가주권을 이야기하는 것이 코미디"라고 비판했다.[5]

바로 이것은 아프가니스탄 대반란전의 딜레마와 동일했다. 미국이 대반란전 전략을 통해 아프가니스탄에서 승리하기 위해서는 아프가니스탄 중앙정부가 외부의 지원을 받아 국민들에게 저항 세력에 비해 더욱 좋은 공공 서비스와 통치를 제공해야만 한다. 하지만 아프가니스탄 정부는 공공 서비스와 통치 측면에서 효율적이지 않으며 엄청나게 부패했고, 따라서 미국의 직접적인 개입이 필요했다. 그러나 미국, 특히 미군 병력이 아프가니스탄 정치와 행정에 직접 개입하는 것은 미국 제국주의에 의한 아프가니스탄 식민 통치로 비칠 수밖에 없었고, 따라서 절대적으로 회피해야만 했다. 그렇다면 그 중간에서 어떻게 적절한 균형을 유지할 수 있을 것인가? 즉 어떻게 제국주의·식민 통치라는 비난을 받지 않으면서, 대반란전 승리에 필요한 공공 서비스와 통치에 있어서의 효율성을 달성할 수 있는가? 이를 위해서, 어떻게 아프가니스탄 정치와 행정 체계를 개혁할 수 있는가? 이것이 아프가니스탄 전쟁에서 미국이 직면한 핵심 사항이었다.

2. 2009년 아프가니스탄 대통령 선거와 미국의 행동

2009년 12월 오바마 대통령이 아프가니스탄 증파를 선언했지만, 증파에 필요한 병력은 취임 직후인 2009년 2월과 3월부터 증강했다. 이와 마찬가지로, 오바마 행정부는 출범 직전에 아프가니스탄 정치·행정 개혁에 필요한 주도권을 장악했다. 2009년 1월 부통령 당선인 자격으로 아프가니스탄을 방문했던 바이든은 카르자이 대통령과의 식사 자리에서 냅킨을 집어던지면서 아프가니스탄 정부의 부정부패를 거론하고 정치 개혁의 필요성을 강조했다.[6] 이러한 행동 자체는 매우 심각한 결례였지만,

반면 해당 사안에 대한 오바마 행정부의 입장을 카르자이 대통령 측에 매우 효과적으로 전달했다.

이러한 측면에서 오바마 행정부는 대반란전 수행에 필요한 군사적 수단과 함께 정치적 압력 수단까지 확보하고 출범했다. 2009년 8월로 예정된 아프가니스탄 대통령 선거는 미국의 영향력을 극대화할 수 있는 기회

그림 12-1 **워싱턴을 방문한 응오딘지엠 대통령**

주: 1957년 5월 응오딘지엠 대통령이 워싱턴을 방문하여 아이젠하워 대통령과 악수하고 있다.
자료: National Security Archive. https://nsarchive2.gwu.edu/NSAEBB/NSAEBB101/photo2.htm(검색일: 2021년 4월 21일).

로 작용했다. 오바마 대통령은 카르자이 대통령에게 정치 개혁을 요구하고 부정부패 문제를 해결하라고 압박하면서, "아프가니스탄이 적절하게 개혁되지 않는다면, 우리는 2009년 8월 선거를 통해 새로운 정치 지도자를 선택할 수 있다"라고 위협할 수 있었다. 미국 케네디 행정부는 1963년 11월 남베트남 쿠데타를 지원하여 국민의 대다수인 불교도의 지지를 상실한 상황에서 비효율과 부정부패로 점철된 응오딘지엠(Ngo Dinh Diem) 대통령을 실각시켰다. 1963년 8월 말 미국은 이제 "남베트남에 새로운 지도자가 필요하다"라는 훈령을 남베트남 주재 미국 대사(Henry Cabot Lodge Jr.)에게 보내면서, 쿠데타 세력을 지원했다.[7] 이와 같은 쿠데타 대신 오바마 행정부는 공식 절차인 대통령 선거를 통해 아프가니스탄에서 새로운 지도자를 '선택'할 수 있었다. 그러나 이것은 쉽지 않았다.

2001년 10월 미국은 아프가니스탄을 침공하면서 기존 탈레반 정권을 대신하는 아프가니스탄 임시정부를 2001년 12월 출범시켰다. 카르자

이는 임시정부 수반으로 지명되었으며, 이후 2002년 6월 아프가니스탄 원로회의는 카르자이를 아프가니스탄 과도정부 수반으로 선출했고, 이에 기반해 7월에 과도정부가 출범했다. 2004년 1월 아프가니스탄 헌법이 공포되었으며, 카르자이는 2004년 10월 대통령 선거에서 승리하여 임기 5년의 아프가니스탄 대통령으로 선출되었다. 따라서 카르자이가 대통령에 공식 취임한 것이 2004년 12월 7일이었기 때문에, 2대 대통령 선거는 2009년 봄에는 완료되어야 했다. 2009년 1월 출범한 오바마 행정부로서는 아프가니스탄 정치를 검토하여 해결책을 마련하고, 필요한 경우에는 2009년 대통령 선거를 통해 그 해결책을 집행하기에는 시간이 촉박했다. 하지만 오바마 행정부는 이와 같은 전략을 추진하지 않았다.

2009년 1월 취임 직후 오바마 대통령은 남아시아·중동 전문가인 리델에게 미국의 아프가니스탄 전쟁 전략을 전면 검토할 것을 지시했고, 2009년 3월 제출된 최종 보고서는 오바마 행정부의 아프가니스탄 전략의 핵심으로 작용했다. 해당 보고서 또한 아프가니스탄의 부정부패 문제를 지적했는데, 구체적인 방안은 제시하지 않으면서 부정부패 문제를 해결해야 한다고 강조했을 뿐이었다. 즉 부정부패 문제를 해결하려면 어떻게 행동해야 하는지, 특히 2009년 8월 대통령 선거를 어떻게 이용하여 아프가니스탄 부정부패를 해결할 수 있는지는 전혀 검토되지 않았다. 2009년 8월 대통령 선거가 중요하다고 지적했지만, 이 대통령 선거가 아프가니스탄 부정부패 문제를 해결하는 데 어떤 의미가 있는지는 분석하지 않았으며 공정한 선거 관리를 통한 정치적 정통성 강화 문제 또한 간과했다.

이것은 심각한 문제였다. 오바마 행정부는 2009년 8월 아프가니스탄 대통령 선거가 부정선거로 전락하는 것을 사실상 방관했다. 아프가니스탄은 민주주의 전통을 가지고 있지 않았고, 오랜 내전을 경험하면서 민주적 정치 문화가 자리 잡을 수 없었으며, 공정한 선거를 관리하는 데 필요한 행정 능력도 부족했다. 선거를 관리하기 위해서는 외부의 강력한 개입과 선거 비용이 필요했는데 미국이 2억 6300만 달러를, 그 밖의 다른 나라들이 2억 2500만 달러를 UN을 통해 제공했다.[8] '공정한 선거'를 통해 아프가니스탄 정부의 정통성을 강화할 필요가 있었지만, 카르자이 행정부는 이에

그림 12-2 **카르자이와 압둘라**

자료: Wikipedia. https://en.wikipedia.org/wiki/Hamid _Karzai#/media/File:Hamid_Karzai_listens_to_Barack _Obama_in_Kabul_2012_(cropped).jpg (검색일: 2021 년 4월 22일); https://en.wikipedia.org/wiki/Abdullah_ Abdullah#/media/File:2017_Halifax_International_Se curity_Forum_(37618951885)_(cropped).jpg (검색일: 2021년 4월 22일).

필요한 조치를 취하지 않았다. 많은 출마자들 가운데 주요 후보는 2명으로 압축되었는데, 바로 재선에 도전하는 현직 대통령인 카르자이와 마수드의 측근으로 북부동맹의 핵심이었고 카르자이 행정부에서 외교 장관을 역임한 압둘라였다.

하지만 미국의 아프가니스탄 외교 정책을 담당하는 아이켄베리 대사와 홀브룩(Richard Holbrooke) 아프가니스탄 특사 등은 카르자이의 재선에 반대하며, 경쟁 후보들과 접촉했다. 아이켄베리는 압둘라 후보 등과 함께 아프가니스탄 방송에 출연했으며, 정부는 이제 "지난 5년 동안의 업적에 대한 성적표를 받아야 한다"라고 발언했다. 홀브룩 특사는 "나는 카르자이가 싫다"라는 말실수를 하면서, 압둘라 후보 등을 물심양면으로 지원했다. 이러한 경향성 때문에, 클린턴 국무 장관은 대사와 특사는 "아프가니스탄 선거에서 중립을 지켜야 한다"라는 훈령을 공식적으로 하달하기도 했다.[9] 하지만 카르자이 측은 미국이 선거를 통해 자신을 '합법적

그림 12-3 아이켄베리 대사와 홀브룩 특사, 카르자
이 대통령

주: 왼쪽에서 오른쪽으로 아이켄베리 대사, 홀브룩 특사,
카르자이 대통령이 7월 25일 아프가니스탄 대통령 선거에
대해 토의하고 있다.
자료: Wikimedia Commons. https://commons.wikime
dia.org/wiki/File:Eikenberry-Holbrooke-Karzai-2009.jp
g (검색일: 2021년 4월 24일).

으로 제거'하려고 한다고 믿었고, 이에 선거에서의 승리를 위해 모든 수단을 사용했고, 그 때문에 선거 부정은 극심했다. 미국은 선거 부정을 방지함으로써 '카르자이를 제거'할 수 있었지만, 정작 그렇게 행동하지는 않았다. 카르자이 대통령은 미국이 '소련과 같이 행동한다'고 비난했으나, 미국은 '소련과 같이 행동'함으로써 얻을 수 있는 정치적 지배력은 확보하지 못했다.[10]

여성 유권자들의 권리 행사는 '문화적 이유'에서 심각한 수준으로 저해되었지만, 이는 이른바 '아프가니스탄 문화와 전통'으로 치부되었다. 일부 지역에서는 여성 전용 투표소가 처음부터 폐쇄되었고, 아프가니스탄 중부의 우르즈간 지방(Oruzgan Province)에서는 36개의 여성 투표소 중 6개만이 여성 유권자를 수용했다. 저항 세력의 공격이 산발적으로 감행되면서, '여성이 투표하러 나가는 것은 위험하다'는 인식이 널리 퍼지면서 여성의 투표 참여는 더욱 저해되었다.[11] 탈레반과 알카에다는 아프가니스탄 대통령 선거를 방해하는 데 성공했고, 이 과정에서 저항 세력은 135회 공격을 감행했고 26명의 민간인이 사망했다. 미군 및 NATO 병력이 증강되었으며 탈레반이 장악한 지역에 투입되어 압박했지만, 탈레반은 유권자들을 위협하여 선거에 참여하지 못하도록 하는 데 성공했다. 선거 당일 7000개의 투표소 중 10% 정도가 폐쇄되었으며, 전체 유권자의 30~38%

정도만이 투표했다.[12] 2004년 10월 초대 대통령 선거에서 투표율이 83.66%였던 것을 고려한다면, 2009년 선거 자체는 실패작이었다. 이 선거의 문제는 투표율에만 있는 것이 아니었다. 투표 과정에서의 부정은 선거의 중요성 자체를 부정할 수준이었고, 선거를 통한 정치적 정통성 창출 또한 실패했다.

선거일 공표에서부터 문제가 발생했다. 아프가니스탄 헌법은 대통령 임기를 이슬람 달력 5년으로 규정했다. 따라서 초대 대통령 카르자이의 임기는 2009년 5월 22일 종료되며, 다음 대통령 선거는 2009년 초에 진행되어 봄에는 최종 당선자가 결정되어야 했다. 하지만 아프가니스탄 선거관리위원회는 '선거 준비에 필요한 시간 관계'로 대통령 선거를 8월로 연기하고 이와 함께 대통령 임기 또한 3개월 연장한다고 선언했다.[13] 이러한 조치는 초헌법적 조치였으며, 야당 세력은 격렬히 비난했다. 하지만 오바마 행정부는 이와 같은 '초헌법적 조치'를 지지했으며, 이후 아프가니스탄 대법원 또한 선거 연기 및 임기 연장이 불가피하다고 결정했다. 출범 직전 오바마 행정부는 카르자이에 대해 강력한 불만을 표명했지만, 실제 정책을 추진하는 과정에서 미국은 카르자이 대통령의 선거 부정을 점차 추인하기 시작했다.

카르자이 대통령이 선거관리위원회를 사실상 통제하는 가운데, 아프가니스탄 정부는 카르자이 대통령이 승리하도록 선거 과정에 깊이 관여했으며, 선거 과정에서 행할 수 있는 온갖 부정행위가 자행되었다. 매표 행위가 만연했고, 카르자이 지지가 미약한 지역에서는 투표소가 폐쇄되었다. 투표가 시작되기 전에 투표함은 이미 카르자이 지지표로 가득 차 있었으며, 일부 투표함은 개표소로 운반하는 과정에서 바꿔치기 되었다. 600명의 유권자가 거주하는 한 지역에서는 986표의 카르자이 지지표가 집계되기도 했다.[14] 개표 과정에서도 심각한 부정이 자행되었다.

미군 병력이 투입된 일부 지역에서는 100명 정도의 유권자가 투표했지만, 개표 결과 4000표가 등장했다. 이후 재개표하면서 투표한 유권자는 1만 2000명으로 수정되었고, 최종적으로 유권자 2만 5000명 전원이 카르자이를 지지한 것으로 집계되었다. 그 지역의 성인 인구는 500명 정도로 투표 당일에는 100명 정도가 투표했는데 개표를 하고 보니 2만 5000표가 된 것이다.[15] 부정 투표의 규모를 정확하게 파악하는 것은 불가능하지만, 아프가니스탄의 전체 등록 유권자 1530만 명 가운데 31.5% 정도가 투표하여 총 482만 표가 개표되었는데, 이 가운데 100만 표 정도는 부정선거의 결과인 것으로 추정되었다. 2009년 대통령 선거는 후진국에서 흔히 나타나는 단순 수치상의 문제를 넘어서, 아프가니스탄 민주주의와 선거제도 자체를 부정하는 수준의 부정선거로 진행되었다.

이에 선거 참관단 일부는 선거부정에 격분하여 사임했다. 특히 미국 정부가 UN 특사단 부단장(Deputy U. N. Envoy to Afghanistan)으로 선임한 갤브레이스(Peter Galbraith)는 노르웨이 외교관 출신의 UN 특사(Kai Eide)와 충돌하여 2009년 9월 중순에 기자회견을 열고 UN 특사가 아프가니스탄의 부정선거를 외면하고 있다고 비난했다. UN 특사는 '광범위한 선거부정이 존재했다'는 사실 자체는 인정했지만, '그 정확한 규모는 알 수 없다'는 입장을 견지했다.[16] 2009년 9월 UN이 개입하여 선거 부정을 조사하여 재개표가 이루어졌고, 카르자이를 지지한 수십 만 표가 무효 처리되었다. 특히 실제로는 투표가 이루어지지 않은 800개의 투표소가 투표결과를 선거관리위원회에 송부했다. 칸다하르 지역에서는 실제로는 유권자 2만 5000명이 투표했지만 35만 표가 집계되는 등 유엔의 조사를 통해 부정선거 의혹을 뒷받침하는 많은 사실이 드러났다.[17]

온갖 부정행위에도 불구하고, 카르자이는 과반을 얻지 못했다. 2009년 9월 아프가니스탄 선거관리위원회의 초기 집계에서는 카르자이가

표 12-1 **2009년 8월 아프가니스탄 2대 대통령 선거 최종 결과**

후보	득표수(표)	득표율(%)
카르자이	2,283,907	49.67
압둘라	1,406,242	30.59
가니	135,106	2.94
투표 합계	4,823,090	
전체 유권자	15,295,016	31.53 (투표율)

자료: wikipedia. https://en.wikipedia.org/wiki/2009_Afghan_presidential_election (검색일: 2021년 4월 24일).

54%를 득표한 것으로 나타났지만, 10월 21일 최종 확정된 선거 결과에서 카르자이는 49.67%를 얻은 것으로 발표되었다. 아프가니스탄 헌법은 대통령 선거에서 승리하기 위해서는 과반을 얻어야 한다고 규정하고 있기 때문에, 카르자이와 압둘라는 결선 투표를 통해 최종 승리자를 가려야 했다. 이것은 헌법에 명시된 조건이었으므로 반드시 준수되어야 하는 사항이었다. 하지만 카르자이는 이러한 헌법 규정을 지키지 않으려고 했다. 집계가 완료되지 않은 선거 당일 저녁, 카르자이가 일방적으로 승리를 선언하려고 하자, 홀브룩 특사는 카르자이와 면담해서 승리 선언을 보류하도록 그를 설득했다.[18] 그러나 다음 날 오전 카르자이는 승리를 선언하면서 자신이 "50% 이상을 득표했다"라고 공표했다. 4일 후 카르자이는 자신의 득표율이 68% 이상이라고 발언하면서, 결선 투표를 하지 않으려고 했다. 카르자이를 지지하는 파슈툰 원로들이 아이켄베리를 만나서 결선 투표를 하지 않아야 한다고 주장하자, 아이켄베리는 격분했다. 대사는 앞에 놓인 테이블을 내려치면서, "미군 병사들이 목숨을 걸면서 치른 선거가 이런 엉망진창이어서는 안 된다"라고 단언했고, 동시에 "기본적인 규칙이 지켜지지 않으면 아프가니스탄은 다시 정글로 돌아간다"라고 강력하게 경고했다.[19]

기본적으로 카르자이는 미국이 선거에서의 사소한 문제점을 빌미로 선거 결과를 부정하고 자신의 권위를 깎아내리고 자신을 제거하려고 한다고 생각하면서 미국 측에 노골적인 적대감을 노출했고, 홀브룩 특사와 아이켄베리 대사는 이런 상황을 통제하지 못했다. 이에 오바마 대통령은 케리(John Kerry) 상원 의원을 대통령 특사로 파견하여 카르자이를 설득했다. 케리는 다섯 차례 카르자이를 만나서 결선 투표를 해야 한다고 20시간 이상 역설했으며, 2004년 11월 대통령 선거에서 자신이 패배했던 경험까지 공유했다. 마침내 카르자이는 결선 투표를 진행하는 데 동의했고, 10월 20일 기자회견에서 공식 발표를 하겠다고 약속했다.[20] 하지만 1시로 예정되었던 기자회견은 연기되었고, 케리는 성경과 쿠란의 권위를 거론하면서 직접 카르자이를 압박해야만 했다. 결국 4시 30분에 열린 기자회견에서 카르자이는 11월 7일에 결선 투표를 개최한다고 밝혔다. 이것은 미국의 승리였다.

하지만 경쟁 후보인 압둘라는 결선 투표 또한 부정으로 점철될 것이므로 이런 상황 아래서는 자신이 승리할 가능성이 없다고 판단했다. 압둘라 후보는 결선 투표의 준비를 위해 시간이 필요하며 공정 선거를 위해 선거관리위원회를 개편해야 한다고 요구했지만, 카르자이 대통령은 이를 수용하지 않았다. 11월 1일 압둘라는 결선 투표에 참여하지 않겠다고 발표했고, 이로써 카르자이는 자동적으로 재선에 성공했다. 오바마 행정부가 그 많은 노력을 기울여서 추진했던 결선 투표가 그렇게 무산되면서, 결과적으로 카르자이는 재선에 성공했다. 하지만 이 과정에서 발생한 정치적 갈등은 그대로 남아서 오바마 행정부와 카르자이 행정부의 관계를 규정하게 되었다.

3. 연임에 성공한 카르자이 대통령과 오바마 행정부

11월 19일 카르자이는 대통령으로서 두 번째 취임 선서를 했고, 미국은 카르자이를 대통령으로 지지했다. 이후 카르자이가 어떻게 행동한다고 해도, 오바마 행정부는 카르자이에 대해 어떠한 조치도 취할 수 없었다. 특히 아이켄베리 대사는 카르자이에게 매우 부정적이었으며, 그가 자질이 없으며, 오히려 '미국이 아프가니스탄을 점령하고 끝없이 테러와의 전쟁을 수행하려고 한다고 의심'한다고 보았다.[21]

이러한 평가는 매우 정확했고, 카르자이 대통령과 아프가니스탄 정부는 저항 세력과의 전쟁에 그다지 집중하지 않았다. 카르자이 대통령은 부정부패 문제를 해결하라는 미국의 요구에 대해서도 별다른 주의를 기울이지 않았다. 오히려 카르자이는 '미국이 부정부패 문제를 언급하는 것은 자신을 압박하려는 수단'이라고 판단했고, 따라서 부정부패 문제에 대해 매우 신경질적으로 반응했다. 미국은 부정부패를 척결해서 아프가니스탄 주민들에게 더 나은 공공 서비스와 더욱 좋은 통치를 제공하고, 이를 통해 탈레반 세력의 지지 기반을 고사시킬 수 있다고 보았다. 하지만 카르자이는 미국이 자신을 꼭두각시로 생각하고 있으며, 따라서 부정부패 문제를 의도적으로 부풀려서 자신을 정치적으로 압박하고 있다고 보았다. 따라서 해당 문제를 가장 많이, 가장 직접적으로 거론하는 동시에 언론에 유출된 전문에서 자신을 '믿을 만한 전략적 파트너가 아니며, 국가 지도자로의 책임을 끝없이 회피하려고 한다'는 평가를 내린 아이켄베리 대사를 적대시했다. 전문 유출 직후 아이켄베리 대사는 모든 사항은 '오해'라고 변명을 하기 위해 카르자이와 면담했는데 그 자리에서 카르자이는 '그럴 수 있다'며 해당 사안을 가볍게 처리하면서 자신은 이런 상황에 '익숙'하다고 말했다. 하지만 뒤이어 카르자이 대통령은 아이켄베리 대사에게 "당신에게는 적이 생겼다(you have an enemy)"라고 쏘아붙였다.[22] 그들의 관계는 이후 회복되지 못했다.

이러한 의견 대립은 심각했다. 카르자이는 아프가니스탄 전쟁을 알카에다와의 전쟁이라고 보고 탈레반 저항 세력의 존재 자체를 무시했다. 2006년 말까지 부시 행정부가 이라크에서 저항 세력의 존재를 부정했던 것과 같이, 카르자이는 아프가니스탄에서 자신의 권위를 인정하지 않는 무장 집단이 존재한다는 사실 자체를 거부했다. 오바마 행정부는 아프가니스탄 전쟁을 대반란전으로 추진하면서, 매크리스털 장군은 해당 개념을 카르자이에게 보고했다. 이에 카르자이 대통령은 "아프가니스탄에 저항 세력과 반란군은 존재하지 않으며, 모든 문제는 외부에서 유입된 알카에다 테러리스트 때문에 발생한다"라는 입장을 견지했다. 즉 아프가니스탄 국민 모두는 카르자이를 정당한 지도자로 인정하고 있으며, 자신을 정당한 지도자로 인정하지 않는 사람들은 외부에서 유입된 테러리스트(non-Afghan elements)이며, 미국은 바로 이러한 테러 조직의 공격을 받았고 이러한 테러 조직을 제거하기 위해서 아프가니스탄까지 와서 전쟁을 수행한다는 논리를 제시한 것이다. 따라서 카르자이는 저항 세력의 존재를 인정하지 않았고, 대반란전 개념 자체도 거부했다.[23] 미국이 아프가니스탄에서 대반란전을 수행하는 데 가장 큰 걸림돌은 바로 아프가니스탄의 카르자이 대통령이었다.

그렇다고 미국은 카르자이를 제거할 수 없었다. 카르자이가 재선된 상황에서 '카르자이를 제거'하는 것은 정상적인 방법으로는 가능하지 않았다. 하지만 쿠데타와 같은 비정상적인 방법을 사용하기에는 너무나 위험했고, 미국, 특히 오바마의 민주당 행정부는 이런 일에 엄청난 트라우마가 있었다. 1963년 11월 케네디 행정부는 남베트남 군사 쿠데타를 지원했고, 이를 통해 응오딘지엠 정권을 무너뜨렸다. 쿠데타는 성공했지

만, 쿠데타 병력은 1963년 11월 2일 응오딘지엠 대통령과 그의 동생을 가톨릭 성당에서 체포하여 기지로 호송하던 중 대통령 형제를 살해했다. 남베트남 쿠데타는 미국 민주당 행정부의 원죄로 작용했고, 북베트남은 남베트남이 미국의 꼭두각시이기 때문에 쿠데타가 발생했다고 비판했으며, 남베트남 정치 지도자들은 자신들의 생명을 걸고 서로를 견제하고 의심했다.

아프가니스탄에서도 동일한 역동성이 작용했다. 카르자이에 대한 불만이 엄청나게 누적되었지만, 미국은 '믿을 만한 전략적 파트너'도 아니며 '국가 지도자로서의 책임을 끝없이 회피'하는 카르자이를 제거하려고 시도하지 않았다. 비합법적인 수단을 사용하는 순간, 아프가니스탄 정치 지도자들 사이에 그나마 존재하는 상호 존중과 신뢰는 송두리째 파괴되었을 것이며, 많은 세력이 탈레반 저항 세력과 협력하면서 자신들의 생존 가능성을 확보하려고 시도했을 것이다. 그 결과 모든 것이 붕괴했을 것이다. 아프가니스탄 대통령이 아프가니스탄 주재 미국 대사를 '적(enemy)'으로 규정하고, 미국이 자신을 정치적으로 제거하려고 했다고 믿고 있었지만, 오바마 행정부는 어떠한 조치도 취할 수 없었다.

이후에도 미국과 카르자이의 관계는 개선되지 않았다. 카르자이는 미국의 군사작전을 비판했으며 미군 철군까지 요구했다. 카르자이는 2010년 4월 미군은 '침략자에 가깝다'고 주장하면서, 아프가니스탄 보안군은 외부 세력이 고용한 '용병'이며 탈레반 저항 세력은 '민족적 저항'이라고 규정하기도 했다. 아프가니스탄 국회의원들과의 면담에서, 카르자이는 "외부의 압력이 계속된다면, 탈레반에 가담하겠다(I swear that I am going to join the Taliban)"라고 선언함으로써 사람들을 경악시켰다.[24] 2010년 10월 민간인 피해 및 경호 업체 고용 문제로 카르자이와 퍼트레이어스는 정면충돌했다. 카르자이는 "아프가니스탄은 미국, 탈레반, 국제사회 등 3개의 적과 싸우고 있다"라고 지적하면서, "미군을 데리고 즉시 철수하라"라고 발언했다.[25] 아프가니스탄 정치에서 생존하는 데 최선을 다했던 카르자이는 미국에 대해 비판하면서, 자신은 '미국의 꼭두각시가 아니다'는 입장을 견지했다. 2012년 2월 미군 병력이 실수로 쿠란을 소각하자, 카르자이는 '사악한 악마의 행동(satanic act)'이라고 격렬히 비난했고, '신(神)께서 미국과 탈레반이라는 두 악마로부터 우리 아프가니스탄을 구원'해 주시기를 바란다고 말했다.[26]

이것은 정상적인 동맹국 관계가 아니었다. 1960년대 미국은 베트남에서 50만 명의 병력과 210억 달러를 투입했지만 결국 실패했다. 막대한 인적·물적 자원을 투입했지만, 이러한 자원을 이용하여 남베트남 정부를 변화시키지도 못했을뿐더러 효율적인 남베트남 군사력을 구축하지도 못했다. 2001년 이후, 특히 2009년 이후 오바마 행정부는 동일한 상황에 직면했다. 미국은 아프가니스탄 전쟁에 10만 명의 병력과 510억 달러를 투입하면서, 아프가니스탄의 주권을 존중하며 제국주의라는 비난을 회피하려고 했다. 그 의도는 적절했지만, 그 결과는 성공적이지 못했다.

제13장

저항 세력과 군벌 그리고 아프가니스탄 보안군

2001년 미국이 아프가니스탄을 침공했을 당시, 부시 행정부는 탈레반 정권을 제거하면 아프가니스탄은 자동적으로 '정상화'된다고 보았다. 하지만 아프가니스탄 현실은 가혹했고, '정상화'는 쉽게 이루어지지 않았다. 탈레반 세력은 패배의 충격에서 상대적으로 빨리 회복했고, 2006년쯤부터 저항 세력으로 등장하여 미국이 지지하는 아프가니스탄의 카르자이 정권을 본격적으로 공격하기 시작했다. 탈레반은 그 자체가 1990년대 중반 무자헤딘 정권에 대한 저항 세력으로 출발했기 때문에, 카르자이 정권에 대한 무장 저항에도 '매우 능숙'했다. 탈레반 지휘부는 파키스탄으로 피신하여 자신의 군사력을 재건했으며, 2001~2002년 패전 과정에서 와해되었던 남부 파슈툰 중심의 통치 조직을 매우 빠른 속도로 복구했다. 아프가니스탄 전쟁은 점차 카르자이 정권과 그에 대항하는 탈레반 저항 세력 사이의 내전으로 변모했고, 미국은 카르자이 정권을 지지하면서 자신이 수립한 정권이 아프가니스탄 내전에서 승리하는 데 집중했다.

문제는 방어해야 하는 카르자이 정권이 자기 스스로를 군사적으로 방어하고 생존하는 데 익숙하지 않았다는 사실이며, 미국의 지원에도 불구하고 자기 방어 및 생존에 필요한 군사력을 창출하는 데 매우 비효율적이었다는 사실이다. 2001년 10월 미국이 아프가니스탄을 침공하기 이전까지 탈레반 정권이 아프가니스탄을 통치했으며, 탈레반 정권에 저항하는 무장 세력은 아프가니스탄 북부에 웅거하고 있던 북부동맹이었다. 미국이 폭격 등으로 화력 지원을 제공했기 때문에 북부동맹은 탈레반 정권과의 전쟁에서 군사적으로 승리할 수 있었다. 카르자이는 이러한 전투에서 실질적인 역할을 하지 못했으며 카르자이 개인이 통제하는 병력은 실제로는 거의 없었다. 즉 카르자이 정권은 북부동맹에서 출발한 군벌 병력에 기초한 정권이었으며, 개별 군벌은 자신들의 이익을 확보하는 데 집중했다. 군벌 세력은 중앙정부가 통제하는 군 및 경찰 병력인 아프가니스탄 보안군 병력이 증강되는 것을 지극히 경계했으며, 카르자이 대통령은 자신이 통제할 수 있는 군사력으로 군벌 세력을 제압하기보다는 군벌 사이의 균형을 유지하는 데 집중했다. 이 과정에서 부정부패가 용인되었고 그 때문에 아프가니스탄 보안군은 발전하지 못했다.

미국은 일단 제거되었던 구체제인 탈레반 세력의 공격으로 자신이 지지하는 신체제인 카르자이 정권이 붕괴하는 상황을 피하기 위해서 카르자이 정권의 생존을 보장하는 데 가장 필수적인 아프가니스탄 보안군 증강에 많은 자원을 투입했다. 하지만 아프가니스탄 정부가 동원할 수 있는 군사력은 쉽게 만들어지지 않았으며, 보안군과 경찰 병력에 대한 훈련도 매우 느리게 진행되었다. 훈련을 마쳤다고 해도 해당 병력은 실제 작전 능력을 갖추지 못한 경우가 태반이었다. 아프가니스탄 보안군 훈련은 미국의 아프가니스탄 전쟁에서 나타난 모든 문제점을 집약한 작업이었고, 여기서 실패하면서 전쟁 자체에서 패배했다.

1. 탈레반 저항 세력의 부활

2001년 10월 미국의 침공으로 탈레반 정권은 붕괴했다. 2001년 11월 카불에 북부동맹 병력이 입성하고 12월 칸다하르 또한 미국과 연계한 무장 병력이 점령하는 과정에서, 탈레반 군사력 대부분은 파괴되었으며 잔존 병력은 파키스탄으로 피신했다. 미국이 지원하는 아프가니스탄 중앙정부의 수립에 시간이 소요되고 일단 만들어진 카불 정부가 충분한 역량을 발휘하지 못하는 와중에, 탈레반 세력은 파키스탄에서 재정비하여 아프가니스탄에 영향력을 회복하는 데 성공했다. 2005년 8월 시점에서 카르자이 대통령을 수반으로 하는 아프가니스탄 중앙정부는 전체 영토의 1/3 정도를 적절하게 통제하지 못하고 있었고, 탈레반은 집권 세력에서 저항 세력으로 탈바꿈하여 카르자이 정권이 통제하지 못하는 지역의 대부분을 차지했다.[1]

모든 저항 세력이 탈레반과 알카에다는 아니었다. 우선 조직화되지 않은 개별 부족 차원의 무장 세력이 존재했다. 중앙정부의 존재감이 약했던 아프가니스탄에서는 국가가 '폭력 수단의 합법적 독점'을 달성하지 못했으며, 따라서 많은 부족들이 군과 경찰이 통제하지 못하는 무기들로 무장하고 있었다. 특히 소련 침공 이후 전쟁이 계속되면서 아프가니스탄 주민들 대부분은 자위 차원에서 상당한 화기를 보유하고 있었고, 냉전 경쟁의 와중에 미국은 더욱 많은 무기를 아프가니스탄에 공급했다. 국가의 중앙 통제에서 벗어난 무장 세력이 부족 단위로 존재했으며, 이러한 무장 세력은 일단 자기 방어 차원에서 부족 공동체에 진입하는 모든 외부 세력을 적대시했다. 그들은 1980년대에 소련군을 이러한 외부 세력으로 간주했고, 2001~2002년 이후 미군 또한 자신들의 전통과 문화를 위협하면서 자신들의 공동체에 진입하려는 이질적인 요소로 인식했다. 일

부 마을에서는 미군 병력을 소련군으로 오인하고 러시아어로 말을 걸고 소련군 철수 이후 처음으로 유럽계 백인을 목격할 정도로 외부 세력을 철저히 차단한 채 살아가고 있었다.[2]

역사적으로 이와 같은 부족 차원의 무장 세력은 아프가니스탄이 동원할 수 있는 군사력을 비약적으로 증가시키는 요인이었지만, 동시에 아프가니스탄 중앙정부가 통제하지 못하는 군사력이 사회 전체에 만연한 위험 상황을 초래하기도 했다. 국가를 '폭력 수단을 합법적으로 독점한 조직'이라고 정의한다면, 아프가니스탄에서 '국가'의 존재는 미약했다. 1980년 이후 이러한 상황은 더욱 강화되면서, 이후 보안군이든 저항 세력이든 아프가니스탄 군사력은 모두 부족·마을 차원의 무장 세력에 기초했고, 특히 부족·마을 유력자들의 정치적 연합에 따라서 해당 무장 세력의 정치적 향방이 지속적으로 변화했다. 탈레반 저항 세력은 개별 부족 지휘부를 파괴하고 마을 단위로 접근하여 병력을 '고용'했으며, 부족 조직이 파괴되어 버린 지방 세력은 결국 일당을 받고 개별적으로 병력을 제공했다. 탈레반 세력의 폭발적 확산은 이와 같이 부족들이 보유한 무장 병력을 확보하는 데 성공했기 때문에 가능했다.

그러나 탈레반 이외에도 다른 무장 세력은 존재했다. 일부 저항 세력은 탈레반과 협력하면서 동시에 경쟁하는 관계를 유지했으며, 특히 극단적인 배외 성향을 보여주는 과거 무자헤딘 세력 또한 여전히 존재했다. 1980년대 소련과의 전쟁에서 명성을 쌓았고, 이후 1990년대 무자헤딘 정권의 핵심으로 총리를 역임했던 헤크마티아르를 중심으로 하는 소규모 세력이 카불 북부와 동부 지역을 통제하고 있었다. 또한 1980년대 레이건 대통령이 '자유의 전사'라고 지칭했던 하카니(Jalaluddin Haqqani)가 지휘하는 3000명 정도의 병력이 파키스탄과의 국경 지대에서 독자성을 유지하지만 알카에다와 연합하여 탈레반 세력의 일부로서 미국 및 카르자이 정권에 저항했다.[3]

하지만 탈레반이 저항 세력의 주축을 구성했고, 특히 파키스탄의 퀘타 지역으로 후퇴하여 재편성했던 병력이 탈레반 저항 세력의 핵심이었다. 2001년 말 탈레반 세력은 칸다하르에서 철수하면서 인근 지역에 정제 아편 3800톤을 은닉했고, 아편 밀무역에 기반하여 탈레반 세력은 2004년부터 본격적으로 군사력을 재건하기 시작했다.[4] 이 과정에서 탈레반은 기존의 마약 조직 병력과 부족 차원의 무장 병력을 매우 빠른 속도로 흡수했고, 이러한 병력 흡수를 저해하는 모든 기존 사회 조직을 파괴하면서 아프가니스탄 사회 전체의 응집력을 또다시 약화시켰다. 동시에 탈레반 세력 자체도 아프가니스탄 마약 조직과 융합하면서 이전과는 다른 방향으로 변화했다. 즉 2001년 이전까지의 탈레반은 파키스탄의 지원에 기초하여 파슈툰 부족에서 출발한 정치 군사 조직이었다면, 2005~2006년 이후 새롭게 등장한 탈레반은 아프가니스탄 마약 조직의 이익을 대변하고 마약 산업에 적극 개입하는 마약 카르텔과 유사하게 행동했다.

탈레반 세력은 무장 병력을 동원하여 카르자이 정부를 직접 공격하거나 아프가니스탄 보안군 병력과의 전투에 병력을 집중하지 않았다. 대신 특정 지역에서 테러를 통해 아프가니스탄 중앙정부가 정부 업무를 수행하지 못하도록 마비시키는 데 집중했고, 특히 공무원들을 공격함으로써 '정부가 공무원들조차 보호하지 못할 정도로 무능'하다는 점을 부각했다. 탈레반 세력의 근거지였던 남부의 칸다하르에서는 경찰서장이 취임하면 파키스탄에 은거한 탈레반 지휘부가 신임 경찰서장에게 전화를 해서 암살 위협을 했고, 일부 경우에는 취임식 직후 경찰서장 개인 전화로 탈레반 지도자였던 오마르가 전화해서 "일주일 이내에 죽이겠다"라고 직접 위협하기도 했다.[5]

저항 세력은 '밤을 지배'하고, 정부 공무원들과 부족 지도자들을 살해했다. 미군 기지에 근무하는 군속들에게 협박 편지를 보내 그들이 사직하게 만들었고, 사직하지 않는 직원들을 암살하거나 그들의 가족을 납치해 살해했다. 결국 해당 지역에서는 누구도 안전하다고 느끼지 못했다. 즉 탈레반이 직접 등장하지는 않지만, 지역 주민 모두는 탈레반이 해당 지역을 장악하고 있다는 사실을 인식했다.[6] 그 때문에 주민들은 '결국 탈레반이 승리할 것'이라고 생각하며, 탈레반의 보복이 두려워서 미군 및 아프가니스탄 보안군에 협조하지 않았다. 오히려 주민들은 지역을 장악하고 있는 탈레반에게 협력하면서, 지역에서 발견된 사제 폭발물에 대해서는 "우리 것이 아니다"라고 주장하면서 '신원 미상의 젊은이들'이 기거하는 시설에 대해서도 함구했다.[7] 근본주의 성향의 주민들은 탈레반을 지지했지만, 그 비율은 10% 정도에 지나지 않았다. 지역 주민의 60% 이상은 미군을 지지했지만, 미군은 지역 주민들을 보호하지 않기 때문에 결국 주민들은 탈레반 세력을 묵인하는 상황이었다.[8]

동시에 탈레반 저항 세력은 특히 남부 파슈툰 부족의 기존 조직 및 세력을 파괴하는 데 집중했다. 2001년 이후 9년 동안 칸다하르 인근 지역에서 515명의 부족 장로와 종교 지도자가 살해되었고, 그 결과 미군과의 협력을 주도할 파슈툰 지도자들이 물리적으로 소멸했다. 2010년 미군은 칸다하르 시장을 보호하기 위해 많은 노력을 기울였고 그 덕분에 시장은 생존했지만, 부시장 2명은 모두 2010년 하반기에 살해되었다. 칸다하르 시청에 근무하는 66명의 직원 가운데 1/3이 생명의 위협을 느끼고 사직하면서 정부의 업무 자체가 마비되기도 했다.⁹ 이러한 과정에서 파슈툰 부족이 보유했던 무장 세력은 이전까지의 조직력을 상실하고 개별 병사들로 '거래'되었다. 부족 지도자들이 살해되면서 낮은 수준이었지만 그래도 이전까지는 존재했던 부족 단위의 조직력이 파괴되었으며, 무장 병력은 개별적으로 탈레반 저항 세력에게 병력으로 흡수되어 소모되었다.

아프가니스탄 남부의 파슈툰 세력은 지도자들을 상실하면서 표류했고, 파편화된 부족 세력은 탈레반 및 그와 연계한 마약 조직에 대응할 정도의 조직력을 상실했다. 이에 북부 지역에 기반한 타지크와 우즈베크 세력에게 저항하는 것 자체가 불가능하게 되었다. 그리하여 탈레반은 상당 부분 자신이 의도적으로 만들어낸 결과인 파슈툰 부족 세력의 '무력함'을 이용하여 파슈툰 세력을 탈레반 무장 병력으로 편입시킬 수 있었다. 그리고 탈레반은 파슈툰 세력의 보호자이자 대변인을 자처하면서, 아프가니스탄 북부에서 출발한 타지크와 우즈베크 부족 중심의 북부동맹 출신 군벌 세력과 대립했다.

2. 아프가니스탄 군벌 및 북부동맹의 정치적 유산

2001년 10월 미국이 아프가니스탄을 침공하면서, 부시 행정부는 미군 병력을 집중적으로 투입하지 않았으며 지역 동맹군을 포섭하여 지원하는 방식으로 전쟁을 지원했다. 이른바 '아프가니스탄 모형'은 미군 사상자를 최소화하면서 미국의 군사적 목표를 달성할 수 있는 새로운 전쟁 수행 방식으로 각광받았다. 일부는 이러한 '아프가니스탄 모형'이 성공하기 위해서는 상당한 군사 능력을 가진 지역 동맹 세력(local allies)이 존재해야 한다는 측면에서 '아프가니스탄 모형'의 제약 조건을 지적하기도 했다.¹⁰

항공 지원만으로 기존 정권을 무너뜨릴 수 있는 군사 능력을 배양하도록 지역 동맹 세력을 훈련시키는 일도 쉽지 않으며, 그런 능력을 갖춘 적절한 지역 동맹 세력을 찾을 가능성도 매우 희박하다는 주장이었다.

하지만 이와 같은 주장은 순수하게 군사적 차원에만 집중한 지적이었다. 아프가니스탄 모형에서 나타난 가장 심각한 문제점은 군사적 한계가 아니라 정치적 후유증이었으며, 특히 미군 병력을 대신하여 전투를 수행했던 지역 동맹 세력이 전쟁이 끝난 후 새로운 질서가 만들어지는 과정에서 정치적 지분을 요구한다는 사실이었다. 미군 병력이 지상에서 존재하지 않고 상황 자체를 지역 동맹 세력의 군사력에 기초해서 통제하기 시작하는 순간, 그 지역 동맹 세력은 전쟁 이후의 상황에서 자신들이 가져야 할 정치적 이익을 극대화하려고 행동하며, 특히 새로운 정권에서 자신들의 지분을 요구한다. 그리고 미군은 그들에게 상당한 지분을 인정하게 된다. 이와 같은 정치적 지분 때문에 전쟁 이후의 국가 건설에서 많은 부분에서 왜곡이 발생했으며, 군벌이 정치를 지배하는 상황이 초래되었다. 이것이 아프가니스탄의 문제점이었다. 2002년 이후 미국이 엄청난 자원을 투입했지만 아프가니스탄 국가 건설이 그토록 어려웠으며 부정부패가 만연했던 이유 또한 이러한 군벌 문제와 연관되었다.

탈레반 정권이 붕괴하고 전투 자체가 잦아들면서, 2001~2002년에 전투를 담당했던 북부동맹은 자신들의 군사적 기여와 비중에 적합한 '배당'을 요구했다. 북부동맹의 핵심 지휘관들은 새롭게 만들어지는 아프가니스탄 정부에서 자신들이 '상당한 지분'을 가질 수 있으며 동시에 '상당한 지분'을 가져야 한다고 생각했다. 현실적으로 북부동맹 병력이 카불을 점령하고 물리적으로 통제하고 있는 상황에서, 북부동맹 세력이 요구하는 '배당'과 '지분'을 거부하는 것은 불가능했다. 이러한 '배당'과 '지분'은 다양한 형태로 제공되었다. 우선, 북부동맹의 핵심 구성원들은 권력을 장악했다. 예를 들어, 2002년 7월 출범한 아프가 니스탄 과도정부에서 북부동맹 지휘관으로 카불 을 함락시켰던 파힘(Mohammed Fahim)은 부통령 겸 국방 장관으로 지명되었으며, 마수드의 측근 으로 마수드 암살 이후 마수드 세력의 지도자로 활동했던 압둘라는 외교 장관에 임명되었다.[11] 다른 지휘관들은 도지사 및 시장 등에 임명되었 는데 그들은 2005년 국회의원 선거에 출마하여 당선되었다. 북부동맹 세력이 '배당'과 '지분'을 확보하면서, 새롭게 만들어진 아프가니스탄 정 부는 사실상 군벌 세력의 연합체로 운영되었다.

이와 함께, 군벌 세력은 국가사업에 개입하 여 경제적 이권을 장악했고, 이 과정에서 부정부 패는 더욱 확산되었다. 정권을 장악한 군벌 세력

그림 13-2 **파힘**

자료: Wikimedia Commons. https://commons.wikimedia .org/wiki/Category:Moham med_Qasim_Fahim#/media /File:Mohammed_Qasim_F ahim.jpg (검색일: 2021년 5월 28일).

은 국가 전체의 이익보다는 자신들의 이익에 집중했으며, 탈레반 저항 세력과의 경쟁과 국가 건설의 효율성 등은 도외시했다. 군벌 세력은 병 력 유지에 필요한 재원을 마련하기 위해 재건 사업에 참여하여 직접 공 사를 수주하여 진행하기도 했지만, 오히려 현용 병력을 직접 동원할 수 있는 재건 사업장의 경비 및 경호에 참여했다. 치안이 불안한 상황에서 모든 건설 공사장에서는 사설 경비 업체를 고용했고, 군벌 세력은 이렇 게 사설 경비 업체를 운영함으로써 휘하 상비 병력을 유지하여 자신들의 군사적 역량을 보전했다.[12] 2010년 하반기 미국 국방부는 1만 8000명의 사설 경비 업체 인력을 고용하여 아프가니스탄에서 다양한 작전 및 사업 을 진행했으며, 이 가운데 1만 6687명이 아프가니스탄 국적이었다. 카불 주재 미국 대사관이 추정한 바에 따르면, 사실 경비 업체와의 계약 규모

는 최소한 20억 달러 수준으로 이는 전체 재건 비용의 30% 정도를 차지했다.[13] 이후 사설 경비 업체에 대한 규제가 강화되었지만, 상황 자체는 큰 변화가 없었다. 2009~2011년 회계연도에 미국이 아프가니스탄 재건을 위해 지출한 29억 달러 가운데 10% 정도인 3억 달러가 사설 경비 업체 비용으로, 직접 병력을 고용하는 데 소요된 인건비는 1억 4000만 달러였으며, 3000만 달러는 차량 운영 항목으로 지불되었다.[14]

군벌 세력이 통제하는 사설 경비 업체는 전혀 성실하게 행동하지 않았다. 그들은 경비 업무에 최선을 다하지 않은 것은 물론, 본업인 경비 업무 외에 사설 경비 업체에 대한 수요를 적극적으로 창출했다. 군벌 세력은 북부동맹에서 출발했지만 탈레반에서 이탈한 병력들을 경쟁적으로 흡수했으며, 범죄 조직과 연계하여 자신들의 군사적 역량을 팽창시켰다. 그 때문에 사설 경비 업체를 고용하지 않으면 해당 재건 사업 및 공사는 지역 범죄 조직과 저항 세력의 공격에 노출되기 일쑤였는데, 사설 경비 업체는 일단 사업장을 공격한 이후 '자신들을 고용'하라고 해당 업체에 강요했다.[15] 또한 사설 경비 업체들은 탈레반 저항 세력과 결탁했으므로 사설 경비 업체가 활동하면서 탈레반 세력이 약화되지도 않았다. 일부 사설 경비 업체는 저항 세력에게 상납하면서 담당 구역에서의 치안을 유지했고, 탈레반은 상납을 받은 자금을 동원하여 다른 지역에서의 공격을 감행했다. 2010년 5월 일부 경비 업체가 미군 및 NATO와의 계약에서 제외되어 다른 업체로 교체되자, 미군 보급 차량이 공격에 노출되었고 차량 운전사들이 사직하는 일이 발생했다. 결국 1000대 이상의 트럭이 이동하지 못하면서 보급품 수송이 지연되자 미국은 트럭 한 대당 800~2500달러를 지불하면서 보급품 운송에 집중했다. 이러한 금액의 상당 부분은 사설 경비 업체를 거쳐 탈레반 저항 세력에 유입되었다. 미국은 '아프가니스탄 전쟁의 두 교전 당사자 모두에게 재정 지원'을 하고 있었지

만, 군벌 세력이 통제하는 아프가니스탄 정부는 이와 같은 상황을 그대로 방치했다.[16]

2003년 부시 행정부는 이라크를 침공하면서 25만 명의 미군을 포함하여 30만 명의 병력을 동원했지만, 아프가니스탄 침공에는 1만 명 미만의 병력만을 투입했기 때문에 미군은 북부동맹 병력에게 의존하여 침공을 진행했다. 그 때문에 침공 이전부터 상당한 정도의 독자성을 가지고 있었던 북부 쿠르드족 지역을 제외하고는 이라크 내부의 군벌 세력은 존재하지 않았다. 하지만 아프가니스탄의 상황은 전혀 다르게 진행되어 아프가니스탄 정치는 군벌 세력에 의해 결정되었다. 이것은 미국의 선택이었고, 이제 미국은 그리고 아프가니스탄은 북부동맹 병력을 동원한다는 부시 행정부의 2001~2002년 결정이 초래한 결과에 직면하게 되었다. 문제는 부시 행정부의 이러한 유산 때문에 아프가니스탄 안정화와 정상화가 심각하게 저해되었다는 사실이었다.

아프가니스탄에서 군벌 문제가 더욱 심각했던 또 다른 이유는 새롭게 권력을 장악한 카르자이가 기본적으로 독자적인 파슈툰 군사 세력이 아니었기 때문이다. 카르자이는 미국의 지원을 받으면서 타지크·우즈베크 중심의 북부동맹 군사력과 연합한 파슈툰 정치 세력의 지도자였으며, 자신의 독자적인 군사력을 보유하고 있지 않았다. 이러한 이유에서 카르자이의 정치적 공포심은 증폭되었고, 군벌 세력이 자신을 암살하거나 쿠데타를 통해 정권을 전복할지도 모른다는 두려움이 점차 증가했다. 더욱 강화되었다. 특히 오바마 행정부가 들어서면서 미국과의 관계가 악화되자 카르자이는 자신의 생존을 위해서 필사적으로 행동했으며, 북부동맹 출신의 군벌 세력이 미국과 연합하여 자신을 적대시한다고 보았다. 이러한 상황에서 카르자이 대통령은 다음 세 가지 방식으로 대응했으며, 카르자이가 선택한 방식은 각각 또 다른 문제점을 유발했다.

첫째, 카르자이 대통령은 자신의 정치적 생존을 위해서 아프가니스탄 군벌 세력을 적대시하지 않았으며, 군벌 세력의 권한 남용과 횡령 등을 방치했다. 즉 권력 기반이 약한 카르자이는 아프가니스탄의 부정부패를 허용하여, 군벌 세력을 포섭하고 동시에 무장 세력들을 도발하지 않으려고 했다. 예를 들어, 많은 군벌 세력은 자신들의 병력을 경찰로 등록하여 급여를 착복했지만 경찰로 근무하지는 않았다. 남부 칸다하르 인근 지역에서는 536명의 경찰 병력이 급여를 받고 있었지만, 실제 경찰 병력은 120명에 지나지 않았다. 나머지 400명 이상의 인원은 급여를 횡령하는 군벌 병력으로, 그들은 사실상 깡패에 가까웠다.[17] 계급 또한 남발되었다. 카르자이는 자신을 압박하는 군벌 세력을 무마하기 위해 장군 계급을 남발하여, 소규모 병력을 지휘하는 장교들이라도 모두 장군으로 진급시켰다. 이러한 경향은 카르자이가 퇴임한 이후에도 지속되어 2016년 말 아프가니스탄 육군의 장군 숫자는 1000명에 육박했다.[18] 이러한 문제를 해결하려면 군벌 세력을 해체할 필요가 있었는데, 자기 자신이 통제하는 독자적인 군사력을 가지고 있지 않은 카르자이 대통령에게는 불가능한 사안이었다.

둘째, 카르자이 대통령은 탈레반 세력과의 정치적 타협을 강조하고, 파슈툰 부족에서 출발한 탈레반 세력을 자신의 정치적·군사적 기반으로 삼으려고 했다. 파슈툰 전통 귀족 가문 출신인 카르자이는 탈레반 세력을 '군사적으로 격멸해야 하는 적(enemy)'이 아니라 자신의 '파슈툰 동포 (fellow Pashtun)'로 간주했다. 카르자이는 아프가니스탄 전쟁은 기본적으로 탈레반 저항 세력과의 전쟁이 아니라 외부에서 유입된 알카에다 테러리스트를 소탕하기 위한 미국의 군사행동이라고 판단했다. 이러한 측면에서 카르자이는 국가 차원에서 파키스탄이 테러 조직을 지원하고 있고, 극단주의 무장 세력을 육성하며 아프가니스탄을 사실상 '침공한다'고 비난했다. 2008년 6월 카르자이는 전쟁에서 승리하기 위해서는 "문제의 근원인 파키스탄을 침공해야 한다"라고 주장하면서, 군사적 위협은 아프가니스탄 출신으로 구성된 탈레반이 아니라 '파키스탄 출신의 오마르' 등이 지휘하는 탈레반 무장 세력이라고 강조했다.[19]

대통령을 대신하여 남부 파슈툰 세력을 규합하여 카르자이 지지 세력으로 재편했던 것은 카르자이 대통령의 이복동생(Ahmed Wali Karzai)이었다.[20] 그는 공식적으로는 칸다하르 지방의회 의장이었지만 대통령의 대리인으로 행동하면서 실질적으로 지사 수준의 권력을 행사했다. 특히 탈레반 세력에 가담하지 않은

그림 13-3 **카르자이 대통령의 이복동생인 아흐메드 왈리 카르자이**

자료: Wikipedia. https://en.wiki pedia.org/wiki/Ahmed_Wali_K arzai#/media/File:Ahmad_Wali _Karzai_in_2010_(cropped).jpg (검색일: 2021년 5월 29일).

파슈툰 세력을 규합하여 카르자이의 권력 기반을 강화했는데 이 과정에서 카르자이 대통령을 지지하는 파슈툰 세력에게는 많은 혜택이 집중되었다. 또한 그는 마약 거래와 밀수 등으로 엄청난 재산을 축적하고 동시에 CIA와 결탁하여 탈레반 테러리스트를 말살하는 일에 집중했다. 마약 거래와 밀수 등으로 2010년 한 해에만 2억 5000만 달러 정도를 벌어들였고, 이 수익을 지역 세력에게 배분하면서 칸다하르 지역에서의 카르자이 대통령에 대한 지지세를 규합했다.[21] 2004년 이후 미군과 아프가니스탄 경찰은 아흐메드 왈리 카르자이의 마약 거래에 대한 많은 단서를 포착했지만, 아무런 행동도 취할 수 없었다. 2006년 미국 대사와 CIA 지부장은 카르자이 대통령과의 면담에서 이 문제를 거론했지만, 카르자이는 자신의 이복동생을 기소할 수 있는 '증거'를 요구하면서 미국 측의 압박을 저지했다.[22] 동시에 아프가니스탄 전쟁을 담당하는 미군 지휘관들은 칸다

하르 지역을 적절하게 통제하기 위해 아흐메드 왈리를 '필요악'으로 인정했으며, '적절한 수준'의 마약 거래와 부정부패를 묵인했다. 문제는 마약 거래와 부정부패의 '적절한 수준'이 점차 높아지면서, 아프가니스탄 전쟁 자체를 위협하게 되었다는 사실이다.

셋째, 카르자이는 아프가니스탄 전쟁 자체를 '파키스탄 세력에 의한 아프가니스탄 침공'으로 규정하고, 자신은 '외부의 침략에서 아프가니스탄을 방어하는 국가 지도자'로 자리매김하려고 시도했다. 카르자이는 파키스탄을 증오하여, "파키스탄은 우리 아프가니스탄 사람들이 의사와 기술자 등 전문직 종사자가 아니라 파키스탄 대도시의 청소부로 살아가기를 바란다"라고 발언할 정도였다.[23] '외부의 침략'에는 단순히 파키스탄이 조종하는 근본주의 테러리스트뿐 아니라 그 테러 조직과 싸우고 있는 미국 군사력까지 포함된다. 2011년 7월 이복동생 아흐메드 왈리 카르자이가 암살되면서, 미국에 대한 의심과 원망은 더욱 증폭되었다. 카르자이는 '외부 세력'이 아프가니스탄을 통제하기 위해 아프가니스탄 국가 지도자를 '제거'하려고 시도할 것이라고 보았다. 그 때문에 카르자이는 미군이 훈련시키고 상당한 영향력을 행사하는 아프가니스탄 정규군에 대해 무관심했고, 경우에 따라서는 상당한 적대감까지 표명했다.

기본적으로 카르자이는 탈레반 세력과의 정치적 타협을 강조했고, 그들을 군사적으로 격퇴해야 하는 적대 세력으로 여기지 않았다. 카르자이는 오히려 파키스탄과 파키스탄이 지원하는 테러리스트 조직을 적대시했다. 그 때문에 카르자이는 군 병사들을 치하하지도 않았고 군부대를 직접 방문하거나 장병들을 상대로 연설을 하지도 않았다. 대통령이 국방 문제에 무관심했기 때문에 국가안전보장회의(National Security Council) 또한 작동하지 않았고, 군과 경찰의 조율 회의는 무의미했다. 카르자이는 NSC 보고서를 무시했고, 대통령 안보보좌관은 사무실에 거의 나타나지도 않았다. 배치된 인력 가운데 절반 정도만이 출근했고, 출근한다고 해도 직원들은 사무실에서 TV 시청으로 시간을 보냈다.[24] 대통령 집무실에는 아프가니스탄 및 인근 지역의 지도가 비치되어 있지 않았고, 그 때문에 영국 대사가 직접 자신의 가방에서 지도를 꺼내서 상황을 설명한 적도 있었다. 카르자이 대통령은 아프가니스탄군과의 일체감을 형성하지 않았고 오히려 아프가니스탄군을 끝없이 경계하고 거리를 유지했다. 국방 장관과의 회의에서 카르자이는 "미군이 철수하면 카불은 2주 후 함락된다"라고 지적하면서, "이것이 당신의 군(your military)에 대한 나의 평가"라고 발언했다.[25] 즉 카르자이는 아프가니스탄군을 자신이 지휘하는 군사력이 아니라, 미군이 통제하고 국방 장관이 지휘하는 병력이라고 생각했다. 그 때문에 아프가니스탄 보안군 증강에는 많은 어려움이 있었다.

3. 아프가니스탄 보안군 병력 증강

군 통수권자의 무관심과 잠재적 적대감 속에서, 아프가니스탄 보안군은 – 아프가니스탄 군 및 경찰 병력은 – 일단 수치상으로는 증강되었다. 하지만 이러한 증강은 순수하게 병력 훈련에만 집중한 실적 위주 정책의 결과물로, 아프가니스탄 중앙정부가 탈레반 저항 세력을 군사적으로 제압하고 군벌 세력을 통제하는 데 사용할 수 있는 효과적인 군사력 증강은 아니었다. 군사 문제에 대한 카르자이 대통령의 적대적 무관심과 미국의 행정 편의주의와 실적 위주의 행동, 아프가니스탄 사회 전체가 가지는 한계 등으로 보안군의 병력 증강을 제외한 실질적인 군사력 증강 자체는 매우 더디게 진행되었다. 그 결과, 아프가니스탄 보안군은 탈레반과의 전투에서 기대했던 능력을 보여주지 못했으며, 아프가니스탄 중앙정부는 자신의 생존을 보장할 수 있는 군사력을 구축하지 못하면서, 주권을 수호하지 못했고, 영토적 일체성도 확보하지 못했으며 국가 전체의 통일성을 유지하지 못했다.

탈레반 저항 세력을 격퇴하기 위해 아프가니스탄 보안군의 병력 증강은 지속되었으며, 그 결과 병력은 아프가니스탄이 지탱할 수 있는 규모를 초과했다. 아프가니스탄 임시정부 출범 직후인 2002년 12월 2차 본회의(Bonn II Conference)의 결정에 따라, 아프가니스탄 보안군 병력은 총 13만 2000명 수준으로 설정되었다. 이러한 병력 규모는 외부의 지원 없이 아프가니스탄 정부가 유지할 수 있다고 평가되는 상한선이었다. 육군 병력은 7만 명으로 카불과 그 밖의 4개 대도시에 주둔하는 4만 3000명 규모의 전투 병력과 교육 훈련 및 군수, 모병, 통신정보 등의 지원 업무를 담당하는 사령부 및 지원 병력 2만 1000명이었다.[26] 그 밖에, 국방부·합동참모본부 인원 3000명과 대통령 전용기 및 항공 수송을 담당하는 항공대가 3000명이었다. 여기에 6만 2000명 규모의 국가경찰(National Police) 병력이 추가되었고, 경찰 병력은 전 아프가니스탄에 분산 배치되었다. 2006년 2월 런던 회의에서 아프가니스탄 육군 7만 명과 경찰 6만 2000명의 상한선이 다시 규정되었지만, 해당 규모의 보안군을 재정적으로 유지할 수 있는지의 문제가 거론되었다.[27] 아프가니스탄 정부가 재정적으로 유지할 수 있는 병력은 총 5만 명 수준이지만 아프가니스탄 국내 안전을 보장하기 위해서는 15만 명 이상의 병력이 필요했다.

탈레반 저항 세력이 그 영향력을 점차 확대하면서 아프가니스탄 보안군 병력 또한 지속적으로 증가되었으며, 이에 따라서 재정적으로 병력을 유지할 수 있는지에 대한 우려는 무시되었다. 2007년 5월 아프가니스탄 경찰 병력이 8만 2000명으로 2만 명 증강되었으며, 2008년 2월 육군 병력 또한 1만 명 증강되어 8만 명 규모로 정원이 확대되었다.[28] 하지만

표 13-1 **아프가니스탄 보안군 병력 정원 증강(2002~2012년)**

(단위: 명)

	아프가니스탄 육군 병력	아프가니스탄 경찰 병력	아프가니스탄 보안군 총병력	비고
2002년 12월	70,000	62,000	132,000	2006년 12년 런던 회의에서 재확인
2007년 5월	80,000	82,000	162,000	
2009년 6월	93,000	92,000	185,000	
2010년 1월	113,000	102,000	215,000	2010년 3월 목표
	134,000	109,000	243,000	2010년 10월 목표
	171,600	134,000	305,600	2011년 10월 목표
2011년 10월	195,000	157,000	352,000	2012년 10월 목표

자료: DoD, *Report on Progress toward Security and Stability in Afghanistan*.

신병 모집과 훈련은 너무나도 지연되었으며, 훈련을 마친 병력 또한 독자적인 작전 능력이 없었다. 그 때문에 추가 병력과 미군 병력이 더욱 필요했고, 아프가니스탄 보안군의 병력 증강은 계속 추진되었다. 미국은 추가 예산을 투입하여 병력 증강을 뒷받침하면서, 아프가니스탄 정부의 재정적 유지 능력은 무시했다.

2008년 여름 부시 행정부는 아프가니스탄 보안군 병력의 증강을 결정하고, 특히 120억 달러를 투입하여 육군 병력을 향후 3년 동안 13만 4000명으로 증강한다고 발표했다. 2009년 3월 오바마 행정부는 이것을 다시 두 배로 증강하여 26만 명으로 확대하기로 했다. 동시에 경찰 병력 또한 14만 명으로 확대해 아프가니스탄 보안군을 총 40만 명으로 증강하고 필요한 장비와 비용을 미국이 지원하는 계획을 검토했다. 하지만 검토 단계에서 병력 증강 속도는 조정되었고, 일차적으로 미국은 2009년 6월 아프가니스탄 육군 병력을 9만 3000명으로, 경찰 병력을 9만 2000명으로 증강했다. 2010년 1월 오바마 행정부는 아프가니스탄 보안군을 2011년 말까지 3단계로 추가 증강하는 방안을 승인했다. 이에 따르면, 2010년 3월 말까지 아프가니스탄 군 병력은 11만 3000명으로, 경찰 병력은 10만 2000명으로 증강될 계획이었다. 동일한 계획에 기초하여, 2010년 10월까지 육군은 13만 4000명, 경찰은 10만 9000명으로 확대되고, 2011년 11월까지 육군 17만 1600명, 경찰 13만 4000명으로 증강될 계획이었다.[29]

수량적 측면에서 병력 증강은 순조롭게 진행되었다. 2010년 7월 아프가니스탄 육군 병력은 13만 4028명, 경찰 병력은 11만 5525명을 기록하면서, 2010년 10월까지의 목표를 3개월 조기 달성했다. 이러한 추세라면 2011년 10월까지의 증강 목표를 달성하는 일도 어렵지 않았다.[30] 2010년 10월 1일에서 2011년 3월 31일까지 3만 6229명이 아프가니스탄 보안군에 지원하여 육군에 2만 1199명, 경찰에 1만 5030명이 각각 배속되었다.[31] 하지만 탈레반 저항 세력과의 군사작전에 투입할 병력은 여전히 부족했고, 병력 증강은 불가피했다. 이전 목표는 2010년 1월 승인된 계획에 따라 2011년 11월까지 육군 17만 1600명, 경찰 13만 4000명으로 구성된 총병력 30만 5600명의 아프가니스탄 보안군을 확대하는 것이었지만, 2011년 10월 병력 정원이 추가되었다. 이에 따라, 2012년 10월까지 총병력이 35만 2000명으로 확대되었고 병력을 육군 19만 5000명, 경찰 15만 7000명으로 구성하기로 했다. 2011년 10월 말 현재 육군은 17만 781명, 경찰은 13만 6122명으로 수치상으로는 목표를 달성했다.[32]

문제는 병력의 수량적 증강이 아니라 육군과 경찰 병력의 전투력이었고, 이 부분에서 미군은 아프가니스탄 병력을 효과적인 전투 부대로 육성하는 데 실패했다. 개개인 차원에서 아프가니스탄 군 및 경찰 병력은 우수한 전사(warrior)였으나, 조직을 구성하고 체계적인 전투를 수행하는 능력은 매우 떨어졌다. 오랜 훈련을 통해 이러한 조직력을 구축하는 것은 가능하지만, 당장 성과를 내야 한다는 강력한 압박 때문에 병력을 체계적으로 훈련시키기가 쉽지 않았다. 아프가니스탄 보안군 병력 규모가 상향 조정되면서 군 및 경찰 병력에 대한 훈련 프로그램은 점차 느슨해졌다. 훈련 프로그램의 질(quality)이 저하되면서, 아프가니스탄 보안군의 군사적 능력이 감소되었다. 그 결과 엄격한 훈련을 받지 않은 병력이라도 더욱 많은 병력이 필요하게 되었고, 이렇게 상향 조정된 병력 규모를 달성하기 위해 훈련 프로그램의 질은 더욱 저하되었다. 이것은 심각한 악순환이었다.

단편적 차원에서도 이러한 문제점은 많이 지적되었다. 훈련 프로그램을 이수했지만, 훈련을 마친 부대의 화력 병력은 사격을 제대로 하지 못했고 화력 통제 또한 유지되지 않았다. 일단 공격을 받으면 아프가니스탄 병력은 조준하지 않고 사방으로 사격하면서 탄약을 낭비했다. 장교들은 휘하 병력들을 돌보지 않았고, 사병들은 지휘관들을 존중하지 않았다. 일정 지역에 도달하면 미군 병력은 야외 취침을 준비하지만, 아프가니스탄 병력은 지역 민가를 징발하여 대마초를 피우기 시작했다.[33] 마약 문제로 미군 병사들은 아프가니스탄 병력을 개인적 차원에서 매우 멸시했고 그들 사이에는 상당한 갈등이 존재했다. 아프가니스탄의 높은 문맹률로 인해 아프가니스탄 병사들에게는 기술적으로 복잡한 장비들을 지급할 수 없었고, 지급한다고 해도 그들은 그 장비들을 적절하게 활용하지 못했다. 그 때문에 미군들은 "이라크인들은 아프가니스탄인들에 비하면 아인슈타인이다"라고 평가하기도 했다.[34] 경찰의 경우에도 상황은 크게 다르지 않았으며, 감옥 등 교정시설은 경비 병력이 없이 그냥 방치되었다. '최고의 약점이 정문'이라는 말까지 생길 정도로 교도소에서는 탈옥 사건이 빈발했다.[35]

미국은 아프가니스탄 보안군 증강에 많은 노력을 기울였지만, 그 노력의 대부분은 아프가니스탄 군 및 경찰의 역량을 강화하려는 실질적인 투자가 아니라 지휘부에 보고하기 위한 매우 형식적인 실적 생산에 집중

표 13-2 **미국이 아프가니스탄 보안군에게 제공한 무기 수량(2004년 12월~2008년 6월)**

항목	수량
보병용 자동소총	117,163
권총	62,055
기관총	35,778
유탄발사기	18,656
휴대용 로켓(RPG)	1,620
산탄총	6,704
박격포 및 기타	227
총량	242,203

자료: GAO, *Afghanistan: Key Issues for Congressional Oversight* (Washington, DC: U. S. Government Accountability Office, April 2009), p.27.

되었다. 2009년 12월 아프가니스탄 증파 선언 당시 아프가니스탄 보안군 병력은 육군 9만 명과 경찰 9만 3000명이었다. 마약 문제와 부패, 행정적인 무능으로 인해, 카르자이 행정부가 보유한 병력은 거의 도움이 되지 않았다.[36] 2002년 6월에서 2008년 6월까지 6년 동안 미국 국방부는 소화기 및 기타 무기 총 38만 정을 아프가니스탄에 제공했는데 액수로 따지면 2억 2300만 달러 상당이었다. 이 가운데 2004년 11월까지 제공된 13만 8000정의 무기에 대한 상세 자료는 존재하지 않으며, 제공된 무기의 총 수량만이 남아 있었다. 2004년 12월에서 2008년 6월 사이의 자료 또한 부실하여 24만 2000정의 무기 자료에서도 8만 7000정에 대한 기록은 부정확하여, 4만 6000정에 대해서는 총기 번호 등 기본 정부가 남아 있지 않았고, 4만 1000정에 대해서는 총기 번호 기록만 있을 뿐이어서 현재 어떤 부대가 어떤 무기를 사용하는지 그 현황을 파악하는 것은 불가능했다.[37]

　미군은 실적 때문에 총기 정보를 기록하지 않고 대량의 무기를 아프가니스탄 보안군에게 인도했고, 이후 무기의 대부분은 그대로 사라졌으며 이 가운데 상당 부분은 탈레반 저항 세력으로 유입되었다. 무기의 총량 자체가 충분했기 때문에 아프가니스탄 군 및 경찰 병력은 모두 자동소총으로 무장할 수 있었지만, 2010년 가을 실제 배치된 아프가니스탄 경찰은 무기가 부족했다. 일부 경찰 부대는 140명이 자동소총 40정을 공유했고, 이 가운데 10정은 그나마 고장 난 상태였다.[38] 하지만 문제는 시정되지 않았고, 2014년 7월 조사에서도 동일한 문제가 지적되었다. 2004년 이후 미국은 46만 5000정의 소화기를 포함하는 6억 2600만 달러 상당의 무기를 제공했으나, 이 가운데 43%인 20만 3888정에 대한 기록은 존재하지 않거나 중복되었으며 인도인수 기록이 없다.[39]

미국은 무기뿐 아니라 다른 보급품 또한 무한정으로 제공했는데 이에 대한 자료는 사실상 없다. 예산을 소진하기에 급급했던 미군 조직은 아프가니스탄 보안군이 요청하는 모든 물자를 제공했으나, 아프가니스탄 보안군이 일단 제공한 물자를 어떻게 사용되는지는 추적하지 않았다. 2007년에서 2012년까지 5년 동안 미국은 아프가니스탄 보안군이 요구하는 11억 달러 상당의 석유 및 윤활유를 공급했지만, 공급 이후의 상황에 대해서는 아무런 기록도 없다.[40] 2012~2013년 조사 결과에 따르면, 미군은 이미 파괴된 차량의 운영비 500만 달러를 지급하기도 했다. 2600만 달러를 지출하여 5개의 경찰서 건물을 완공했지만, 해당 시설은 전혀 사용되지 않았다.[41] 이처럼 예산 낭비는 심각했다.

가시적이고 계량적인 성과를 내야 하기 때문에, 미국은 아프가니스탄에 예산을 집중 투입했고 기대했던 목표 수치를 달성했다. 하지만 이와 같은 예산 투입은 아프가니스탄 정부의 부정부패를 더욱 악화시킬 뿐이었다. 2010년 아프가니스탄의 경제 규모는 159억 달러였지만, 미국은 160억 달러를 투입했다. 이러한 상황에서 아프가니스탄에서 부정부패가 없다면, 그것이 바로 기적이었다.[42] 미국, 특히 오바마 행정부의 조급증은 아프가니스탄 전쟁의 장기적 승리에 걸림돌로 작용했다.

제14장

양귀비와 아편 그리고 마약국가 아프가니스탄
파멸의 조합

　　부정부패 문제와 함께 아프가니스탄을 파멸로 끌고 갔던 또 다른 문제는 바로 마약이었다. 마약 문제 때문에 아프가니스탄의 부정부패는 끝없이 악화되었다. 아프가니스탄 주민들은 오랫동안 양귀비를 재배했으며, 1990년대 탈레반 정권 시기에도 상당한 양의 양귀비가 재배되었고 아편이 외부로 유출되었다. 아편이 '아프가니스탄 제1의 수출 상품'으로 등극하면서, 모든 것이 파멸했다. 저항 세력은 아편 거래로 미국의 지원을 받는 아프가니스탄 중앙정부와의 전쟁에 필요한 자금을 확보했으며, 아프가니스탄 정부는 아편 거래를 묵인하고 엄청난 부정 자금을 축적하면서 폭발적으로 부패했다. 아프가니스탄의 정치와 경제, 군사 등 통상적인 국가 건설에 필요한 모든 사항은 양귀비와 아편의 영향력에 들어가면서 기대했던 성과를 가져오지 못했다. 대신 세계 최악의 부정부패와 불투명성, 마약 자금을 둘러싸고 끝없이 지속되는 폭력이 그 자리를 채웠다.

전쟁 초기 단계에서 미국은 마약 문제를 심각하게 우려하지 않았다. 탈레반 저항 세력을 군사적으로 제압하고 아프가니스탄 국가 건설에 집중해야 하기 때문에, 미국과 NATO 국가들은 지역 주민들이 어떠한 작물을 재배하는지에 대해서는 관심을 기울이지 않았다. 초기 단계에서는 아프가니스탄 주민들의 지지를 확보해야 했기 때문에, 양귀비를 재배하고 아편을 정제하여 생계를 유지하는 지역 주민들을 방치했다. 하지만 탈레반 저항 세력은 양귀비와 아편을 포기하지 않았고, 지역 주민들과 결탁하여 아편 정제 시설을 보호하고 마약 재배를 독려하면서 해당 지역을 장악했다. 탈레반 세력은 이렇게 마약 거래에서 발생한 '수익금'으로 조직을 재건했다.

미국은 양귀비와 아편 문제를 해결해야 한다는 사실을 깨달았지만, 해결 방안을 찾지 못했다. 어떠한 방법을 사용해도 부작용이 발생했으며, 아편 생산은 지속적으로 증가했다. 그리고 탈레반 저항 세력의 자금력 또한 향상되었다. 이를 저지하기 위해 양귀비 재배를 단속하고 마약 생산 시설을 파괴하면, 해당 지역의 주민들이 아프가니스탄 보안군과 미군 병력을 적대시하고 탈레반 저항 세력에 가담했다. 이것은 최악의 딜레마였다. 대반란 작전과 국가 건설을 추구하는 미국으로서는 반드시 지역 주민들의 지지를 받아야 했지만 지역 주민들의 지지를 유지하기 위해서는 탈레반 저항 세력의 자금원인 마약 문제를 방치해야 했다.

마약 문제는 결국 아프가니스탄 정부의 부정부패를 더욱 악화시켰다. 양귀비 재배와 아편 생산은 단순히 묵인되었던 사항이며, 따라서 아프가니스탄 정치와 행정, 공권력 행사에서 위선적인 모습이 더욱 많이 등장했다. 탈레반 저항 세력과 아프가니스탄 정부가 담합하여 마약 수익금을 배분했고, 카르자이 대통령의 이복동생 등의 인척이 남부 지역의 마약 조직의 수장으로 행동했다. 이와 같은 미국과 아프가니스탄 정부의 위선적인 행동은 필연적으로 부정부패로 연결되었고, 아프가니스탄 국가 건설을 저해하고 아프가니스탄을 사실상의 마약국가(narco-state)로, 아프가니스탄 전쟁을 마약 문제를 둘러싼 보안군과 마약 조직 사이의 무력 충돌로 변질시켰다. 그리고 이 상황에서 미국은 뚜렷한 입장을 취하지 않았고, 취할 수 없었다. 미국 정보기관은 마약 조직과 협력하여 탈레반 저항 세력을 무너뜨리려 했고, 지역을 통제하는 미군 전선 지휘관들은 관할 지역에서 문제가 야기되지 않기를 바라는 가운데, 전쟁 전체를 지휘하는 매크리스털이나 퍼트레이어스 등은 마약 문제를 해결함으로써 부정부패를 근절해야 함을 강조했다. 하지만 어떠한 해결책도 실행하기가 쉽지 않았고, 기대했던 효과를 가져오지 못했다.

1. 양귀비와 아편 그리고 아프가니스탄

양귀비는 지중해 동부와 메소포타미아 지역을 원산지로 하지만, 그 특유의 약효 때문에 고대 세계 전체에서 널리 사용되었다. 6000년 전 무렵의 유물에서 양귀비와 아편과 관련된 유물들이 등장하며, 고대 이집트와 그리스 문명에서는 양귀비를 진통제로 사용했다. 그 특유의 효과 때문에 중앙아시아와 남아시아 지역에서도 사용되었으며, 현재 부탄 왕국의 국화가 푸른 양귀비(blue poppy)일 정도로 널리 퍼져 있었다. 양귀비 열매가 채 익지 않았을 때 칼로 상처를 내어 흐르는 유액(乳液)을 모아 생아편을 만들며, 이를 그대로 사용하거나 다시 의학적으로 정제하여 모르핀(morphine)을 생산할 수 있다. 강력한 마약으로 현재는 의학적으로 전혀 사용되지 않는 헤로인(heroin) 또한 아편에서 생산된다.

아편은 그 중독성으로 많은 사회와 개인을 파괴했다. 국가 단위의

가장 대표적인 피해자는 중국으로, 중국 청(淸)나라는 1799년 아편 단속을 시작했으나 그 효과는 미미했고, 아편은 더욱 확산되어 중국 경제와 사회 전체를 파괴시켰다. 결국 청나라는 아편을 전면 금지했지만, 모든 마약 금지 조치와 마찬가지로 아편 금지령 또한 성공하지 못했으며 성공할 수 없었다. 아편 수출을 통해 무역수지 흑자를 기록하고 있던 영국이 아편 금지령에 반발하고, 이를 자유무역 문제와 결부시키면서 1840년 아편전쟁이 발발했다. 전쟁에서 패배한 청나라는 1842년 8월 난징조약(南京條約)을 체결하고, 홍콩 섬 할양과 5개

항구의 개항 등에 합의했다. 이후 청나라는 외부 세력의 침입에 노출되었고, 동아시아 패권국의 지위를 상실하고 점차 반식민지 상태에 처하게 되었다. 이후 중국은 국내에서 상당한 양의 아편을 생산했는데 아편 생산에 대한 국제적 데이터가 처음으로 취합된 1932년 중국의 아편 생산량은 6000톤이었다.[1] 현재의 중국 공산당 정권은 1942년 난징조약에서 1949년 중화인민공화국 선포까지의 100년을 '치욕의 세기[百年國恥]'라고 규정하고, 그 굴욕의 100년을 종식시키고 중국을 발전시킨 것이 바로 중국 공산당이라고 선전한다.

아프가니스탄의 경우에도 아편의 파괴성은 그대로 작동했다. 기원전 330년 알렉산더가 인도를 침공하면서 아프가니스탄에 양귀비가 본격적으로 도입되었고, 이후 아프가니스탄에서는 양귀비와 아편이 진통제로 사용되었으며 일부 계층에서는 이것을 마약으로 애용했다. 전통적인

이슬람 율법에서는 모든 종류의 중독(intoxication)을 금지하고 있으며, 술과 도박, 마약과 같이 중독을 유발하는 물품(khamr)들을 허용하지 않는다. 하지만 어떠한 조치로도 술과 도박, 마약을 근절하는 것은 불가능했다. 1950년대 이란 정부가 양귀비 재배를 금지하자 아프가니스탄은 양귀비를 대규모로 재배해서 이란으로 아편을 밀수출하기도 했다. 아프가니스탄 중앙정부는 아편 및 양귀비 재배를 금지하려고 시도했지만 금지령을 강제 집행할 정도의 공권력을 동원할 수 없었다. 그 때문에 1960~1970년대 외국 관광객들은 아프가니스탄에서 간단한 아편과 대마초 등을 '즐기면서' 중앙아시아의 '이국적 정취'를 만끽할 수 있었다.

소련 침공으로 아프가니스탄은 전쟁터로 전락했고, 아프가니스탄 공산당이 장악한 중앙정부는 무자헤딘 저항 세력과의 전투에 모든 자원을 투입했다. 아프가니스탄은 1970년대 세계 건포도 시장의 2/3를 차지하는 유수의 농업 수출국이었으나, 이러한 농업 기반은 전쟁 과정에서 파괴되었다.[2] 이 와중에 생계 수단이 필요한 농민들과 전쟁 자금이 필요한 무자헤딘 세력은 양귀비 재배에 집중했다. 이 시점에서 전통적으로 양귀비·아편을 생산했던 파키스탄, 이란, 터키 등이 자국의 아편 생산을 엄격하게 단속하면서, 내전 상태인 아프가니스탄이 그 아편 공급의 공백을 메우기 시작했다. 1979년에서 1989년까지 10년 동안, 아프가니스탄의 아편 생산은 매년 14%씩 증가했고, 소련군이 철수하던 1989년 아프가니스탄은 세계 생산량의 1/3 정도인 1200톤의 아편을 생산했다. 이후 내전 중에도 아편 생산은 더욱 빠르게 증가했다. 1989년에서 1994년까지 연간 아편 생산 증가율은 20%에 육박했고, 1994년 아프가니스탄은 3400톤의 아편을 생산했는데 이는 세계 생산량의 절반이었다.[3] 아프가니스탄 중앙정부가 내전으로 붕괴하면서, 양귀비 재배는 지역 농민들의 생계와 유랑 노동자들의 고용을 보장하는 핵심 수단이었다. 일부 지역의

그림 14-2 **아프가니스탄 및 세계 아편 생산량(1980~2000년)**

(단위: 톤)

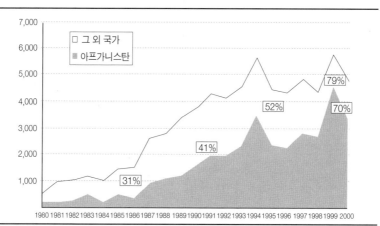

자료: UNODC, *Global Illicit Drug Trends 2001* (June 2001), p.33.

주민들은 아편 생산을 거부했지만, 아프가니스탄 무장 세력들은 양귀비 재배를 강요했고 이를 거부하는 주민들을 학살했다.

　탈레반 정권이 수립된 이후에도 상황은 변화하지 않았다. 일시적인 가격 하락으로 아편 생산이 줄어들기는 했지만, 탈레반 정권 자체는 이슬람 근본주의 원칙을 적용하여 양귀비·아편 문제를 엄격하게 단속하지 않았다. 1994년 3400톤을 정점으로 아프가니스탄의 아편 생산은 일단 감소하여 1995년 2320톤, 1996년 2248톤을 생산했다. 이후 아편 생산량은 1997년 2804톤, 1998년 2102톤을 기록했고, 1999년에 4581톤으로 급등했다. 아프가니스탄은 세계 아편 생산의 80%를 담당했고, 아프가니스탄에서 생산되는 아편의 97%는 탈레반이 장악하고 있는 지역에서 생산되었다.[4] 2000년에 탈레반 정권은 양귀비 재배가 "이슬람 율법에 어긋난다(un-Islamic)"라고 선언했지만, 탈레반 정권은 양귀비 재배와 아편 생산에 세금을 부과했고 영수증까지 발급하면서 생산 행위를 '합법화'했다.

외부와 고립되어 지원을 받지 못하고 내부 조세 징수 능력이 떨어지는 탈레반 정권 입장에서는, 1999년 2억 달러의 조세 수입을 창출했던 아편 생산을 금지할 수 없었다.[5]

외부 세계의 압력과 정부 승인을 해주겠다는 유혹 때문에, 탈레반 정권은 2000년 7월 양귀비 재배와 아편 생산을 불법화했다. 양귀비 경작 면적은 1999년의 10% 수준으로 감소했고, 아편 가격은 kg당 28달러에서 350~400달러로 폭등했다. 이러한 금지 조치에 양귀비를 재배하는 농민들은 저항했지만, 탈레반 정권은 이를 완화하지 않고 엄격하게 단속했다.[6] 하지만 금지된 것은 양귀비 재배와 아편 생산이었으며, 기존에 수확된 양귀비와 이미 정제되어 보관 중인 아편의 판매는 단속 대상이 아니었다. 새로운 생산이 중단되면서 아편 가격이 폭등하자, 탈레반 정권과 아프가니스탄 마약 조직은 자신들이 가지고 있었던 재고 전체를 방출하여 시장 가격 상승에 대응했다. 유럽 전체의 4년 치 소비량이 잘 통제된 방식으로 방출되면서, 탈레반 정권 핵심들과 마약 조직은 엄청난 이익을 보았다. 하지만 이러한 조치와 시장 조작은 양귀비를 재배해야 하는 농민들에게는 재앙이었고, 2001년 9월 초 아편 가격은 더욱 상승하여 kg당 749달러를 기록했다.[7] 탈레반 정권에 아편은 엄청난 부(富)의 원천이었다.

2001년 10월 미국이 아프가니스탄을 공격하면서 상황은 급변했다. 탈레반 정권과 아프가니스탄 마약 조직은 자신들이 보유한 모든 재고를 방출했고, 그 때문에 파키스탄 국경에서의 아편 가격은 kg당 749달러에서 95달러로 폭락했다. 탈레반 군사 목표물을 집중 파괴했던 미군은 마약 관련 시설 및 양귀비 재배지에 대한 공격은 자제했고, 아프가니스탄의 아편 경제는 기반 시설을 그대로 유지할 수 있었다.[8] 아프가니스탄 중앙정부가 또 다시 무너진 상황에서, 양귀비와 아편은 주민들에게는 매우 소중한 생계 수단이었다. 아프가니스탄 재건과 국가 건설이 효과적으로 진행되지 않는 상황에서, 아편 정제 시설과 이를 보호하는 마약 조직은 탈레반 저항 세력의 재건에 결정적으로 기여했다.

반면 미군은 아편 생산을 근절하여 탈레반 저항 세력의 재건을 저지했어야 하며, 주민들에게는 생계 수단으로 다른 방안을 제공했어야 한다. 하지만 럼즈펠드 국방 장관은 양귀비와 아편 문제에 무관심했고, 오히려 이에 관심을 기울이는 지휘관들을 질책했다. 럼즈펠드는 '마약 단속은 경찰의 업무'이며, 미군 병력이 '직접 동원될 필요는 없는 사항'이라고 보았다. 2006년 10월 공화당 소속 연방 하원 의원 2명이 공개서한을 통해 아프가니스탄에서 마약 문제를 근절해야 한다고 주장했지만, 럼즈펠드는 '사안을 검토'하라는 지시만 내렸을 뿐, 구체적인 행동을 취하지는 않았다.9 반면 탈레반은 마약 조직을 적극적으로 보호했다. 미군이 방관하는 가운데, 아프가니스탄 전쟁에서 마약 문제는 영국군이 전담했다. 2004년 5월 영국군은 마약 문제를 해결하려고 시도했다. 영국군 특수부대가 아프가니스탄 남부 지역의 아편 정제 시설을 습격하자, 탈레반 저항 세력은 즉시 반응하여 영국군에 저항했다. 일부 지역에서 탈레반 병력은 '어머니가 자식을 보호'하듯이 최후까지 아편 정제 시설을 방어하려고 했다. 하지만 미군은 개입하지 않았고, 아프가니스탄 경찰 또한 특별히 대응하지 않았다. 탈레반 저항 세력은 아프가니스탄의 34억 달러 수준의 아편 경제를 이용하여 2001~2002년 패배의 충격을 극복하고 재건할 수 있었다.10

2006년 11월 럼즈펠드가 사실상 경질되고 후임 국방 장관으로 CIA 출신의 게이츠(Robert Gates)가 지명되면서, 아편 문제에 대한 미국의 인식이 변화했다. 취임 직후부터 게이츠 국방 장관은 아편 문제의 심각성을 지적했으며, "아편이 아프가니스탄 전쟁을 엉망으로 만들고 있다"라고 주장했다. 2007년 8월 미국 국무부는 '아프가니스탄 마약 문제 해결전략(U. S. Counternarcotics Strategy for Afghanistan)'을 공개하면서 마약 문제의 중요성을 인정했다.[11] 특히 2007년 12월 의회 증언에서 게이츠 장관은 "아편 거래가 아프가니스탄 사회와 신생 정부의 근간을 위협한다"라고 발언하면서, 아프가니스탄 전쟁에서 승리하기 위해서는 양귀비와 아편 문제를 해결해야 한다는 사실을 강조했다.[12] 2008년 10월 게이츠 장관은 NATO 국방 장관 회담에서 ISAF 병력 제공국들을 설득하여, 아프가니스탄 마약 조직 및 아편 정제 시설에 대한 군사력을 사용할 수 있는 권한을 확보했다. 이러한 무력 사용 승인이 없다고 해도 미국은 독자적으로 군사력을 사용했겠지만, 최소한 게이츠는 동맹국을 설득하고 미군 병력뿐 아니라 NATO 병력들까지 아프가니스탄 마약 문제를 해결하는 데 동참하도록 설득했다.[13] 2009년 1월 출범한 오바마 행정부에서 게이츠 국방 장관은 유임되면서, 게이츠 장관의 이와 같은 인식은 오바마 행정부에서도 그대로 이어졌다.[14]

2. 아편과의 전쟁에서 나타난 미국 전략의 딜레마와 문제점

많은 사람들이 전쟁 초기부터 아편 문제가 아프가니스탄 안정화 및 국가 건설에 심각한 위협으로 작동할 수 있다는 사실을 인정했는데, 특히 영국군은 미국 국방부의 적대적 무관심에도 불구하고 마약 문제 해결을 담당했다. 초기 단계에서 영국군은 농민들에게 보상을 제공하면서 마약 재배 지역을 파괴했고, 이를 통해 양귀비 재배 자체를 10년 이내에 근절하려고 했다. 영국군은 1/5헥타르(2000m²)당 350달러, 즉 총액 3000만 달러를 지급하여 그 지역의 양귀비를 파괴함으로써 아편 생산을 근절하

그림 14-3 **양귀비 경작지를 파괴하는 아프가니스탄 병력**

자료: Wikimedia Commons. https://commons.wiki media.org/wiki/File:Afghan_national_security_forc e,_Zabul_governor_leads_poppy_eradication_ope rations_110504-F-BP133-046.jpg (검색일: 2021 년 4월 13일).

려고 했다. 영국군의 이러한 정책은 보상금 지출 액수 등으로 정책의 성과를 확실히 측정할 수 있으므로 마약 근절 정책의 홍보 측면에서도 상당한 설득력을 가지고 있었다.[15] 하지만 이러한 정책은 전혀 작동하지 않았다. 일부 주민은 이를 악용하여 아편을 수확한 이후 작물을 파괴하면서, 보조금만을 수령했다. 또한 양귀비를 대체할 작물을 도입하지 않은 채 현재 존재하는 양귀비 경작지만을 파괴했기 때문에 이 정책은 장기적으로 유지될 수 없었다. 또한 양귀비 재배를 강요하는 마약 조직을 해당 지역에서 완전히 축출하지 못했기 때문에, 농민들은 보상을 받고 경작지를 파괴하는 데 동의하면서 계속해서, 더 많은 양귀비를 재배했다. 즉 영국군은 양귀비 재배에 보조금을 지급한 셈이었다.

한편 미국은 아프가니스탄의 농업 인프라를 재건하는 데 몰두했다. 오랜 전쟁으로 2002년 당시 아프가니스탄에는 500~700만 개의 지뢰가 체계적인 기록 없이 무작위로 매설되어 있었고, 농경지로 적합한 지역의 절반 정도인 7억 2400만 제곱미터가 농업 생산이 불가능한 상황이었다.[16] 2003년 여름 부시 행정부는 미국 국제개발처(USAID: United States Agency for International Development)를 동원하여 아프가니스탄 농촌 지역에 개발 원조를 집중 투입하여 우선적으로 지뢰를 제거했다. 이를 통해 아프가니스탄 농업이 활성화되면 양귀비 재배는 사라지고 아편 문제 또한 자동적으로 해결될 것이라는 구상이었다. 이에 따라, 미국은 1억

5000만 달러를 투입했고 2005년에는 3억 3300만 달러를 추가로 투입해 아프가니스탄에 관개시설을 확충하고 도로를 건설하기 시작했다.[17] 영국군의 보조금과 미국의 개발 원조는 시너지 효과를 일으켰고, 미국이 건설한 농업 인프라는 양귀비 재배에 유리한 환경을 조성했으며 영국군의 보조금은 그 환경을 사용할 더욱 강력한 인센티브를 제공했다. 미국과 영국, NATO의 양귀비 근절 조치는 이렇게 실패했다. 10년 이내에 아프가니스탄 아편 생산을 근절한다는 미국과 영국의 원대한 포부는 물거품이 되었다.

아프가니스탄의 양귀비 재배 면적은 폭발적으로 증가했고, 아프가니스탄은 세계 최대의 아편 생산국으로 부상했다. 2002년과 2003년 양귀비 재배 면적은 7만 4100헥타르와 8만 헥타르 수준으로 전 세계 양귀비 재배 면적의 각각 41%와 47%를 차지했지만, 2004년에는 13만 1000헥타르로 전 세계 면적의 67%를 차지했고, 2005년에는 10만 4000헥타르로 감소했지만 그 비중은 오히려 69%로 증가했다. 2006년에는 16만 5000헥타르와 82%로, 2007년에는 193헥타르로 전 세계에서의 비중은 여전히 82%를 유지했다. 아프가니스탄은 아편 생산량에서도 2002년 이후로는 줄곧 세계 최대의 아편 생산국이라는 독보적인 지위를 유지했다. 2001년에 아프가니스탄은 185톤의 아편을 생산하여 세계 시장의 11%를 차지했지만, 2002년에는 3400톤을 생산하여 세계 아편 생산량의 75%를 차지했고, 2004년에는 4200톤으로 87%를, 2006년에는 5300톤으로 91%를 차지했다.[18] 양귀비 경작지와 아편 생산량 증가에 따른 수익 증가는 탈레반 저항 세력을 더욱 강화했다. 결과적으로 미국과 영국이 탈레반 저항 세력을 강화한 셈이다.

이러한 '끔찍한 천진난만함(appalling piece of complete raw naivete)' 덕분에 미국은 아프가니스탄에 매우 효율적인 시장경제를 구축했다. 문제

표 14-1 **아프가니스탄의 양귀비·아편 생산량 및 세계 양귀비·아편 생산 비율(2001~2008년)**

연도	양귀비 경작지 면적 (1000hectares)	전 세계 대비 면적 비율(%)	아편 생산량(ton)	전 세계 대비 생산량 비율(%)
2001	7.6	5	185	11
2002	74.1	41	3,400	75
2003	80.0	47	3,600	75
2004	131.0	67	4,200	87
2005	104.0	69	4,100	89
2006	165.0	82	5,300	91
2007	193.0	82	7,400	91
2008	157.0	74	5,900	86

자료: UNODC *2013 World Drug Report* Annex pp.xi-xii, 2017 World Drug Report, pp.50~53.

는 이 시장경제가 정작 미국이 희망했던 다른 부분에서는 작동하지 않았지만, 양귀비 재배와 아편 생산에 특화되어 있었다는 사실이었다.[19] 양귀비 경작지를 파괴하고 보상금을 지급하면서 양귀비 생산이 폭발적으로 증가했기 때문에, 미국은 보상금을 지급하지 않고 양귀비를 파괴했다. 지상에서 양귀비 경작지를 파괴하자 해당 지역의 농민들은 격렬히 저항했고, 일부는 탈레반 저항 세력과 협력하여 무력으로 저항했다. 이에 미국은 항공기를 동원하여 고엽제와 제초제를 살포하여 경작되고 있는 양귀비를 제거하자 지역 주민들은 더욱 거세게 반발했다. 미국의 이러한 행위는 오히려 탈레반 저항 세력에 대한 주민의 지지를 강화시키는 역효과를 가져왔다. 이러한 이유에서 카르자이 대통령은 "미국이 의도적으로 아프가니스탄 경제를 파괴하려고 한다"라고 주장하면서 고엽제 살포에 거세게 반발했다. 미국은 원조 제공을 미끼로 카르자이를 설득하고 압박했고, '일반 소금이나 아스피린, 카페인, 니코틴 또는 비타민 A보다 독성이 약한' 고엽제·제초제 살포를 감행했다.[20]

하지만 양귀비 재배 면적은 계속 증가했고, 보상금도 주지 않고 자신들이 재배하던 양귀비를 파괴한 미국에 농민들은 거칠게 저항했다. 미국은 대체 작물을 공급하여 주민들에게 적절한 소득을 보장해 주면서, 양귀비 재배를 포기하도록 설득하고 유도했어야 한다. 양귀비의 수익이 매우 높고 마약 조직이 수확한 양귀비 전체를 사들이기 때문에, 미국은 자신이 제공한 대체 작물의 가격을 매우 높게 책정하고 그 수매를 보장했어야 한다. 이는 곧 미국이 아프가니스탄 농업에 상당한 보조금을 지급하다는 의미로, 특히 가장 적절한 대체 작물인 밀과 면화를 재배하는 아프가니스탄 농민들에게 그 혜택이 돌아갔어야 했다. 혜택과 보상이 없었으므로 지역 농민들은 마약 조직과 탈레반 저항 세력에게 종속될 수밖에 없었다.

문제는 "미국 정부의 예산으로 해외 농산물 수출을 촉진할 수 없다"라는 내용의 범퍼스 개정안(Bumpers Amendment)이었다. 범퍼스 개정안은 미국 농민들의 이익을 보호하기 위한 수단으로 미국 해외 원조의 사용처를 제한하는 법률 규정이다. 이에 따르면, 미국의 해외 원조를 받는 후진국은 미국 원조에 기초하여 자국 농업을 발전시키는 것은 가능하지만, 미국 원조를 통해 미국 농민들과 경쟁하는 농산품 수출 기반을 확충해서는 안 된다. 이것 자체는 미국 농업의 이익을 보호하기 위한 적절한 수단이었다. 하지만 범퍼스 개정안 때문에 미국은 아프가니스탄 농민들에게 밀 또는 면화와 같은 대체 작물에 대한 보조금을 지급할 수 없었다.[21] 미국 의회는 매우 강력하게 조직화된 미국 농업 이익 때문에 해당 개정안의 적용을 유예하지 않았으며, 미국 행정부는 양귀비 재배 문제로 미군 병사가 아프가니스탄에서 희생된다고 하더라도 아프가니스탄 농민들이 밀과 면화를 재배하도록 재정적으로 지원할 수 없었다. 범퍼스 개정안이 공고한 상황에서 결국 미군 병사들이 아프가니스탄 전쟁터에서 그 대가를 자신들의 피로써 지불했고, 미국은 미국 농업 이익을 위해서 미군 병

표 14-2 **아프가니스탄의 양귀비·아편 생산량 및 세계 양귀비·아편 생산 비율(2009~2016년)**

연도	양귀비 경작지 면적 (1000hectares)	전 세계 대비 면적 비율(%)	아편 생산량(ton)	전 세계 대비 생산량 비율(%)
2009	123	66	4,000	81
2010	123	64	3,600	76
2011	131	63	5,800	83
2012	154	66	3,700	77
2013	209	71	5,500	81
2014	224	71	6,400	83
2015	183	65	3,300	69
2016	201	66	4,800	75

자료: UNODC 2017 World Drug Report, pp.50~53.

사들의 생명과 아프가니스탄 안정화를 포기했다.

오바마 행정부에서 아프가니스탄 전쟁 특사로 행동하면서 미국의 아프가니스탄 전쟁 전략을 기획하고 집행했던 홀브룩의 표현과 같이 미국의 아프가니스탄 아편 근절 전략은 "미국 외교정책 역사상 단일 사안으로 가장 비효율적인 프로그램(the single most ineffective program in the history of American foreign policy)"이었다.[22] 부시 행정부는 마약 문제에 집중하지 않았고, 2005년에서 2008년 사이 30억 달러를 투입했지만 별다른 성과 없이 예산은 낭비되었다. 인구의 80%가 농업에 종사하는 국가에서 마약 조직이 농촌 지역을 통제하는 한 전쟁에서 승리하는 것은 불가능했다. 이에 오바마 행정부는 아편 문제에 집중했으며, 2009년 43억 달러를 투입하기로 결정했다.[23] 하지만 문제는 해결되지 않았다.

오바마 행정부에 들어와서도 아프가니스탄의 양귀비 재배 면적은 지속적으로 증가했고, 아프가니스탄은 여전히 세계 아편 시장을 지배했다. 2008년 아프가니스탄의 양귀비 재배 면적은 15만 7000헥타르(74%)였고 아편 생산량은 5900톤으로 이는 전 세계 아편 생산량의 86%를 차지했다. 오바마 행정부는 양귀비와 아편 문제 해결에 대한 의지를 표명했지만, 오바마 행정부의 노력으로 생산량이 약간 감소했을 뿐이다. 2009년 아프가니스탄의 양귀비 재배 면적은 12만 3000헥타르였고 아편 생산량은 4000톤이었으며, 2013년에는 20만 9000헥타르에서 5500톤의 아편을 생산했다. 2016년 양귀비 재배 면적은 20만 1000헥타르였으며, 아편 생산량은 4800톤이었다.[24] 오바마 행정부의 노력으로 아편 생산량 자체는 줄어들었지만, 아프가니스탄은 여전히 세계 아편 생산의 70~80%를 차지하는 세계 최대의 아편 생산국으로서 마약 시장을 지배했다. 부시 행정부와 마찬가지로 오바마 행정부 또한 아프가니스탄의 양귀비·아편 문제를 해결하는 데 실패함으로써 탈레반 저항 세력을 약화시키지 못했다.

3. 마약국가 아프가니스탄의 등장

미국이 아프가니스탄의 양귀비·아편 문제를 해결하지 못하면서, 저항 세력은 마약 자금을 사용하여 더욱 강력한 군사력을 보유하게 되었다. 이에 미국은 더욱 빠른 속도로 아프가니스탄에 효율적인 국가를 건설하여 탈레반 저항 세력과의 정치적 경쟁에서 승리해야 했다. 하지만 양귀비와 아편은 이 모든 가능성을 파괴했다. 마약 자체보다 더 심각한 문제는 '양귀비와 아편 때문에 아프가니스탄 국가 전체가 부패'했다는 사실이었고, 그로 인하여 아프가니스탄에 정상적인 국가를 건설하는 것 자체가 불가능했다는 현실이었다.[25] 엄청난 예산과 병력을 배치하여 미국이 아프가니스탄에 건설한 국가는 부패했을 뿐 아니라 아편 생산에 의존하는 마약국가로 타락했다.

아프가니스탄의 정치 엘리트는 양귀비와 아편 생산에 집적 관여하여 엄청난 부(富)를 축적했고, 그 때문에 마약 조직 및 그와 연관된 군벌 세력을 적극적으로 보호했다. 특히 카르자이 대통령의 이복동생인 아흐메드 왈리 카르자이는 아프가니스탄 남부의 핵심 도시인 칸다하르를 장악하고 자신의 영향력으로 지역에서 생산되는 아편 유통을 '관리'했다. 그는 2010년 일인당 소득 543달러인 국가에서 1년에 2억 5000만 달러 상당의 수입을 올렸고, 칸다하르의 제왕(帝王)으로 군림했다. 미국 외교관들은 2005년 봄 카르자이가 아편 문제 해결에 소극적이라고 비판했으며, 이복동생을 고리로 카르자이 가문이 마약 조직과 결탁하고 있다는 의혹을 제기했다.[26] 카르자이 대통령은 마약 문제 및 부정부패 척결에 대한 미국의 요구를 자신에 대한 압박 수단이라고 반박하면서, 마약 및 부정부패를 빌미로 미국이 아프가니스탄 정부의 통제권 밖에 카르자이 대통령 자신이 직접 통제하는 군사 경찰력을 구축한다는 관점에서 아프가니스탄 마약 단속반 및 부정부패 수사처 설립에 적대적이었다.[27]

아프가니스탄 정치 엘리트 집단은 국가 전체가 아편 생산에 의존하고 마약 자금으로 유지되는 상황에서, 탈레반 저항 세력과 기묘한 공생 관계를 유지했다. 마약 자금 덕분에 탈레반 저항 세력은 미국이 지원하는 아프가니스탄 정부와의 전쟁을 수행하는 데 필요한 군사력을 구축할 수 있었고, 아프가니스탄 정치 엘리트는 마약 자금으로 치부(致富)했다. 마약국가 아프가니스탄에서 양귀비와 아편은 부정부패의 원인이자 결과였다. 전쟁 초기 단계에서 미국은 이와 같은 가능성을 우려했다. 2004년 10월과 11월 럼즈펠드 국방 장관은 마약 자금이 아프가니스탄 의회를 장악할 가능성을 우려하면서, 아편 문제를 해결하지 못하면 향후 상황은 통제 불가능한 수준으로 악화될 것이라고 평가했다.[28] 이러한 진단 자체는 정확했지만, 부시 행정부는 문제를 방치했다. 2007~2008년 저항 세력은 마약 거래를 통해 1억 달러 이상의 수익을 얻었으며, 이 자금은 결국 탈레반 군사력을 강화시키는 데 사용되었다. 양귀비를 집중적으로 재배하는 지역에서는 카르자이에 대한 지지가 견고했고, 실제 선거에서도 양귀비 재배 농민의 95%가 카르자이를 지지했다. 이것은 기교한 결합이었다. 양귀비와 아편은 카르자이와 탈레반 모두에 경제적 이익을 가져다주었지만, 아프가니스탄 국가 건설이 지연되면서 카르자이 세력이 정치적으로 패배하고 탈레반 저항 세력이 승리하는 상황이었다.[29]

취임 직후인 2009년 3월 오바마는 아프가니스탄 전쟁에서 승리하기 위해서는 부정부패 문제를 해결해야 하고, 동시에 부정부패는 마약 문제와 연결되어 있다는 사실을 인식했다. 이에 오바마는 명시적으로 "아프가니스탄 국민들이 자국 지도자들에게 믿음을 잃게 하는 부정부패와 마약 문제를 방치해서는 안 된다"라는 입장을 표명했다. 클린턴 국무 장관 또한 "부패와 아편은 아프가니스탄의 암적 존재(cancer)"라고 규정했고, 매크리스털 장군은 "마약과 부정부패로 아프가니스탄 국민들은 정부를 지지할 이유를 상실했다"라고 지적했다.[30] 부시 행정부가 카르자이를 배려하면서 마약 문제를 방치했다면, 오바마 행정부는 카르자이를 배려하지 않고 '아프가니스탄을 구원'하기 위해 마약과 부정부패 문제를 직접 공략했다. 정부의 1년 재정 수입이 10억 달러인 아프가니스탄에 100억 달러 규모의 원조가 제공되면서 통제 불능의 부정부패가 창궐하는 상황에서, 아편과 부정부패 덕분에 탈레반 저항 세력이 자신의 군사력을 강화하고 있었다.

해당 반부패(anti-corruption) 업무는 2007년 가을 준장으로 진급했고, 트럼프 행정부에서 백악관 안보보좌관을 역임한 맥매스터(Herbert R. McMaster) 장군이 담당했다. 마약을 아프가니스탄 전쟁에서 '만악의 근원'으로 인식하는 퍼트레이어스 휘하에서, 맥매스터는 군인 특유의 사명감을 가지고 '아프가니스탄 전쟁에서 승리하기 위해' 부정부패 척결과 마약 근절에 집중했다. 하지만 맥매스터는 조직 관리와 관료 조직 운영에 필요한 서류 작업에 무능했고, 명확한 증거 자료 없이 아프가니스탄 고위 공직자를 고발하고 파면 등의 인사 조치를 요구했다. 이에 카르자이는 반발하여, 맥매스터가 고발한 건은 대부분 기소되지 않았고 일부는 대통령이 사면하면서 양국의 관계가 악화되었다.[31] 아프가니스탄 정부를 강력하게 압박하여 부패 공무원에 대한 인사 조치를 감행하게 하려면 원조를 중단하겠다고 위협하는 등의 방식이 필요했지만, 오바마 대통령은 아프가니스탄을 이렇게까지 압박하지는 못했다. 미국 국무부는 정치적 관계를 우선시하면서, 결국 아프가니스탄 고위층에 의한 부정부패는 방관할 수밖에 없다는 결론에 도달했고, 차라리 지역 주민들을 상대로 착취하고 통행세를 받는 등 지역 주민들이 가장 많이 불평하는 경찰의 부정행위를 단속하는 일에 집중해야 한다고 주장했다. 이른바 '거악(巨惡)'을 방조한다는 국무부의 결정에 많은 외교관들이 반발했지만, 해당 문제를 해결하는 것은 불가능하다는 현실론의 장벽을 넘을 수 없었다.[32]

이러한 현실론은 오바마 행정부 초기의 강력한 추진력이 소진되었기 때문에 등장했다. 하지만 현실론은 아프가니스탄의 부정부패가 마약 문제와 연결되어 있으며, 탈레반 저항 세력이 마약 조직과 협력하여 세력을 재건했다는 사실을 간과하고 있었다. 아프가니스탄 금융 기관 대부분은 탈레반 정권 시기에 마약 대금을 처리하면서 성장했고, 따라서 2001~2002년 이후에도 저항 세력과의 '거래'를 지속하고 있었다. 한 은행(New Ansari Bank)의 창립자는 탈레반 정부의 수반이었던 오마르의 재정 담당 측근으로, 2000년 양귀비 재배 금지령 이후 재고분을 방출하여 처리하는 과정에서 엄청난 이익을 보았으며 이에 기반해 미국 침공 후 은행을 설립했다. 그 은행은 연간 30~40억 달러의 해외 송금 거래를 담당하면서, 아프가니스탄 불법 자금의 이동에 핵심 역할을 수행했다. 아프가니스탄 정부의 공식 기록에서 나타난 규모만으로도, 2007년 초에서 2010년 초까지 3년 동안 32억 달러의 현금이 아프가니스탄에서 유출되었으며, 이 가운데 해당 은행이 반출한 현금은 28억 달러였다.[33]

아프가니스탄 정부는 외화 통제를 하지 않았기 때문에 단순 신고로 외화를 반출하는 것이 가능했으므로 '해외여행'을 빙자하여 무제한의 현금이 이동했다. 더욱이 외화 반출 신고도 매우 형식적이었다. 2010년 4월 70만 달러를 신고했던 '여행객'은 실제 조사에서 60만 달러를 추가로 소지했던 것으로 판명되었다. 미화 현찰 300만 달러와 미화 200만 달러 상당의 사우디아라비아 리얄화 현찰, 미국 달러화로 총 500만 달러의 현금이 대형 여행 가방 3개에 나뉘어 담겨 반출된 사례도 있었다. 2009년 하반기에 아프가니스탄에서 공식 신고되어 반출된 자금은 9억 4800만 달러로, 이것은 아프가니스탄 정부의 1년 재정 수입을 상회하는 금액이었다.[34] 문제는 이러한 자금의 대부분이 마약 자금이자 부정부패의 결과물이었다는 사실이며, 이러한 현금 반출을 통해 탈레반 세력 또한 상당한 수익을 거두었다는 점이다.

아프가니스탄 정치 엘리트는 자신들의 재산을 해외로 '빼돌리기 위해' 외화 통제 자체를 실행하지 않았다. 일부 지도자들은 이러한 상황에 문제를 제기했고, 내무 장관과 재무 장관은 외화 통제의 필요성을 역설했지만 경질되었다. 덕분에 마약 조직은 수익금을 탈레반 저항 세력과 '공평하게' 나누는 것이 가능했다. 탈레반은 해외로 반출된 자금을 다시 파키스탄으로 이동시켰고, 이 자금을 바탕으로 병력을 재건하고 미국이 지원하는 카불 정권과의 전쟁을 수행할 수 있었다. 문제는 탈레반 저항 세력이 미국의 동맹국인 파키스탄에 웅거하고 있었지만 미국은 – 부시 행정부이든 오바마 행정부이든 – '파키스탄 문제'를 처리할 수 없었다는 점이다.

제15장

파키스탄과 미국의 무인기 공격 작전

파키스탄은 오랫동안 아프가니스탄과 연계되었다. 중앙아시아의 이슬람 세력이었던 티무르 제국은 그 창시자인 티무르가 1405년 사망하면서 매우 빠른 속도로 분열되었고, 그 일부는 남하하여 1504년 카불을 점령하고 아프가니스탄에서 독자적인 군사 세력을 구축했다. 1519년 이후 바부르 세력이 인도 북부를 침공하여 영토를 장악했고, 아프가니스탄에서 출발한 이슬람 세력은 인도 최후의 왕조인 무굴 제국으로 발전했다. 18세기 영국이 인도에서 영향력을 확대하면서 아프가니스탄의 이슬람 세력은 인도 지역과 분리되었으며, 파키스탄은 인도 식민지의 일부분으로 영국의 지배 아래 들어갔다. 1947년 8월 영국은 인도에 대한 식민 통치를 중단했고, 힌두교 지역은 인도로, 이슬람교 지역은 파키스탄으로 독립했다. 이 과정에서 국경 분쟁이 발생했고, 국경 분쟁에서 시작된 파키스탄과 인도의 대립은 이후 핵전쟁을 언급하는 수준으로 악화되었다.

파키스탄은 인도와의 경쟁의 관점에서 아프가니스탄 문제에 개입했고, 동시에 아프가니스탄에 대한 지리적 접근성을 매우 효과적으로 활용했다. 1979년 12월 소련의 아프가니스탄 침공으로 미국이 무자헤딘 게릴라를 지원하자, 파키스탄 정부는 미국을 돕는 조건으로 미국에 경제·군사원조와 핵무기 개발 묵인 등을 요구했다. 1990년대 아프가니스탄 내전 상황에서, 파키스탄은 파슈툰 근본주의 세력으로 구성된 탈레반을 지원하여 아프가니스탄을 장악했다. 9·11 테러 이후 표면적으로 파키스탄은 미국과 연합하면서, 탈레반 세력과의 관계를 '청산'했지만 실질적으로 둘의 관계는 계속 유지되었다. 탈레반 병력은 파키스탄으로 피신하여 재편성되었으며, 지휘부는 파키스탄 북서부 국경지대에서 조직을 정비하고 마약 자금에 기반해 세력을 재건했다. 이 과정에서 파키스탄은 탈레반 및 이슬람 근본주의 세력에게 점차 노출되면서 내부 사정이 지속적으로 악화되었다.

부시 행정부는 파키스탄이 탈레반 세력과의 관계를 단절했다는 주장을 일단 수용했지만, 파키스탄에 대한 의혹은 여전히 지속되었다. 탈레반 세력이 파키스탄에서 재집결하자, 부시 행정부는 파키스탄에 항의했고 파키스탄 정부의 해명에 만족했다. 하지만 오바마 행정부는 파키스탄을 본격적으로 압박하고, 무인기를 사용하여 파키스탄 내부에서 활동하는 탈레반 지휘부를 암살했다. 2011년 5월 미군 특공대는 파키스탄의 아보타바드(Abbottabad)에 침투하여 알카에다의 수장인 빈라덴을 사살했다. 1980년대 소련이나 2000년 부시 행정부의 미국은 기본적으로 파키스탄의 주권을 존중하고 파키스탄 정부의 해명을 일단 수용했다. 하지만 오바마 행정부는 파키스탄 정부의 해명에 만족하지 않았고 파키스탄이 탈레반 저항 세력과 직접적으로 연결되어 있다는 의혹을 거두지 않았다. 이러한 관점에서 오바마 행정부는 파키스탄을 사실상 적대시하면서, 필요한 경우에는 파키스탄 영토 내부에까지 군사력을 사용했다.

지휘부 제거 공격의 효과에 대해서는 많은 논란이 있지만, 최소한 파키스탄에 대한 무인기 공격은 알카에다 조직을 파괴하는 데 큰 성과를 거두었다. 아프가니스탄 전쟁에서 알카에다 테러 조직은 군사적 존재감을 확실하게 과시했지만, 시간이 지나면서 그 세력은 점차 약화되었다. 알카에다는 이라크와 아프가니스탄에서 미국에 대항하면서 전 세계적인 인지도를 확보했지만, 대신 미국의 반격에 노출되어 조직 전체가 매우 빠른 속도로 약화되었다. 2010년 이후 알카에다는 미국에 더 이상 의미 있는 위협 요인이 아니었으며 중동 및 북아프리카에서는 새로운 근본주의 테러 조직이 등장하여 알카에다 세력을 흡수하기 시작했다. 즉 미국은 알카에다와의 전쟁에서는 승리했다. 하지만 테러와의 전쟁은 여전히 지속되고 있었고, 미국의 군사, 정치, 외교, 경제적 자원은 빠른 속도로 소모되었다.

1. 파키스탄과 인도 그리고 아프가니스탄

파키스탄은 역사적으로 존재했던 국가가 아니며, 특히 근대 파키스탄은 1947년 8월 영국의 식민 통치에서 인도가 독립하는 과정에서 이슬람교 지역이 분리되면서 인위적으로 만들어진 국가이다. 힌두교라는 종교 정체성과 역사적 정통성에 기초한 인도와 달리, 파키스탄은 자신의 국가 정체성을 새롭게 구축해야 했으며 이를 위해서 '인도 내부에 갇힌 이슬람교도를 구출'한다는 국가 목표를 설정했다. 특히 이슬람 지역이지만 인도 영토로 편입된 카슈미르(Jammu-Kashmir) 지역을 수복하여 남아시아 이슬람 세력을 통합한다는 국가 목표는 파키스탄 국가 정체성 형성에는 큰 도움이 되었지만, 인도와의 갈등과 전쟁을 유발했다. 인도와 파키스탄은 1947년과 1965년, 1971년 등 3번의 전쟁을 치렀으며, 그 이후에도 계속 경쟁했다. 그리고 파키스탄은 '이슬람 영토의 수복을 위해' 기존 국경선을 인정하지 않았고, 인도에 지속적으로 도전하면서 현상 변경을 시도했다.

그럼에도 불구하고, 파키스탄은 현상 변경에 실패했다. 인구와 경제 규모 등 모든 측면에서 인도는 파키스탄을 압도했기 때문에 파키스탄은 인도를 도발하기는 했지만 인도를 제압하여 국경선을 변경하고 '이슬람 영토를 수복'하지는 못했다. 카슈미르 지역에 대한 영유권을 둘러싸고 벌어졌던 1947년 전쟁에서 파키스탄이 카슈미르 지역의 1/3을, 인도가 2/3를 차지하면서 인도가 유리한 상황이었고, 1965년 전쟁에서도 인도가 우세한 상황에서 미국과 소련의 개입으로 전쟁은 휴전으로 중지되었다. 동파키스탄/방글라데시 문제를 둘러싼 1971년 전쟁에서는 인도가 압도적으로 승리하면서, 인도의 군사적 우위는 명백하게 드러났다. 1970년대 인도가 핵무기까지 개발하자, 파키스탄은 독자적으로 핵무기를 개발해야 하는 상황에 처했다. 이른바 "풀을 먹고 산다고 해도 핵무기를 만들어야 한다"라는 부토 총리의 발언은 파키스탄이 처한 전략적 상황을 매우 상징적으로 보여주었다.[1] 1979년 12월 소련의 아프가니스탄 침공 이후, 파키스탄은 아프가니스탄에 인접하다는 지리적 위치를 백분 활용하여 미국의 막대한 경제·군사원조와 핵무기 개발에 대한 묵인을 받아냈다.

1980년대 파키스탄과 인도는 각각 핵무기 개발을 완료했지만, 핵실험을 하는 등 자신들이 핵무기를 보유했다는 사실을 공개하지는 않았다. 하지만 1998년 5월 인도가 핵무기 실험을 감행하면서, 파키스탄도 핵실험을 실시하여 자신의 핵무기 능력을 공개했다. 인도가 현상 유지적 성향을 강력하게 보여주면서 파키스탄을 도발하거나 공격하지 않았다면, 파키스탄은 지속적으로 인도가 통제하는 카슈미르 지역을 공격하면서

표 15-1 **1998년 5월 인도와 파키스탄의 핵무기 실험**

국가	핵실험 날짜	폭발력
인도	1974년 5월 18일	12kton
	1998년 5월 11일	45kton
	1998년 5월 11일	12kton
	1998년 5월 11일	200ton
	1998년 5월 13일	500ton
	1998년 5월 13일	300ton
파키스탄	1998년 5월 28일	32kton
	1998년 5월 28일	1kton
	1998년 5월 28일	1kton
	1998년 5월 28일	1kton
	1998년 5월 28일	1kton
	1998년 5월 30일	15kton

자료: Wikipedia. https://en.wikipedia.org/wiki/Operation_Smiling_Buddha; https://en.wikipedia.org/wiki/Pokhran-II; https://en.wikipedia.org/wiki/Chagai-I (검색일: 2016년 2월 11일).

현상 변경을 시도했다. 파키스탄의 '공격적 현상 변경 성향'은 핵무기 보유 및 보유 선언 이전부터 시작되었으며, 1998년 5월 핵실험 이후에도 그대로 유지되었다. 반면 인도는 핵무기 보유 여부와 큰 관계없이, 파키스탄을 공격하지 않았으며 현상 유지에 집중했다. 1990년 이후 2018년까지 '파키스탄에 기반을 둔 무장 단체'는 인도를 총 618회 공격했고 이로 인해 인도에서는 사상자가 5430명 발생했다. 반면, '인도에 기반을 둔 무장 단체'는 파키스탄을 총 11회 공격하여 13명의 파키스탄 사상자가 발생했다.[2] 즉 인도와 파키스탄 모두는 상대방에 대해 군사력을 제한적으로 사용했지만, 그 빈도와 규모 측면에서 엄청난 비대칭성이 존재했다. 이러한 제한적 공격 측면에서도 인도의 현상 유지 성향과 파키스탄의 현상 변경 성향이 잘 드러난다.

　그리고 이와 같은 파키스탄의 도발은 제한적인 군사력 사용과 함께 테러 조직을 활용하여 수행되었으며, 인도는 이에 적절하게 대응하지 못했다. 핵무기를 보유했든 보유하지 않았든, 파키스탄은 인도에 대해 제한적으로 군사력을 사용했으며, 인도는 이러한 파키스탄의 도발을 억지하는 데 실패했다. 특히 파키스탄이 재래식 군사력을 제한적으로 사용하는 상황에서 인도가 핵 공격을 감행하는 것은 적절하지 않았기 때문에, 인도는 재래식 전력을 동원하여 파키스탄이 제한적으로 군사력을 사용하는 것을 응징하고자 했다. 2004년 인도는 콜드 스타트(Cold Start)라는 군사 교리를 통해 재래식 전력으로 파키스탄을 억지하려고 시도하면서, 파키스탄과의 국경 지대에 병력을 분산 배치하여 파키스탄의 도발에 가능한 한 신속하고 적극적으로 대응하겠다는 의지를 표명했다. 이전까지 인도는 국경에서 상당히 떨어진 내륙에 병력을 집중하고 파키스탄이 침공하는 경우에 총 3개의 타격 군단이 이동하여 파키스탄의 침공을 격퇴하는 전략을 추구했고, 이것은 전면 전쟁에서는 상당히 효과적이었다. 하지만 파키스탄의 제한적 군사력 사용에 대해서는 적절하게 대응하는 것이 어려웠기 때문에, 파키스탄 국경지대에 통합 전투 그룹의 형태로 총 8개 사단이 분산 배치되어 분쟁이 발생하면 파키스탄에 대한 다각적 공세를 펼치려고 시도했다.[3]

　　이와 같은 인도의 재래식 제한 보복 전략에 파키스탄은 무력 충돌 초기 단계에서부터 핵무기를 사용하겠다고 위협했다. 정상적인 상황에서는 인도 군사력을 제압하는 것이 불가능한 파키스탄의 입장에서는, 인도가 재래식 전력을 동원하여 파키스탄을 침공하는 경우에 이를 저지할 수 없었다. 즉 인도의 콜드 스타트 자체는 매우 효과적인 억지·보복 전략이었으며, 그 때문에 파키스탄은 인도에 계속 도전하기 위해서는 인도의 콜드 스타트 전략을 무력화해야 했다. 여기서 파키스탄은 인도가 병력을 동원해서 파키스탄을 공격하는 경우에는 그 즉시 핵무기를 선제적으로 사용하겠다고 선언했으며, 전술 핵무기를 배치하고, 핵무기 사용 권한을 전선 지휘관에게 위임했다.[4] 이에 인도는 핵무기를 동원하여 파키스탄의 전술 핵무기를 지상에서 제거한다는 태도를 취하면서 선제 불사용 원칙을 사실상 포기했다. 전통적으로 인도는 확증 보복에 집중하면서, 민간인 출신 정치 지도자들이 핵무기 사용에 대한 모든 사항을 결정하도록 되어 있었으며, 전선 지휘관들은 핵무기 사용 문제에 발언권을 가지고 있지 않았다. 단 전쟁이 벌어져서 군 통수권을 행사할 정치 지도자들이 사라진 경우에 한하여, 군인들이 핵무기 사용 권한을 행사할 수 있었다. 즉 '뉴델리가 핵공격으로 파괴되면, 생존한 지휘관이 매뉴얼에 따라 핵무기 보복 공격을 차근차근 진행'한다는 보복 중심적 핵전략을 고수했다.[5] 하지만 파키스탄이 선제 핵공격을 위협하면서 입장을 바꾸었다. 인도는 상대방이 핵무기를 보유한 경우에는 핵무기 선제 사용이 가능하다는 입장을 취했으며, 동시에 매우 정밀한 탄도미사일 등을 배치하면서 파키스탄의 핵무기 등 군사 목표물을 지상에서 파괴할 능력을 구축하기 시작했다. 그 결과 우발적인 충돌 가능성은 더욱 커졌고, 최근 인도는 더욱 공격적으로 파키스탄의 도발에 대응하면서 제한적으로 군사력을 사용하고 핵무기 사용까지도 거론한다.[6]

파키스탄은 인도를 물량으로 제압할 수 없기 때문에, 지속적인 도발과 제한적 군사력 사용에 집중했으며, 동시에 인도가 아프가니스탄에 영향력을 확대해서 파키스탄을 양면에서 '포위'하는 상황을 예방하기 위해 많은 노력을 기울였다. 또한 파키스탄의 관점에서, 아프가니스탄은 인도와의 대결에서 사용할 수 있는 비대칭 병력을 육성할 공간이었다. 이와 같은 고려 자체는 파키스탄에는 합리적일 수 있지만, 그 정치적 결과는 치명적이었다. 인도와의 대결에서 우세를 차지하기 위해, 파키스탄은 민주주의를 희생했고, 자신이 지원했던 이슬람 근본주의 세력과의 내전을 수행하면서 영토 일부에 대한 통제권까지 상실했다. 그 결과 파키스탄은 핵무기를 보유한 실패국가로 전락했다.

2. 파키스탄의 자생적 이슬람 근본주의 세력과 파키스탄 정부 그리고 미국의 딜레마

소련이 붕괴하고 냉전이 종식되자, 미국은 아프가니스탄 문제에 전혀 관심을 보이지 않았으며, 대신 파키스탄이 아프가니스탄에 적극 개입하면서 그 공백을 메웠다. 1980년대에 미국의 원조에 기반해 무자헤딘 저항 세력을 지원했던 파키스탄은 1990년대에 자신의 이익을 대변하는 탈레반 세력이 아프가니스탄 전체를 장악하는 데 결정적인 역할을 수행했고, 이를 통해 인도가 아프가니스탄에 영향력을 행사하는 것을 차단했다. 9·11 테러로 미국이 아프가니스탄을 침공하고 탈레반 정권이 무너지자, 파키스탄은 ─ 파키스탄을 실질적으로 통치하고 있던 파키스탄군과 정보기관은 ─ 탈레반 잔존 세력에게 은신처를 제공하면서 아프가니스탄에 대한 파키스탄의 영향력을 보존하려고 했다. 특히 파키스탄군과 정보기관은 자신들의 권력 유지를 위해 탈레반 잔존 세력이 탈레반에게 우호적인 이슬람 근본주의 세력을 지원하고 이에 기반한 정당 조직을 후원하여, '서구식 민주주의'를 요구하는 파키스탄 민주화 세력을 견제했다.[7]

이것은 단기적으로는 효과적이었지만, 장기적으로는 파키스탄에 매우 심각한 문제를 야기했다. 국내에서의 권력투쟁을 위해 파키스탄군과 ISI이 후원했던 이슬람 근본주의 세력은 1990년대에 영향력이 확대되면서 점차 통제할 수 없는 수준으로 성장했다. 특히 탈레반 정권 당시 아프가니스탄에 수출한다는 명목으로 파키스탄에 유입되었던 면세 물품이 아프가니스탄을 거쳐 파키스탄으로 유입되었고, 그 규모는 2001년 당시 10억 달러에 육박했다.[8] 이러한 밀수 조직과 자금의 상당 부분은 파키스탄의 자생적 이슬람 근본주의 세력의 확대에 유입되면서 그 세력은 더욱 강화되어, 상황은 더욱 악화되었고 군사 정권이든 민간 정부이든 파키스탄 정부는 점차 아프가니스탄과의 국경지대에 대한 통제권을 상실하게 되었다. 2001~2002년 미국의 침공으로 탈레반 정권이 붕괴하면서, 알카에다와 탈레반 세력이 유입되었고 해당 지역에 대한 파키스탄 정부의 통제권은 회복 불가능한 수준으로 약화되었다.

2004년 파키스탄 정부는 병력을 투입해서 국경지대에 대한 통제권을 수복하려고 시도했으나, 탈레반 세력은 격렬하게 저항했다. 파키스탄 국경선 내부에서 파키스탄 보안군 병력은 상황을 통제하지 못했으며, '포장도로 좌우로 100m 이상 지역에 대한 관할권을 행사하지 못하는 상황'이 지속되면서 수백 명의 전사자가 발생했다.[9] 결국 2006년 9월 파키스탄 정부는 탈레반 세력과 타협을 선택하고, 국경지대에 대한 실질적인 통제권을 탈레반 세력에게 이양했다. 부시 행정부의 압력에도 2006년 해당 지역에는 거의 150개의 알카에다와 탈레반 훈련 시설이 존재했다. 알카에다와 탈레반 병력은 파키스탄에서 사실상 면책특권을 향유했으며, 부시 행정부의 압력에도 불구하고 파키스탄 정부는 알카에다를 통제하지 않았다.[10] 2009년 1월 바이든은 부통령 당선인 자격으로 파키스탄을 방문하여, "아프가니스탄 전쟁에서 승리하기 위해 파키스탄의 도움이 필요하다"라는 오바마 대통령의 메시지를 전달하면서 탈레반과의 관계를 청산하라고 강력히 경고했다. 하지만 파키스탄 정부가 탈레반 세력을 통제하는 것은 쉽지 않았고, 파키스탄 내부의 자생적 이슬람 근본주의 세력은 바이든 부통령 당선인이 방문하던 바로 그 날에도 테러를 감행했다.[11]

오랜 군부 통치에 시달리면서 파키스탄의 세속적 민주주의 세력은 심각하게 약화되었으며, 군부 통치에 저항하는 세력의 상당 부분은 이슬람 근본주의에 기반하고 있었다. 특히 1980년대부터 무자헤딘, 알카에다, 탈레반 등의 이슬람 근본주의 세력에게 친화적인 환경이 조성되면서, 파키스탄 정치 자체가 이슬람 근본주의의 영향을 받게 되었다. 파키스탄이 자신의 안보를 위해 아프가니스탄에 영향력을 행사하고 인도를 도발하는 수단이었던 이슬람 근본주의가 결국 파키스탄 정치의 핵심 세력으로 부상했으며, 파키스탄은 점차 아프가니스탄과 같이 이슬람 근본주의 세력과 사실상의 내전에 휘말리게 되었다. 핵무기를 보유한 파키스탄에서의 내전은 오바마 행정부에는 악몽과 같은 상황이었으며, 특히 9·11 테러를 경험했던 미국으로서는 이슬람 근본주의 테러 조직이 핵무기를 탈취하여 핵 테러를 자행할 가능성조차 절대로 용납할 수 없었다.

미국은 파키스탄 정부가 이슬람 근본주의 세력과 관계를 단절하고 종교 세력에 기초한 권위주의 국가가 아니라 세속적 민주주의 국가로 발전하기를 희망했다. 하지만 미국은 인도를 지원하며 탈레반 등의 이슬람 근본주의 세력을 통해 아프가니스탄 안정화를 저지하고 인도가 아프가니스탄과 연계해서 파키스탄을 압박한다는 파키스탄의 기본 인식 자체는 달라지지 않았다.[12] 그 결과 파키스탄은 내부에 알카에다·탈레반 세력과 연결된 자생적인 테러 조직을 잉태했고, 이 점은 2009년 3월 오바마 대통령 또한 연설에서 "파키스탄 내부에서 생겨난 테러 조직이 파키스탄 국민과 군 및 경찰 병력을 공격하여 수천 명이 사망했고, 이러한 테러 조직은 미국이나 아프가니스탄에 대한 위협이 아니라 파키스탄 국민들을 살해하는 암적 존재"라고 지적했다.[13] 하지만 2009년 이후에도 상황은 개선되지 않았고, 파키스탄 정부는 자생적 근본주의 세력을 제거하지 않았고, 제거하지 못했다. 결국 2010년대에 들어오면서 상황은 더욱 악화되었고, 국경지대를 넘어 파키스탄 주요 도시에서 무력 충돌이 발생했다.

이슬람 근본주의 세력은 2007년 7월 파키스탄의 수도 이슬라마바드의 붉은 사원·종교학교(Red Mosque·Lal Masjid and Jamia Hafsa Madrassa)를 근거지로 하여 파키스탄 군사정부와 대치하면서 군정 종식과 함께 세속 법률을 철폐하고 이슬람 종교법(sharia)을 집행할 것을 요구했다. 그들은 이어서 파키스탄 정부 건물을 공격하여 경비 병력과 충돌하고 환경부 건물에는 방화하면서, 파키스탄 국가 권력과 대치했다. 보안군과 근본주의 세력은 8일 동안 대치했고, 결국 보안군의 돌입으로 전사 95명, 부상 94명, 민간인 사상자 218명의 피해를 내면서 상황 자체는 종식되었다.[14] 하지만 이후에도 아프가니스탄 국경지대에서 근본주의 세력은 여전히 강력했고, 특히 파키스탄 출신으로 아프가니스탄에서 전투 경험을 쌓은 병력을 중심으로 파키스탄 탈레반(TTP: Tehrik-i-Taliban in Pakistan, Taliban Movement in Pakistan)이라는 조직이 탄생하여, 많은 근본주의 세력을 느슨하지만 하나로 결집했다.[15] 교전 상태가 더욱 확대되면서, 국경지대 전체가 사실상 전쟁 상황에 처했다. 특히 2008년 1월 총선을 앞두고 선거 운동을 하던 전 총리 부토(Benazir Bhutto)는 파키스탄 정부가 사실상 방조하는 가운데, 알카에다 테러리스트의 자살 공격으로 암살되었다. 그 후 폭풍으로 2008년 1월 총선에서 부토 세력이 승리하면서 파키스탄 군사 정권은 붕괴했지만, 이슬람 근본주의 세력은 여전히 영향력을 보유했고 파키스탄 정부는 국경지대에 여전히 공권력을 행사하지 못했다.

최선의 시나리오는 새롭게 선출된 민주주의 정부가 파키스탄 국가 공권력을 강화하여 파키스탄 영토 전체에 대해 공권력을 행사하고, 특히 아프가니스탄 국경지대에 대한 통제권을 확립하여 알카에다·탈레반 세력을 근절하는 것이었다. 하지만 이를 위해서는 파키스탄군의 역량이 강화되어야 하는데, 군사정권의 기억이 생생한 파키스탄 정치에서는 파키스탄군의 정치적 영향력이 증가하는 것에 대해 강력한 반감이 있었다. 하지만 2010년 한 해에만 1400명에 가까운 민간인들이 테러 공격에 희생되고, 국경지대를 장악하고 중앙정부의 공권력 행사에 저항하는 이슬람 근본주의 세력이 방치되는 것은 용납될 수 없었다.[16] 특히 이러한 근본주의 세력이 파키스탄이 보유한 핵무기를 장악한다면, 핵 테러가 가능했다.

이것이 바로 미국이 직면한 딜레마였다. 미국의 입장에서는 어떠한 경우에도 핵무기 테러 가능성을 봉쇄해야 했고, 따라서 이슬람 근본주의 세력을 약화시켜야 했다. 하지만 파키스탄군을 통해 알카에다를 제거하는 방안은 파키스탄 정치 특유의 상황으로 인해 적절하지 않았다. 결국 미국은 딜레마 상황에서 파키스탄 문제를 해결하는 것을 포기했다. 대신 미국은 제3의 방법을 선택했다. 파키스탄 내부의 알카에다와 탈레반 동조 세력을 제거하고 파키스탄 핵무기의 안정성을 제고하기 위해서, 오바마 행정부는 파키스탄 영토에 직접 군사력을 사용했다. 단 미군 병력이 진입하여 군사작전을 진행하는 것이 아니라, 2000년대 들어서 본격적으로 등장한 무인기(Drone; Unmanned Aerial Vehicle)를 사용했다.

3. 오바마 행정부의 무인기 공격 및 암살 작전

2011년 11월 오바마 대통령은 파키스탄 대통령에게 친서를 보내, 파키스탄 군 및 ISI를 적절히 통제하고 탈레반 저항 세력과의 관계를 단절할 것을 요구했다. 이에 파키스탄은 탈레반 저항 세력과의 관계에 대해서는 별다른 답변을 하지 않고, 오직 인도가 아프가니스탄에 개입하여 파키스탄을 위협하고 있다고 주장했다. 이와 같은 파키스탄 정부의 답변에 미국은 무관심했다. 미국은 이미 독자적으로 행동하기로 결정했고, 오바마 행정부는 파키스탄 정부의 동의 없이 그리고 파키스탄 정부와 상의하지 않고 파키스탄 국경 내부에 존재하는 알카에다와 탈레반 저항 세력을 본격적으로 공격했다.[17]

오바마 행정부는 파키스탄의 '진심 어린 협력'을 기대하지 않았으며, 파키스탄 민간 정부가 파키스탄군의 반대를

그림 15-1 **빈라덴 사살 작전을 원격으로 참관하는 오바마 대통령과 기타 주요인사**

주: 오바마 대통령의 오른편에는 바이든 현 미국 대통령이 있으며, 오바마 대통령 왼편 뒤에 서 있는 사람은 멀린 합참의장이다. 사진 오른쪽 아래 팔짱을 끼고 있는 사람이 게이츠 국방 장관이고, 그 옆에 입을 가리고 있는 인물이 클린턴 국무 장관이다. 멀린 합참의장의 왼쪽으로 세 번째 인물로 고개를 내밀고 보고 있는 사람이 블링컨 현 국무 장관이다.
자료: Wikipedia, https://en.wikipedia.org/wiki/Killing_of_Osama_bin_Laden#/media/File:Obama_and_Biden_await_updates_on_bin_Laden.jpg (검색일: 2015년 4월 22일).

극복하고 탈레반 저항 세력을 색출할 수 있다고 보지 않았다. 2009년 4월 클린턴 국무 장관은 파키스탄이 "미국과 세계에 치명적인 위협(mortal threat)이다"라고 발언했으며, 2011년 9월 멀린 합참의장은 의회에서 "파키스탄은 아프가니스탄 문제 해결의 걸림돌이다"라고 비판했다.[18] 파키스탄 정부는 오바마 행정부의 이러한 비판을 수용하지 않았고, '파키스탄 정부는 테러리스트를 지원하지 않는다'는 입장을 고수했다. 2011년 9월 파키스탄 주재 미국 대사관 및 NATO 시설에 대한 테러가 발생했으나, 파키스탄 정부는 "파키스탄은 이미 테러와의 전쟁에 동참하고 있기 때문에 미군 병력이 파키스탄 영토에서 작전하는 것을 허용하지 않는다"라고 선언했다.[19] 이에 오바마 행정부는 독자 행동을 결정했다.

그림 15-2 **빈라덴이 은신했던 3층 주택**

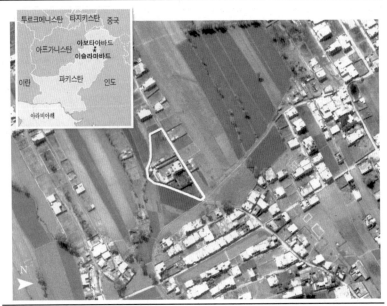

자료: Wikipedia. https://en.wikipedia.org/wiki/Os ama_bin_Laden%27s_compound_in_Abbottabad#/
media/File:CIA_aerial_view_Osama_bin_Laden_compound_Abbottabad.jpg (검색일: 2015년 4월 22일).

    2011년 5월 1일 총 79명의 미군 특수부대원이 아프가니스탄의 바그
람 공군기지에서 출발하여 잘랄라바드에 기착한 후 파키스탄 국경을 넘
어, 파키스탄 육군사관학교가 위치한 아보타바드에 침투했다. 자정을 막
넘긴 시간에 미군 병력은 인근 지역의 주택에 비해 8배 정도 넓은 대지에
4~5.5m 높이의 담장과 가시철조망으로 보호되고 있는 3층 주택을 급습
했다. 15분 정도 후 별다른 교전 없이 빈라덴이 사살되었고, 이후 미군 병
력은 25분 동안 주택을 수색하며 전화기와 컴퓨터 등을 확보했고, 최종
확인을 위해 빈라덴의 시체를 가지고 아프가니스탄으로 철수했다. DNA
검사를 통해 빈라덴의 신원이 확인되었고, 미군은 빈라덴의 시체를 사우
디아라비아에 '제공'하려고 했지만 사우디아라비아 정부가 이를 거부했

다. 이에 미국은 이슬람 의식에 따라서 빈라덴의 시신을 인도양에 수장(水葬)했다.[20]

9·11 테러 이후 미국 정부는 빈라덴의 행방을 찾기 위해 많은 노력을 기울였지만 번번이 실패했다. 빈라덴이 파키스탄에 거주하고 있고, 2006년 이후 파키스탄 정보국이 빈라덴을 가택 연금 형태로 '보호'하고 있다는 첩보가 있었지만, 이를 확인할 방법이 없었다. 하지만 파키스탄 정부, 최소한 파키스탄 ISI이 빈라덴의 행방을 알고 있다고 미국은 확신했다. 파키스탄군 및 정보국의 비호 아래 탈레반 세력이 파키스탄에서 재편성되고 있는 상황에서, 알카에다의 수장이 파키스탄에 피신해 있을 개연성은 충분했다. 하지만 파키스탄은 빈라덴의 행방을 모른다는 입장을 고수했고, 미국은 이를 반박하고 추궁할 확실한 정보가 없었다. 여러 정보원의 제보에 따라 2010년 9월 미국은 항공 정찰을 통해 아보타바드 지역을 수색하여 비정상적으로 큰 주택을 포착했고, 추가적으로 빈라덴의 행방을 확인한 이후 2011년 5월 특공 작전을 감행했다. 이러한 빈라덴 사살 작전은 대성공이었고, 이후 알카에다는 매우 빠른 속도로 쇠락했다. 미국 국민 및 국제 사회도 빈라덴 사살을 지지했으며, 이를 둘러싼 심각한 논란은 존재하지 않았다.

하지만 미국은 특수부대 작전에만 의존하지 않았다. 오히려 오바마 행정부가 애용했던 수단은 무인기 공격이었다. 2006년 말 게이츠 국방장관이 취임했을 무렵, 미국은 프레데터(MQ-1) 무인기 36대를 중동 지역을 총괄하는 중부군 사령부(Central Command)에 배치했고, 그 대부분은 이라크에서 활용되었다. 게이츠 장관은 그 절반을 아프가니스탄으로 이동시켰으며, 미국은 이 무인기를 사용해 파키스탄 영토 내부에서의 암살 작전을 계획했다. 초기 단계인 2008년 11월 CIA는 파키스탄 ISI에 미국의 무인기 암살 작전이 가속화될 것이라고 통보했는데, 파키스탄 ISI은

표 15-2 **파키스탄 영토에서 실시한 미국의 무인기 공격**

연도	무인기 공격 횟수
2004년	1
2005년	1
2006년	3
2007년	5
2008년	36
2009년	53
2010년	117
2011년	65
2012년	47
2013년	27

자료: Ian S. Livingston and Michael O'Hanlon, *Afghanistan Index: Also including Selected Data on Pakistan*(Brookings, Institution, November 30, 2013), p.28.

이를 승인했고 부수되는 피해는 걱정하지 말라고 반응했다.[21] 파키스탄의 동의까지 확보한 미국은 무인기를 동원하여 마침내 파키스탄 내부에 피신한 알카에다와 탈레반 지휘부를 체계적으로 암살한 것이다. 특히 오바마 행정부는 2009~2010년 무인기를 집중적으로 사용했다.

반면 부시 행정부는 무인기 암살을 거의 시도하지 않았다. 기술적 차원에서 무인기를 동원하여 공격하는 것이 쉽지 않았으며, 무인기는 기본적으로 공격에 사용되는 자산이 아니라 감시 정찰에 사용되는 전선 지휘관 직할 자산이었다. 또한 이라크 전쟁에 집중했던 부시 행정부는 아프가니스탄 전쟁에 무인기를 투입하지도 않았으며, 더구나 무인기를 사용하여 파키스탄 내부에 위치한 목표물을 파괴하고 알카에다와 탈레반 지휘관들을 암살한다는 계획을 추진하지 않았다. 하지만 오바마 행정부는 달랐다. 오바마 행정부는 기술 발전으로 대량 생산되고 있는 무인기를 아프가니스탄에서 집중 운영하고, 파키스탄 국경을 침투하여 그곳에 은신하고 있는 테러 조직과 저항 세력의 지휘부를 제거하기로 결정했다.

전쟁에서 승리하기 위해서 상대방의 지휘부를 제거하는 방식은 매우 널리 사용되는 방법이었다. 1996년 4월 러시아는 체첸 공화국 대통령 두다예프(Dzhokhar Dudayev)를 암살했고, 2001년 9월 9일 알카에다·탈레반 정권은 북부동맹의 핵심 인물인 마수드를 언론 인터뷰로 유인해 자살 공격으로 살해했다. 하지만 참수(斬首, decapitation) 공격이라고 불리는 공격 방식의 효과에 대해서는 많은 논란이 있다. 회의론자들은 지휘부가 제거된다고 해도, 저항 세력을 지지하는 기반 및 환경이 변화하지 않는다면 저항 세력 자체는 계속 유지된다고 지적한다. 특히 폭격이나 무인기 공격 등으로 부수적인 민간인 피해가 증가하면, 이에 분노한 주민들이 기존 저항 세력을 더욱 강력하게 지지할 것이라고 우려한다. 반면 긍정론자들은 지휘부 제거가 조직을 와해시킬 수 있으며, 특히 저항 세력이라는 조직은 공고하게 만들어진 관료 조직이 아니기 때문에 지휘부가 제거되면 — 설사 지휘부의 일부라도 제거된다면 — 그 공백은 상당하다고 보았다.[22]

이러한 논쟁에도 불구하고 오바마 행정부는 일단 무인기를 집중 사용하고 이를 통해 파키스탄 테러 조직을 공격했다. 특히 정찰용으로 개발된 프레데터(MQ-1) 무인기가 공격 용도로 사용되고 그 유용성이 증명되자, 미국은 대형 무인기인 리퍼(Reaper, MQ-9)를 본격적으로 생산하여 항공 지원 및 기타 공격 용도에 투입했다. 아프가니스탄과 파키스탄의 경우에 2007년까지 미국은 정찰 및 공격 임무에 프레데터와 리퍼 무인기를 총 3764회 사용했지만, 2008년과 2009년 무인기 출격 횟수는 각각 7185회와 9415회로 폭발적으로 증가했다.[23] 무인기 임무의 대부분은 정찰과 지휘 통제이지만 일부 임무는 타격이며, 특히 파키스탄에 대한 공격과 같이 국경을 넘어 수행되는 은밀한 공격의 경우에는 대부분 무인기를 사용했다.

미국은 파키스탄에서 군사작전을
수행하면서 알카에다와 탈레반 지휘부
만을 공격하는 데 멈추지 않고, 사실상
거의 모든 군사 목표물을 파괴했다. 지
상에서 포착된 훈련 시설을 공격하고
알카에다와 탈레반 병력을 살상했다.
2006년에서 2011년까지 5년 동안 파
키스탄에서만 2000명 정도의 저항 세
력 병력이 전사했으며, 2010년 5월

그림 15-3 **리퍼 무인공격기**

자료: Wikipedia. https://en.wikipedia.org/
wiki/General_Atomics_MQ-9_Reaper#/m
edia/File:MQ-9_Reaper_UAV_(cropped).jpg
(검색일: 2018년 3월 3일).

CIA는 무인기 공격으로 600명 정도의 저항 세력을 '제거'했다고 발표했
다. 또한 저항 세력 훈련 시설 대부분이 무인기 공습으로 파괴되어 보급
이 유지되지 않으면서 탈레반 병력 자체가 와해되었다.[24] 좀 더 자세한
자료에 따르면, 부시 행정부는 총 48회 무인기 공격을 감행했는데, 그 공
격으로 민간인 116~137명이 사망하고, 저항 세력 218~326명이 제거되
었고, 신원 미상인 65~77명이 추가로 살해되었다. 즉 2009년 1월까지 미
국은 무인기를 사용하여 파키스탄 영토를 공격하여 399~540명 정도를
살해했다. 2009년 1월 이후 오바마 행정부는 무인기 공격을 확대해,
2017년 1월까지 353회의 공격을 감행하여 저항 세력 1659~2683명을 살
해했는데 그 과정에서 민간인 129~162명과 신원 미상 인원 146~249명
이 오폭 등으로 사망했다. 즉 오바마 행정부의 파키스탄 공격으로 총
1934~3094명이 사망했다.[25]

　　이와 같은 데이터에서 나타나듯이, 민간인 피해는 심각한 문제를 야
기했다. 민간인 사망자 비율은 부시 행정부 시기에는 21~63% 정도였으
며, 오바마 행정부에서는 4~21% 정도를 기록했다. 양 행정부 기간을 합
하면, 전체 사망자 가운데 최소 6.7%에서 최대 27.5%가 무고하게 희생

표 15-3 **부시 행정부와 오바마 행정부의 파키스탄에 대한 무인기 공격 성과**

	공격 횟수(회)	저항 세력 사살(명)	민간인 사망(명)	신원 미상 사망(명)	총사망자(명)
부시 행정부	48	218~326	116~137	65~77	399~540
오바마 행정부	353	1,659~2,683	129~162	146~249	1,934~3,094

자료: New American, https://www.newamerica.org/international-security/reports/americas-counterterrorism-wars/the-drone-war-in-pakistan/ (검색일: 2021년 5월 11일).

된 민간인이었다. 일단 미국은 자위권 차원에서 무인기 사용을 정당화하면서, 모든 전투 행위에서 발생하는 부수적인 민간인 피해는 최소화되고 있다고 강조했다. 하지만 민간인 피해는 지속적으로 발생했고, 2012년 1월 오바마 대통령은 무인기 공격이 '매우 효과적'이라고 평가하면서 민간인 피해자는 최소화되고 있고, 주로 테러리스트를 '정밀 타격(pinpoint)'하고 있다고 주장했다. 또한 2012년 4월 오바마 행정부는 무인기 공격이 '합법적이고, 윤리적이며, 현명한 행동(legal, ethical, and wise)'이라고 강조했다.[26]

반면 파키스탄은 이러한 미국의 주장이 거짓 증거에 기반한다고 주장하면서, 민간인 피해는 막대하고 파키스탄 영토에 대한 공격은 용납될 수 없다고 비난했다. 특히 이슬람 근본주의의 영향력이 강력한 상황에서, 파키스탄에 대한 미국의 무인기 공격 및 무고한 민간인 사망은 파키스탄의 반미 감정을 강화했다. 한 여론조사에 따르면, 2009년 64%의 파키스탄 국민들이 미국을 적(enemy)으로 인식했고, 2011년과 2012년 그 비율은 각각 69%와 74%를 기록했다. 반면 미국을 동맹국(partner)으로 인식한 비율은 각각 9%, 6%, 8%였다.[27] 2013년 12월 파키스탄 의회는 미국의 파키스탄에 대한 무인기 공격을 반대하는 결의안을 만장일치로 통과시키면서, 미국의 무인기 공격을 "UN 헌장과 국제법 위반 행위이며, 인도주의적 규범을 무시하는 행동이다"라고 비난했다.[28]

그럼에도 불구하고 미국은 무인기를 지속적으로 사용하여 파키스탄 영토 내부를 공격했다. 명시적인 합의 내용이 공개되지는 않았지만, 파키스탄 정부는 미국의 무인기 공격을 사전 승인했다.[29] 무엇보다, 미국의 무인기 공격의 부작용을 심각하게 여기지 않았다. 파키스탄의 반미 감정은 무인기 공격 이전에도 강력했으며, 무인기 공격으로 증가한 부분은 그다지 크지 않았다. 미국의 무인기 공격으로 파키스탄 탈레반 세력이 강화되지도 않았으며, 탈레반 세력에 대한 파키스탄 내부의 지지가 증가하지도 않았다.[30] 오히려 파키스탄 탈레반의 세력은 약화되었으며, 이후 파키스탄 정부는 독자적으로 무인기를 도입하여 테러리스트 제거 작전을 수행하고 있다. 즉 미국의 무인기 공격 자체는 기대했던 효과를 발휘했다고 보아야 한다. 하지만 미국이 무인기로 테러리스트를 제거하는 데 집중했다는 사실은 오바마 행정부가 점차 국가 건설과 재건에 기초한 대반란전(COIN)을 포기하고 아프가니스탄 전쟁을 순수한 대테러 작전(CT: Counterterrorism)으로 수행하게 되었다는 사실을 보여주었다. 이것은 전략 차원의 변화였다.

제16장

피로해진 오바마 행정부와 제한된 아프가니스탄 전쟁

아프가니스탄 전쟁은 '오바마의 전쟁'이었다. 오바마는 이라크 침공을 '선택한 전쟁'으로, 아프가니스탄 전쟁을 '필요한 전쟁'이라고 규정했고, 2009년 1월 취임 직후부터 아프가니스탄 전쟁에서 승리할 수 있는 방안을 모색하는 데 많은 노력을 기울였다. 10개월 정도 많은 대안을 검토한 결과, 오바마 행정부는 아프가니스탄 전쟁에 3만 명의 추가 병력을 배치하기로 결정했다. 하지만 오바마 대통령은 미군 지휘관들에게 무한정한 병력과 시간을 보장하지 않았다. 아프가니스탄 증파는 최대 10만 명의 병력을 최대 18개월 동안 운용할 수 있는 시한부 작전으로, 이 기간 동안 탈레반의 승세를 꺾고 아프가니스탄 보안군의 역량을 강화해야 했다. 2011년 여름 그 시한이 다가오자, 오바마 대통령은 주저하지 않고 아프가니스탄 증파가 종결된다고 선언했다.

증파를 종결시킨 후, 오바마 행정부는 아프가니스탄 전쟁을 두 가지 방식으로 수행했다. 첫째, 미군 병력은 직접적으로 알카에다와 탈레반 병력과 교전하면서 저항 세력을 소모시켰다. 이를 통해 오바마 행정부는 2009년 증파를 고려하던 시기에 바이든 당시 부통령이 제시했던 대테러 전략을 제한적으로 수용했다. 둘째, 오바마 행정부는 기존의 대반란전 전략을 포기하지 않고 지속적으로 추진하면서 아프가니스탄 보안군 증강에 많은 자원을 투입했다. 미국은 아프가니스탄에 무한정 주둔하지 않으며 2014년 말에는 전투 임무를 종결하고 철군할 예정이지만 아프가니스탄 정부가 독자적으로 자신을 방어할 능력을 구축하도록 돕겠다는 의지를 천명했다.

하지만 이와 같은 대테러 전략과 대반란전 전략의 조합은 성공하지 못했다. 미군 병력이 교전하면서 알카에다와 탈레반 저항 세력을 약화시키고 그 시간에 아프가니스탄 보안군을 증강한다는 구상 자체는 논리적이었다. 하지만 실제 상황에서 이는 잘 실행되지 않았다. 알카에다와 탈레반이 미군과의 교전을 회피하면서 자신의 전력을 보전했고, 아프가니스탄 정부의 부정부패와 비효율성으로 인해 군 및 경찰 병력의 증강은 지지부진했다. 2015년 1월 미국과 NATO 병력의 임무가 전투에서 '훈련·조언·지원(TAA: Train, Advise, and Assist)'으로 변경되었으나, '훈련·조언·지원'의 대상이어야 할 아프가니스탄 군 및 경찰의 역량은 너무나 낮았다. 무엇보다 알카에다와 유사한 또 다른 수니파 근본주의 세력인 이슬람 국가(IS: Islamic State)가 이라크를 침공하면서, 오바마 행정부는 이라크 상황에 대응하는 데 집중했다. 아프가니스탄 전쟁은, 그리고 아프가니스탄은 또 다시 잊히기 시작했다.

1. 증파 종료 선언과 그 배경

2011년 미국은 10년 동안 계속된 아프가니스탄 전쟁에 염증을 느끼고 있었다. 별다른 성과 없이 늘어만 가는 사상자 때문에 전쟁에 대한 지지는 점차 약해졌으며, 아프가니스탄 전쟁에 참전했던 미군 병력은 아프가니스탄과 관련된 모든 것을 증오했다. 2010년 5월 카르자이 대통령은 미국을 방문하여 월터리드 육군 병원에서 미군 부상병을 위문했으나, 미군 부상병들은 카르자이에게 엄청난 적대감을 표시하면서 "우리가 총을 가지고 있지 않은 것을 다행이라고 생각하라"라며 카르자이를 위협했다.[1] 무엇보다 오바마 행정부는 아프가니스탄에서 끝없이 전쟁을 계속할 생각이 없었다. 미국 경제는 2008년 세계 금융 위기에서 거우 회복되는 상황이었기 때문에 아프가니스탄 전쟁에 무한정으로 자원을 투입할 수 없었다. 미국 개별 가구의 자산 중간값(median household wealth)이 2005년 10만 6591달러에서 2011년 6만 8839달러로 35% 감소했고, 정부 부채의 척도인 미국 중앙은행(U. S. Federal Reserve System)이 보유한 재무부 채권 물량 또한 2007년 12월 8000억 달러 수준이었으나 2010년 6월 2조 1000억 달러로 거의 3배 증가했다. 어떠한 기준에서도 오바마 행정부는 아프가니스탄 전쟁에 장기적으로 그리고 끝없는 자원을 투입할 의지가 없었다.

오바마 대통령은 2012년 재선을 위해서 '전쟁에서의 승리'를 주장할 수 있어야 했다. 하지만 아프가니스탄 전쟁에서 기대했던 '성과'는 나타나지 않았고, '승리'를 선언함으로써 재선을 보장할 정치적 기회가 없었다. 오바마 행정부는 아프가니스탄 증파를 통해 아프가니스탄 전쟁 상황을 통제할 수 있다고 보았고, 특히 2007년 부시 행정부의 이라크 증파 전략과 같이 그 성과가 매우 신속하게 나타날 것이라고 기대했다. 하지만 아프가니스탄 상황은 이라크와는 달랐다. 이라크의 경우 2007년 1월 부시 대통령이 증파를 선언하고 2만 명 정도의 병력이 투입되면서, 상황이 매우 빠르게 안정되었다. 증파 병력이 이라크에 배치된 것이 2007년 5월이었는데 그 직후인 2007년 7월 저항 세력의 공격은 정점을 찍고 감소하기 시작했다. 2007년 7월에는 일주일에 1650회의 공격이 발생했지만, 2007년 9월 말에 공격 빈도는 그 절반 수준인 800회 정도로 감소했고 2008년 4월 말에는 다시 절반인 400회 정도로 감소했다.[2] 이에 기반해 부시 행정부는 이라크 안정화라는 정치적 성과를 주장할 수 있었으며, 오바마 행정부가 이라크에서 미군 병력을 철군할 수 있는 기반을 마련했다.

하지만 오바마 행정부는 아프가니스탄 증파를 통해 상황을 통제하는 데 실패했고, '아프가니스탄 안정화'를 통해 '전쟁 승리'를 주장할 수 없었다. 이라크에서 유혈 사태의 대부분은 바그다드에 집중되었고, 이라크 종파 폭력의 80%가 바그다드를 중심으로 50km 이내에서 발생했다.[3] 따라서 바그다드라는 한 도시를 확실하게 통제하는 경우에, 이라크는 쉽게 안정화될 수 있었다. 하지만 아프가니스탄의 상황은 달랐다. 저항 세력의 공격은 카불이라는 한 도시에 한정되지 않았으며, 인구밀도가 낮은 농촌 지역에서 산발적으로 진행되었다. 그 때문에 아프가니스탄 안정화는 오바마 행정부가 추가 배치한 3만 명 규모의 병력으로는 가능하지 않았으며, 아프가니스탄 보안군 병력을 증강하는 것이 더욱 중요했다. 하지만 병력은 쉽게 증강되지 않았고, 증강된 병력 규모 또한 수치상으로만 존재하고 실제로는 존재하지 않는 '유령 군인'이었다.

그럼에도 불구하고 오바마 행정부는 아프가니스탄 증파의 종식을 선언했고, 2009년 12월 추가 배치한 병력을 철군하기로 결정했다. 2011년 6월 22일 오바마 대통령은 TV 연설에서 2011년 말까지 1만 명을 철수하고, 2012년 여름까지 추가로 2만 3000명의 병력을 철수하여 총 3만 3000명의 병력을 아프가니스탄에서 철수한다고 발표했다. 오바마 대통령은 9·11 테러를 감행했던 테러리스트들이 기지로 사용했던 아프가니스탄은 이제 미국에 더 이상 위협이 아니며 전체적인 상황이 변화하여 급박하지 않다고 지적했다. 이후 2014년까지 미국은 아프가니스탄 정부가 치안 유지를 담당하도록 지속적으로 지원하겠지만, 이제 "미국에서의 국가 건설에 집중해야 한다(America, it

그림 16-1 **증파 종료를 선언하는 오바마 대통령(2011년 6월 22일)**

자료: The Whitehouse, "President Obama on the Way Forward in Afghanistan," June 22, 2011. https://obamawhitehouse.archives.gov/blog/201 1/06/22/president-obama-way-forward-afghanist an (검색일: 2020년 1월 5일).

is time to focus on nation-building here at home)"라고 발언했다.[4]

증파를 종료하면서, 오바마는 책임감 있게 전쟁을 끝내는 것(ending the war responsibly)이 중요하다고 강조하면서, 동시에 아프가니스탄 전쟁에 너무나 많은 자원을 투입하는 경우에 발생하는 위험을 경고했다. 미국은 아프가니스탄을 '완벽한 국가로 만들려고 하지 않을 것'이라고 강조하면서, "미국은 아프가니스탄 거리와 산악 지대를 끝없이 순찰하지는 않을 것(We will not police its streets or patrol its mountains indefinitely)이다"라고 선언했다. 대신 아프가니스탄 거리를 순찰하고 치안을 유지하는 것은 아프가니스탄 정부의 책임이며 미국은 아프가니스탄 정부가 그 책임을 다하도록 돕겠다고 발언하여 미국의 역할을 지원과 자문 등으로 제한했다.

오바마 대통령이 증파 종료를 선언하고 병력을 철군하면서 '미국은 유리한 상황(position of strength)'에서 철군한다고 발표할 수 있었던 것은 2010년 이후 파키스탄에서 진행되었던 무인기 공격과 특히 2011년 5월 빈라덴 사살이었다. 이와 같은 공식·비공식인 군사작전을 통해 오바마 행정부는 알카에다 지휘부 30명 가운데 20명을 제거했으며, 그 결과 알카에다 조직은 심각한 타격을 입었다.[5] 무엇보다 2011년 5월 알카에다의 수장인 빈라덴이 사살되면서, 미국은 '테러와의 전쟁에서 승리했다'고 선언할 수 있었다. 오바마 대통령은 이 사실을 십분 활용했다. '현재 알카에다는 9·11 테러 이후 최대의 위기에 직면'했으며, 미국은 "알카에다를 궁지에 몰아넣었다(we have put al Qaeda on a path to defeat)"라고 강조했다. 그리고 이 기회를 이용하여, 오바마 대통령은 전쟁 승리를 암시하면서 병력 철군과 평화, 2012년 대통령 선거에서 재선 가능성을 끌어올리는 데 성공했다.

그러나 증파 종료는 병력 철수 이상을 의미했다. 2009년 12월 오바마 대통령은 아프가니스탄 증파를 선언하면서 이것이 18개월 동안 유지될 것이라고 선언했다. 하지만 주요 정책 결정자들은 18개월의 시한이 나중에는 연기될 것이라고 보았으며, 특히 퍼트레이어스 등은 시간이 지나면 오바마 대통령이 증파 병력을 유지하여 더 많은 자원을 사용할 수 있을 것이라고 기대했다. 하지만 오바마의 결심은 확고했고, 애당초 설정한 시한을 그대로 집행했다. 즉 아프가니스탄 증파의 목표는 아프가니스탄 국가 건설과 대반란전 전략을 실행하는 데 무제한의 병력과 시간을 투입하는 것이 아니라, 18개월이라는 제한된 시간에 미군 병력을 증강하여 상황을 통제하여 아프가니스탄에 속성으로 국가를 건설하는 것이었다. 좀 더 구체적으로는 알카에다가 아프가니스탄에 근거지를 확보하지 못하도록 거부하고, 탈레반 세력을 약화시키고, 아프가니스탄 중앙정부의 역량, 특히 아프가니스탄 군 및 경찰 병력을 강화하여 중앙정부가 아프가니스탄의 미래를 주도하도록 한다는 3가지 목표가 핵심이었다. 이를 달성하기 위해 오바마 행정부는 미군 병력을 증파했고 동시에 아프가니스탄 주재 미국 대사관의 인력도 증강했다. 2009년 1월 320명 규모였던 대사관은 2011년 6월 1100명 규모의 공관으로 3배가 충원되었으며, 이를 위해 17억 달러 정도의 추가 예산이 투입되었다.[6]

하지만 오바마 행정부는 아프가니스탄 전쟁 목표를 묵시적으로 변경했다. 명시적으로는 여전히 아프가니스탄 국가 건설과 대반란전을 강조했고 아프가니스탄 안정화를 위한 '아프가니스탄 정부의 책임'을 역설했지만, 동시에 지난 10년 동안 경제적 어려움과 재정 위기에서도 전쟁 수행에 1조 달러를 지출했다면서 이제 미국은 미국에 투자하고 미국을 재건해야 한다고 강조했다. 그 때문에 엄청난 시간과 자원이 소요되는 대반란전 전략은 실질적으로 포기했으며, 2009년 12월 증파를 결정하는 과정에서 바이든 부통령이 강력하게 주장했던 대테러 작전이 미국의 아프가니스탄 전쟁 전략으로 부상했다. 이제 미국은 아프가니스탄 국가 건설 대신, 특수부대와 무인기 등을 동원하여 아프가니스탄과 파키스탄에서 알카에다 테러 조직과 탈레반 저항 세력을 물리적으로 제거하기 시작했다. 이와 같은 미국의 아프가니스탄 전쟁 전략의 변화는 미국이 아프가니스탄 전쟁을 대테러 전쟁의 일환으로 수행하는 2021년 현재 시점까지 그대로 유지되고 있다.

2. 제한적으로만 지속되는 아프가니스탄 국가 건설

2011년 6월 증파 종료가 선언되었지만, 아프가니스탄에서 작전하고 있는 모든 미군 병력이 철군하지는 않았다. 증파 종료의 핵심은 2009년 12월 추가 파병이 결정되었던 3만 3000명의 병력이 교체되지 않고 2011년 말까지 1만 명, 2012년 7월까지 나머지 2만 3000명이 철수한다는 계

그림 16-2 **아프가니스탄 저항 세력 공격 빈도(2007~2011년)**

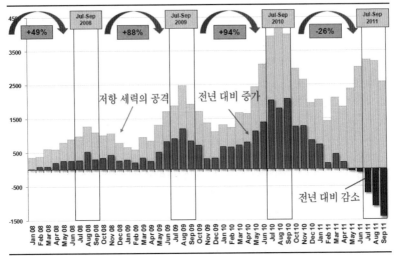

자료: DoD, *Report on Progress toward Security and Stability in Afghanistan*(2011.10), p.2.

획이며, 따라서 아프가니스탄 주둔 미군 병력 10만 1000명 가운데 6만 8000명은 계속 주둔하고 작전을 수행한다는 것이었다. 아프가니스탄의 치안은 부분적으로 개선되고 있었다. 저항 세력의 공격은 2007~2008년 49% 증가했고, 2008~2009년 88%, 2009~2010년 94% 증가했다. 하지만 2010~2011년에는 26% 감소하면서, 증파 작전의 긍정적 효과를 보여주었다.[7] 문제는 이러한 성과가 '지속적이고 유지될 수 있는가'에 대한 강력한 회의론이 존재했다는 사실이다. 2010년 11월 20일 미국과 NATO 국가들은 아프가니스탄에서의 치안 책임을 아프가니스탄 정부가 전적으로 담당(full Afghan security responsibility)해야 한다고 선언하면서 저항 세력의 공격이 감소했다는 것을 강조했지만, 오바마 대통령은 이러한 "성과가 지속적이고 유지될 수 있는가?"라는 문제를 제기했다.[8]

2006년 이후 5년 만에 처음으로 아프가니스탄에서 저항 세력의 공격이 감소했고, 2012년 하반기 저항 세력의 공격 대부분은 인구 밀집 지역이 아니라 농촌 지역에서 감행되었다. 저항 세력의 본거지인 칸다하르 지역에서 공격은 62% 감소했고, 카불에서도 22% 감소했다. 전체 공격의 80%는 인구의 20%가 거주하는 지역에서 발생했고, 전체 공격의 절반 정도가 아프가니스탄 전체 행정구역 405개 가운데 17개에 집중되었는데 해당 지역에서 거주하는 인구는 5%에 지나지 않았다.[9] 이것은 획기적인 성과였다. 하지만 문제의 핵심은 '유지될 수 있는 성과의 달성'이었다. 즉 미군 병력이, 특히 증파된 미군 병력이 철수한 이후에도 아프가니스탄 정부가 독자적으로 치안을 유지할 수 있어야 하며, 이에 필요한 자원을 스스로 동원할 수 있어야 했다. 충분한 군 및 경찰 병력을 배치하고 이를 유지할 수 있는 수입원을 마련하는 것이 가장 중요했지만, 아프가니스탄 정부는 조세 수입이 아니라 미국의 원조에 기초해서 작동했다.

병력 증강은 지속적으로 이루어졌다. 2013년 여름 아프가니스탄 군 및 경찰 병력은 34만 4602명으로 2014년 말 달성하는 것을 목표로 했던 최종 병력인 35만 2000명의 98% 수준이었으며, 해당 병력이 96%의 군사작전을 주도하고 인구의 87% 정도를 통제하고 있었다.[10] 그러나 이러한 규모의 병력을 유지하는 데 연간 50억 달러의 비용이 소요되지만, 아프가니스탄 정부는 이와 같은 수준의 자원을 동원할 역량을 갖추지 못했다. 2009년 이후 오바마 행정부는 아프가니스탄의 역량을 강화하는 데 많은 노력을 기울였지만 성과는 없었다. 2010년 아프가니스탄의 GDP는 159억 달러였으나, 아프가니스탄 정부 예산은 172억 달러였다. 미국은 정부 예산의 90%인 157억 달러를 제공했고, 덕분에 아프가니스탄 군 및 경찰이 유지될 수 있었다. 아프가니스탄 정부는 전체 GDP의 9% 정도만을 세금 및 기타 정부 수입으로 동원할 수 있었고, 이 비율은 아시아 개발도상국 평균인 17.8%, 세계 평균인 30%에 비해 한참 낮은 세계 최하 수준이었다.[11] 오바마 행정부는 아프가니스탄 정부의 수입을 증가시켜서

표 16-1 **2014년 제3대 아프가니스탄 대통령 선거 결과**

후보자	1차 투표		결선 투표	
	득표수(표)	득표율(%)	득표수(표)	득표율(%)
가니	2,084,547	31.56	3,935,567	55.27
압둘라	2,972,141	45.00	3,185,018	44.73
총합	6,604,546	31.68(투표율)	7,120,585	34.16(투표율)

자료: Wikipedia. https://en.wikipedia.org/wiki/2014_Afghan_presidential_election (검색일: 2018년 7월 11일).

아프가니스탄 정부가 치안 유지에 필요한 자원을 국내적으로 동원하기를 희망했지만 실패했다.

아프가니스탄의 부정부패는 정부의 조세 수입을 차단했으며, 이러한 부정부패를 차단하기 위해서는 아프가니스탄 정치 개혁이 필수적이었다. 그리고 이 부분에서 미국은 제한적인 성과를 거두었다. 2014년 4월 5일 제3대 아프가니스탄 대통령 선거가 실시되었으나, 어느 후보도 과반을 차지하지 못했다. 6월 14일 실시된 결선 투표에서 재무 장관 출신인 가니가 승리했다. 선거 과정에서 상당한 부정이 존재했고 그 때문에 미국의 케리(John Kerry) 국무 장관이 아프가니스탄을 방문하여 경쟁 후보인 압둘라와 회견을 통해 결국 거국 정부(national unity government)를 결성하도록 조정했다. 거국 정부에서 가니는 대통령으로 취임했고, 압둘라는 일반적으로 정치 영역에서는 거의 존재하지 않는 수석 행정관(CEO: Chief Executive Officer)이라는 직책에 취임했고, 양자는 권력을 50:50으로 공유하기로 합의했다. 하지만 새로운 행정부가 정치 개혁을 통해 부정부패를 해결하고 아프가니스탄 정부의 역량을 향상시킬 수 있을지에 대해서는 의문의 여지가 있었다.

미국의 입장에서는 카르자이 대통령의 임기가 종료되어 권좌에서 물러난다는 사실 자체가 더욱 중요했다. 결선 투표를 앞둔 2014년 5월

25일, 오바마 대통령은 아프가니스탄을 기습 방문하여 미군 병력을 위문했다. 오바마 대통령은 카르자이 대통령을 따로 만나지 않고 미군 기지로 '초청'했지만 카르자이 대통령은 이를 거절했다. 대신 15분 동안의 전화 통화로 회담을 대신했다.[12] 정권이 바뀌었지만 아프가니스탄 국민의 절반이 공공 서비스를 요청하면서 공무원들에게 뇌물

그림 16-3 **카불을 방문하여 압둘라와 가니 사이를 중재하는 케리 국무 장관(2014년 7월 12일)**

주: 사진 왼쪽이 압둘라 전 외교 장관, 오른쪽이 선거에서 승리한 가니 전 재무 장관이다.

자료: Wikipedia. https://en.wikipedia.org/wiki/2014_Afghan_presidential_election#/media/File:Secretary_Kerry_meets_Abdullah_and_Ghani_2014.jpg (검색일: 2021년 5월 3일).

을 제공하고, 그러한 뇌물의 규모가 GDP의 20% 수준에 육박하는 상황은 변화하지 않았다. 일인당 소득이 687달러인 국가에서 평균적인 연간 뇌물 액수가 190달러라는 사실 때문에, 아프가니스탄의 발전은 심각하게 저해되었다.[13] 아프가니스탄 국가 역량 또한 성장하지 못했다. 가니 대통령은 아프가니스탄이 직면한 문제를 정확하게 인식하고 있었다. 2003년에 재무 장관이었던 가니는 당시 아프가니스탄의 마약과 부패 문제를 지적하면서 "그대로 가다가는 아프가니스탄은 곧 마약·마피아 국가(narco-mafia state)로 타락할 것이다"라고 경고하면서, 서방 국가들은 신속한 해결책이 존재하지 않는다는 사실을 인정하고 인내심을 가지고 오랫동안 아프가니스탄을 지원해야 한다고 역설했다.[14]

2014년 이후 오바마 행정부는 아프가니스탄의 부정부패와 마약 문제를 정확하게 인식하고 있었다. 하지만 아프가니스탄의 이러한 문제를 해결하기에는 아프가니스탄 전쟁에 대한 미국의 의지와 관심, 통제력이

너무나 낮은 수준이었다.

3. 오바마 행정부의 아프가니스탄 전쟁 마무리

아프가니스탄 전쟁은 다음 두 가지 문제에 봉착했다. 첫째, 2011년 시작된 이슬람 세계의 민주화 움직임으로 중동 지역의 독재 정권들이 붕괴했지만, 안정적인 민주주의 체제는 수립되지 않았다. 특히 시리아에서는 민주주의 세력이 집권에 실패하면서 이슬람 근본주의 세력이 영향력을 확장했고, 2014년 1월 이슬람 국가(IS) 병력이 이라크를 침공하여 이라크 서부 지역을 장악하는 상황이 발생했다. 이에 미국은 다시 이라크 문제에 집중했고, 아프가니스탄 전쟁은 다시 한번 무시되고 잊힌 전쟁으로 전락했다.

2014년 1월 이라크를 침공한 IS 병력은 1000명 미만이었으며, 따라서 250억 달러를 투자하여 미국이 만들어낸 50만 명에 가까운 이라크 보안군 병력은 '침공'을 충분히 격퇴할 수 있어야 했다. 하지만 이라크의 시아파 정권은 스스로를 방어하는 데 실패했고, 1월 2일 시작된 IS의 이라크 침공은 1월 3일 이라크 서부 수니파 세력의 근거지인 팔루자(Falluja)를 함락시키고 이슬람 율법 국가(Caliphate)를 선포했다. 이라크 정부는 3만 명의 병력을 서부 지역에 배치하여, IS 침공군을 저지하는 데 집중했으나, 해당 지역의 수니파 무장 세력이 IS 침공군에 호응하여 시아파 중앙 정부에 대항하면서 상황은 붕괴했다. 6월 9일 이라크 제2의 도시인 모술(Mosul)이 함락되고 6월 11일 사담 후세인의 고향인 티크리트(Tikrit) 또한 IS의 손아귀에 떨어졌다. IS는 모술을 점령하는 과정에서 이라크 중앙은행 모술 지점에 예치되었던 4억 3000만 달러의 현금을 강탈하고 유전 및

정유 시설을 장악했으며, 이러한 자원을 동원하여 병력을 확장했다.[15]

　이러한 사태 전개에 오바마 행정부는 경악했다. 2011년 12월 오바마 행정부는 이라크에서 미군 병력 전체를 철수했고, 이라크의 치안은 이라크 중앙정부가 담당한다는 입장을 취했다. 따라서 2014년 상반기에 이라크의 상황이 급속도로 악화되었지만, 미국은 그러한 상황을 방관할 수밖에 없었다. 모술 함락 직후인 6월 10일 미국 국무부는 이라크 상황을 '지극히 우려'하면서, '이라크 국민들은 서로 협력하여 IS 위협을 극복하도록 노력해야 한다'는 원칙론만을 제시했다.[16] 8월 7일 미국은 이라크에 대한 군사 개입을 결정하고 IS 병력을 폭격했고, 8월 9일 오바마 대통령은 제한적 군사력 사용을 천명하면서 해당 군사작전은 "몇 주 걸리는 단순한 단기 작전이 아니며 오랜 시간이 소요되는 장기 계획의 일부(long-term project)"라고 강조했다.[17] 하지만 오바마 행정부는 미국 지상군 병력을 전개하여 직접 전투를 주도하지 않았으며, 긴급 배치된 미군 특수부대는 지상 전투에 참가하지 않고 폭격을 유도하는 데 집중했다. 그럼에도 불구하고, 2014년 오바마 행정부는 IS의 이라크 침공 문제를 우선적으로 해결해야만 했으며, 아프가니스탄 전쟁은 최우선 순위가 아니었다. 알카에다 테러 조직과 탈레반 저항 세력이 아프가니스탄 중앙정부를 위협하고는 있었지만, 제2의 대도시가 함락되거나 보안군 병력이 붕괴하는 상황은 초래되지 않았다. 즉 2014년 시점에서 아프가니스탄 전쟁은 '관리 가능한 상황'이었으며, 그 때문에 이라크 전쟁에 비해서는 부차적이었다.

　둘째, 2015년 1월 1일을 시점으로 미국의 아프가니스탄 군사작전의 성격이 변화했다. 2014년 12월 말까지 미국은 항구적 자유 작전(OEF: Operation Enduring Freedom)이라는 작전명을 사용하면서 아프가니스탄에서 전투 임무를 수행했지만, 이는 이후 전투 임무 대신 아프가니스탄 보안군에 대한 훈련·자문·지원 임무를 중심으로 하는 자유의 파수꾼 작전

그림 16-4 **전략적 동반자 합의에 서명 후 문서를 교환하는 오바마 대통령과 카르자이 대통령(2012년 5월 2일)**

자료: Wikipedia, https://en.wikipedia.org/wiki/U.S.%E2%80%93Afghanistan_Strategic_Partnership_Agreement#/media/File:Barack_Obama_and_Hamid_Karzai_signing_strategic_partnership_agreement_May_1,_2012.jpg (검색일: 2016년 11월 5일).

(OFS: Operation Freedom's Sentinel)으로 변경되었다. 2015년 1월 드디어 오바마 행정부가 추진했던 '아프가니스탄 정부가 아프가니스탄 치안을 책임'지는 상황이 실현되었지만, 미군 병력이 빠르게 철군하면서 미국은 아프가니스탄 상황에 대한 통제력을 상실하기 시작했다.

2009년 12월 증파를 선언하던 시점에서 아프가니스탄 주둔 미군 병력은 7만 명 규모였으며 이후 증파를 거쳐 2011년 중반까지 10만 명 수준으로 유지되었다. 2011년 6월 증파 종료를 통해 1만 명의 병력이 철수했고, 2012년 초 8만 9000명 정도였던 미군 병력은 2012년 9월 7만 6000명, 2013년 1월 6만 6000명 규모로 축소되었다. 오바마 행정부는 아프가니스탄 증파 이후에도 병력을 유지하면서 아프가니스탄의 재건을 지원하겠는 의지를 여러 번 표명했고, 2012년 5월 전략적 동반자 협정(Strategic Partnership Agreement)을 통해 2014년 이후에도 '미국은 아프가니스탄을 포기하지 않을 것'이라고 선언했다.[18]

하지만 이후에도 철군은 계속되었다. 미군 병력은 2013년 11월 4만 7000명, 2014년 2월 3만 9000명 수준으로 축소되었고, 2014년 7월 3만 명 미만으로 더욱 감축되어 2014년 9월 2만 4000명이 되었다. 전투 임무가 종결되고 훈련·자문·지원 임무를 수행하는 자유의 파수꾼 작전이 진

표 16-2 **아프가니스탄 주둔 미군 병력(2010년 12월~2016년 6월)**

(단위: 명)

시기	미군 병력	시기	미군 병력
2010년 1월	70,000	2013년 7월	63,000
2010년 7월	95,000	2013년 10월	54,000
2010년 12월	100,000	2013년 11월	47,000
2011년 4월	100,000	2013년 12월	43,000
2011년 6월	99,000	2014년 2월	39,000
2011년 10월	97,000	2014년 4월	30,000
2011년 12월	91,000	2014년 7월	30,000
2012년 1월	89,000	2014년 9월	24,000
2012년 3월	89,000	2015년 1월	10,000
2012년 5월	87,000	2015년 6월	9,000
2012년 9월	76,000	2015년 10월	9,800
2013년 1월	66,000	2016년 1월	9,800
2013년 4월	66,000	2016년 6월	9,800

자료: Michael E. O'Hanlon et al., *Afghanistan Index: Tracking Progress and Security in Post-9·11 Afghanistan*(Washington, DC: Brookings Institution, various issues).

행되면서 병력은 더욱 감축되었다. 병력은 2015년 1월 1만 명 규모로 축소되었으며, 2015년 6월 9000명 수준으로까지 감축되었지만 오바마 대통령이 자신의 임기가 끝나는 2016년 말까지는 9800명 수준을 유지하겠다고 공언하면서 병력은 다시 증강되어 2016년 6월 9800명으로 대략 1만 명 수준을 유지했다. 하지만 오바마 대통령은 2017년 1월 이후에는 추가 감축을 통해 병력을 5500명 수준으로 줄이겠다고 발표했다.[19]

이와 함께 아프가니스탄에서 진행되었던 NATO 군사작전은 종결되었고 ISAF 또한 해체되었다. 2001년 12월 UN 안전보장이사회 결의안 1386호로 결성된 ISAF는 본래 카불 시내에서의 치안 유지를 담당하도록 되어 있었지만, 2003년 10월 결의안 1510호로 그 관할권이 카불에 국한되지 않고 아프가니스탄 전체의 치안 유지를 1년 동안 담당하도록 확대

표 16-3 **아프가니스탄 주둔 연 평균 NATO 병력(2008~2016년)**

(단위: 명)

연도	당해 연도 평균 병력
2008년	29,700
2009년	33,800
2010년	40,500
2011년	41,300
2012년	37,900
2013년	27,100
2014년	15,500
2015년	6,700
2016년	5,900

자료: Sam Gollob and Michael E. O'Hanlon, *Afghanistan Index: Tracking variables of reconstruction and security in post-9·11 Afghanistan* (Washington, DC: Brookings Institution, August 2020), p.5.

되었다. 하지만 해당 관할권은 매년 갱신되면서 2014년 10월까지 유지되었고, 결국 2014년 12월 더 이상 갱신되지 않으면서 ISAF 조직은 자동적으로 해체되었고 NATO의 아프가니스탄 군사작전은 종결되었다. 하지만 미국의 군사작전과 마찬가지로, 훈련·자문·지원 임무는 다른 명칭의 작전(Resolute Support Mission)으로 진행되었다.

모든 계획은 완벽했다. 미국과 NATO 국가들의 전투 병력이 철군한다고 해도, 상당 숫자의 병력은 아프가니스탄에 잔류하여 아프가니스탄 보안군을 훈련·자문·지원하고 이를 통해 알카에다 테러 조직과 탈레반 저항 세력을 저지하는 것이 기본 구상이었다. 2014년 4월과 6월에 치러진 대통령 선거에서 알카에다와 탈레반은 선거를 방해하지 못했으며, 알카에다 테러 조직은 '생존에 급급한 상황'이었고 탈레반 저항 세력은 '고립된 초소 정도만을 공격할 능력'만을 겨우 유지했다. 2014년 10월 미군 평가에 따르면, 알카에다와 탈레반은 '중요 지점(significant terrain)을 유지할 능력'이 없었으며 '미군 항공 지원을 받는 아프가니스탄 보안군과 교

전에서 압도되고(overwhelmed)' 있었다.[20]

미국 및 NATO 병력이 전투 임무를 종결한 2015년 이후에도 아프가니스탄 보안군은 우세를 유지했다. 2015년 하반기 저항 세력의 공격은 증가했지만 여전히 산발적으로만 발생했으며, 아프가니스탄 보안군이 장악하고 있는 지역에 대한 통제권을 약화시키기는 했지만 알카에다 테러 조직과 탈레반 저항 세력이 특정 지역을 점령하고 영토를 장악하는 상황은 아니었다.[21] 2016년 봄 아프가니스탄 영토의 70% 정도를 보안군이 장악하고 있었고, 탈레반 저항 세력이 6% 정도를 그리고 23%가 경합 지역으로 분류되었다.[22] 2016년 말 아프가니스탄 보안군의 고정 시설에 대한 공격이 증가하고 저항 세력이 일부 지역을 점령하기도 했지만, 아프가니스탄 육군 및 경찰은 해당 지역을 바로바로 수복하면서 영토 자체를 상실하지는 않았다.[23] 그러나 저항 세력의 군사적 능력이 증가하고 있는 것은 분명했고, 이에 대응하는 아프가니스탄 정부의 역량이 중요했다.

문제는 아프가니스탄 정부의 대응 능력과 역량이 고질적으로 취약했고, 동시에 부정부패와 병력 철군 때문에 정확한 상황을 파악할 수 없었다는 사실이다. 2016년 1월 미국 정부보고서는 아프가니스탄 국가를 '외부 지원으로 겨우 연명하는 매우 취약한 지대 국가(地代國家, rentier state)'로 평가했다.[24] 2011년 초 10만 명 규모였던 미군 병력이 2015년 초 1만 명으로 감축되면서 미군 병력에 대한 납품 및 운송에 의존했던 사업체들이 도산했고, 결국 아프가니스탄 정부의 재정이 악화되었다. 2014년 12월에는 공무원 및 교사의 급여를 지불할 현금이 없는 상황이 발생할 정도였다. 아프가니스탄의 부정부패는 '전략적 위협(strategic threat)' 수준으로 악화되면서 미국과 NATO 국가들이 지원한 자원을 비효율적으로 사용하고 낭비하는 결과를 초래했다.[25]

2014년 9월 취임한 가니 대통령은 부정부패와 무능, 비효율성 문제를 해결하고 카르자이 세력이 장악하고 있는 아프가니스탄군에 대한 자신의 새로운 통제력을 확보하기 위해 주요 지휘관을 교체했다. 2015년 2월 아프가니스탄 육군 장군 47명이 전역했고, 2015년 말까지 총 72명의 지휘관들이 퇴역했다.[26] 하지만 부정부패는 해결되지 않았고, 무엇보다 미군 전투 병력이 철군하면서 상황 파악은 더욱 어려워졌다. 아프가니스탄 보안군 병력 35만 2000명을 유지하는 데 연간 50억 달러가 소요되며 미국이 그 예산의 80%를 아프가니스탄 정부에 지원했지만, 미국은 과연 아프가니스탄 보안군이 35만 2000명의 병력을 실제로 운용하는지, 아프가니스탄 정부가 실제로 통제하는 영토가 진짜 70%인지를 확신할 수 없었다.[27] 병력에 대한 기록은 '매우 부실'했지만 미국은 이렇게 부실한 기록에 기초하여 병력 유지비와 급여를 지급할 수밖에 없었다. 2006년 조사의 경우에 전체 경찰 병력의 1/3 이상인 2만 9400명을 소명하는 것은 불가능했으며, 2016년 상황에서도 전체 병력의 15~20% 정도는 확인할 수 없었다.[28]

2014년까지 미국의 부시 행정부와 오바마 행정부 모두는 '아프가니스탄 정부를 통한 아프가니스탄 재건'이라는 목표를 위해 2014년 초까지 1000억 달러 이상의 원조를 제공했다. 인플레이션을 고려한다고 해도, 이 금액은 제2차 세계대전 이후 유럽을 재건하는 데 투입되었던 마셜계획(Marshall Plan)의 16개국에 대한 원조를 초과했다.[29] 하지만 이와 같은 원조는 특히 오바마 행정부가 아프가니스탄 전쟁에 집중하고 아프가니스탄 전쟁 수행에 예산을 투입하면서, 성과와 실적을 올리기 위해 비효율적으로 집행되었다. 아프가니스탄 증파를 종료하고 전투 임무 종식을 통해 '아프가니스탄 전쟁에서의 승리'를 선언하려는 오바마 행정부의 정치적 필요성으로 인해, 아프가니스탄에 대한 경제적·군사적 지원은 성과와 실적 위주로 진행되었다. 이는 아프가니스탄 보안군 및 정부 전체의 비효율성과 부정부패를 더욱 악화시켰다.

2008년 여름까지 부시 행정부는 2억 2300만 달러의 예산으로 38만 정의 총기를 아프가니스탄 정부에 지원했지만, 해당 총기에 대한 기록은 매우 부실했다. 2014~2015년 치안 책임의 전환에 대비해, 오바마 행정부는 아프가니스탄 정부에 더욱 많은 무기를 제공했다. 2004년에서 2014년 초까지 46만 5000정의 소화기 및 기타 무기 6억 2600만 달러 상당을 지원했지만, 20만 3888정에 대한 기록은 존재하지 않거나 중복된 총기 번호로 기록되었다. 미국이 유류 등 보급품을 거의 무제한으로 제공하면서 아프가니스탄 보안군 내부의 부정부패는 더욱 악화되었다. 2007~2011년까지 미군은 아프가니스탄 보안군이 요청하는 다양한 수리용 부속품을 공급했지만, 아프가니스탄 정부는 해당 부품이 보관되어야 할 컨테이너 500개 가운데 474개를 소명할 수 없었고 소명에 실패한 물량은 2억 3000만 달러 상당이었다.[30]

미군 지휘관들은 아프가니스탄 보안군의 전투력 향상을 기대할 수 없고 그들의 자원 낭비를 통제할 수도 없는 이러한 상황 전개에 두려움을 가지게 되었다. 동시에 아프가니스탄 보안군이 붕괴하는 경우에 상황을 수습하지 못할 가능성을 우려했다. 2014년 1월 IS 소수 병력의 침공에 이라크 보안군이 궤멸했던 사실 때문에, 미군 지휘부는 아프가니스탄에서도 이와 유사한 군사적 붕괴가 있을 수 있다고 보았다. 2015년 1월 이후 미군 지휘관들은 치안 책임의 이양과 같은 정치적 목표 달성에서 해방되면서, 성과와 실적이 아니라 좀 더 현실적인 관점에서 아프가니스탄 보안군이 가지는 문제점을 파악하기 시작했다.

2016년 2월 카터 국방 장관과의 공동 기자회견에서 던퍼드(Joseph Dunford) 합참의장은 아프가니스탄 상황 악화에 대한 질문에 대해, "2013년 시점에서 우리가 성과라고 생각했던 많은 사항들이 실제 현실에서는

그림 16-5 **기자회견을 하는 카터 국방 장관과 던퍼드 합참의장(2016년 2월 29일)**

자료: https://www.defense.gov/Explore/News/Article/Article/682010/carter-stresses-momentum-in-isi l-fight/ (검색일: 2021년 3월 18일).

달성되지 않았다"라고 토로했다.[31] 해병대 출신으로 2013년 2월에서 2014년 8월까지 아프가니스탄 전쟁을 담당하고 2015년 10월 합참의장에 취임한 던퍼드 장군은 이제 아프가니스탄 보안군의 역량 강화가 '신기루'였다는 사실을 인정하면서, 미군 지휘관들과 미국 정치지도자들이 아프가니스탄 상황에 대해 가지는 우려를 표명했다. 하지만 오바마의 아프가니스탄 전쟁은 종결되었고, 이제 아프가니스탄 전쟁을 담당할 세 번째 미국 대통령이 등장할 순간이 다가왔다.

제4부

트럼프의 전쟁과 협상(2017~2020년)

2016년 11월 미국 대통령 선거 결과는 충격이었다. 트럼프 대통령은 미국 우선주의(America First)를 강조하며 "지금까지 많은 국가들이 미국의 희생을 바탕으로 번영"했다고 비난하고, 이제 미국은 세계의 경찰로서 행동하지 않겠다고 선언했다. 트럼프 행정부에 가장 중요했던 사안은 기존 동맹국들의 무임승차였으며, NATO와 한국, 일본 등이 미국에 방위비 분담금을 더 많이 제공하도록 만드는 것이었다. 아프가니스탄 전쟁에 대해서 트럼프 대통령은 무관심했고, 자신의 '자존심'이 상하지 않는 수준에서 아프가니스탄에서 가능한 한 빨리 철수하여 '평화를 가져왔다'는 것을 자신의 치적으로 삼으려고 했다. 임기 4년 동안 트럼프 대통령은 아프가니스탄 전쟁에 집중하지 않았고, 아프가니스탄 전쟁에 대한 연설을 하지도 않았다.

우선 트럼프 행정부는 오바마 행정부의 철군 계획을 번복했다. 트럼프 대통령은 2017년 8월 아프가니스탄뿐 아니라 남아시아 전체를 포함하는 지역 전략을 공개하면서, 제한적인 병력 증강을 통해 아프가니스탄에 존재하는 테러리스트 근거지를 완전히 박멸하겠다고 선언했다. 하지만 전쟁은 교착 상태였고, 아프가니스탄 보안군은 효과적으로 증강되지 않았으며, 부정부패는 아프가니스탄 정부의 역량과 아프가니스탄 전쟁에 대한 국제사회의 지원 의지를 약화시키고 있었다. 아프가니스탄에 배치된 미군 병력이 1만 명 미만으로 줄어든 상황에서, 알카에다 테러 조직과 탈레반 저항 세력은 농촌 지역에서 조금씩 통제권을 장악하기 시작했다. 아프가니스탄 정부가 도시 지역을 장악하고 있었기 때문에 인구의 2/3 정도는 아프가니스탄 정부가 통제했지만, 아편과 양귀비를 생산하는 농촌 지역을 장악한 알카에다와 탈레반 세력의 영향력은 점차 증가하고 있다.

이에 트럼프 행정부는 탈레반 저항 세력과의 협상을 통해 '미국의 아프가니스탄 전쟁'을 종식하려고 했다. 미국은 아프가니스탄 재건 및 대반란전 등의 목표를 포기하고, '평화협정 체결'과 같은 매우 구체적인 정치적 목표를 달성하기 위해 군사력을 사용하기 시작했다. 알카에다 테러리스트와 탈레반 저항 세력을 구분하면서, 탈레반을 군사적으로 압박하여 아프가니스탄 중앙정부를 붕괴시키고 전쟁에서 승리할 수 없다는 사실을 인식시킴으로써 협상 테이블에 나오도록 하여 전쟁을 종결한다는 것이 트럼프 행정부의 구상이었다. 이 전략은 단기적으로는 효과를 발휘했고, 미국의 군사적 압박으로 탈레반 저항 세력과의 평화협정이 체결되었다.

문제는 2020년 2월 평화협정이 미국과 탈레반 저항 세력 사이의 합의였으며, 아프가니스탄 정부는 당사자가 아니었다는 점이다. 당연히 아프가니스탄 정부는 평화협정에 반발했고, 자신의 존재감을 과시하고 탈레반 저항 세력과의 전쟁에서 자신의 생존을 확보하기 위한 협상을 시작하면서 동시에 독자적으로 군사력을 사용했다. 그 결과 미국과 탈레반 저항 세력과의 평화협정이 존재하지만, 아프가니스탄은 안정화되지 않았고 평화의 가능성은 요원했다. 2020년 11월 대통령 선거에서 트럼프 대통령이 패배하면서 트럼프 행정부의 아프가니스탄 전쟁은 2021년 1월 종식되었다. 그리고 미국의 아프가니스탄 전쟁은 어느덧 20년째에 접어들었다.

제17장

미국 우선주의와 트럼프의 전쟁

아프가니스탄 전쟁은 '오바마의 전쟁'이었지만, 오바마 행정부는 그 전쟁에서 실패했다. 야심차게 추진했던 증파는 성공하지 못했고 아프가니스탄 상황은 안정되지 않았지만, 2011년 하반기부터 미국은 아프가니스탄 배치 병력을 지속적으로 감축했다. "미국은 아프가니스탄을 포기하지 않는다"라는 선언은 반복되었지만, 많은 사람들은 이제 '미국은 아프가니스탄을 포기하고 있다'고 느끼고 있었다. 아프가니스탄 주둔 미군 병력은 2011년 10만 명에서 2017년 초 1만 명 수준으로 감축되었다. 이 과정에서 반전은 없었다.

반전은 2016년 11월 미국 대통령 선거에서 발생했다. 모두의 예상을 깨고 공화당의 트럼프(Donald Trump) 후보가 대통령 선거에서 승리했고, 트럼프 행정부는 미국 우선주의를 표방하면서 모든 대외 개입을 줄이기 시작했다. 트럼프 행정부는 냉전 경쟁의 동반자였던 NATO와 동아시아의 한국, 일본 등 동맹국에는 더 많은 방위비를 분담하라고 압박했으며,

미국 우선주의의 연장에서 국내 산업과 노동자를 보호한다는 명분으로 보호무역을 실시했다. 트럼프 행정부의 대외 정책은 사실상 고립주의에 가까웠지만, 일관성 측면에서는 매우 모호했다. 특히 민주주의 동맹국들에는 사실상 적대적인 태도를 견지하고 중국과의 경쟁을 강조했지만, 러시아와의 관계에서는 매우 조심스럽고 유화적인 입장을 취했다.

트럼프 대통령은 아프가니스탄 전쟁에 대해 무관심했다. 출마 이전인 2015년 10월 트럼프는 아프가니스탄에 개입했던 것 자체가 잘못된 결정이었다는 입장을 취했고, 동시에 '오바마의 전쟁'은 이미 패배했다고 판단했다. 그 연장선상에서 트럼프 대통령은 '무능했던 오바마가 이미 패배한 전쟁'에 더 이상의 자원을 투입하지 않으려고 했다. 대신 되도록 많은 미군 병력을 아프가니스탄에서 철수하는 데 집중했다. 4년 동안 트럼프 대통령은 아프가니스탄 전쟁 자체와 관련하여 아무런 연설을 하지 않았고, 부시 대통령과 오바마 대통령과는 달리 미국의 — 그리고 트럼프 행정부의 — 아프가니스탄 전쟁 전략을 제시하지도 않았다. 그 때문에 아프가니스탄 전쟁은, 특히 미국의 아프가니스탄 전쟁은 표류했다.

전체적인 상황은 좋지 않았다. 탈레반 저항 세력의 영향력이 조금씩 확대되었고, 아프가니스탄 정부의 역량은 크게 개선되지 않았다. 지속적인 전투로 아프가니스탄 보안군은 병력 부족에 시달리고 있었으며, 특히 사상자를 보충하는 데 많은 어려움에 봉착했다. 미국의 지원이 점차 줄어드는 상황에서 그리고 트럼프 행정부가 어떤 방향성을 제시하지 않는 상황에서, 아프가니스탄 전쟁 자체는 탈레반 저항 세력에게 유리한 방향으로 전개되었다. 결국 미국의 아프가니스탄 전쟁에는 패배의 기운이 감돌았다.

1. 트럼프 대통령과 미국 우선주의

2016년 11월 미국 대통령 선거 결과는 충격적이었다. 선거 당일까지도 민주당의 클린턴 후보의 압승이 예상되었으나, 실제로는 미국 정치의 이단아였던 공화당의 트럼프 후보가 승리했다. 선거 당일인 11월 8일 화요일 《뉴욕타임스(New York Times)》는 트럼프의 승리 가능성을 15%로 전망했으며, 민주당 클린턴(Hillary Clinton) 후보가 85%의 확률로 당선될 것이라고 예측했다.[1] 하지만 이러한 예측은 어긋났다. 국민투표(popular votes)에서 클린턴 후보가 6584만 4954표를 얻어 전체 유권자의 48.2%의 지지를 확보하면서 6297만 9879표로 46.1%의 지지를 받은 트럼프 후보를 앞섰지만, 이 결과는 무의미했다. 대통령 선거의 결과를 결정하는 선거인단(electoral college) 선거에서 트럼프 후보는 304표를, 클린턴 후보는 227표를 확보하여 트럼프가 최종 당선되었다.

선거 과정에서나 그 이전부터 트럼프 대통령의 대외 전략 기조는 '매우 특이'했고, 그 때문에 공화당 출신의 전문가 집단 내부에서도 트럼프에 대한 많은 비판이 있었다. 2016년 8월 당시 트럼프 공화당 후보의 대외 전략을 비판하는 공개서한이 발표되었고, 여기에 공화당 출신의 외교·안보 전문가들이 가담했다. 트럼프가 선거에서 승리한 이후에도 반발은 지속되었다. 열렬한 공화당원인 코헨(Eliot A. Cohen)은 "자신은 주변 공화당원들에게 이번 트럼프 행정부에서는 공직을 맡지 말라고 권고하겠다"라고 선언했으며, 공화당원들은 '좀 더 정상적인 행정부(more normal kind of administration)'가 등장할 때까지 행정부 공직을 맡지 않아야 한다고 주장했다.[2]

이렇게 대외 전략 기조에 대해 비판받았던 트럼프는 아프가니스탄 전쟁에 대해서도 기존과 다른 입장을 견지했다. 트럼프는 아프가니스탄 전쟁을 '오바마의 전쟁'으로 인식하면서 '완벽한 재앙'이라고 지칭했다. 이후에 자신이 발언했던 내용을 부정하기는 했지만, 2015년 10월 CNN 인터뷰에서 트럼프는 애초에 아프가니스탄 자체에 개입한 것은 '끔찍한 실수(terrible mistake)'였다고 발언했다.[3] 트럼프는 기본적으로 아프가니스탄 전쟁에 대한 의견을 거의 표명하지 않았으며, 아프가니스탄을 실패와 재앙, 살육 등을 지칭하는 경우에만 언급했다.

무엇보다도 트럼프 행정부는 미국 우선주의를 표방했다. 2017년 1월 20일 취임 연설에서 트럼프 대통령은 "미국을 다시 위대하게 만들겠다"는 선거 슬로건에 기초하여 다음과 같이 이전 미국 행정부의 대외 정책을 전면 비판하면서, 미국에서 진행되고 있는 상황을 "대학살(carnage)"로 규정했다. "지난 수십 년간, 우리는 미국 산업의 희생 위에 외국의 산업을 부강하게 만들었습니다. 우리 국방력이 약해지는데도 다른 나라 군대를 지원했습니다. 우리는 우리 국경을 지키지 않은 채 다른 나라 국경을 지켰습니다. 또 미국의 사회간접자본이 낙후되는데도 해외에서 수조 달러를 낭비했습니다. 우리의 부(富)와 힘, 자신감이 지평선 너머로 사라지는데도 우리는 다른 나라를 부강하게 만들었습니다. 공장이 차례차례 문 닫았고 외국으로 떠났습니다. 그 과정에서 일자리를 잃은 미국 노동자들은 배려되지 않았습니다. 우리 중산층에게서 빼앗듯이 거두어들인 자원을 외국에 나눠줬습니다."[4]

이러한 관점에서 트럼프 행정부는 동맹국들에 매우 비판적이었다. 동맹국들이 지금까지 미국을 '착취'했다고 비난하면서, 미국은 이러한 국가들을 '방어해 줄 필요가 없다'고 단언하고 미군이 주둔하는 국가들이 주둔 비용을 모두 지불해야 한다고 주장했다. 특히 NATO를 '시대착오적(obsolete)'이라고 평가하고, 동맹국들이 더 많은 재정적 기여를 해야 한다고 주장하면서 방위비 분담금 증액을 요구했다.[5] 서방 선진국들의 연합

그림 17-1 **2018년 6월 G7 회의 후 독일 정부에서 공개한 사진**

자료: https://www.instagram.com/p/Bjz0RKtAMFp/?taken-by=bundeskanzlerin (검색일: 2018년 7월 13일).

체인 G7 회의에서도 트럼프 행정부는 '미국의 이익'을 수호한다는 명분으로 합의를 거부했으며, 특히 2018년 6월 캐나다에서 개최된 G7 회의에서 G7 회의체를 '시대에 뒤처진 국가들의 연합체(It's a very outdated group of countries)'라고 비판하면서 공동 성명서 채택에 반대했다. 여기서 트럼프 대통령은 관세 보복을 위협하고, 캐나다 총리를 '매우 부정직하고 약한 인물'이라고 비방했다.[6]

동맹에 대한 트럼프 대통령의 이와 같은 입장은 아프가니스탄 전쟁에서도 동일하게 나타났다. 트럼프 행정부는 아프가니스탄 전쟁을 더 이상 지속하지 않으려고 했으며, 무엇보다 트럼프 대통령 자신이 아프가니스탄 전쟁에 관심을 기울이지 않았다. 트럼프 대통령은 아프가니스탄 전쟁을 종식시키겠다고 선언하면서, 아프가니스탄에 국한되지 않고 인도와 파키스탄, 동남아시아 문제까지 포괄하는 '미국의 남아시아 지역 전략(A New Regional U. S. Strategy for South Asia)'을 2017년 8월 22일 발표했다.[7] 여기서 트럼프 대통령은 오바마 행정부의 철군 계획을 번복하면서, 자신은 '인위적인 시한(artificial timeline)'을 설정하지 않겠다고 선언했다. 하지만 미국의 아프가니스탄 전쟁을 '승리하지 못하는 전쟁(war without victory)'이라고 규정하면서, 미국 국민들은 미국 역사상 가장 오래 지속되고 있는 전쟁에 좌절하고 있다고 주장했다.

이에 트럼프 대통령은 미국은 아프가니스탄 국가 건설을 포기하고 이제 승리를 추구하겠다고 주장하면서, 조건이 성숙되지 않은 상황에서 철군하면 결국 테러리스트가 아프가니스탄을 장악한다고 지적했다. 따라서 조건에 기반한 철군만이 가능하며, 아프가니스탄에서 알카에다 테러 조직과 탈레반 저항 세력을 격퇴하여 테러리스트 근거지를 박멸한 이후에 철군하겠다는 의지를 표명했다. 하지만 트럼프 대통령은 미국은 "아프가니스탄에서 국가를 건설하지 않으며 테러리스트를 제거할 뿐이다(We are not nation

그림 17-2 **남아시아 지역 전략을 발표하는 트럼프 대통령**

자료: U. S. Army, https://api.army.mil/e2/c/images/2017/08/22/489886/original.jpg (검색일: 2017년 10월 7일).

building again. We are killing terrorists)"라는 입장을 강조했다. 대신 트럼프 대통령은 미국이 철군하는 것은 승리를 달성한 이후이며, 승리는 미국의 적을 파괴하고, IS와 알카에다를 격멸하고, 탈레반 저항 세력이 아프가니스탄을 장악하는 것을 예방하고, 미국에 대한 테러를 저지하는 것이라고 규정했다.

트럼프 대통령은 미국의 이익은 테러리스트가 일정 영토를 통제하지 못하도록 하는 것이며, 테러 조직에 대한 자금 지원을 차단하고 테러 조직의 악마적 이념에서 나타나는 오류를 폭로하는 것이라고 규정하면서, 이제 아프가니스탄 전쟁이 대테러 작전의 일부로 진행되어야 한다고 강조했다. 트럼프 대통령은 자신의 아프가니스탄 전략이 오바마 행정부의 전략과는 큰 차이를 보인다고 주장했다. 이를 위해서 추가 병력을 아프가니스탄에 배치한다고 발표했다. 하지만 그 '차이'는 미미했다. 오바마 행정부는 2009년 병력 증파와 대규모 국가 건설을 통해 아프가니스탄 전쟁에서 돌파구를 마련하려고 했지만, 2011년 여름, 이를 포기했다.

2012년 이후 미국은 협상을 시도했고 동시에 대테러 작전을 수행하면서, 테러 조직을 소모시킴으로써 현상 유지에 집중했다.

오히려 트럼프 행정부는 오바마 행정부와는 달리 아프가니스탄에 미군 병력을 증강하는 데 매우 소극적이었다. 최종적으로 병력을 철군했지만, 2009년 12월 오바마 행정부는 3만 명을 추가하여 총 10만 명의 병력을 아프가니스탄에 배치했다. 하지만 트럼프 대통령은 4000명 증파를 허용하여 당시 아프가니스탄에 이미 배치된 8400명의 미군 병력을 1만 2400명 수준으로 증강하기로 결정했다. 트럼프 대통령 자신은 '미국은 아프가니스탄 전쟁에서 패배하고 있다'고 판단했고, 취임 직후에는 병력 증강에 반대했다. 하지만 아프가니스탄 전쟁에 참전했던 매티스(James Mattis) 국방 장관과 맥매스터(H. R. McMaster) 안보보좌관 등이 트럼프 대통령을 설득하여 4000명 증파를 실현했다.[8] 그 결과 트럼프 행정부의 아프가니스탄 전쟁 전략은 소규모 증파 병력에 기초한 대테러 작전으로 시작되었다.

2. 아프가니스탄의 상황 악화와 탈레반 세력의 확대

아프가니스탄 상황은 좋지 않았다. 2011년 6월 오바마 행정부 당시에도 아프가니스탄 상황은 지속적으로 악화되었으며, 미군 병력은 2015년 1월 1만 명 수준으로 감축되어 2016년 말까지 유지되었다. 미군 병력의 감축으로 알카에다 테러 조직과 탈레반 저항 세력은 본격적으로 아프가니스탄 정부의 통제력에 도전했다. 아프가니스탄의 군(郡) 단위 행정구역 (district)은 2005년 6월 이후 399개였으며, 2015년 6월 현재 아프가니스탄 정부는 이 가운데 40~50개 행정구역에서 탈레반 세력의 위협에 직면했다.[9] 즉 10~12% 정도를 제외하고는 아프가니스탄 정부의 통제력이 유지되었던 것이다. 하지만 그 비율은 빠른 속도로 줄어들었다. 2015년 11월 아프가니스탄 정부는 군 단위 행정구역 가운데 72%를 통제하고 있었지만, 2016년 8월에는 그 비율이 63% 수준으로, 2016년 11월에는 57%까지 감소했으며 2017년 2월에는 60% 정도의 행정구역을 통제하는 정도를 유지했다.[10]

아프가니스탄 주둔군 사령관인 니컬슨(John W. Nicholson) 장군은 2017년 2월 상원 청문회에서 아프가니스탄 전쟁에서 승리하고 있는지 패배하고 있는지에 대한 질문에 군사적 상황을 '교착상태(stalemate)'라고 규정했다. 이어 수천 명 수준의 증원 병력이 필요하다고 강조하면서, 8400명으로 감축된 미군 병력이 증강되어야 한다고 주장했다.[11] 동시에 니컬슨 장군은 러시아가 아프가니스탄 전쟁에 개입하고 있으며, NATO와 미국 병력이 탈레반 저항 세력을 공격하면서 이슬람 국가 테러 조직이 아프가니스탄에서 세력을 구축하고 있다는 거짓 정보를 유포하고 있다고 지적했다. 니컬슨 장군은 오바마 행정부의 병력 철수 및 대테러 작전에 비판적인 입장을 취했다. 특히 2015년 미군 병력이 1만 명 수준으로 감축되고 미군 및 NATO 병력이 전투 임무가 아니라 '훈련·조언·지원'으로 변경되었지만, 충분한 숫자의 훈련 교관 및 자문관이 배치되지 않아서 문제가 발생하고 있다고 인정했다. 아프가니스탄 전쟁이 대테러 전쟁으로 진행되면서, 알카에다와 탈레반 병력과의 전투를 담당하는 대테러 특수부대를 제외한 아프가니스탄 병력을 훈련시킬 교관 및 자문관 병력이 부족하다고 지적했다. 또한 니컬슨 장군은 파키스탄 문제를 거론하면서, 파키스탄이 탈레반과 알카에다 세력을 여전히 비호하고 있다고 지적했다. 이후 이와 함께, 파키스탄이 탈레반과 알카에다 세력을 여전히 비호하고 있으며, 매티스 국방 장관은 파키스탄 국방 장관과의 통화

에서 해당 사안을 거론했다.[12]

결국 문제는 미군 병력의 증파였다. 니컬슨 장군은 추가 병력의 배치를 요구했지만, 트럼프 행정부는 미군 병력의 증파에 매우 소극적이었다. 병력 증파는 '이미 오바마 행정부에서 시도하여 실패했다'는 것이 트럼프 대통령 및 핵심 인사들의 시각이었으며, 이러한 시각은 정확했다. 하지만 미군 병력을 증강하지 않고, 파키스탄에 군사기지를 확보하고 병력을 보충하며 아편·양귀비 재배라는 자금원까지 가지고 있는 알카에다 테러 조직과 탈레반 저항 세력을 격퇴하는 것은 현실적으로 불가능했다. 아프가니스탄 보안군을 증강하여 알카에다와 탈레반 세력을 격퇴한다는 구상은, 2002년 이후 엄청난 자원을 투입했지만 실패했다. 2002년 7월에서 2017년 7월까지 15년 동안 미국은 700억 달러 이상을 아프가니스탄 보안군 훈련과 무장, 유지 등에 사용했다. 하지만 아프가니스탄 군과 경찰 병력의 역량은 여전히 미약했고, 투입된 예산은 매우 비효율적으로 사용되었다.

아프가니스탄 보안군을 유지하는 것은 쉽지 않았다. 2005년 미국 정부는 아프가니스탄 군 및 경찰 병력을 재건하는 데 43억 달러를 사용했지만 아직 성공하지 못했다고 평가하면서, 향후 72억 달러까지 지출해야 하는 상황이 초래될 수 있다고 경고했다. 이러한 내부 평가는 당시에는 '지나치게 비관적'이라며 비판의 대상이 되었지만, 결과론적으로는 지나치게 낙관적이었다. 2017년 여름까지 미국은 아프가니스탄 보안군 구축에 '비관적 추정 금액'의 10배인 700억 달러 이상을 지출했으며, 이것은 미국이 아프가니스탄에 제공한 재건 예산의 60% 이상을 차지했다.[13] 하지만 아프가니스탄 보안군은 여전히 충분한 전력을 보유하지 못했으며, 미국 또한 아프가니스탄 군 및 경찰 병력을 훈련시키고 유지하는 데 많은 어려움에 봉착했다. 무엇보다 아프가니스탄 보안군이 알카에다·탈레반과의 지속적인 전투에서 소모되었고, 그 때문에 병력 규모가 점차 줄어들고 있었다.

가장 심각한 문제는 아프가니스탄 정부의 통제력이 점차 약화되고 있다는 사실이었다. 아프가니스탄 보안군은 주요 도시를 적절하게 장악하고 있었지만, 알카에다 테러리스트와 탈레반 저항 세력의 공격은 지속적으로 발생했다. 이러한 공격이 아프가니스탄 정부의 통제권을 파괴하는 규모는 아니었지만 탈레반 등은 소규모 공격에서 승리한 것을 전략적 승리로 포장하여 선전함으로써 아프가니스탄 주민들은 탈레반이 전쟁에서 승리하고 있다고 평가하게 되었다. 2018년 지방선거와 2019년 9월 대통령 선거에서 아프가니스탄 보안군은 적절하게 치안을 유지했는데 이것은 큰 성공이었다. 하지만 탈레반은 고립된 초소에 대한 공격 및 기타 소규모 습격 등을 과대 선전하면서 정부의 통제권을 약화시켰다. 2017년과 2018년 2년 동안 아프가니스탄 정부는 전체 행정구역의 54~60%를, 인구의 64~66%를 통제했다.[14]

이것은 상당한 성과였지만, 도시를 제외한 나머지 지역에 대한 통제권은 점차 약화되었다. 특히 탈레반 저항 세력이 '농촌 지역 대부분을 통제'하게 되면서, 아프가니스탄 정부가 통제하는 도시 지역이 탈레반 저항 세력이 장악한 농촌 지역에 포위된 형국이 등장했다.[15] 이에 고립된 아프가니스탄 보안군 초소와 군사기지에 대한 공격이 증가했고, 그 결과 보안군 및 경찰 병력의 소모율이 더욱 증가했다. 아프가니스탄 정부는 대규모 영토를 상실한 적이 없고 일부 상실한 지역도 바로 수복했지만, 주민들은 중앙정부의 통제권이 점차 약화되고 있다는 인상을 가지게 되었다.

또 다른 문제는 탈레반 저항 세력이 농촌 지역을 통제하면서 마약 생산량이 더욱 증가했다는 사실이다. 설리번(John Sullivan) 국무부 부장관이 2018년 2월 상원 청문회에서 증언했듯이, 탈레반 저항 세력은 재정

표 17-1 **아프가니스탄 정부가 통제하는 영토 비율(2015년 11월~2017년 2월)**

(단위: %)

	아프가니스탄 정부 통제	경합 지역	알카에다·탈레반 통제
2015년 11월	72	21	7
2016년 1월	71	23	6
2016년 5월	66	25	9
2016년 8월	63	29	8
2016년 11월	57	33	10
2017년 2월	60	29	11

자료: SIGAR, *Quarterly Report to the United States Congress* (April 2017), p.87.

수입의 65%를 아편과 양귀비 재배에서 확보하고 있었다.[16] 이와 같은 이유에서 탈레반 저항 세력이 농촌 지역을 장악하고 있다는 사실은 그리고 아프가니스탄 중앙정부가 농촌 지역을 통제하지 못하고 있다는 사실은 치명적이었다. 2017년 양귀비 재배로 아프가니스탄 농민들은 14억 달러의 수익을 올렸으며, 아편 생산과 관련된 총 수익은 41억 달러에서 66억 달러 수준으로 추정되었다. 이것은 아프가니스탄 GDP의 19~32% 정도였으며, 아프가니스탄 보안군 전체 병력보다 많은 59만 명 정도가 양귀비·아편 생산에 종사하고 있었다.[17] 즉 농촌 지역을 장악하면서 탈레반은 자신의 군사력을 유지하는 데 필요한 재정 기반을 확보했지만, 아프가니스탄 정부는 여전히 재정 기반을 마련하지 못해서 외부의 지원에 의존하는 형편이었다.

그러나 트럼프 대통령은 양귀비·아편 문제가 아프가니스탄 전쟁에 미치는 해악에 대해서는 별다른 주의를 기울이지 않았다. 2017년 8월 '미국의 남아시아 지역 전략'을 발표하는 과정에서, 트럼프 대통령은 알카에다 테러 조직과 탈레반 저항 세력을 유지하고 있는 가장 중요한 동력인 아편·양귀비에 대해서는 전혀 언급하지 않았다. 2016년에 들어서면서 탈레반 저항 세력은 양귀비를 재배하고 아편을 판매하는 데 그치지 않고, 이를 정제해서 헤로인을 생산하기 시작했다. 2015년 아프가니스탄 정부는 헤로인 생산에 필요한 화학 약품 1.4톤과 5000리터를 적발했지만, 2017년 9월 말까지 아프가니스탄 정부가 적발한 관련 아편 정제용 화학 약품은 75톤을 초과했다. 2017년 탈레반은 생산한 아편·양귀비의 절반 정도를 헤로인 형태로 정제하여 판매했는데, 이로써 더욱 많은 '부가가치'가 생산되었다. 2016년 아편·양귀비와 관련한 '산업' 규모는 30억 달러를 초과했으며, 그 규모는 아프가니스탄 GDP의 16% 수준으로 세계 아편·헤로인 시장의 85%에 달했다. 탈레반 저항 세력은 전체 수입의 60%를 이러한 아편·양귀비·헤로인 생산에서 확보하고 있었다.[18] 이러한 자금으로 탈레반 저항 세력은 미국의 원조를 받고 있는 아프가니스탄 정부와 대결하는 것이 가능했으며, 파키스탄에서 병력을 충원하면서 아프가니스탄 보안군과 사실상 대등한 전투력을 유지하고 있었다.

3. 아프가니스탄 가니 행정부의 정치적·군사적 노력

미군이 철수하게 되자, 아프가니스탄의 가니 행정부는 국가 안정화를 위해 상당한 노력을 기울였다. 2016년 1384명의 아프가니스탄 장교를 부패 혐의로 전역 조치하고, 2020년까지 아프가니스탄 보안군이 아프가니스탄 영토 전체를 안정화하기 위한 4개년 계획을 입안했다. 이에 따르면 아프가니스탄 정부는 2017년 군 및 경찰 병력을 재조직하고, 2018년 군사력을 증강하고 공격 능력을 강화하여, 2019년 공세를 통해 2020년에는 인구의 80%를 장악할 계획이었다. 이를 위해 아프가니스탄 정부는 단순히 병력을 증강하는 것을 넘어서, 좀 더 공격적인 군사력을 구축하고 아프가니스탄 보안군 특수부대(ASSF: Afghan Special Security Forces)가 기존에 미군이 담당했던 공격 작전을 수행하도록 했다.[19] 하지만 이와 같은 4개년 계획을 실현하기 위해서는 아프가니스탄 보안군에 대한 근본적인 개혁이 필요했다. 특히 병력에 대한 정확한 실태 파악과 명령 권한을 정비해 중앙정부의 통수 권한을 확립해야 했다.

가니 행정부가 주력했던 것은 아프가니스탄 보안군의 명령 계통 정비 부분이었다. 2001~2002년 미국의 침공 이후 아프가니스탄 군 및 경찰은 파편화되었는데, 특히 미국의 침공에 협력했던 북부동맹 출신자들이 아프가니스탄 보안군을 장악하고 있었다. 그 결과 아프가니스탄 공권력은 군벌 체제로 운영되었으며, 아프가니스탄 중앙정부가 직접 통제할 수 있는 군 및 경찰 병력은 많지 않았다. 아프가니스탄 보안군의 상당 부분은 군벌들이 지휘하고 있었고, 따라서 군벌 지휘관들은 자신들의 기반인 병력을 알카에다 테러 조직과 탈레반 저항 세력과의 전투에 투입하지 않았다. 그리하여 500명 규모의 아프가니스탄 보안군이 20~30명 정도의 탈레반 저항 세력을 격퇴하지 못하는 상황이 초래되었다. 특히 아프가니스탄 경찰은 '엉망진창'이며, '군벌들이 소유한 부패한 병력'이라고 평가되었으며, 아프가니스탄 주민들은 경찰 부대를 불신하다 못해 증오했다.[20] 그렇기 때문에 군벌이 통제하는 아프가니스탄 보안군 병력에 대한 아프가니스탄 중앙정부의 통제권을 확립하는 일이 매우 중요했으며, 명령 계통을 정비함으로써 가니 대통령의 군 통수권을 강화해야 했다.

이에 아프가니스탄 정부는 보안군 특수부대(ASSF)를 강화했다. 정부 예산의 90%를 미국 및 NATO 국가들의 원조에 의존하는 아프가니스탄의 군 및 경찰 병력은 그 상한선이 35만 2000명으로 규정되어 있었으며, 그 이상의 병력 증강은 허용되지 않았다. 이에 가니 행정부는 경찰 휘하의 특수부대 병력을 내무부 산하에서 국방부 산하로 변경했으며, 이를 통해 2019년 말까지 특수부대 병력을 70% 정도 증강하기로 결정했다. 아프가니스탄 보안군 특수부대 병력은 30개 중대로 구성된 2개 여단 총 1만 9022명에서, 63개 중대와 2개 대대 및 지원 부대로 구성된 4개 여단 총 3만 3896명으로 확대되었다. 그리고 트럼프 행정부는 특수부대 증강에 필요한 2억 달러의 추가 예산을 제공했다.[21] 아프가니스탄 특수부대는 전투를 상당히 효율적으로 수행했지만, 특수부대를 강화한 목적은 전투 수행 자체가 아니었다. 가니 행정부는 아프가니스탄 보안군 특수부대를 강화함으로써 군벌이 통제하고 있었던 군사력을 약화시킬 목적이었다. 군벌 대부분이 기본적으로 병력 규모를 부풀리고 있는 상황에서, 특수부대 증강을 위해 기존 병력을 점검하고 부풀린 병력을 파악하여 급여보조금을 회수하는 것은 정치적으로 매우 효과적인 방법이었다.

카르자이 행정부에서도 아프가니스탄 정부는 실제로는 복무하지 않으면서 급여를 착복하고 있는 병력(ghost soldiers)을 대대적으로 단속했지만, 문제 자체는 시정되지 않았다. 하지만 미군 지휘부는 이 문제를 방치하고 외면했다. 2010년 7월 상원 청문회에서 후일 트럼프 행정부에서 국방 장관을 역임한 매티스 장군은 아프가니스탄 보안군은 빠르게 증강되고 있으며, 탈레반 저항 세력에게는 '악몽과 같은 상황'이 초래될 것이라고 발언했다. 2013년 후일 합참의장을 역임한 밀리(Mark Milley) 장군은 아프가니스탄 보안군은 탈레반 저항 세력과의 전투에서 매우 효율적으로 행동한다고 평가했다. 2010년 12월 당시 게이츠 국방 장관은 아프가니스탄 보안군은 '계획보다 빨리 증강'되고 있다고 오바마 대통령에게 보고했다. 이 모든 평가는 오류였으며, 많은 경우에는 의도적인 왜곡 또는 거짓말이었다.[22] 미국 국방부와 합참의 왜곡된 평가와 거짓 보고는 2021년 8월 카불 함락과 아프가니스탄 전쟁에서 미국이 패배하는 데 중요 원인으로 작용했다.

아프가니스탄 보안군 병력에서 15~40% 정도의 병력은 실제로는 존재하지 않는 허수로 추정되었다. 2019년 7월 미군은 전체 병력을 전수조사했는데 공식적으로 존재해야 하는 병력 31만 4699명 가운데 실제로 파악된 병력은 25만 3850명에 지나지 않았다. 즉 19.34%인 6만 849명은 존재하지 않았으며, 소명된 이후에도 허수는 5만 8478명으로 18.6%의 병력은 급여를 받고 있지만 실제로는 추적할 수 없었다.[23] 군벌들은 미국이 제공하는 예산으로 자신이 장악한 병력을 유지했으며, 이를 통해 자신들의 권력을 확대했다. 아프가니스탄 보안군 병력에 따라 총량으로 미군이 급여 보조금을 지급하면서, 미국은 '아프가니스탄을 지배하는 잔인한 군벌(cruel despots)'들이 병력 규모를 부풀려서 급여를 착복하는 결과를 초래했다. 그리고 미국의 보조금을 수령하는 군벌 세력의 잘못된 통치는 아프가니스탄을 파괴하는 결과로 이어졌으며, "미국은 아프가니스탄을 파멸로 끌고 가고 있다"라는 알카에다·탈레반 세력의 흑색선전이 아프가니스탄 주민들로 하여금 설득력을 가지게 하는 결과를 초래했다.[24] 군벌 병력이 증강되고 군벌 세력의 영향력이 확대되면서, 아프가니스탄 정부의 통제권은 더욱 약화되고 가니 대통령의 군 통수권 또한 감소되는 결과가 초래되었다.

특수부대 강화를 통한 군벌 병력의 해체는 적절한 방법이었지만, 그 결과로 미국과 가니 행정부는 새로운 문제에 직면하게 되었다. 특수부대를 통해 아프가니스탄 보안군의 전투력 및 중앙정부의 통수권은 향상되었지만 그 밖의 많은 병력은 약화되는 결과가 초래되었다. 그리고 공격 임무에 특화된 소수의 특수부대가 대부분의 작전에 투입되면서 점차 그 소모율이 증가했으며, 동시에 특수부대에 적합하지 않은 임무에도 아프가니스탄 보안군 특수부대가 투입되면서 부대의 피로도가 계속 누적되었다. 원칙적으로는 알카에다 테러 조직을 공격하고 탈레반 저항 세력을 격퇴(clear)한 이후, 아프가니스탄 보안군 일반 병력이 투입되어 지역을 유지(hold)하고 중앙정부의 예산 투입으로 해당 지역을 재건(build)하는 것이 기본 전략이었지만, 아프가니스탄 보안군 일반 병력이 해당 지역을 유지하지 못하는 상황이 속출했다.

이것은 고질적인 문제였다. 2010년 초 헬만드(Helmand) 지역에 배치된 미국 해병대 병력은 지역에서 탈레반 병력을 완전히 축출하는 데 성공했고, 2011년 중반까지 저항 세력의 공격은 85~90% 정도 감소했다. 2012년 지역 상점들이 영업을 재개했으며 피난민들이 귀환했다.[25] 하지만 2013년 아프가니스탄 정부가 해당 지역에 대한 관할권을 회복하면서, 해당 지역을 유지하고 재건하는 데 실패했고, 결국 알카에다와 탈레반 세력이 헬만드 지역에 또 다시 근거지를 구축하고 말았다. 그 후 아프가니스탄 특수부대가 탈레반 병력을 격퇴했지만, 아프가니스탄 보안군은 해당 지역을 유지하는 데 많은 어려움에 봉착했다.

그 결과 다음 세 가지 상황이 초래되었다. 첫째, 병력 소모가 급등했다. 아프가니스탄 특수부대가 계속 전투에 투입되면서 너무나도 많은 피로가 누적되었으며, 공격 작전을 수행하면서 사상자가 증가했다. 또한 일정 지역을 유지하는 아프가니스탄 보안군 병력은 매우 넓은 지역에 분산 배치되면서 탈레반 저항 세력의 공격 목표물로 전락했다. 2016년에는 6700명 이상이 전사했고 1만 2000명 정도가 부상당했지만, 2017년에는 첫 4개월 동안 2531명이 전사하고 4238명이 부상했다.[26] 결국 미국과 아프가니스탄 정부는 사상자 통계를 공개하지 않기로 결정했다. 하지만 아프가니스탄 보안군의 인명 피해는 지속적으로 증가했고, 일평균 전사자는 2017년 22명에서 2018년 초 30명으로, 2018년 여름에는 40명 수준으로 폭등했다. 2018년 9월 중순 일주일에 400명 이상의 아프가니스탄 보안군 병력이 전사하면서, 일평균 전사자는 60명 수준에 도달하는 상황이

되었다.[27]

둘째, 아프가니스탄 보안군은 병력 충원에서 심각한 문제에 봉착했다. 사상자가 증가하면서 아프가니스탄 보안군에 지원하는 인원 자체가 감소했고, 따라서 손실된 병력이 충원되지 않았다. 이미 2017년 초 아프가니스탄 보안군은 전투 및 탈영, 전역 등으로 전체 병력의 2.9%가 매달 줄어들었으며, 따라서 매년 전체 병력의 1/3인 10만 명 정도를 새롭게 충원해야 했다. 하지만 이것은 쉽지 않았다. 물론 탈레반 저항 세력의 병력 손실도 상당했다. 아프가니스탄 보안군은 일평균 47명의 탈레반 병력을 사살한다고 주장했지만 이를 뒷받침할 근거는 부족했다.

셋째, 아프가니스탄 전쟁이 미국의 지원을 받는 아프가니스탄 보안군과 양귀비·아편·헤로인 생산에 기초한 탈레반 저항 세력의 전쟁으로 변모되면서, 어느 쪽에서 더욱 많은 병력 손실을 감수하면서 자신의 군사적 역량을 유지하는지의 소모전이 시작되었다. 문제는 아프가니스탄 정부가 병력 동원에서 파키스탄에 근거지를 두고 있는 탈레반 저항 세력에게 점차 밀리고 있다는 사실이다. 마약 자금에 기반해 탈레반 저항 세력은 인구 2억 2500만 명의 세계 5위의 인구 대국인 파키스탄의 유휴 노동력을 병력으로 사용할 수 있었으며, 파키스탄 정부는 사회 불안정 요인으로 작동하는 근본주의 세력을 아프가니스탄 전쟁으로 유도하면서 내부 문제를 해소하려고 했다. 그 결과 실제로 유지하는 병력 규모에서는 아프가니스탄 정부가 탈레반 저항 세력을 압도했지만, 충원 가능한 병력에서는 아프가니스탄 정부가 탈레반 저항 세력 및 파키스탄 근본주의 집단을 제압할 수 없었다. 아프가니스탄 정부의 공격 능력이 제한된 상황에서, 더욱 쉽게 병력을 충원할 수 있는 탈레반 저항 세력은 점차 우위를 차지하게 되었다.

양측 병력을 정확하게 평가하는 것은 쉽지 않으나, 2018년 여름 미국의 공식 발표에 따르면 아프가니스탄 보안군은 31만 4000명이고 탈레반 저항 세력의 병력은 6만 명 수준이었다. 하지만 실제로는 아프가니스탄 보안군은 20만 명 규모이며, 탈레반 병력은 8만 명에 육박한 것으로 평가되었다. 탈레반 저항 세력이 장악하고 있는 지역 또한 미국 정부가 발표한 44%가 아니라 60% 정도일 것으로 추정되었다.[28] 미국은 고통스러운 소모전에 직면했고, 미국이 지원하는 아프가니스탄 정부는 양귀비·아편·헤로인 생산을 기반으로 더욱 많은 병력을 충원할 수 있는 탈레반 저항 세력과 사투를 벌이기 시작했다. 이 상황에서 미국은, 특히 트럼프 행정부는 아프가니스탄 정부를 지원하겠다는 굳은 의지를 가지고 있지 않았다.

제18장

탈레반 저항 세력과의 협상과 미국의 출구 전략

대통령의 적대적 무관심 속에, 미국은 아프가니스탄 전쟁을 '정리'하는 수순을 밟기 시작했다. 미국은 '패전 처리'를 본격적으로 진행하면서, 아프가니스탄 전쟁을 미국의 관점에서 종결하고 아프가니스탄 전쟁에서 빠져나오는 '출구 전략'을 모색했다. 하지만 '패전 처리'는 쉽지 않았고, 적절한 '출구 전략'은 사실상 없었다. 미국은 아프가니스탄을 영구 점령하거나 합병하려고 시도하지 않았다. 2001년 침공을 단행했던 부시 행정부나 2009년 증파를 실행했던 오바마 행정부 모두 알카에다 테러 조직이 아프가니스탄을 통제하는 것을 막는 것을 최우선 목표로 설정했다. 하지만 알카에다를 공격하는 과정에서 탈레반 정권과 충돌했으며, 결국 알카에다·탈레반 연합 세력과의 전쟁이 지속되었다.

트럼프 행정부가 선택한 '출구 전략'은 평화조약이었으며, 이것 자체는 오바마 행정부에서도 추진되었던 방안이었다. 미국은 탈레반 저항 세력과 협상을 시작하여 2020년 2월 29일, 14개월 이내에 미군이 철군하고 탈레반은 알카에다 테러 조직과의 관계를 단절한다는 평화협정을 체결했다. 하지만 이와 같은 평화협정은 미국과 탈레반 저항 세력 사이의 양자 합의로 추진되었으며, 아프가니스탄의 가니 행정부는 실질적으로 배제되었다. 또한 탈레반 저항 세력은 평화협정을 협상하는 과정에서나 평화조약이 체결된 이후에도 가니 행정부를 압박하는 차원에서 지속적으로 무력을 사용했다. 카불을 비롯한 주요 도시에서는 계속해서 테러가 일어났으며, 아프가니스탄 보안군이 장악하고 있는 지역에 대한 공격은 중단되지 않았다. 민간인 사상자는 증가했고, 아프가니스탄 보안군 병력도 상당히 소모되었다.

평화협정 이후 미국은 일단 병력을 철군하기 시작했다. 하지만 병력 철군 이외에 다른 사항에서는 진전이 없었고, 탈레반과 아프가니스탄 정부의 포로 교환 및 대화는 잘 진척되지 않았다. 2019년 9월 아프가니스탄 대통령 선거 결과를 둘러싼 문제는 해결되지 않았고, 민간인 사상자 수는 점차 누적되었다. 탈레반 저항 세력은 알카에다 테러 조직과의 관계를 청산했다고 주장했지만, 실질적으로 그들의 유대관계는 유지되었다. 이에 아프가니스탄 정부는 자신이 통제하는 지역을 축소하여 병력과 자원을 절약한다는 방침을 결정했고, 탈레반 저항 세력은 자신의 영향력을 확대했다.

전투는 지속되었다. 탈레반 저항 세력은 아프가니스탄 보안군을 공격했고 민간인들을 살상했다. 철군하는 과정에서도 미군은 아프가니스탄 보안군을 지원했으며, 추가 협상을 통해 탈레반의 공격 행동을 통제하려고 했다. 평화협정이 체결되었지만 미군은 탈레반 저항 세력을 공습했으며, 아프가니스탄 정부와 탈레반은 협상에서 상대에게 자신의 의지를 강요하기 위해서 간헐적인 전투를 수행하고 군사력을 사용했다.

1. 미국과 탈레반 평화협정의 체결

전쟁 초기 단계에서부터 미국은 탈레반 세력과의, 특히 탈레반 온건파와의 타협을 추구했다. 이른바 '협상이 가능한 세력'과는 타협하여 더 많은 세력을 아프가니스탄 정부에 포용함으로써, 아프가니스탄 정부의 역량을 강화하고 장기적인 평화를 유지한다는 것이 미국의 기본 구상이었다. 하지만 이러한 구상은 성공하지 못했으며, 탈레반 병력을 전향시켜서 아프가니스탄에 재통합하려는 노력은 실패했다. 2002년 이후 미국과 NATO, 아프가니스탄 정부는 최소한 5번에 걸쳐 총 3억 6000만 달러를 투입했지만, '온건파 탈레반'을 전향시키는 데 성공하지 못했다. 2002~2003년 아프가니스탄 정부는 탈레반 저항 세력은 배제하고 전쟁 과정에서 자연발생적으로 등장한 무장 세력을 해체하는 데 집중했으며, 2005년 탈레반 저항 세력의 반격이 시작되면서 카르자이 정부는 탈레반 병력을 전향시키려고 시도했다. 2009년 이후 오바마 행정부는 저항 세력을 약화시키는 수단으로 탈레반 온건파와의 협상과 전향을 위한 프로그램을 운용했다.[1]

이 과정에서 중요 저항 세력의 일부는 탈레반·알카에다 연합체에서 이탈하여 아프가니스탄 정치에 통합되었다. 무자헤딘의 일부로 소련과의 전쟁을 수행했던 헤크마티아르 세력은 '모든 외국군의 철수'를 요구했지만 미국과의 협상을 선택했고, 미국은 선의의 조치로 헤크마티아르의 사위를 석방하면서 이에 호응했다. 2010년 초 오바마 대통령은 저항 세력과의 접촉을 승인했고, 헤크마티아르 세력 및 탈레반 세력과의 협상은 간헐적이지만 지속되었다. 카르자이 대통령은 저항 세력과의 협상에 적극적이었지만 협상은 쉽게 진행되지 않았다.[2] 2016년 9월 최종 합의가 타결되어, 아프가니스탄 및 미국 정부는 헤크마티아르 세력에 대해 사면

령을 내리고 포로를 석방하고 헤크마티아르 병력을 아프가니스탄 보안
군으로 통합했다. 헤크마티아르 세력은 테러 조직과의 연계를 단절하고
기존 병력을 완전히 해체하고 다른 저항 세력으로 유입되지 않도록 통제
하기로 했다.[3] 이후 헤크마티아르는 정당을 창설하여 정치인으로 변신했
고, 2019년 9월 아프가니스탄 대통령 선거에 출마하여 3위를 기록했다.

　2017년 1월 출범한 트럼프 행정부는 아프가니스탄 전쟁의 종식 자
체를 강조했고, 최우선 수단으로 '협상을 통한 정전'을 추구했다. 트럼프
행정부는 아프가니스탄 정부에 대한 지속적인 지원을 약속하면서, 미국
은 아프가니스탄을 포기하지 않는다고 여러 번에 걸쳐서 다짐했다. 2018
년 2월 아프가니스탄 정부는 '전제 조건 없는 평화협상'을 제안했지만, 탈
레반 저항 세력은 이러한 제안을 거부했다.[4] 2018년 6월 라마단이 끝나
면서 3일 동안 지속되는 이드 알피트르(Eid al-Fitr) 축제 기간에 아프가니
스탄 정부는 일방적으로 휴전을 선언했는데, 탈레반 저항 세력도 이에 동
참했다. 덕분에 1979년 12월 소련 침공 이후 40년 동안 지속되었던 전투
는 '3일'이라는 짧은 기간 동안 중지되었다. 이드 알피트르가 끝난 직후
가니 대통령은 ≪뉴욕타임스≫ 기고를 통해 대화 의지를 다시 표명하면
서, "어디에서든 아무런 조건 없이 탈레반과 협상을 할 의향이 있다"라고
선언했다.[5] 하지만 탈레반 저항 세력은 이러한 협상 제안 또한 거부했다.

　탈레반은 미국과의 협상을 추구했고, 아프가니스탄 정부와의 대화
는 거부했다. 2012년 1월 탈레반 저항 세력은 카타르의 도하(Doha)에
연락사무소를 개소하여 외부와의 접촉을 시작했다. 탈레반은 저항 세
력으로의 지위를 둘러싼 어떠한 협상도 거부했지만, 연락 사무소 개소
를 통해 대화 가능성을 제시했다.[6] 하지만 협상은 쉽지 않았고, 아프가
니스탄 정부와의 대화를 거부하는 탈레반의 강경한 입장 때문에 2018년
까지 큰 진전은 없었다. 미국은 '아프가니스탄 정부가 주도(Afghan-led,

그림 18-1 **아프가니스탄 평화안에 서명하는 미국과 탈레반 대표(2020년 2월 29일)**

주: 서명은 카타르의 도하에서 이루어졌다. 왼쪽은 미국 대표인 할릴자드 특명전권대사이고, 오른쪽은 탈레반 저항 세력의 대표인 바라다르이다.

자료: Wikipedia. https://en.wikipedia.org/wiki/Doha_Agreement_(2020)#/media/File:Secretary_Pompeo_Participates_in_a_Signing_Ceremony_in_Doha_(49601220548).jpg (검색일: 2021년 8월 23일).

Afghan-owned)'하는 평화협상을 강조했고, 따라서 탈레반 저항 세력이 아프가니스탄 정부와의 대화를 거부하는 한 평화협상 자체가 성립하지 못했다. 하지만 트럼프 행정부는 탈레반 저항 세력의 입장을 수용하여, 아프가니스탄 정부를 배제하고 탈레반과의 양자 협상을 시작했다. 2018년 10월 도하에서 처음으로 미국 정부의 대표와 탈레반 저항 세력의 대표가 공개적으로 협상을 시작했다. 2019년 봄 합의가 어느 정도 이루어졌지만, 탈레반 내부에서 협상 자체를 거부하는 극단 파벌이 미군 병력을 공격하면서 협상은 난항에 봉착했다.[7] 이 과정에서 상당수의 탈레반 과격분자는 협상을 거부하면서 알카에다 과격 조직 및 이슬람 국가 계열의 테러 단체와 연계했고, 미국은 특수부대의 대테러 작전을 통해 극렬분자를 물리적으로 제거하는 방식으로 대응했다. 이 과정에서 탈레반 조직 구성에 제한적인 변화가 발생했다.

협상이 진전되기 위해서는 미국은 일단 무력 사용을 멈출 것을 요구했고, 탈레반 저항 세력은 이러한 조건을 수용하여 2020년 2월 말 일주일 동안 잠정 휴전을 선언했다. 이에 기반해 2020년 2월 29일 합의가 이루어졌다. 미국은 향후 14개월 동안 조건에 기초하여 단계적으로 아프가니스탄에서 철군하고, 탈레반 저항 세력은 테러 조직과의 연계를 단절하고 아프가니스탄에서 테러 조직이 다시 활동하지 않도록 단속하며 유혈 사태를 줄이도록 노력하고, 무엇보다 아프가니스탄 정부와 대화를 통해 휴전 및 향후 정치 협상을 진행하는 데 합의했다.[8] 세부 사항에서, 첫째 미국은 병력 철수에 합의했다. 2020년 초 1만 3000명 이상의 미군 병력을 합의 후 135일 이내인 2020년 7월 중순까지 8600명 수준으로 감축하기로 했다. 이에 미국은 철군을 시작하여 예정 시한 이전인 2020년 6월까지 8600명으로의 병력을 감축했다.

둘째, 탈레반은 알카에다 및 여러 테러 조직과의 관계를 단절하고 이후 어떠한 테러리스트 조직도 지원하지 않겠다고 선언했다. 동시에 미국은 철군 이후에도 아프가니스탄 정부 및 보안군을 통해 대테러 작전은 수행하겠다는 입장을 견지했고, 탈레반 저항 세력 또한 이러한 입장에 동의했다. 셋째, 탈레반은 아프가니스탄 정부와의 대화를 약속했다. 탈레반 저항 세력은 아프가니스탄 정부 측 포로 1000명을, 아프가니스탄 정부는 탈레반 포로 5000명을 석방하고, 3월부터는 대화를 시작하기로 합의했다. 하지만 탈레반이 석방을 요구한 포로 대부분이 단순 폭력 범죄자여서, 아프가니스탄 정부가 이에 반발하여 포로 석방과 대화 진행에서 차질이 발생했다.[9]

넷째, 탈레반 저항 세력은 미군 및 NATO 병력과 아프가니스탄 주요 도시 및 민간인 거주 지역은 공격하지 않겠다고 선언했다. 하지만 아프가니스탄 보안군에 대한 공격은 금지되지 않았으며, 탈레반 저항 세력과 아프가니스탄 보안군 사이의 교전은 형식적으로는 가능했다. 그리고 탈레반 병력이 아프가니스탄 보안군을 공격하는 경우에, 미군은 아프가니스탄 보안군을 '보호'하기 위해 군사력을 사용하는 것이 허용되었기 때문에 탈레반 저항 세력과 미군 병력의 교전이 발생할 수 있었다. 이와 같은 가능성을 통해 미군은 아프가니스탄 보안군에 대한 지원을 보장했고, 유사시 군사 개입을 통해 탈레반 저항 세력에 대한 공격 권한을 유지했다.

미국 정부와 아프가니스탄 정부는 해당 사항에 합의했고, 2020년 2월 29일 탈레반과의 평화협정과 같은 날 발표된 미국-아프가니스탄 공동선언 (U. S.-Afghanistan Joint Declaration)에서도 해당 사항은 인정되었다.[10]

하지만 평화협정이 전면적인 휴전으로 이어지지는 않았다. 탈레반 저항 세력은 아프가니스탄 보안군을 공격할 '권리'를 보유했고, 아프가니스탄 보안군과 미군 병력은 탈레반 저항 세력에 대해 반격할 '권리'를 유지하면서 정치 협상과 무력 사용이 동시에 진행되는 매우 기묘한 상황이 연출되었다. 이와 같은 기묘한 상황은 안정적인 아프가니스탄 정부와 탈레반 세력 사이의 평화협상 때문에 지속되었다.

2. 평화협정 이후 탈레반 저항 세력의 공격과 인명 피해

'아프가니스탄 평화안(Agreement for Bringing Peace to Afghanistan)'이라는 합의에서 미국은 탈레반 세력을 국가로 인정하지는 않는다고 명시적으로 선언했지만, 정작 아프가니스탄 정부는 해당 협상과 합의에 참여하지 않았다. 평화협정에 따라서 아프가니스탄 정부와 탈레반 세력은 최종적인 정치 합의를 타결하기 위한 협상을 시작하도록 규정되어 있었다. 하지만 탈레반 저항 세력은 평화협정 직후부터 아프가니스탄 보안군 및 민간인에 대한 공격을 지속하면서 아프가니스탄 정부와의 협상에서 우위를 차지하려고 했다. 2019년 미국 또한 탈레반 저항 세력에게 평화협정을 강요하기 위해 군사력을 사용했다. 2019년 미군은 7423개의 폭탄을 투하하여 탈레반 저항 세력을 공격했는데 이 숫자는 2006년 미군이 폭격 관련 통계를 수집한 이후 최대 수치였다. 특수부대 작전 또한 가속화되어 2018년에 비해 2019년 미군 특수부대의 작전은 거의 2배 수준으

로 감행되었고, 그에 따른 저항 세력의 피해 또한 막대했다.[11]

    평화협정이 기본적으로 유혈 사태의 감소를 목표로 한다는 사실을 고려한다면, 이러한 공격 증가는 아프가니스탄 평화협정 자체를 위협할 수 있었다. 2019년 민간인 사상자가 감소하면서, 2013년 이후 가장 낮은 인명 피해가 발생했던 사실을 고려한다면, 2020년 평화협정 이후 증가한 저항 세력의 공격은 평화협정을 파괴할 가능성이 있었다. 〈표 18-1〉에 정리된 UN 아프가니스탄 원조단(UN Assistance Mission in Afghanistan) 자료에 따르면, 2019년 민간인 인명 피해는 사망 3403명, 부상 6989명으로 총 1만 392명이었으며, 이것은 2013년 사망 2969명, 부상 5669명으로 총 8638명의 사상자가 발생한 이후 가장 낮은 수준이었다. 전체적인 추세는 긍정적이었으며, 이 추세를 유지하는 것이 중요했다. 하지만 평화협정은 이 추세를 위협하는 요인으로 작용했다.

    역설적이지만 지극히 합리적으로, 평화협정 직후 공격 자체가 증가했다. 아프가니스탄 보안군에 대한 탈레반 저항 세력의 공격은 평화협정 직후 4일 동안 76회 발생했고, 그 때문에 미군은 아프가니스탄 보안군에게 2월 중순 이후 처음으로 항공 지원을 제공했다. 4일 동안의 교전으로 아프가니스탄 정부 측은 66명이 사망했고, 탈레반 저항 세력은 80명 이상이 전사했다. 이러한 인명 손실은 평화협정 전후 일주일 동안의 인명 피해에 비해 2배 수준이었다.[12] 평화협정 후 공격 및 인명 피해는 계속 증가했다. 2020년 3월 탈레반 저항 세력은 아프가니스탄 보안군을 538회 공격했고, 이것은 2020년 2월 공격 횟수에 비해 42% 높은 수준이었으며 2019년 3월 공격에 비해서도 10% 이상 증가한 규모였다. 아프가니스탄 정부는 평화협정 체결을 위해 상대적으로 낮은 수준에서 유지되었던 보안군의 경계 태세를 격상한다고 발표하면서, 본격적인 응전 의지를 표명했다. 이에 미군은 탈레반 저항 세력과의 대화 채널을 통해 탈레반과

표 18-1 **UN 자료에 따른 아프가니스탄 민간인 인명 피해(2009~2020년)**

(단위: 명)

연도	사망자 수	사망자 수	총사상자 수
2009년	2,412	3,557	5,969
2010년	2,794	4,362	7,156
2011년	3,133	4,709	7,842
2012년	2,769	4,821	7,590
2013년	2,969	5,669	8,638
2014년	3,701	6,834	10,535
2015년	3,565	7,470	11,035
2016년	3,527	7,925	11,452
2017년	3,442	7,019	10,461
2018년	3,803	7,191	10,994
2019년	3,403	6,989	10,392
2020년	3,035	5,785	8,820

주: 해당 자료는 UN 아프가니스탄 원조단의 연례보고서(Annual Report on the Protection of Civilians in Armed Conflict)이다.

자료: SIGAR, *Quarterly Report to the United States Congress* (April 2021), p.62.

의 협상을 다시 시작하여, 유혈 사태를 본격적으로 통제하려고 했다.[13]

하지만 2020년 4월 이후 저항 세력의 공격은 지속적으로 증가했고, 공격 횟수가 상당히 늘었기 때문에 NATO와 미군 병력은 아프가니스탄 저항 세력의 공격 빈도 정보를 기밀로 분류하여 공개하지 않았다. 〈표 18-2〉는 NATO 병력이 취합한 탈레반 저항 세력의 분기별 공격에 의한 사상자 자료를 제시한다. 2019년과 2020년 그리고 2021년 초까지를 분기별로 비교하면, 분기별 사상자가 증가한 시기는 2020년 2분기와 2020년 4분기, 2021년 1분기이다. 2020년 2월 말 평화협정 이후 2019년에 비해서 2020년에 좀 더 평화로웠던 시기는, 즉 사상자가 줄어들었던 시기는 2020년 4분기에 국한된다.

특히 주목할 부분은 2020년 4분기와 2021년 1분기이다. 아프가니스

표 18-2 **NATO 자료에 기초한 탈레반 저항 세력의 분기별 인명 피해(2019~2021년)**

(단위: 명)

연도	분기	사망자 수	사망자 수	총사상자 수
2019년	1	402	1,116	1,518
	2	536	1,228	1,764
	3	965	3,064	4,029
	4	627	1,251	1,878
2020년	1	510	799	1,309
	2	711	1,374	2,085
	3	1,058	1,959	3,017
	4	932	1,951	2,883
2021년	1	643	1,395	2,038

자료: SIGAR, *Quarterly Report to the United States Congress* (April 2021), p.61.

탄의 강추위로 겨울에는 전투가 사실상 불가능했고, 따라서 4분기와 1분기에는 공격 빈도가 기본적으로 줄어들었고, 2분기와 3분기에 공격 등이 집중되었다. 이것이 일반적인 패턴이었다. 하지만 2020년과 2021년 상황은 전형적인 패턴을 따르지 않았다. 겨울에, 즉 2020년 4분기와 2021년 1분기에 2020년 3분기의 공격과 비슷하고 2분기의 공격을 추월하는 규모의 공격과 인명 피해가 발생했다. 특히 미군 병력이 철군하면서 아프가니스탄 보안군을 지원하기 어려워지자, 탈레반 저항 세력은 공격을 가속화했고 그로 인해 인명 피해는 더욱 증가했다. UN 통계에서는 2020년 인명 피해가 사망 3403명, 부상 6989명으로 전체 사상자는 1만 392명이었지만, NATO 자료에 따르면 2020년 인명 피해는 사망 3211명, 부상 6083명으로 전체 사상자는 9294명을 기록했다. 이것은 사망 2530명에 부상 6659명으로 총 9189명의 사상자가 발생했던 2019년 인명 피해에 대한 NATO 기록을 넘어서는 결과였으며, 아프가니스탄 상황이 그다지 안정적이지 않을 수 있다는 불길한 징후였다.

이러한 인명 피해와 공격 전체가 탈레반 저항 세력에 의해 발생하지는 않았다. 미약하지만 이라크·시리아에서 시작되어 아프가니스탄까지 영향력을 행사하고 있던 이슬람 국가(IS) 및 그 밖의 소규모 무장 단체 또한 아프가니스탄 민간인을 공격했다. 2020년 UN 아프가니스탄 원조단에서 집계한 인명 피해 8820명 가운데 보안군에 의한 인명 피해는 25% 정도인 2231명으로 추산되었으나, 책임 소재를 가리기 어려운 1130명(13%)을 제외한 62%인 5459명은 반정부 무장 세력(anti-government elements)의 공격으로 희생되었다. 탈레반 저항 세력은 전체 인명 피해의 45% 정도를 유발했으며, 이슬람 국가 세력은 8%, 기타 무장조직은 9% 정도를 차지하는 것으로 추정되었다. NATO 또한 탈레반 저항 세력으로 대표되는 반정부 무장 세력이 전체 인명 피해 9294명 가운데 83% 정도에 책임이 있다고 평가했다.[14]

무엇보다 2020년 2월 중순, 미군과 탈레반 저항 세력이 평화협정 체결을 위해 휴전을 선언하자, 아프가니스탄에서의 공격은 사실상 사라졌고 인명 피해 또한 없었다. 즉 탈레반은 자신의 세력뿐 아니라 이슬람 국가 및 그 밖의 군소 무장 집단들도 통제하고 있었으며, 필요한 경우에는 휴전을 준수할 수 있었다. 따라서 2020년 3월부터 공격이 증가하고 인명 피해가 지속되었던 것은 탈레반 저항 세력이 휴전을 준수하지 않는 것이 더 좋다고 판단했기 때문에 – 휴전을 준수할 필요가 없다고 보았기 때문에 – 나타난 현상이었다. 아프가니스탄 정부와의 정치 협상을 진행해야 하는 탈레반 저항 세력은 공격을 강화하고 인명 피해를 강요하여, 아프가니스탄 정부가 자신들에게 더욱 유리한 조건을 수락하도록 하려고 시도했다. 미국과 아프가니스탄 정부 또한 탈레반의 전략적 선택에 대응해야 하는 상황에 직면했다.

3. 미국과 아프가니스탄 정부의 대응

상대방을 압박하기 위해 군사력을 사용하는 것은 거의 모든 휴전·평화협상에서 흔히 등장한다. 1972년 11월 대통령 선거에서 승리하기 위해 닉슨(Richard M. Nixon)은 북베트남의 요구 조건을 대폭 수용함으로써 잠정적인 평화협정이 합의되었고 "평화가 눈앞에 있다(peace is at hand)"라고 선언할 만한 상황이 조성되었다. 그 결과 닉슨은 매사추세츠와 워싱턴 DC를 제외한 49개 주 전체에서 승리하여, 선거인단 투표에서 민주당 후보를 압도했다. 그 직후 미국은 입장을 번복하여 남베트남의 요구 조건을 제시했고, 이에 북베트남은 협상을 거부했다. 그러자 1972년 12월 18일 129대의 B-52 폭격기가 북베트남의 수도 하노이를 공습했다.[15] 해당 작전(Linebacker II)은 하노이에 대한 최초의 전략 폭격이었으며, 19일과 20일에도 93대와 99대의 B-52가 동원되어 북베트남 수도 지역의 군사 및 산업 시설을 체계적으로 파괴하기 시작했다. 12월 29일까지 진행된 11일 동안의 공습 기간 동안 미국은 1만 5000톤의 폭탄을 투하했으며, 북베트남에서는 민간인 1624명이 사망하고 5000명 이상이 부상했다. 여론은 미국에 매우 불리하게 작용했고, 교황까지 미국의 하노이 공습을 비난했다. 하지만 닉슨 행정부는 물러서지 않고 폭격을 가속화했다.[16] 그리고 1973년 1월 2일 협상이 재개되었고, 1월 23일 파리 평화조약이 체결되었다.

미국이 하노이를 폭격하는 동안 북베트남은 맹렬히 저항했다. 소련이 제공한 대공미사일(SA-2)을 집중 운용하여 미국 폭격기를 격추하려고 시도했으며, 그 결과 총 10대의 B-52가 북베트남 대공미사일에 격추되었다. 공습이 진행되었던 11일 동안, 북베트남은 1200발 이상의 대공미사일을 사용했고 그 결과 12월 30일 대공미사일 재고를 소진했다. 미국 또

그림 18-2 **북베트남을 공습하는 B-52(1972년 12월 29일)**

자료: Wikipedia, https://en.wikipedia.org/wiki/197
2_in_the_Vietnam_War#/media/File:B-52D(06112
7- F-1234S-017).jpg (검색일: 2021년 6월 12일).

한 북베트남의 중요 군사 및 산업 시설을 모두 파괴하여 추가 목표물을 찾기 어려운 상황이었다.[17] 11일의 공습 기간 동안 미군 병력 33명이 전사하거나 실종되었고 추가로 33명이 북베트남에서 격추되어 포로로 잡혔다. 이후 미국은 북베트남을 공습하지 않았으며, 이에 북베트남은 1972년 12월 공습을 '하늘의 디엔비엔푸 전투'로 선전했다.

하지만 아프가니스탄 정부와 미국은 탈레반 저항 세력의 공세에 1972년 12월의 북베트남과 같이 격렬하게 저항하지 않았다. 트럼프 행정부는 철군에 집중했으며, 2020년 2월 평화협정이 체결되던 시기에 1만 2000명 규모였던 미군 병력은 2020년 6월 중순 8500명 수준으로 감축되었다. 평화협정에 의해 135일 이내인 7월 중순까지 8600명 수준으로 감축되어야 했지만, 미국은 철군 목표를 조기 달성했다.[18] 이전까지 미국은 아프가니스탄 국가 건설과 함께 대테러 작전의 관점에서 아프가니스탄 전쟁을 수행했지만, 이제 트럼프 행정부는 아프가니스탄 전쟁을 순수한 대테러전으로 국한하고, 탈레반 저항 세력이 알카에다 등의 테러 조직과의 관계를 청산한다면 탈레반과 협상하기로 결정했다.

이러한 관점에서, 트럼프 행정부는 탈레반 저항 세력의 공격을 빌미로 반격하여 저항 세력의 군사적 능력을 파괴하지 않았다. 1972년 3월 30일 북베트남이 남베트남을 공격하자, 당시 베트남에서 철수하고 있던 미국의 닉슨 행정부는 항공력으로 북베트남군과 북베트남의 보급 시설 및 운송 시설 등을 공격(Linebacker I)했다. 미국 공군과 해군 항공대는 6개월 동안 북베트남을 폭격하여 중국과 북베트남을 잇는 교량 대부분과 북베트남의 주요 도로를 파괴했다. 북베트남 병력은 작전을 수행할 수 없었으며, 보급 부족으로 중장비 대부분을 상실했고 10만 명 이상의 병력을 손실했다.[19] 미군 폭격이 사라진 상황에서 탈레반 저항 세력은 아프가니스탄 주요 도로를 직접적으로 장악하고, 통행세를 징수하기 시작했다. 이전까지 탈레반은 아프가니스탄 주요 도로에 고정 검문소를 구축하지 못했고, 탈레반 고정기지는 모두 미군 폭격으로 파괴되었다. 하지만 폭격이 중지되면서 탈레반 저항 세력은 고정 검문소를 구축하고 도로망을 통제하기 시작했고, 매달 수백 만 달러의 수입을 확보하고 탈레반 병력은 매우 자유롭게 이동할 수 있었다. 반면, 아프가니스탄 보안군은 보급이 차단되고 증원을 받을 수 없게 되면서, 군사적 상황 자체는 빠르게 악화되었다.[20]

그럼에도 불구하고, 트럼프 행정부는 아프가니스탄 정부의 '역량을 강화'한다는 오랫동안 추진했던 — 그러나 지속적으로 실패했던 — 방침을 고수했다. 이른바 'R4+S' 접근을 통해 아프가니스탄 보안군을 보강(Reinforce)하고, 주요 지점에 병력을 집중하도록 군사적 노력을 재조정(Realign)하고, 파키스탄 등의 지역 국가와 연계(Regionalize)하며, 안정적인 평화를 위해 온건파 저항 세력을 포용(Reconcile)하며, 아프가니스탄 정부의 역량을 유지 가능한 수준에서 지속(Sustain)시키려고 했다.[21] 전체 구상은 매우 적절했지만 2002년 이후 이러한 '적절한 구상'은 효과적으로 집행되지 않았고 그 성과는 미미했다.

아프가니스탄 보안군 증강에서 가장 심각한 문제는 병력 규모를 정확하게 파악할 수 없으며, 서류상에만 존재하고 실제 작전 부대에서는 존재하지 않는 '유령'이 상당한 규모라는 사실이었다. 미국과 아프가니스탄 정부는 군 및 경찰 병력 전원의 지문과 홍채 등 생체 정보를 등록하고 이에 기초하여 급여를 지급하고 정확한 병력 규모를 파악하려고 했다. 하지만 적절한 시스템이 구축되지 않았으며, 2018년 초 도입된 시스템에서 심각한 오류가 발견되었다. 2018년 7월 군 병력, 11월 경찰 병력의 생체 정보를 전산화한다는 계획은 실패했고, 2620만 달러의 예산이 투입된 사업은 실패했다. 미군은 2011년 이미 150만 명의 아프가니스탄 주민에 대한 생체 정보를 수집했지만, 미군은 해당 정보를 단순히 수집했을 뿐 적극적으로 활용하지는 못했다.[22] 35만 명 규모의 아프가니스탄 보안군에 대한 생체 정보를 확보하고 이것을 데이터베이스로 활용하는 것은 쉽지 않았고, 미군과 아프가니스탄 정부는 필요한 시스템을 구축하는 데 너무나도 무능력했다.

2019년 봄, 기초적인 시스템이 구축되어 아프가니스탄 보안군의 정확한 규모를 파악할 수 있게 되었다. 2019년 10월 미군 내부 조사에서 5만 8478명의 '유령 병력'이 적발되었다. 생체 정보와 병력에 대한 급여 지급을 연동(APPS: Afghan Personnel and Pay System)했기 때문에 8000만 달러 수준의 급여 지급이 일차적으로 취소되었다.[23] 〈표 18-3〉에서 나타나듯이, 아프가니스탄 보안군 병력은 2017년 4월과 5월, 군 병력 17만 4032명, 경찰 병력 14만 8710명으로 총 32만 2742명을 기록했다. 2018년 4월에는 군 병력 19만 6290명, 경찰 병력 11만 7952명이었고, 7월에는 군 병력 19만 4017명, 경찰 병력 11만 8311명이었다. 하지만 2019년 5월 시스템 구축 결과, 아프가니스탄 국방부 휘하의 군 병력은 18만 869명이었고 내무부 휘하의 경찰 병력은 9만 1596명이었다. 시스템이 더욱 강화되면서 검증 가능한 병력 규모는 더욱 축소되었다. 2019년 7월 조사에 따르면, 아프가니스탄 군 병력은 16만 2415명이었고 경찰 병력은 9만 1435명이었다.

표 18-3 **시스템에 따른 아프가니스탄 보안군 병력 집계(2016년 4, 5월~2021년 1월)**

(단위: 명)

조사 방식	조사 시점	아프가니스탄군	아프가니스탄 경찰	보안군 총병력
Self-Report	2016년 4, 5월	171,428	148,167	319,595
Self-Report	2016년 7월	169,229	148,480	317,709
Self-Report	2017년 4, 5월	174,032	148,710	322,742
Self-Report	2017년 7월	169,976	151,179	321,155
Self-Report	2018년 4월	196,290	117,952	314,242
Self-Report	2018년 7월	194,017	118,311	312,328
APPS	2019년 5월	180,869	91,596	272,465
APPS	2019년 7월	162,415	91,435	253,850
APPS	2019년 10월	176,019	96,788	272,807
APPS	2020년 1월	182,173	99,375	281,548
APPS	2020년 4월	182,747	105,671	288,418
APPS	2020년 7월	185,478	103,224	288,702
APPS	2020년 10월	186,899	118,122	305,021
APPS	2021년 1월	186,859	121,088	307,947

주: Self-Report는 아프가니스탄 보안군 부대에서 서면으로 제출한 병력 보고를 검증하지 않고 그대로 반영하는 방식이며, APPS는 아프가니스탄 보안군 병력이 개별적으로 자신의 지문과 홍채 등의 생체 정보로 자신의 존재 여부를 증명하여 병력 규모를 취합하는 방식이다.

자료: SIGAR, *Quarterly Report to the United States Congress* (October 2020), p.81; SIGAR, *Quarterly Report to the United States Congress* (April 2021), p.66.

아프가니스탄 보안군 병력 규모는 2017년 봄에는 32만 2742명이었고, 2019년 여름에는 25만 3850명으로, 2년 동안 2017년 봄 병력의 21% 정도인 6만 8892명 정도가 소멸했다. 이처럼 병력이 감소한 이유는 '유령 병력' 때문만은 아니며, 전투 손실 등의 이유도 있다. 하지만 시스템이 도입되기 이전인 2018년 7월 아프가니스탄 보안군 총병력은 31만 2328명이었으나 2019년 5월 조사에서는 27만 2465명으로 12% 정도 줄어들었다. 기본적으로 APPS가 도입되기 이전 아프가니스탄 병력은 31만 명 이상으로 집계되었지만, 2019년 봄 APPS가 도입되면서 집계된 병력은 25만 명 수준으로 줄어들었다. 2019~2020년 아프가니스탄 보안군은 기본적으로 27만~28만 명 수준이었고, 2020년 가을이 되어서야 30만 명 이상으로 집계되었다.

APPS 도입과 함께, 아프가니스탄 정부는 방어하는 지역을 축소하기 시작했다. 2020년 2월 미국과의 평화협정 이후에도 탈레반 병력은 아프가니스탄 보안군 검문소를 지속적으로 공격했으며, 이러한 총격이 탈레반 공격의 대부분을 차지했다. 2020년 3월 시점에서 아프가니스탄 보안군은 1만 개 이상의 검문소를 유지하면서 개별 검문소에 10~20명 정도의 병력만을 배치했다. 그 때문에 탈레반 저항 세력은 검문소 병력을 제압하는 것이 가능했다. 일부 검문소에는 아프가니스탄 보안군 특수부대가 배치되어 탈레반 저항 세력의 공격에 대비하기도 했다.[24] 이에 아프가니스탄 정부는 많은 사상자가 발생하는 검문소 200개를 중요도에 따라서 분류하여, 중요한 검문소는 보강하고 중요하지 않은 검문소는 폐쇄했다. 병력 절감을 위한 검문소 폐쇄 및 보강은 지속적으로 추진되었다. 2020년 상반기에 아프가니스탄 국방부는 220개의 군 검문소를 폐쇄하고 대신 60개의 검문소를 순찰 기지로 확장했으며, 내무부는 경찰 검문소 94개를 폐쇄하고 196개 검문소에 병력을 증원했다. 구조 조정 끝에, 아프가니스탄 정부가 통제하는 검문소는 2021년 3월 군 검문소 2000개와 경찰 검문소 600개 수준으로 축소되었다.[25]

트럼프 행정부가 아프가니스탄 정부를 배제하고 탈레반 저항 세력과의 평화협정을 체결하는 동안에도, 아프가니스탄의 고질적인 정치 불안은 지속되었다. 아프가니스탄 대통령 선거는 2019년 4월에 실시될 예정이었지만 준비 부족으로 7월로 한 차례 연기되었으며, 최종적으로 2019년 9월 28일 실시되었다. 18명의 후보가 출마했지만, 선거 자체는 재임을 노리는 가니 대통령과 2014년 4월 선거에서 낙선했지만 이후 최고 행정관으로 권력을 나누어 차지했던 압둘라 사이의 경쟁이었다. 선거에 대한 저항 세력의 공격은 심각하지 않았고, 40명 정도가 사망하고 200명의 부상자가 발생했다.[26] 하지만 전체 5373개 투표소 가운데 4678개 투표소만이 개소했다. 무엇보다 투표율이 매우 낮았다. 800만 명 이상의 유권자 가운데, 실제 투표한 사람은 180만 명 수준으로 최종 투표율은 21.84%에 지나지 않았다.[27]

1차 개표에서 가니 대통령이 50.64%를 얻어, 39.52%의 지지를 받은 압둘라 최고 행정관에게 승리를 거두었다. 하지만 압둘라는 선거 결과를 인정하지 않았고, 선거 부정을 거론하면서 자신이 승리했다고 선언했다. 2020년 2월 압둘라는 북부 아프가니스탄에 새로운 정부를 수립하겠다고 발표하고 해당 지역에 지사를 임명했으며, 2020년 3월 가니 대통령의 취임을 부정하고 자신의 독자적인 취임식을 거행했다.[28] 기본적으로 트럼프 행정부는 가니 대통령을 지지했지만, 동시에 가니와 압둘라가 권력을 공유할 것을 요구했다. 하지만 가니와 압둘라의 권력 공유 협상은 실패했고, 미국 대통령 특사도 이를 중재하는 데 실패하자 폼페이오(M. R. Pompeo) 미 국무 장관이 직접 등장했다. 폼페이오는 2020년 미국의 아프가니스탄에 대한 원조 금액 45억 달러 규모의 원조에서 10억 달러를 삭감하고 2021년에 추가로 10억 달러를 삭감하겠다고 위협했다.[29] 그 결과 2020년 5월 가니와 압둘라가 권력을 공유하겠다는 합의가 되어 압둘라는 이전의 최고 행정관 직위 대신 국가통합 최고위원회(High Council for National Reconciliation) 의장으로서 탈레반과의 평화협상을 담당하고 동시에 각료의 절반에 대한 임명 권한을 가지게 되었다.[30]

탈레반 저항 세력이 아프가니스탄 정부를 압박하고 협상에서 더욱 우월한 지위를 차지하기 위해 무력을 사용하는 상황에서, 2019년 9월 선거 이후 2020년 5월에서야 겨우 출범한 가니·압둘라 행정부는 탈레반 저항 세력의 존재를 인정하고 협상을 통해 안정을 유지하려고 했다.

2020년 8월 《워싱턴포스트》 기고를 통해 가니 대통령은 지난 5개월 동안 아프가니스탄 보안군이 방어 태세를 유지하자 "탈레반 및 기타 테러 조직이 1만 2278명의 아프가니스탄 군인, 경찰관, 민간인을 죽이거나 부상을 입혔다"라고 주장했다. 하지만 아프가니스탄 정부는 "탈레반을 현실로 인정하고 이 현실에 기초한 정치적 합의를 수용하겠다"라고 선언했다. 이어 "평화는 위험하겠지만, 아프가니스탄은 평화의 위험을 감내해야 한다"라고 주장하면서, 평화협상의 필요성에 동조했다.[31]

2020년 9월 초 포로 교환이 완료되자, 9월 12일 탈레반과 아프가니스탄 정부의 협상이 카타르에서 시작되었다. 아프가니스탄 정부 협상단을 이끄는 압둘라는 휴전이 먼저 이루어져야 한다고 주장했지만, 탈레반 세력은 이를 거부했다. 대신 탈레반 협상단은 아프가니스탄은 '이슬람 원칙에 기초한 자유롭고, 독립된 국가'가 되어야 한다고 주장했다.[32] 이에 아프가니스탄 정부는 탈레반 세력이 여전히 '이슬람 원칙'을 강조하고 있으며, 따라서 여성의 권리와 언론의 자유 등을 '이슬람 원칙'의 테두리에서만 인정하려 한다고 비판했다. 핵심 사안은 휴전이 아니라 평화협정 이후의 정치체제였다. 탈레반은 이슬람 근본주의에 기반한 정치체제를 요구했지만, 가니·압둘라로 대표되는 아프가니스탄 정부는 국교(state religion) 자체는 인정하지만, 정치체제는 이슬람 원칙과 무관하게 구성되는 근대식 정부를 추구했다. 탈레반과의 협상에서 압둘라는 많은 부분에서 타협이 가능하지만, "1인 1표 원칙은 타협할 수 없다"라는 입장을 강력하게 견지했다.[33]

이것은 결국 누가, 즉 아프가니스탄 정부와 탈레반 가운데 어느 편이 권력을 장악하는지의 문제였는데, 이 문제를 타협하기에는 너무나도 큰 간극이 존재했다. 그리고 탈레반은 그 간극을 좁히는 수단으로 폭력을 사용했다. 아프가니스탄 정부가 통제하는 지역에서 언론인들과 여성

지도자들을 암살했고, 자동차 폭탄으로 민간인들을 공격했다. 이를 통해 탈레반 저항 세력은 '아프가니스탄 정부가 무기력하다'는 인상을 심어주면서 공포심을 자아내어 아프가니스탄 정부에 대한 주민들의 지지를 약화시키려고 했다. 2021년 1월 탈레반 세력은 카불에서 아프가니스탄 대법원에서 근무하는 여성 판사 2명을 암살했다.[34]

가니·압둘라 행정부는 쉽게 굴복하지 않았다. 특히 가니 대통령은 자신의 권력을 보장하지 않고 아프가니스탄 민주주의 가능성 자체를 말살하는 탈레반의 요구 조건을 수용하지 않았다. 2020년 11월 미국 대통령 선거에서 민주당의 바이든 후보가 당선되면서, 가니·압둘라 행정부는 매우 강경한 입장을 취했다.[35] 하지만 철군은 지속되었다. 2020년 11월 4000명 이상이었던 미군 병력은 2021년 1월 15일 2500명으로 감축되었다. 미국 국방부는 트럼프 대통령이 '아프가니스탄을 성공적이고 책임감 있게 끝내기 위한 조치로 철군을 명령'했다고 발표했다. 하지만 트럼프의 아프가니스탄 전쟁은, 좀 더 정확하게는 트럼프의 아프가니스탄 출구 전략은 완결되지 못했다. 이제 바이든의 아프가니스탄 전쟁이 그리고 바이든의 아프가니스탄 출구 전략이 실행될 차례였다.

하지만 바이든 행정부는 적절한 출구 전력을 가지고 있지 않았고, 설사 가지고 있었던 출구 전략 또한 적절하게 집행되지 못했다. 바이든 행정부는 트럼프 행정부가 체결했던 '평화조약'을 승계했고, 그에 기초하여 미군 병력의 철군을 진행했다. 이 과정에서 많은 문제가 노출되었지만, 바이든 행정부는 철군을 강행했다. 그리고 2021년 여름 아프가니스탄 보안군과 아프가니스탄 정부는 매우 빠른 속도로 약화되었고, 8월 15일 카불이 함락되었다.

제5부

바이든의 아프가니스탄 전쟁과 패배(2021년)

2021년 1월 출범한 바이든 행정부는 미국의 아프가니스탄 전쟁을 종결시키려고 했다. 많은 부분에서 바이든 행정부는 그 이전의 트럼프 행정부와는 상극이었지만, 놀랍게도 바이든 대통령은 트럼프 대통령이 체결했던 탈레반 저항 세력과의 평화조약을 승계했다. 그에 그치지 않고 바이든 대통령은 탈레반 저항 세력이 평화조약을 존중하지 않는 상황에서도 철군을 단행했고, 2021년 7월 미군 병력 전체를 아프가니스탄에서 철수했다. 이후 바이든 대통령은 기자회견에서 아프가니스탄 정부는 유지될 것이며, 탈레반 저항 세력은 전쟁에서 승리하지 못할 것이라고 단언했다.

하지만 상황은 바이든 대통령의 기대 및 주장과는 다르게 전개되었다. 아프가니스탄 보안군은 보급이 차단된 상태에서 주요 도시에 고립되었고, 미군이 철수하면서 아프가니스탄 공군은 사실상 마비되었다. 군사적 대치 상황이 점차 악화되면서, 아프가니스탄 정부를 구성했던 다양한 세력들이 정부에서 이탈하여 탈레반 저항 세력에 가담했다. 군벌이 통제했던 아프가니스탄 보안군 병력은 전향하거나 투항했고, 다른 부대들은 보급이 차단된 상태에서 붕괴했다. 그럼에도 불구하고 2021년 8월 초까지 아프가니스탄 정부는 지방 행정수도를 통제하고 있었다.

붕괴는 갑자기 진행되었다. 8월 초 지방 행정수도들이 함락되기 시작하면서, 아프가니스탄 정부는 악화된 상황에 적절하게 대응하지 못했으며, 바이든 행정부는 전면적인 군사 개입을 포기했다. 카불 함락에 대한 경고는 여러 경로로 이루어졌지만, 바이든 대통령은 이와 같은 비관적인 보고를 수용하지 않고 상황 악화를 방관했다. 그 결과 2021년 8월 15일 가니 대통령이 카불에서 탈출하면서 카불이 함락되었고, 미국의 아프가니스탄 전쟁은 미국의 패배로 종식되었다.

제19장

바이든의 철군과 카불 함락

바이든 대통령은 미국의 아프가니스탄 전쟁 자체에 회의적이었다. 2002년에 상원 의원이었을 당시 바이든은 부시 행정부가 아프가니스탄에 군벌 정권을 수립하고 있다고 비판했으며, 2009년 부통령 시절에 바이든은 아프가니스탄 전쟁을 아프가니스탄 국가 건설이 아니라 대테러 작전으로 수행해야 한다고 주장했다. 2021년 1월 대통령으로 취임한 바이든은 미국의 아프가니스탄 전쟁을 종결하기로 결정했고, 4월 13일, "미국은 9월 11일까지 모든 병력을 아프가니스탄에서 철수한다"라고 선언했다.

미국이 병력을 철군하면서 미군 병력과 미국의 정치적 영향력 때문에 구심력을 유지했던 아프가니스탄 정부는 붕괴하기 시작했다. 2001년 이후 20년 동안 미국은 아프가니스탄에서 국가 건설을 시도했지만 실패했고, 그 결과 아프가니스탄 정부는 스스로를 지탱할 능력을 갖추지 못했다. 부패한 군벌 및 정치 세력의 연합체는 아프가니스탄 정부를 이용하여 자신들의 이익을 극대화했고, 미국이 철군하면서 미국의 아프가니스탄 전쟁을 정리하려고 하자 아프가니스탄 정부를 포기했다. 아편·헤로인 자금으로 무장한 탈레반 저항 세력은 아프가니스탄 군벌 및 지방 무장 세력을 하나씩 포섭하면서, 중앙정부의 장악력을 빠르게 잠식했다.

그 최종 결과가 8월 15일 카불 함락이었다. 바이든 대통령은 카불 함락을 "싸울 의지가 없는 아프가니스탄 정부의 잘못"이라고 아프가니스탄 정부를 비난하면서 자신의 정치적 책임을 모면하려고 했지만, 아프가니스탄 정부의 전투 의지는 미국의 철수 결정으로 빠르게 소멸되었다. 즉 싸우려는 의지는 미국의 정치적 의지에 의해 결정되는 변수였지, 처음부터 결정되어 낮은 수준에서 변화하지 않는 상수는 아니었다. 9·11 테러에 대한 과도한 대응에서 시작된 미국의 아프가니스탄 전쟁은 아프가니스탄 상황에 대한 잘못된 판단과 결정으로 미국이 패배하고 카불이 함락되면서 종식되었다.

1. 바이든 대통령의 철군 선언

2020년 11월 대통령 선거에서 민주당의 바이든 후보가 승리했다. 하지만 공화당의 트럼프 대통령은 자신의 패배를 인정하지 않았다.[1] 2021년 1월 20일 새롭게 출범한 바이든 행정부는 많은 부분에서 트럼프 행정부와는 상극이었지만, 미국의 아프가니스탄 전쟁을 종결하려는 측면에서는 공통점이 있었다. 트럼프 대통령은 아프가니스탄에서 미군 병력을 철수하고 미국의 아프가니스탄 전쟁을 종결하겠다는 의지를 표명했고, 이를 실현하는 수단으로 2020년 2월 탈레반 저항 세력과의 평화협정을 체결했다. 그리고 바이든 행정부는 트럼프 행정부의 아프가니스탄 전쟁 종결 정책을 계승하여 미국의 아프가니스탄 전쟁을 끝내는 데 집중했다.

선거운동 기간 동안 바이든은 아프가니스탄 문제를 거의 거론하지 않았으며 해당 사안에 대한 자신의 견해를 적극적으로 표명하지 않았다. 두 번에 걸친 대통령 후보 토론에서 '아프가니스탄'은 단 한 번 언급되었으며, 그것 또한 아프가니스탄 전쟁에 대한 정책 대립이 아니라 러시아의 개입에 대한 트럼프 행정부의 무기력한 대응을 비판하는 맥락에서 등장했다.[2] 하지만 바이든 대통령은 아프가니스탄 전쟁 자체에 회의적인 입장을 견지했으며, 과거 오바마 행정부에서 부통령을 역임했을 당시에도 아프가니스탄 전쟁을 대테러 작전으로 축소해야 한다고 주장했다.

바이든 행정부의 공식 출범 직후, 미군 병력의 철군 시한이 5월 1일로 설정되었지만, 탈레반 저항 세력이 아프가니스탄 보안군을 공격하는 상황에서 바이든 행정부는 5월 1일까지 완전히 철군하지는 않는다는 방침을 결정했다. 동시에 바이든 행정부 내부에서는 미군 병력이 11월까지는 주둔하거나 2022년 이후에도 계속 주둔해야 한다는 입장이 존재했다.[3] 철군 자체에 집중하는 경우에는 아프가니스탄 정부가 무너지며, 무엇보다 탈레반 저항 세력이 2020년 2월 합의를 위반하고 군사력을 사용한 상황에서 미국만이 그 합의를 준수할 필요가 없다는 의견이 개진되었다. 것이다. 2021년 1월 설리번(Jake Sullivan) 백악관 안보보좌관은 트럼프 행정부의 아프가니스탄 정책 및 탈레반 저항 세력과의 평화협정을 검토하겠다는 입장을 표명했고, 2월 20일 오스틴(Lloyd J. Austin III) 국방 장관은 탈레반 저항 세력의 공격이 줄어들어야만 미군이 최종 철군할 수 있다고 발표했다.[4]

일차적으로 미국은 병력을 증강했다. 트럼프 대통령이 퇴임하던 2021년 1월 말, 아프가니스탄에 배치된 미군 병력은 2500명 수준이었지만, 바이든 행정부는 일단 1000명의 병력을 추가하여 주둔 병력을 3500

명으로 증강했다.[5] 바이든 대통령은 이러한 병력 증강을 명시적으로 승인하지 않았고, 증강 자체는 기술적인 차원에서 행정적으로 진행되었다. 오스틴 국방 장관은 취임 직후 3000~4500명 규모의 미군 대테러 부대가 아프가니스탄에 지속적으로 주둔하는 방안을 검토했으며, 의회 소위원회는 바이든 행정부가 전면 철군 시한인 5월 1일을 무조건 지키기보다는 아프가니스탄의 상황에 따라 철군해야 한다고 건의했다. CIA 또한 미군 병력이 철수하면 미국의 정보 수집 능력이 제한된다고 우려하는 등 철군 문제를 둘러싸고 바이든 행정부 내부에서 많은 논의가 진행되었다.[6]

하지만, 바이든 대통령은 국민에 의해 선출된 민간 지도자가 선거를 통해 위임된 권한을 명시적으로 사용하지 못하는 상황에서 정책이 실질적으로 결정되는 상황을 우려했다. 2009년 12월 오바마 대통령이 아프가니스탄 증파를 선언하는 과정에서도, 바이든 당시 부통령은 대통령에게 실질적인 선택권을 주지 않으려는 미군 지휘부에 격분했다. 바이든은 오바마 대통령에게 장군들이 "당신을 상자에 가두려고 한다(box in a new president)"라고 경고하면서, 선택지를 제약함으로써 군인들이 "당신을 압박하지 못하게 해야 한다(Don't let them jam you)"라고 강조했다.[7]

아프가니스탄 전쟁 초기에는 부시 행정부의 '조건에 기초한 철군'이 묵시적인 원칙으로 제시되었지만, 오바마 행정부는 '18개월 한시적인 증파'를 강조했으며, 이후 트럼프 행정부는 '절대적인 시한에 기초한 철군'을 정책 기조로 제시했다. 그리고 바이든 행정부는, 그 정치적인 차이에도 불구하고 트럼프 행정부의 '시한에 기초한 철군' 원칙을 그대로 계승했다. 이에 바이든 대통령은 철군을 진행했으며, 1000명 증강은 일시적인 행정 조치로 치부되었다. 2021년 3월 말, 블링컨(Tony Blinken) 국무 장관은 NATO 회의에서 병력 철수에 대한 바이든 대통령의 의지를 공개하면서, 단 "NATO 국가들과의 협의는 지속한다"라는 입장을 견지했다.[8]

2021년 4월 14일 바이든 대통령은 9·11 테러 20주년이 되는 2021년 9월 11일까지 모든 미군 병력을 아프가니스탄에서 철수하겠다고 선언했다. "미국에 대한 테러를 응징한다는 목표는 2011년 5월 빈라덴을 사살하면서 달성되었다"라고 지적하면서, 바이든 대통령은 미국을 위협할 수 있는 테러 조직이 아프가니스탄에만 존재하는 것이 아니라 많은 지역에 확산된 상황에서 수천 명의 미군 병력을 아프가니스탄에 주둔시키는 행동은 합리적이지 않다고 강조했다. 특히 미국이 현재 직면하고 있는 위협은 테러에 국한되지 않으며, '점차 공격적으로 행동하는 중국'에 대비하기 위해 미국은 경쟁력을 확보해야 한다고 주장했다.[9]

그림 19-1 **바그람 기지 철수 이후 철군 필요성을 강조하는 바이든 대통령(2021년 7월 8일)**

자료: Wikipedia. https://en.wikipedia.org/wiki/Withdrawal_of_United_States_troops_from_Afghanistan_(2020%E2%80%932021)#/media/File:P20210708AS-0744_(51360857092).jpg (검색일: 2021년 7월 10일).

미국 국방부는 조건 없는 완전한 철군에 반대했으나, 바이든은 9월 11일까지 모든 병력을 철수한다는 입장을 고수했다. 철군에 반대하는 견해에 대해, 바이든 대통령은 다음과 같이 반박했다. "그렇다면 어느 시점에서 철군하는 것이 현명한가? 앞으로 1년이 지나면 상황이 좋아지는가? 2년이 지나면 여건이 성숙될 것인가? 10년이 지나면 미군이 철수할 수 있는 조건이 충족될 것인가?" 4월 28일 바이든 대통령은 미국 상하원 합동 연설에서, "아프가니스탄 전쟁은 결코 수세대에 걸친 국가 건설 사업 (multigenerational undertakings of nation building)이 되어서는 안 되었다"라고 강조했다.[10]

7월 2일 새벽 미국은 바그람 공군기지에서 모든 병력을 철수했다. 이 과정에서 미군 병력은 아프가니스탄 정부에 아무런 사전 통보를 하지 않고 사실상 야반도주를 감행했으며, 지역 주민들은 미군 병력이 사라진 기지를 약탈했다.[11] 7월 8일 바이든 대통령은 기자회견에서 "탈레반이 아프가니스탄 전체를 장악할 가능성은 매우 낮다(highly unlikely)"라고 평가하면서, 아프가니스탄 정부는 30만 명 이상의 보안군 병력을 동원하여 자기 스스로를 방어할 수 있다고 주장했다.[12]

2. 아프가니스탄의 붕괴와 카불 함락

아프가니스탄 전쟁은 9·11 테러에 대한 미국의 반격으로 시작되었지만, 진행되는 과정에서 대테러 작전이 아니라 국가 건설과 민주주의 수립 사업으로 확대되었다. 해당 사업이 성공했다면, 미국의 아프가니스탄 전쟁은 부시, 오바마, 트럼프 행정부의 위대한 업적으로 기록되었을 것이다. 하지만 현실은 매우 가혹했다. 2021년 8월 아프가니스탄 정부는 붕괴했고, 8월 15일 카불이 함락되었으며, 8월 30일 미국은 패배했다.

미국의 어떠한 행정부든 미국의 입장에서 반드시 피해야 하는 상황은 1975년 4월 사이공 함락의 재판이었다. 1973년 1월 제네바 평화협정으로 베트남 전쟁은 일단락되었지만, 워터게이트 사건으로 닉슨 대통령이 1974년 8월 사임하면서 미국 행정부는 실질적으로 마비되었다. 1974년 11월 중간 선거에서 민주당이 압승하면서 민주당이 통제하는 의회가 정치의 주도권을 장악했고, 남베트남 정부에 대한 미국의 지원을 차단했다. 미국의 재정원조 및 군사 지원은 중단되었지만, 미국 정보기관은 1975년 3월 초 남베트남이 최소한 1976년까지는 충분히 버틸 수 있을 것이라고 판단했다. 1975년 3월 10일 북베트남은 제한적인 공격을 시작했다. 공격의 목적은 남베트남을 군사적으로 점령하는 것이 아니라, 당시 진행되고 있던 협상에서 우위를 점하고 1976년에 실행될 최종 공격에서 유리한 고지를 점령하려는 것이었다. 모두의 예상과 달리, 남베트남 병력은 서부 산악지대의 거

그림 19-2 **사이공에서 헬리콥터로 탈출하는 미국 측 인원(1975년 4월 29일)**

자료: Wikipedia, https://en.wikipedia.org/wiki/Fall_of_Saigon#/media/File:Saigon-hubert-van-es.jpg

점 도시 하나(Buôn Ma Thuột)를 상실했고, 남베트남 정부는 전선을 축소하고 병력 재배치를 시도했다. 이러한 결정 자체는 매우 합리적이었지만, 집행되는 과정에서 엄청난 혼란이 초래되었다. 남베트남 병력의 철수는 남베트남 야전군의 궤멸로 이어졌고, 이것으로 남베트남의 운명이 결정되었다. 북베트남은 이러한 승리를 예측하지 못했지만, 눈앞의 행운을 놓치지 않고 자신의 모든 병력을 전쟁에 즉시 투입했다. 1975년 4월 북베트남의 공격에 사이공이 함락되었고, 베트남 전쟁은 북베트남 공산정권의 승리로 종결되었다. 미국으로서는 카불이 함락되고 미국 측 인원들이 사이공에서처럼 또다시 헬리콥터로 탈출하는 모습은 베트남 전쟁에서 미국의 패배를 상징하는 사진으로 역사에 기록되었다.

　하지만 바이든 행정부는 카불에서 사실상 동일한 장면을 연출했다. 미군이 철수하면서 상황은 악화되었지만, 미국은 아프가니스탄 정부가 상당 기간 유지될 것이라고 보았다. 아프가니스탄 보안군 사상자 통계 자체가 공개되지 않지만, 뉴욕타임스에서 취합한 보안군 및 민간인 사망자 통계에 따르면 7월에 들어서면서 상황은 통제되고 있었다. 5월과 6월

표 19-1 **아프가니스탄 월별 사망자 통계(2020년 10월~2021년 7월)**

(단위: 명)

	아프가니스탄 보안군	아프가니스탄 민간인
2020년 10월	369	212
2020년 11월	244	200
2020년 12월	185	101
2021년 1월	239	77
2021년 2월	257	66
2021년 3월	259	124
2021년 4월	301	89
2021년 5월	405	260
2021년 6월	703	208
2021년 7월	335	189

자료: *The New York Times*, "The Afghan War Casualty Report", https://www.nytimes.com/spotlight/afghan-war-casualty-reports (검색일: 2021년 9월 12일).

아프가니스탄 보안군 및 민간인 사망자는 증가했지만, 7월에 들어서면서 아프가니스탄 보안군 인명 피해는 6월의 절반 수준으로 떨어졌다. 5월 405명의 보안군과 260명의 민간인이 사망했고 6월에는 703명의 보안군 병력과 208명의 민간인이 목숨을 잃었다면, 7월에는 335명의 보안군이 전사하고 189명의 민간인이 희생되었을 뿐이었다. 하지만 이것은 심각한 판단 착오였으며, 이후 바이든 행정부는 상황을 통제하는 데 완벽하게 실패하면서 재앙을 초래했다.

문제의 핵심은 아프가니스탄 보안군이 점차 무너지고 있다는 사실이었다. 5월 1일 탈레반 저항 세력이 공격을 개시했고, 그 때문에 아프가니스탄 보안군 전사자는 급증했다. 5월과 6월 아프가니스탄 정부가 통제하는 보안군의 인명 피해는 극심했고, 이전까지 400명을 넘지 않았던 전사자는 5월과 6월 405명과 703명을 기록했다. 이에 아프가니스탄 정부는 병력을 투입하면서 전투를 격화시켰지만, 투입된 병력을 유지하고 보급할 능력을 갖추지 못했다. 5월 말 보안군 병력이 대규모로 전선에서 이탈하기 시작했다.[13] 탈레반 저항 세력이 아프가니스탄 도로망을 장악했기 때문에, 폭격을 통해 탈레반 병력을 공격하고 보급로와 통신선을 유지하는 것이 필수적이었다. 하지만 미군이 철수하면서 항공 지원을 기대할 수 없었고, 아프가니스탄 공군은 항공기 유지에 필요한 역량을 갖추지 못한 상황에서 외국 민간 업체가 철수하면서 항공기 운용은 사실상 불가능해졌다. 남부 칸다하르에 고립된 아프가니스탄 보안군은 5개월 동안 급여가 연체되었고 일주일 동안 감자 몇 알만이 지급되는 상황에서 지속적인 전투에 투입되었다. 탈레반 저항 세력은 보안군 병력을 회유하면서, 투항하면 130달러를 현금으로 지급하고 동시에 안전하게 귀가하도록 조치하겠다고 약속했다.[14] 그 때문에 아프가니스탄 군 병력과 경찰은 빠른 속도로 붕괴했다.

전투 자체는 치열하지 않았다. 다만 보급이 차단되고 지원 병력이 오지 않는 절망적 상황에서 아프가니스탄 보안군 병력은 탈레반 저항 세력에 투항했으며, 동시에 아프가니스탄 보안군을 장악하고 있던 군벌 세력들은 자신들의 정치적·경제적 이익을 확보하기 위해서 탈레반 저항 세력으로 전향했다. 이 과정에서 2021년 봄 30만 명 수준의 아프가니스탄 군 및 경찰 병력은 매우 빠른 속도로 축소되었다. 특히 〈표 19-2〉에서 나타나듯이, 투항 및 전향은 7월에 집중적으로 이루어진 것으로 보인다. 7월에 들어가면서 전사자 규모는 급격하게 감소했지만, 탈레반 저항 세력이 장악한 지역 자체는 빠르게 확대되었다. 4월 13일 바이든 대통령이 철군을 확인했던 시점에서 탈레반이 장악한 지역은 전체 400개의 행정단위(district) 가운데 77개였으나 2개월 후인 6월 16일 100개 수준으로 증가했다. 하지만 7월 동안 아프가니스탄 보안군 병력이 투항하고 군벌 세력들이 대규모로 전향하면서, 8월 3일 탈레반은 절반 이상인 223개 행정단위

표 19-2 **아프가니스탄 주별 사망자 통계(2021년 4월 30일~8월 5일)**

(단위: 명)

	아프가니스탄 보안군	아프가니스탄 민간인
4월 30일~5월 6일	140	44
5월 7일~5월 13일	107	126
5월 14일~5월 20일	40	34
5월 21일~5월 27일	72	27
5월 28일~6월 3일	110	55
6월 4일~6월 10일	263	56
6월 11일~6월 17일	206	51
6월 18일~6월 24일	132	57
6월 25일~7월 1일	62	18
7월 2일~7월 8일	139	27
7월 9일~7월 15일	72	87
7월 16일~7월 22일	21	29
7월 23일~7월 29일	58	34
7월 30일~8월 5일	149	71

자료: *The New York Times*, "The Afghan War Casualty Report," https://www.nytimes.com/spotlight/afghan-war-casualty-reports (검색일: 2021년 9월 12일).

를 장악했다.[15]

미국 외교관 및 정보기관은 7월 초 상황이 급격히 악화되고 있다는 사실을 파악했다. 7월 13일 카불 주재 미국 대사관은 블링컨 국무 장관에게 "몇 주 지나지 않아 카불이 함락될 수 있다"는 내용의 전문을 보냈고, 8월 3일에는 "카불 함락이 임박"하다고 보고했다. 이에 블링컨은 바이든 대통령을 설득하려고 했으며 국방부는 3000명 규모의 병력을 아프가니스탄에 다시 배치해야 한다고 주장했다. 하지만 대통령은 철군 결정을 번복하지 않았고, 아프가니스탄 상황이 악화되는 것을 방치했다.[16] 국무 장관과 국방 장관 및 안보보좌관 등 누구도 바이든 대통령의 강력한 의지를 꺾지 못했고, 결국 바이든은 "일단 철군한 이상 아프가니스탄 전쟁에 다시 개입하지 않는다"라는 원칙을 고수했다. 8월 초까지도 지방 행정수도 어느 곳도 함락되지 않은 상황이었고, 이에 바이든은 "미군 재진입은 없다"라고 다시 선언했다.[17]

8월 6일 이란과의 접경 지역인 님로즈(Nimroz Province)의 행정수도인 자란즈(Zaranj)가 탈레반 저항 세력에 의해 점령되었다. 인구 16만 명의 자란즈는 이란과의 밀무역이 성행했던 도시로서, 이란으로 아편·헤로인을 수출하고 이란에서 원유를 수입하는 창구로 번성했다. 지역 경찰과 군 병력은 기본적으로 마약 조직 및 밀수 조직과 결탁하고 있었으며, 8월 초 탈레반 저항 세력이 도시 외곽에서 공격을 시작하자 바로 투항 및 전향 협상이 시작되었다. 보안군 병력을 장악한 군벌 세력은 바로 탈레반에 가담하면서, 자란즈는 교전 없이 함락되었다.[18] 2001년 이후 20년 동안 미국과 아프가니스탄 정부는 탈레반 저항 세력과의 전쟁에서 34개의 지방 행정수도 전체를 유지했지만, 2021년 8월 6일 처음으로 지방 행정수도가 함락되었다. 이후 바로 도미노가 시작되었다.

탈레반이 자란즈를 함락시켰다는 소식은 아프가니스탄 전역에 매우 빠르게 퍼져나갔고, 많은 지역에서 군벌 및 마약 조직들이 탈레반 저항 세력과 결탁하기 시작했다. 2001년 미국과 연계하여 탈레반 정권을 무너뜨렸고 이후 아프가니스탄 정부의 핵심을 구성했던 북부동맹의 일부는 탈레반 저항 세력과 결탁했고, 8월 11일 북부동맹의 근거지였던 바다흐샨(Badakhshan Province)과 쿤두즈 공항(Kunduz airport)이 교전 없이 함락되었다. 8월 12일 아프가니스탄 서부와 남부의 핵심도시인 헤라트와 칸다하르가 함락되었지만, 이 경우에 두 도시 모두에서 아프가니스탄 보안군은 끝까지 저항했다. 이제 바이든 대통령은 자신의 고집을 꺾고 병력 재전개를 승인했다. 8월 13일 미군 3000명이 카불 공항에 진입했지만, 상황을 반전시키지 못했다. 8월 6일 이후 9일 동안 15개의 지방 행정수도가 함락되었으며, 이제 수도 카불 하나만 겨우 유지되고 있었다. 미국이 할 수 있는 일은 사실상 없었다.

그럼에도 불구하고, 가니 대통령 자신은 매우 침착했다. 아프가니스탄 보안군이 보급 부족으로 30만 명 수준에서 5만 명 규모로 붕괴하고 탈레반이 지방 행정수도를 함락시키는 와중에서도, 가니 대통령 자신은 현실을 부정하는 수준으로 차분하게 행동했다. 8월 초 가니 대통령은 디지털 경제에 관심을 표명했고, 향후 6개월 정도는 버틸 것이라고 보았던 미국 또한 대통령을 비롯한 많은 백악관 및 고위 공직자들은 여름휴가를 떠나 있었다. 8월 14일 블링컨 국무 장관은 가니 대통령과 통화하여 하야를 촉구하고 이에 기초하여 탈레반 저항 세력과 협상한다는 기본 계획을 수립했다. 하지만 다음 날인 8월 15일 가니 대통령이 카불에서 탈출했다. 점심 무렵 탈레반 병력이 대통령궁을 접수했다는 소문이 퍼졌고, 이에 놀란 대통령 일행은 개인 물품도 챙기지 못한 채 바로 공항을 통해 탈출했다. 부통령과 국회의장도 대통령 일행의 탈출을 알지 못했고, 카불 주재 미국 대사관 또한 상황을 파악하지 못했다. 이후 국방 장관과 정보기관장 등이 모두 개별적으로 카불에서 탈출하면서, 아프가니스탄 정부는 붕괴했다.[19] 이것으로 미국은 패전했다.

3. 미국의 패배와 카불에서의 민간인 소개

이제 패전 처리만 남았다. 미국 중부군 사령관 매켄지(Frank McKenzie)는 도하에서 탈레반 정치 협상팀과 만나, 미군 병력이 8월 31일까지 카불 공항만을 장악하는 데 합의했다. 탈레반 세력은 미군에 카불 전체를 통제할 것을 제안했지만, 미군은 카불 장악을 포기하고 대신 탈레반 병력이 카불을 장악하고 미군은 공항 지역만을 통제한다는 입장을 고수했다. 이에 기초하여 탈레반 저항 세력은 카불 시내에 진입했고, 아프가니스탄 보안군 병력은 이에 저항하지 않았다.

이후 미국은 카불 지역에 집중되어 있는 미국인들과 기타 외국인 그리고 지난 20년 동안 미국 및 NATO 병력과 아프가니스탄 정부를 위해 협력했던 아프가니스탄 인원들을 소개하는 데 집중했다. 소개된 민간인들은 8만 명에 달했는데 이들은 주로 카불 주재 외국 대사관 직원들과 통역으로 활동했던 아프가니스탄 민간인들 및 아프가니스탄 인

그림 19-3 **카불에서 소개되는 민간인 (2021년 8월 15일)**

자료: Wikipedia, https://en.wikipedia.org/wiki/Fall_of_Kabul_(2021)#/media/File:C-17_carrying_passengers_out_of_Afghanistan.jpg (검색일: 2021년 9월 2일).

권운동가들과 언론인들이었다. 이 가운데 6000명은 미국 국적자로 주로 미국과 아프가니스탄 이중 국적자들이었다. 하지만 미국 국적자 수백 명과 미국 영주권자 수천 명이 카불에서 탈출하지 못했고, 일부는 자발적으로 아프가니스탄에 잔류했다.[20]

바이든 대통령은 여러 번의 기자회견을 통해 아프가니스탄 철군 결정을 정당화했으며, 카불에서의 민간인 소개 작전을 대성공이라고 평가했다. 동시에 카불 함락 등의 사태 전개는 전혀 예상하지 못했으며, 미국 병력은 아프가니스탄 전쟁에서 더 이상의 역할이 없다고 주장했다. 아프가니스탄 전쟁은 아프가니스탄 국민들이 자신들의 목숨을 걸고 싸워야 하는 전쟁이며, 아프가니스탄 국민들이 싸우지 않는 상황에서 미국 군인이 대신 전쟁을 수행하는 것은 용납할 수 없다고 역설했다. 하지만 아프가니스탄

그림 19-4 **카불 공항에서 마지막으로 수송기에 탑승하는 장군(2021년 8월 30일)**

자료: Wikipedia. https://en.wikipedia.org/wiki/Withdrawal_of_United_States_troops_from_Afghanistan_(2020%E2%80%932021)#/media/File:Last_American_Soldier_leaves_Afghanistan.jpg (검색일: 2021년 9월 4일).

육군 중장인 사다트(Sami Sadat)는 아프가니스탄 보안군의 붕괴는 미국이 철군하면서 벌어진 결과라고 반박했다. 8월 25일 ≪뉴욕타임스≫ 기고에서 사다트 장군은 지난 20년 동안의 전쟁에서 6만 6000명의 아프가니스탄 군인과 경찰이 희생되었고, 따라서 "아프가니스탄 국민들이 목숨을 걸지 않는다"라는 주장은 사실과 다르다고 지적했다. 또한 2021년 7월 미국의 보급 및 기술 지원이 중단되면서, 아프가니스탄 보안군이 매우 빠른 속도로 붕괴되었다고 주장했다.[21]

미국 대사관 인력 및 최후의 미군 병력은 8월 30일 밤까지 카불 공항에서 소개 작전을 수행했다. 8월 30일 밤 11시 30분, 도나휴(Christopher Donahue) 장군을 마지막으로 모든 미군 병력이 아프가니스탄에서 완전히 철수했다.

결론

아프가니스탄 전쟁의 패배 원인과 향후 전망

　　미국은 아프가니스탄 전쟁에서 패배했다. 2001년 10월 침공 당시 부시 행정부는 아프가니스탄에서 테러조직을 제거하고 아프가니스탄을 재건하여 어떠한 테러리스트도 아프가니스탄을 기지로 사용하지 못하도록 하는 것을 목표로 설정했다. 오바마 행정부는 2009년 말에서 2011년 여름까지 아프가니스탄 재건에 많은 예산과 병력을 투입했지만, 2011년 하반기 이후 사실상 아프가니스탄 재건이라는 목표는 포기했다. 트럼프 행정부는 탈레반 저항 세력과의 평화조약을 체결하여 아프가니스탄 전쟁을 종결시킨다고 하면서, 테러조직과의 연계를 단절할 것을 요구했다. 바이든 행정부는 탈레반 저항 세력이 평화협정을 준수하지 않는 상황에서, 미군 병력의 철수를 강행했다. 그 결과 2021년 8월 카불이 함락되고, 아프가니스탄 정부가 소멸했다. 미국은 아프가니스탄 전쟁에서 목표로 규정했던 어떤 사항도 달성하지 못했고, 따라서 패배했다.

　　여기서 다음 두 가지 질문이 등장한다. 첫째, 미국이 아프가니스탄 전쟁에서 패배했던 이유는 무엇인가? 우선 미국은 아프가니스탄 전쟁을 어떻게 수행할 것인가에 대한 전략이 없었고, 특히 부정부패와 마약 문제를 어떻게 해결할 것인가에 대한 기본적인 구상이 없었다. 또한 미국은 그나마 가지고 있었던 부실한 전략을 집행하는 데 매우 비효율적이었다. 아프가니스탄 보안군의 훈련에서 미국은 실적 및 보고 위주로 행동하면서, 실질적인 성과는 이룩하지 못했다. 최후의 순간에 가장 결정적으로 작용했던 사항은 바이든 대통령의 철군 결정이었다. 바이든은 미군 병력의 전면 철군을 고집했고, 그 결과 아프가니스탄 보안군은 무너지기 시작했다.

둘째, 아프가니스탄 전쟁에서 미국이 패배한 이후, 상황은 어떻게 전개될 것인가? 우선 아프가니스탄은 안정을 찾을 수 있을 것인가? 그리고 미국과 중국의 경쟁으로 대표되는 강대국 경쟁은 향후 어떻게 전개될 것인가? 이 두 가지 사항에 대해 현재 시점에서 낙관적인 전망을 하는 것은 쉽지 않다. 아프가니스탄이 안정화될 가능성은 낮으며, 내부 혼란이 지속될 가능성이 높다. 이제 아프가니스탄 전쟁을 패배로 정리한 바이든 행정부는 중국과의 경쟁을 최우선 순위로 두고 대외 정책을 추진할 것이다. 그러나 아프가니스탄 패전은 미국 대외 정책의 치명적인 트라우마로 작용할 것이며, 바이든 행정부의 대외 정책 융통성은 상당히 제약될 것이다.

1. 패배의 원인

미국은 압도적인 힘을 가지고 있었지만, 결국 아프가니스탄 전쟁에서 패배했다. 패배의 원인으로는 수없이 많은 요인들을 제시할 수 있겠지만, 일단 다음과 같은 세 가지 사안이 핵심적으로 작용했다. 첫째, 미국은 아프가니스탄 전쟁을 어떻게 수행할 것인가에 대한 뚜렷한 전략이 없었고, 이 전쟁에서 어떠한 목표를 어느 정도의 자원을 투입해서 추구할 것인가에 대한 우선순위를 설정하지 않았다. 따라서 미국은 아프가니스탄 전쟁에 필요한 자원을 투입하고 충분한 정치적 의지를 가지고 병력과 예산을 투입하고 기다리는 인내심을 발휘하지 못했다.

부시 행정부는 아프가니스탄 재건과 대반란전을 통해 테러조직이 아프가니스탄에서 자리 잡지 못하도록 한다는 목표를 설정했지만, 이에 필요한 자원을 투입하지 않았다. 오바마 행정부는 재건과 대반란전에 집중하면서 충분한 병력과 예산을 투입했지만, 2009년 말에서 2011년 여름까지의 18개월이라는 상대적으로 짧은 시한을 설정하면서 정치적 인내심에서 한계를 노출했다. 2011년 하반기 이후 오바마 행정부는 전략을 변경하여 아프가니스탄 재건 및 국가 건설을 포기하고 대테러 작전에 국한하여 전쟁을 수행했다. 트럼프 행정부는 전쟁 종식을 최우선 목표로 설정하고 탈레반 저항 세력과의 협상을 시작했으며, 평화협정을 체결하고 이후 아프가니스탄에서 병력을 철수하는 것에 집중했다. 바이든 행정부는 트럼프 행정부의 철군 입장을 승계하여, 탈레반 저항 세력이 평화협정을 준수하지 않는 상황에서도 철군을 강행했다.

또 다른 측면에서 미국은 전략적 한계를 노출했다. 미국은 아프가니스탄 정부의 부정부패와 이를 악화시켰던 아편과 마약 문제를 해결할 방안을 제시하는 데 실패했다. 미국의 역대 행정부는 아프가니스탄 정부를 통해 부정부패 문제를 해결하려고 했지만, 이러한 방식으로는 문제가 해결되지 않았다. 아프가니스탄 정부는 부정부패와 관련된 미국의 요구를 단순한 정치적 압박으로 받아들였고, 오히려 내정간섭이라고 강력하게 반발했다. 아편과 마약 문제는 아프가니스탄 정치에 파괴적인 영향을 미치는 독(毒)이었으며 탈레반 저항 세력의 자금원이었지만, 미국은 이 문제를 해결하는 전략을 마련하지 못했다. 2001년 이후 20년 동안 미국은 아프가니스탄의 부정부패와 마약 문제를 해결해야 한다는 당위성을 역설했지만, 이를 해결할 수 있는 해결책을 제시하는 데 실패했다. 그 결과 미국이 투입한 압도적인 자원은 허비되었고, 문제는 해결되지 않았으며, 최종적으로 전쟁에서 패배했다.

둘째, 미국은 부실한 전략과 정책을 집행하는 과정에서도 많은 문제를 보여주었다. 기본적으로 미국은 아프가니스탄 전쟁과 관련하여 명확한 우선순위와 뚜렷한 전략을 가지고 있지 못했지만, 그나마 추진했던 전략과 정책은 그다지 효과적으로 집행되지 않았다. 다른 모든 관료 조직과 마찬가지로, 미국의 군사조직 또한 성과와 실적 그리고 상부에 대한 보고에 집중했다. 그 결과 보여주기식 행정과 설정된 지표를 달성하는 데 최적화하여 행동했고, 그 때문에 실질적인 진전은 없는 경우가 대부분이었다.

이와 같은 문제점이 가장 극단적으로 나타난 것은 아프가니스탄 보안군의 훈련 및 증강이었다. 미국은 2001년 이후 국가 건설의 핵심 사업으로 아프가니스탄 정부가 통제하는 군 및 경찰을 창설하고, 총 30만 명 이상의 아프가니스탄 보안군 병력을 훈련시키고 무기를 지급하고 유지하고 급여를 지불하는데 총 830억 달러를 지출했다. 하지만 실제 창설된 아프가니스탄 보안군 병력은 군사적으로 효율적이지 않았다. 훈련은 충실하게 진행되지 않았으며, 지급된 무기 또한 명확하게 추적할 수 없었다. 오직 중요한 것은 아프가니스탄 보안군에게 지급된 총기 및 훈련을 마친 병력의 총량이었으며, 이것은 상부에 보고하는 데 가장 중요한 사항이었다. 그 때문에 소부대 응집력(unit cohesion)을 창출하지 못하는 부실한 훈련 과정도 용납되었으며, 아프가니스탄 보안군에 지급된 총기 또한 무작위로 지급하면서 관련된 총기번호 등의 기록을 사실상 날조하는 상황이 발생했다. 유지 보급에 할당된 예산을 소진하기 위해 아프가니스탄 보안군이 요청하는 모든 연료와 윤활유는 100% 지급되었고, 파괴되어 손망 처리된 차량에도 유지 보수에 필요한 부품과 연료가 공급되었다.

동시에 미군 병력의 1년 단위 배치(tour)는 문제를 더욱 악화시켰다. 매년 8월 말과 9월 초 배치 병력이 전면적으로 교대했고, 이 과정에서 인수인계는 거의 이루어지지 않았다. 그 결과 모든 부대는 가을부터 완전히 새롭게 주둔 지역에 적응해야 했으며, 지역 주민들과의 관계를 제로 베이스에서 정립해야 했다. 그 결과 전략과 정책의 일관성은 심각하게 약화되었다. 매해 가을에 새롭게 시작하면서, 개별 미군 부대의 입장에서는 20년의 아프가니스탄 전쟁은 연속적인 전쟁이 아니었으며, 1년짜리 전쟁을 20번 반복하는 형국이었다. 이러한 상황에서 전략과 정책의 효율적인 집행을 기대하는 것은 사실상 불가능했다.

셋째, 미국이 패배하는 데 가장 직접적으로 작용한 사항은 바이든 대통령의 철군 결정이었다. 트럼프 행정부가 탈레반 저항 세력과의 평화협정을 체결했지만 탈레반 저항 세력은 평화협정에 규정된 아프가니스탄 정부와의 대화 의무 등을 성실하게 이행하지 않았고, 따라서 필요하다면 평화협정을 파기하고 미군 병력을 지속적으로 주둔시키는 것이 가능했다. 하지만 바이든 대통령은 트럼프 행정부의 평화협정을 승계하여 철군을 단행했다. 미군 병력이 철수하면서 아프가니스탄 보안군에 대한 지원 및 보급은 심각한 문제에 직면했으며, 군벌 세력들은 자신들의 생존을 위해 탈레반 저항 세력으로 전향하거나 타협했다. 그 결과 아프가니스탄 정부가 무너졌다.

바이든 대통령 자신은 "아프가니스탄에 무한정 주둔할 수 없다"라고 주장하면서 철군을 강행했다. 문제는 바이든 대통령이 바로 자신이 2009년 시점에서 제시했던 대테러전 전략을 배제했다는 사실이며, 대규모 병력과 자원을 투입하는 국가 건설 및 대반란전 방식 이외의 다른 전략을 논의하지 않았다는 사실이다. 2021년 시점에서도 소규모 병력이 아프가니스탄에 지속적으로 주둔하면서, 무인기와 폭격 그리고 특수부대 공격으로 탈레반 저항 세력과 알카에다 테러조직을 소모시키는 것이 가능했다. 미군 병력이 소규모라도 유지되었다면, 아프가니스탄 보안군의 붕괴 및 군벌 세력의 전향을 막는 효과적인 제동장치로 작동했을 것이다. 하지만 바이든 대통령은 철군을 지시했다. 국방부와 국무부에서는 소규모 병력의 주둔 필요성을 제기했고 철군이 가져올 많은 위험성을 경고했지만, 바이든은 전면 철군을 고집했다.

2. 향후 전망

미국이 모든 병력을 철군시키면서 아프가니스탄 전쟁은 미국의 패배로 종결되었다. 하지만 이것이 아프가니스탄에서 평화와 안정을 가져오지는 않을 것이다. 오히려 혼란과 유혈 사태가 유발될 가능성이 크며, 이에 따라 아프가니스탄 주민들의 고통은 더욱 증가할 것이다. 1992년 아프가니스탄 공산 정권이 붕괴하고 무자헤딘 정권이 수립되었으나, 아프가니스탄은 안정되지 못했고 내전이 발생했다. 1996년 탈레반 정권이 수립되었지만, 아프가니스탄 내전은 종식되지 않았다. 2021년 미국이 지지했던 아프가니스탄 정부가 소멸하고 탈레반 정권이 다시 복귀했지만, 탈레반 정권이 아프가니스탄에 평화와 안정을 가져올 가능성은 크지 않다.

다음과 같은 사항들이 아프가니스탄이 안정화되지 않을 것이라는 비관적인 전망과 연결된다. 현재의 탈레반 정권은 많은 세력의 연합 세력이며, 그 핵심은 이슬람 근본주의 세력과 마약·헤로인 카르텔 및 새롭게 전향한 군벌 세력이다. 이와 같은 세력 연합은 영속적으로 유지되기 쉽지 않으며, 각 세력이 서로 추구하는 목표 또한 큰 차이를 보인다. 헤로인 카르텔은 마약을 통해 경제적 이익을 추구하면서 양귀비 재배 지역에 대한 관할권을 확대하고 국경 지대를 통제하면서 마약 밀매를 장악하려고 할 것이다. 반면 탈레반은 국가 전체에 대한 자신들의 장악력을 극대화하면서 마약 조직과 대립할 것이다. 군벌 세력은 자신들의 기득권 수호를 위해 마약 조직과 연계하여 탈레반 정권과 대립할 가능성이 매우 높다.

　　특히 탈레반 정권의 기반인 이슬람 근본주의와 그 퇴행성은 탈레반 세력 내부에서 상당한 균열 요인으로 작용할 수 있다. 탈레반 지휘부는 카타르 등에서 외부 세계와 밀접하게 접촉했으며, 가니 대통령의 피신으로 아프가니스탄 정부가 붕괴한 이후 미국 중부군 사령부와의 협상을 통해 카불을 접수하는 등의 조치를 취했다. 하지만 이슬람 근본주의에 사로잡힌 탈레반 일반 병력은 파키스탄 등지에서 유입되었으며, 따라서 외부 세계와의 접촉이 매우 제한되어 있으며 동시에 여성 및 소수자에 대한 억압적인 태도를 견지하고 있다. 그 때문에 탈레반 지휘부와 일반 병력 사이에 상당한 간극이 존재하며, 이것은 탈레반 세력의 응집력을 약화시키는 잠재적인 갈등 요인으로 작용할 것이다.

　　이러한 측면에서 아프가니스탄이 안정될 가능성은 희박하며, 오히려 소말리아와 같은 형태로 내부 상황이 악화될 가능성이 높다. 현재 동아프리카와 아덴만 해역에서 창궐하는 해적 세력이 소말리아에 본거지를 두고 있듯이, 아프가니스탄 또한 마약 조직이 창궐하면서 이슬람 근본주의 무장 세력이 산재한 지역으로 변질될 것이다. 이 과정에서 인도적 재앙 수준의 비극이 초래될 수 있지만, 미국을 비롯한 어떤 국가도 적극적으로 개입하지 않을 것이다. 현재의 소말리아가 완전히 버림받았고 수에즈 운하와 홍해에서 인도양으로 나오는 출구에 위치했다는 지정학적 특성 자체가 완전히 무시되었듯이, 아프가니스탄 또한 중앙아시아 내륙에 차단된 채로 그대로 잊힐 수 있다.

아프가니스탄은 최악의 실패국가로 전락하면서 과거와 같이 알카에다 등 테러조직이 자리를 잡을 수 있지만, 9·11 테러와 같은 대규모 공격을 감행하지는 못할 것이다. 미국은 아프가니스탄 전쟁에서 패배했지만, 테러 조직의 미국 본토에 대한 공격을 용납하지 않을 것이다. 미국은 본토에 대한 테러 공격을 예방하는데 집중할 것이며, 만약 테러가 발생한다면 매우 가혹하게 사후 응징할 것이다. 간헐적으로 폭격을 감행하고 특수작전 및 무인기 공격으로 테러리스트를 제거하려고 하겠지만, 이것 이상으로 미국이 아프가니스탄 문제에 직접적으로 개입하지는 않을 것이다.

그렇다면 아프가니스탄 패전은 현재 진행되고 있는 강대국 경쟁에 어떠한 영향을 미칠 것인가? 1988~1989년 소련의 아프가니스탄 철군과 2021년 미국의 아프가니스탄 철군은 매우 비슷한 그림을 연출했다. 1989년 2월 소련군 지휘관은 철수 대열의 마지막에서 '아프가니스탄을 떠나는 최후의 소련 병사'를 보여주었고, 2021년 8월 미군 지휘관은 카불 공항에서 마지막으로 수송기에 탑승하면서 '아프가니스탄을 떠나는 최후의 미국 군인'으로 자신을 과시했다. 아프가니스탄 철군 후 3년이 지나지 않아 소련은 붕괴하고 냉전은 종식되었으며, 그 결과 미국 중심의 일극 체제가 등장했다.

하지만 현재 시점에서 미국이 붕괴할 가능성은 없으며, 중국 중심의 일극 체제가 나타나지도 않을 것이다. 과거 냉전 경쟁에 비하면 현재의 미국과 중국의 대립은 상당히 낮은 수준이며, 통제 가능한 정도이다. 1980년대 미국은 소련군에 대항해서 싸우는 아프가니스탄 무자헤딘 세력에게 무기와 식량 그리고 자금을 지원했지만, 2001년 이후 20년 동안 중국은 탈레반 저항 세력에게 실질적인 지원을 제공하지 않았다.[1] 그럼에도 미국은 패배했다.

2000년 시점에서 부시 행정부가 '전략적 경쟁자'라고 규정했던 중국은 약 20년 동안 매우 빠르게 부상했고, 2021년 현재 시점에서 미국에 버금가는 강대국으로 성장했다. 9·11 테러가 발생했던 2001년 미국 중심의 일극 체제는 이제 미국과 중국 중심의 양극 체제로 변화했다. 이러한 측면에서, 미국의 아프가니스탄 전쟁은 중국의 부상과 양극 체제로의 전환을 허용했던 사건으로 기록될 것이다. 미국을 파멸시키지는 못했지만 미국과 미국의 국제적 지위를 심각하게 약화시켰다는 측면에서, 빈라덴이 그리고 알카에다와 탈레반이 자신들의 정치적 목표를 달성했던 – 따라서 승리했던 – 전쟁으로 평가될 것이다.

중국은 미국의 아프가니스탄 패전을 '동맹국에 대한 미국의 지원 의지 약화'로 포장하면서, "다음 차례는 대만이다"라고 주장하고 있다. 2021년 봄 철군하면서 바로 아프가니스탄 정부가 붕괴했기 때문에, 미국은 '철군'이라는 정책적 선택에 대해 강력한 트라우마를 가지게 될 것이다. 이 때문에 미국은 오히려 동맹국에 대한 안전 보장 의지를 더욱 강력하게 천명하고 있으며, 그 결과 미국과 중국의 경쟁 자체는 가속화될 가능성이 커졌다.

세계 전체의 불안정성을 증가시킨다는 측면에서도, 이슬람 근본주의자 빈라덴과 알카에다가 승리하고 미국이 패배했다. 2001년 미국은 안정적인 일극 체제를 유지하면서 경쟁 강대국의 부상을 통제하는 것이 최선의 전략이었으나, 지난 20년 동안의 아프가니스탄 전쟁은 부시 행정부와 오바마 행정부 그리고 트럼프 행정부와 바이든 행정부에 경쟁 강대국 중국의 부상을 허용하게 했다. 부시 행정부는 이 부분을 망각했고, 오바마 행정부는 중국의 부상이 가져오는 위험성을 인식했지만 적절하게 행동하지 않았다. 트럼프 행정부는 그 위험성을 공개적으로 거론하면서 경제적 차원에서 중국을 견제하려고 했고, 바이든 행정부는 이와 같은 트럼프 행정부의 입장을 계승하여 중국과의 경쟁에 집중하겠다고 주장했지만 아프가니스탄 전쟁에서 치명적인 실책을 범했다.

트로츠키는 레닌의 후계자로 간주되었으며 소련군의 실질적인 창시자였으나, 스탈린과의 권력투쟁에서 패배하여 망명했고 결국 암살되었다. 뛰어난 통찰력을 가졌던 트로츠키의 많은 명언 가운데 하나는 다음과 같다. "당신이 전쟁에 관심이 없을지라도, 전쟁은 당신에게 관심이 있다." 그렇다, 지난 20년 동안 미국은 그리고 미국의 역대 행정부는 강대국 경쟁에 집중하지 않고 아프가니스탄 전쟁을 수행했다. 하지만 미국이 관심이 없을지라도, 강대국 경쟁은 미국에 관심이 있다. 이제 미국은 강대국 경쟁에 본격적으로 관심을 기울이면서 중국이라는 경쟁 강대국과의 집중하고 있다. 하지만 지난 20년 동안의 아프가니스탄 전쟁과 최후의 패배는 미국이 중국과의 강대국 경쟁을 수행하는 과정에서 여러 가지 영향을 끼칠 것이다. 이것이 2021년 현재 시점에서 그리고 그 이후의 시기에서도, 우리가 아프가니스탄 전쟁에 관심을 가져야 하는 이유이다.

주석

서론

1 왓슨 연구소 프로젝트에 대해서는 다음에서 찾을 수 있다. https://watson.brown. edu/costsofwar/ (검색일: 2021년 6월 14일).

2 Condoleezza Rice, "Promoting the National Interest," *Foreign Affairs*, Vol.79, No.1 (January/February 2000), pp.45~62. 해당 인용 부분은 p.59에 있다.

3 선거인단에서 민주당의 고어(Al Gore) 후보가 250표를, 공화당의 부시 후보는 246표를 확보한 상황에서 25표를 가진 플로리다에서 양측의 득표가 너무나 비등했기 때문에, 재검표(recount)를 시작했다. 최종 결과는 537표 차이로 부시가 승리했으나, 이 과정에서 양 후보 진영은 플로리다 법원 및 미국 연방 대법원 등에 소송을 제기했으며, 재검표의 합법성을 두고 많은 정치적 논란이 벌어졌다. 또한 플로리다에서 사용했던 투표용지 자체가 문제가 있었기 때문에, 상당 숫자의 유권자들이 혼동했을 가능성도 제기되었다.

4 평균 고도 등의 수치는 *The CIA World Factbook*에서 인용했다. 참고로 북한의 평균 고도는 600m로, 산지가 많은 지형 때문에 한국에 비해 2배 이상 높다.

5 Meghann Myers, "Afghanistan War Cost more than $2T and 240,000 Lives, Report Finds," *The Military Times*, April 16, 2021.

6 해당 순위는 다음에서 찾을 수 있다. https://fragilestatesindex.org/global-data/ (검색일: 2021년 6월 15일)

제1장

1 흔히 이야기되는 황하 문명, 이집트 문명, 인더스 문명, 메소포타미아 문명 등 '세계 4대 문명' 주장은 20세기 초 중국의 지식인 량치차오[梁啓超]가 처음 제시한 개념으로, 서양의 연구에서는 거의 수용되지 않는 개념이다. 이러한 '4대 문명' 가운데 인더스 문명은 다른 문명에 비해 지리적으로 더욱 넓은 범위를 포괄했고, 현재의 아프가니스탄까지 확산되었다.

2 알렉산더의 헬레니즘 제국은 50년 정도의 내전 끝에 현재의 터키를 차지한 안티고노스 왕조, 이란과 이라크 및 아프가니스탄을 차지한 셀레우코스 왕조, 이집트에 자리 잡은 프톨레마이오스 왕조 등 3개로 나누어진다.

3 칙령비는 사암으로 만들어졌으며, 건물 외벽에 세워져 있던 것으로 추정된다. 1963년 유럽 발굴팀이 칸다하르 시장에서 구입하여 카불 박물관에 기증했지만, 1992~1994년 내전 중에 망실되었다. 그리스어로 작성된 비문에 비추어볼 때, 알렉산더 원정 후 칸다하르 지역에 정착한 그리스계 세력이 상당했다는 사실과 그들에게 인도·불교 세력이 포교를 위해 노력했음을 알 수 있다.

4 파니파트는 델리 북부의 요충지로 1526년에 제1차 전투, 1556년에 제2차 전투, 1761년에 제3차 전투가 치러지면서, 이후 인도의 정치적 운명이 결정된 도시이다. 따라서 1526년의 바부르의 전투는 제1차 파니파트 전투로 지칭되며, 제2차 전투와 제3차 전투 또한 아프가니스탄 군사 세력과 인도 군사 세력의 대결이었다.

5 칭기즈칸 이후 몽골 제국이 분열되면서, 광대한 정복 영토는 킵차크한국을 비롯하여 일한국(Il汗國), 차가타이한국(chaghatai汗國), 오고타이한국(Ogotai汗國) 등 4대 한국으로 분할되었고, 몽골 본토 및 중국 북부의 점령지는 쿠빌라이 중심의 세력이 통제하면서 후일 원(元)나라로 변화했다. 이 가운데 명목상의 우월권은 원나라가 가지고 있었으나, 실질적으로 우월권은 인정되지 않았으며 서로 적대적으로 행동했다. 서방 국가들은 킵차크한국이라는 표현 대신 몽골이 사용했던 황금장막을 상징적으로 지칭하는 금장한국(金帳汗國, the Golden Horde)이라는 표현을 더욱 많이 사용한다.

6 동인도회사는 단순한 무역회사가 아니라 영국의 인도 식민 통치를 가능하게 했던 조직으로 단순한 무역을 넘어 정치·군사·행정 기능까지 매우 성공적으로 수행했다. 기본적으로 상업 기관이기 때문에 정치적·군사적 업무를 담당하기에는 많은 한계가 있었고, 영국이 인도를 식민지로 통치하면서 그 한계는 더욱 악화되었다. 1858년, 영국 의회는 동인도회사를 청산하고 동인도회사가 인도에 가지고 있었던 모든 권한과 영토를 영국 정부에 귀속했다.

7 해당 전투에서 동인도회사 병력은 3500명이었고 벵골군은 6만 명에 가까웠다. 하지만 동인도회사는 벵골군 지휘관을 포섭했고 전투 중에 벵골군 주요 지휘관이 전사하자 포섭된 지휘관이 바로 배신하면서, 전투에서 동인도회사가 승리했다. 이것을 시작으로 영국·동인도회사는 인도 전체에서 경쟁 상대인 유럽 국가들의 영향력을 제거했고, 결국 인도 전체를 식민지로 장악하게 된다.

8 해당 조약은 아프가니스탄 세력이 유럽 국가들과 처음으로 체결한 조약·합의였으며, 해당 합의를 위해 영국 외교사절이 최초로 아프가니스탄에 입국했다. 당시 나폴레옹이 아프가니스탄을 침공한다는 루머가 팽배하면서 영국이 아프가니스탄에 접촉했으며, 아

프가니스탄 국왕(Shujah Durrani)은 권력 강화를 위해 영국과의 타협 및 지원 확보를 시도했다.

9 병력 규모는 순수 전투원만 계산한 것이며, 실제로는 가족 및 상인 등 상당 숫자의 민간 인원이 같이 행동했다. 예를 들어 9500명의 병력은 인도 동부의 벵골 지방에서 해상으로 이동하여 인더스강 하구에 상륙하여 아프가니스탄으로 진격했고, 여기에 3만 8000명의 민간인이 수반되었다. 이 규모의 인원들이 이동하는 데 3만 마리 이상의 낙타가 동원되었다. 5500명의 전투 병력으로 구성된 다른 부대 또한 이와 비슷한 숫자의 인원이 같이 이동했을 것이다.

10 James M. Perry, *Arrogant Armies: Great Military Disasters and the Generals Behind Them*(New York: John Wiley and Sons, 1996), pp.117~121.

11 Jules Stewart, *Crimson Snow: Britain's First Disaster in Afghanistan*(Chalford: Sutton Publishing, 2008), pp.67~68.

12 Richard Macrory, *The First Afghan War, 1839-42: Invasion, Catastrophe and Retreat*(Oxford: Osprey Publishing, 2016), p.56. 후일 사태가 악화되면서 해당 보고서를 작성했던 영국 외교관은 1841년 12월 카불 철군 직전에 피살되었다.

13 살해된 외교관인 맥너턴(William Hay Macnaughton)은 영국 정부가 통제하는 동인도 회사 소속으로 영국 외교관으로 활동했으며, 특히 러시아의 위협을 강조하여 영국의 아프가니스탄 침공을 관철했다. 침공 직후인 1840년에 준남작(baronet)의 작위를 받았으나, 더 높은 작위를 받은 영국군 지휘관들과의 불화로 많은 문제를 야기했다. 또한 하급 외교관들과의 갈등도 심각했다. 그는 영국의 영향력을 유지하기 위해 두라니 세력이 명목상이지만 왕위를 계승하고, 바라크자이 세력은 국왕 아래에서 실권을 잡는 구상을 철군 이후에도 독자적으로 추진했다. 이에 왕위 자체를 노리는 도스트 세력은 '음모'를 꾸미는 영국 외교관을 살해했다.

14 도스트 군 지휘관이 안전을 약속하면서 영국 민간인 생존자들은 1월 9일 아프가니스탄 진영에 투항했다. 유럽인들은 일단 인질로 억류되었고 9개월 후 영국 측에 인도되었지만, 인도·아프가니스탄 출신 병력 및 민간인들은 전원 처형되었다.

15 최후의 전투에서 장교 1명과 부사관 1명, 사병 7명을 제외한 영국군 병력 전체는 전사했다. William Dalrymple, *Return of a King: The Battle for Afghanistan, 1839-42*(New York: Random House, 2013), p.385.

16 해당 인물은 군의관으로 말을 타고 있었으며, 덕분에 생존했다. 하지만 극소수의 인도 출신 세포이 병력은 이후 잘랄라바드의 영국군 진영으로 복귀했으며, 이후에도 일부 영국군 포로는 1842년, 영국의 보복 원정 후 송환되었다. 하지만 많은 영국군 포로는 아프가니스탄에서 이질 등으로 사망했으며, 영국군 사령관으로 협상 과정에서 억류되었던

인물(William Elphinstone) 또한 1842년 4월 이질로 사망했고 그의 유해는 잘랄라바드에 전달되었다.

17 *The Economist*, "The First Anglo-Afghan War: Lessons Unlearned"(January 26, 2013).

18 일부 잘랄라바드 주둔 영국군은 주변 지역을 약탈하여 식량을 확보했고, 덕분에 지원군이 도착한 1842년 4월까지 식량 부족에 처하지 않았다. 칸다하르 주둔 병력은 도스트 병력을 격퇴했고 이 과정에서 인근 지역을 확실하게 장악하고 인도에서 북상하는 영국군 보급 부대와 1842년 2월에 이미 접촉했다.

19 영국군 장교 35명과 사병 51명 그리고 12명의 부인과 22명의 어린이 등 영국군 장교들의 가족이 석방되었다. 하지만 많은 영국군 포로 및 가족들은 귀환하지 못했으며, 대부분 추위에 사망하거나 노예로 팔렸다. 일부 여성들은 강제로 결혼하여 아프가니스탄에서 '정착'했으며, 영국군 장교들의 자녀들도 아프가니스탄 주민들에게 강제로 '입양'되었다. 동시에 2000명 정도의 인도 출신 병사들 또한 구출되었으나, 이 가운데 일부는 아프가니스탄에 잔류하기를 희망하여 인도로 귀환하지 않았다. Dalrymple, *Return of a King: The Battle for Afghanistan, 1839-42*, pp.387~388, pp.462~463.

20 Macrory, *The First Afghan War, 1839-42: Invasion, Catastrophe and Retreat*, p.88.

제2장

1 외교사에서 영국-러시아 협상(Anglo-Russian Entente)이라고 불리는 이 합의는 제1차 세계대전의 기본 구도였던 독일-오스트리아·헝가리-터키 등의 3국 동맹에 대응하는 영국-프랑스-러시아의 3국 협상의 최종 단계였으며, 이미 영국과 프랑스는 1904년, 북아프리카 문제에서 합의했다.

2 미국은 1954년 5월 파키스탄과 상호방위조약을 체결했으며 군사원조를 제공하고 자문단 인력을 파견하여 파키스탄 장교단 훈련에 기여했다. 1958년, 미국은 파키스탄 공군 기지(Peshawar Air Station)를 임대해 소련에 대한 정찰 비행을 진행했다. 1960년 5월 소련 상공에서 격추되었던 U-2 정찰기는 파키스탄에서 이륙했으며, 미국 CIA는 1970년까지 해당 기지를 운영했다.

3 Aleksandr Fursenko and Timothy Naftali, *Khrushchev's Cold War: the Inside Story of an American Adversary*(New York: Norton, 2006), pp.80~82.

4 Bruce Riedel, *What We Won: America's Secret War in Afghanistan, 1979-89* (Washington, DC: Brookings Institution Press, 2014), pp.12~14.

5 동일한 성별에 따른 1970년 한국의 학생 숫자는 알 수 없다. 하지만 1971년 한국의 경

우, 여학생의 중등학교 진학률은 58.6%이고 남학생의 중등학교 진학률은 80.4%였다. 남성과 여성이 동일한 숫자로 출생하고 이후 사망률에서 차이가 없다고 가정할 때, 중학생 가운데 남성은 57.8%이고 여성은 42.2%로 계산된다. 해당 자료는 http://kosis. kr/index/index.do(검색일: 2020년 8월 27일)에서 인용했다.

6   Erika Knabe, "Afghan Women: Does Their Role Change?" in Louis Dupree and Linette Albert(eds.) *Afghanistan in the 1970s*(New York: Praeger, 1974), pp.144~166.

7   이전 국왕(Amanullah Khan)은 내전 초기인 1928년에 왕위를 포기했고 이후 내전이 종결된 이후에도 아프가니스탄으로 돌아오지 못하고, 유럽으로 망명하여 1960년에 스위스에서 사망했다.

8   Ralph Magnus, "The Constitution of 1964: A Decade of Political Experimentation," in Louis Dupree and Linette Albert(eds.) *Afghanistan in the 1970s*(New York: Praeger, 1974), pp.50~75.

9   Joshua Partlow, *A Kingdom of Their Own: The Family Karzai and the Afghan Disaster*(New York: Knopf, 2016), p.192.

10 쿠데타 병력은 다우드 칸과 그의 가족 17명을 살해했다. 시신은 공동묘지에 매장되었고 관련 기록은 삭제되었다. 하지만 매장을 담당했던 사람들이 그 장소를 기억했고 2008년 6월 아프가니스탄 정부는 해당 지역을 발굴하여 유해를 수습하여 2009년 3월 국장을 통해 정식으로 매장했다.

11 아프가니스탄 공산주의 세력의 역사 및 내부 갈등에 대해서는 다음 연구를 참고하시오. 이웅현, 『소련의 아프간 전쟁: 출병의 정책결정과정』(서울: 고려대학교 출판부, 2001), pp.43~57.

12 Gregory Feifer, *The Great Gamble: the Soviet War in Afghanistan*(New York: Harper Perennial, 2010), p.27; Vasiliy Mitrokhin, *The KGB in Afghanistan*, Cold War International History Project Working Paper # 40(July 2002), p.43.

13 Cold War International History Project(CWHIP), "Record of Meeting of A. N. Kosygin, A. A. Gromyko, D. F. Ustinov and B. N. Ponomarev with N. M. Taraki, March 20, 1979," *CWIHP Bulletin,* No.4(Fall 1994), pp.70~76.

14 Mitrokhin, *KGB in Afghanistan*, pp.36~37.

15 CWHIP, "Memorandum on Protocol No.149 of the Meeting of the Politburo(CC CPSU) on April 12, 1979," *CWIHP Bulletin,* No.3(Fall 1993), pp.67~69.

16 Rodric Braithwaite, *Afgantsy: the Russians in Afghanistan, 1979-1989*(Oxford: Oxford University Press, 2011), pp.53~54.

17 이란에서 시아파 근본주의 세력이 테헤란 주재 미국 대사관을 습격했던 1979년 2월 14일, 아프가니스탄 주재 미국 대사는 출근길에 납치되었고, 납치범들은 아프가니스탄 정부가 정치범과 투옥된 종교 지도자들을 석방할 것을 요구했다. 미국 정부는 협상할 것을 요청했으나 묵살되었고, 아프가니스탄 경찰 특공대가 납치범과 교전하는 중에 인질이었던 미국 대사가 사망했다.

18 Braithwaite, *Afgantsy*, pp.58~60.

19 브레즈네프는 KGB를 통해 소련군 특수부대가 타라키를 보호하라고 명령했으며, 지휘관은 타라키가 죽을 경우 부대원들은 소련으로 돌아올 필요가 없다는 말까지 했다. 하지만 최후의 순간에 KGB는 특수부대 파견을 잠정 보류했다. Braithwaite, *Afgantsy*, pp.62~63.

20 Feifer, *The Great Gamble*, pp.45~50. 이 과정에서 브레즈네프는 아민을 지칭하여 욕설을 퍼부었으며, 타라키가 살해된 것을 매우 모욕적으로 받아들였다.

21 Braithwaite, *Afgantsy*, p.82.

22 이웅현, 『소련의 아프간 전쟁』, p.179.

23 Feifer, *The Great Gamble*, pp.58~60.

24 CWHIP, "Personal Memorandum, Andropov to Brezhnev, n.d. [early December 1979]," *CWIHP Bulletin,* No.8/9(Winter 1996), p.159.

25 Gen. Alexander Lyakhovsky, *The Tragedy and Valor of the Afghani*(Moscow, 1995), pp.109~112. 해당 자료는 러시아어로 되어 있으나, 영문 번역은 다음에서 찾을 수 있다. https://nsarchive2.gwu.edu//dc.html?doc=5696257-Document-5-Soviet-Decisions-in-December-1979 (검색일: 2020년 4월 28일).

26 회의록 서명자는 위 사진을 기준으로 왼쪽 위에서 안드로포프, 우스티노프, 그로미코, 펠세, 수슬로프, 그리신, 키릴렌코, 체르넨코, 티코호노프 등이다. 그리고 12월 25일에 누군지 알 수 없는 인물이 추인하면서 서명했고, 12월 26일 다른 한 명과 슈체르비츠키가 추가 서명했다.

27 Braithwaite, *Afgantsy*, pp.83~88.

28 Braithwaite, *Afgantsy*, pp.91~94.

29 Feifer, *The Great Gamble*, pp.70~71. 본래 독약은 6시간 후 효력이 나타나야 했지만, 즉시 효력이 나타나면서 점심시간에 아민이 쓰러졌고 소련 대사관 의료진이 아민을 회복시켰다.

30 Braithwaite, *Afgantsy*, pp.100~102.

제3장

1   Feifer, *The Great Gamble*, p.82; Braithwaite, *Afgantsy*, p.123.

2   Partlow, *A Kingdom of Their Own*, p.347. 이렇게 지붕에서 "신은 위대하다"라는 구호를 외치는 것은 이슬람 문화에서는 매우 흔히 사용되는 시위의 방법이다.

3   Mitrokhin, *The KGB in Afghanistan*, pp.113~115.

4   Braithwaite, *Afgantsy*, p.75.

5   아프가니스탄 공산당의 분열은 기본적으로 북부와 서부에 거주하는 다리어 사용 부족(Dari-Speaking Population)과 남부와 동부의 파슈툰어 사용 부족(Pashuto-Speaking Population)의 구분에 기반하고 있으며, 이 구도는 현재까지도 아프가니스탄 내부 대립에 그대로 드러난다.

6   아프가니스탄 공산당 주요 파벌의 지도자였던 카말은 타라키·아민과 경쟁했고, 그 때문에 공산주의 정권이 등장하면서 체코슬로바키아 대사로 임명되는 형태로 아프가니스탄에서 사실상 추방되었다. 카말은 1978년 7월 프라하에 부임했으나 9월 초 대사 직위에서 해임되고 본국으로 소환 명령을 받았지만, 체코슬로바키아 정부에 망명을 신청했다. 이에 타라키·아민 정권은 카말을 암살하려고 시도했으며, 체코슬로바키아 정부는 소련과 상의한 후 카말과 그의 가족 전체를 보호했다.

7   Artemy Kalinovsky, *The Blind Leading the Blind: Soviet Advisors, Counter-Insurgency and Nation-Building in Afghanistan*, Cold War International History Project Working Paper # 60(January 2010), p.14.

8   이슬람 근본주의 세력의 지도급 인사들은 이집트의 알아즈하르 대학교(Al-Azhar University)에 유학했던 이슬람 신학자들이었으며, 카불 대학교에서 아프가니스탄 엘리트 학생들에게 이슬람 근본주의를 전파했다. 1972년에 독립된 정당조직(Jamiat-e Islami)을 구성했고, 소련과의 전쟁 시기에 이슬람 근본주의 세력이 무장 항쟁을 주도했으며 2021년 현재 시점에서도 아프가니스탄 정치의 주요 정당으로 활동하고 있다.

9   Amin Saikal, "Islamism, the Iranian Revolution, and the Soviet Invasion of Afghanistan," in Melvyn P. Leffler and Odd Arne Westad(eds.), *Cambridge History of the Cold War, Vol. III, Endings*(Cambridge: Cambridge University Press, 2010), pp.121~129.

10 Mitrokhin, *The KGB in Afghanistan*, p.126, pp.130~132.

11 Mitrokhin, *The KGB in Afghanistan*, p.116.

12 Feifer, *The Great Gamble*, p.105.

13 Mitrokhin, *The KGB in Afghanistan*, p.122. 아프가니스탄 정부는 3년의 군 복무를

의무화했으나 탈영 등으로 병력 손실이 증가하자, 제대 후 2년이 지나면 다시 4년 복무를 강제했다.

14 아프가니스탄 침공을 위해 소련은 1979년 12월 14일 40야전군을 창설했다. 소련군 편제에서 자동차 소총 사단은 미군·한국군의 기계화 보병으로, 보통 병력은 1만 2000명이며, 소련군 독립 자동차 소총 연대는 2200명 수준이다. 독립 부대 19개 가운데 독립 여단 3개와 독립 연대 6개의 9개 부대는 전투 부대였으며, 나머지 10개는 통신·보급·공병 등 지원 부대였다.

15 Braithwaite, *Afgantsy*, pp.122~123.

16 아프가니스탄 통치자들은 철도를 활용해 국내 경제를 발전시키는 일보다 철도를 통해서 외부 세력이 유입되는 것을 우려했다. 19세기 말 아프가니스탄 통치자(Abdur Rahman Khan)는 영국의 철도 부설을 '심장을 노리는 칼날'이라고 비난했다. 현재까지도 아프가니스탄에는 철도가 존재하지 않는다. 2020년 *The CIA World Factbook* 또한 아프가니스탄 철도 정보는 제공하지 않는다.

17 1955년, 아프가니스탄 왕국은 소련과 지원 협정을 체결하고 10년 동안 공사를 거쳐 1964년에 완공했다. 하지만 비용 및 공사 난관으로, 터널 자체는 매우 소규모로 건설되었다. 한국 도로교통법 규정에 따르면 도로에서 운행이 가능한 자동차의 규격은 "전장 13m, 전폭 2.5m, 전고 4m이내"로 되어 있으며, 따라서 한국에서 운용되는 모든 버스 및 트럭 차량의 폭은 2.5m 이하이다. 또한 도로교통법에 따르면 차로의 너비는 3m 이상으로 명시되어 있다.

18 David Campbell, *Soviet Paratrooper vs. Mujahideen Fighter, Afghanistan 1979-89*(Oxford: Osprey Publishing, 2017), p.16.

19 Braithwaite, *Afgantsy*, pp.173~175.

20 Feifer, *The Great Gamble*, p.181.

21 Campbell, *Soviet Paratrooper vs. Mujahideen Fighter*, pp.27~28.

22 Braithwaite, *Afgantsy*, pp.139~144.

23 Braithwaite, *Afgantsy*, p.133.

24 Braithwaite, *Afgantsy*, p.209.

25 Ali Ahmad Jalali and Lester W. Grau, *The Other Side of the Mountain: Mujahideen Tactics in the Soviet-Afghan War*(Quantico, VA: U. S. Marine Corps, 1999), pp.147~148; Braithwaite, *Afgantsy*, p.140.

26 Lester W. Grau, *The Bear Went Over the Mountain: Soviet Combat Tactics in Afghanistan*(Washington, DC: National Defense University Press, 1996), pp.136~139.

27 동시에 많은 숫자의 아프가니스탄 정부군 병력이 탈영하여 마수드 저항 세력에 가담했다. 1982년 여름, 소련군의 제6차 공격에서, 아프가니스탄 정부군 1000명이 전향했으며 소련군이 장악한 지역 및 방어진지 전체 그리고 중화기와 전차 등을 저항 세력이 노획했다.

28 타지크 출신으로 1953년에 판지시르에서 태어난 마수드는 카불에 위치한 프랑스계 고등학교(Lycée Esteqlal)를 거쳐 카불 공과대학교(Kabul Polytechnic University)를 졸업했고, 1970년대 중반부터 저항 세력의 핵심 역할을 했으며 유창한 프랑스어와 영어 독해력으로 서방 기자들과의 친분을 쌓았다.

29 소련 국방부는 외부에서 유입된 병력이 최소 3만 5000명에서 4만 명이라고 추산했고, KGB는 5만 명에서 5만 5000명이라고 보았다. Mitrokhin, *The KGB in Afghanistan*, p.121. 이집트와 요르단, 사우디아라비아 등은 무자헤딘에 '자원 입대'하는 것을 조건으로 자국 범죄자들을 '사면'하여 편도 항공기로 파키스탄으로 추방했다. Feifer, *The Great Gamble*, p.231.

30 Grau, *Bear Went Over the Mountain*, pp.51~52.

31 Campbell, *Soviet Paratrooper vs. Mujahideen Fighter*, p.43.

32 Grau, *Bear Went Over the Mountain*, pp.165~166, pp.173~174. 동시에 소련군은 기본 기율에서 문제가 있었다. 미군 및 한국군에서는 부사관이 부대 생활에서의 기율을 유지하며, 따라서 숙영지 청소 및 매복 시 흡연 금지를 강제한다. 하지만 소련군은 이러한 사항에서 많은 문제가 있었으며, 무자헤딘은 소련군의 활동을 쉽게 파악했다.

33 Grau, *Bear Went Over the Mountain*, pp.205~206.

34 Grau, *Bear Went Over the Mountain*, pp.145~146.

35 Grau, *Bear Went Over the Mountain*, p.80, p.114, pp.132~133. 소련군은 방어진지에 너무나 많이 의존하고, 적극적인 공세를 취하지 않았으며, 수동적으로 행동했다고 비판받았다.

36 Jalali and Grau, *The Other Side of the Mountain*, p.xiv.

37 Grau, *Bear Went Over the Mountain*, pp.45~46. 소련군 교리는 적을 포위한 이후 적군의 병력과 장비를 모두 섬멸하는 것을 강조했고, 포위망을 엄밀하게 유지하거나 장비를 버리고 도보로 탈출하는 보병을 개별적으로 소탕하는 부분은 경시했다. 따라서 기갑 장비를 가지고 있지 않았던 무자헤딘 병력의 대부분은 소련군 포위망을 탈출했지만, 소련군은 그 교리에 따라서 포위망을 탈출하는 무자헤딘과 교전하지 않고 방치했다.

38 일부 무자헤딘 병력은 7번까지 전향에 전향을 거듭하면서 소련군에 협력하다가 다시 저항했다. 그러나 이러한 반복되는 전향은 극단적인 사례는 아니었고, 많은 저항 세력이 반복적으로 배신했다. Jalali and Grau, *The Other Side of the Mountain*, pp.

80~84.

39 Jalali and Grau, *The Other Side of the Mountain*, p.354, pp.403~404. 미국은 무자헤딘 보급을 위해 심지어 미주리에서 노새를 항공 수송했지만, 노새는 효율적이지 않았다. 미국 미주리에서 공수한 노새는 곧 지역에서 구입한 낙타와 말 등으로 대체되었다.

40 무자헤딘은 가족을 거느린 병력이었으나 급여를 받지 않았다. 따라서 가족 및 자신들의 생계를 유지하기 위해서는 노획 물자를 암시장에서 처분해야 했다. 1980년대 중반 이후 미국이 무자헤딘을 본격적으로 지원하면서 생계유지 문제는 대부분 해결되었지만, 미국은 소련군을 공격했다는 '증빙'으로 소련군의 무기를 요구했고 이에 기초하여 지원 금액을 할당했기 때문에 무자헤딘은 여전히 소련군 물자와 무기를 노획해야 했다.

41 Jalali and Grau, *The Other Side of the Mountain*, pp.23~25.

42 Campbell, *Soviet Paratrooper vs. Mujahideen Fighter*, pp.41~43.

43 제1차 아프가니스탄 전쟁에서 영국은 아프가니스탄 왕국군의 원거리 저격에 많은 피해를 입었다. 흔히 제자일(Jezail)이라고 불리는 아프가니스탄 저격총은 매우 정확했으며, 영국군 사정거리 밖에서 공격이 가능했기 때문에 아프가니스탄 병력에게는 강력한 공격수단이었다.

44 Campbell, *Soviet Paratrooper vs. Mujahideen Fighter*, p.40.

45 Jalali and Grau, *The Other Side of the Mountain*, pp.139~145.

제4장

1 이러한 입장은 1월 15일 대통령 지시 사항 63호(Presidential Directive — 63)로 문서화되어, 행정부 전체에 하달된다. 문서는 다음에서 찾을 수 있다. Department of State, "Presidential Directive/NSC-63," https://history.state.gov/historicaldocuments/frus 1977-80v18/d98 (검색일: 2020년 10월 13일).

2 UN 안전보장이사회가 소련의 거부권으로 마비되면서 1월 9일 UN 안전보장이사회 특별 결의로 UN 총회에서 해당 사안을 다룰 것을 요청하는 데 성공했으며, 이에 UN 총회는 긴급회의를 개최하여 1월 14일 소련의 침공을 비난하는 결의안을 승인했다. 해당 결의안은 다음에서 찾을 수 있다. UN 총회 특별결의안(ES-6/2), January 14, 1980, https://www.securitycouncilreport.org/atf/cf/%7B65BFCF9B-6D27-4E9C-8CD3-CF 6E4FF96FF9%7D/Afgh%20ARESES6%202.pdf (검색일: 2020년 8월 13일).

3 소련 침공 이전인 1979년 7월 3일, 카터 대통령은 CIA의 건의를 수용하여 아프가니스탄 저항 세력을 지원하고 심리전을 수행하는 예산으로 70만 달러를 배정했다.

4 텍사스 출신의 민주당 하원 의원이었던 윌슨은 무자헤딘을 지원하는 CIA 프로그램

(Operation Cyclone)의 예산 증액에 기여했으며, 아프가니스탄 및 파키스탄을 직접 방문하여 저항 세력 지도자들을 만나고 사우디아라비아 정부의 재정적 기여에게 많은 역할을 했다. 윌슨의 역할은 책(*Charlie Wilson's War: The Extraordinary Story of the Largest Covert Operation in History*)과 같은 이름의 영화로 만들어졌으나, 많은 부분이 각색되었다. Robert M. Gates, *From the Shadows: The Ultimate Insider's Story of Five Presidents and How They Won the Cold War*(New York: Simon & Schuster, 1996), pp.319~321.

5   해당 문서는 다음에서 찾을 수 있다. The White House, "National Security Decision Directive-166," https://fas.org/irp/offdocs/nsdd/nsdd-166.pdf (검색일: 2020년 9월 4일).

6   상대적 힘에서 우위인 인도와의 경쟁을 해야 하는 상황에서, 파키스탄은 1970년대에 핵무기 개발을 추진했다. 또한 1977년, 쿠데타로 집권한 파키스탄 군부는 민간 정치인 출신으로 핵무기 개발을 강력하게 추진했던 부토(Zulfikar Ali Bhutto) 전임 총리를 1979년에 처형했다. 따라서 미국은 파키스탄에 대한 모든 원조를 중단하고, 경제제재를 부과했다.

7   Feifer, *The Great Gamble*, pp.130~131. 이 가운데 절반은 경제원조였으며, 나머지 절반은 군사원조였다. 이와 함께 미국은 총액 12억 달러에 해당하는 F-16 전투기 40대를 파키스탄에 판매했으며, 그 금액은 기존 군사원조와는 별도로 집행되었다.

8   파키스탄 핵무기 개발 및 그 이후의 역동성에 대해서는 김태형, 『인도-파키스탄 분쟁의 이해: 신현실주의 이론으로 바라보는 양국의 핵개발과 안보전략 변화』(서울: 서강대학교 출판부, 2019)가 있다.

9   Gates, *From the Shadows*, pp.251~252.

10   Gates, *From the Shadows*, p.429.

11   Feifer, *The Great Gamble*, p.158.

12   소콜로프 장군은 1979년 12월 소련 침공군을 지휘했으며, 1984년에서 1987년까지 소련 국방 장관을 역임했다. Feifer, *The Great Gamble*, p.109.

13   Campbell, *Soviet Paratrooper vs. Mujahideen Fighter*, p.8.

14   Braithwaite, *Afgantsy*, p.149.

15   이와 함께 소련은 아프가니스탄 장교의 상당 부분을 훈련시켰고, 소련 유학 기회를 제공했다. 271명의 장교가 소련에서 훈련을 받았고 이 가운데 173명이 아프가니스탄 정부군에 합류했으나 고위급 장교는 1명에 지나지 않았다. 100명에 가까운 나머지 인원은 아프가니스탄 정보기관으로 차출되었으며, 덕분에 아프가니스탄 정보기관의 역량은 비약적으로 향상되었다.

16   Braithwaite, *Afgantsy*, p.147, pp.162~163.

17   Kalinovsky, *The Blind Leading the Blind*, pp.12~17.

18   같은 책, pp.17~18.

19   Mitrokhin, *The KGB in Afghanistan*, pp.133~134.

20   Feifer, *The Great Gamble*, pp.167~168. 1980년에 아프가니스탄 정보기관은 700명 규모였지만 소련의 집중적인 지원을 통해 1982년에는 1만 7000명 규모로 확대되었고 1983년에는 3만 명의 대규모 조직으로 발전했으며, 동시에 조직의 역량 자체도 발전했다.

21   Archie Brown, "The Gorbachev Revolution and the End of the Cold War," in Melvyn P. Leffler and Odd Arne Westad(eds.), *Cambridge History of the Cold War, Vol. III, Endings*(Cambridge: Cambridge University Press, 2010), pp.254~256.

22   Kalinovsky, *The Blind Leading the Blind*, p.23.

23   해당 고지는 해발 3234m로 한반도에는 이렇게 높은 지대가 없다. 공격을 위해 소련군은 사전에 마네킹을 투하하여 해당 고지를 방어하는 무자혜딘 병력의 위치를 파악했고, 덕분에 폭격으로 무자혜딘 방어진지를 파괴할 수 있었다.

24   Campbell, *Soviet Paratrooper vs. Mujahideen Fighter*, pp.56~70. 그 때문에 일부 지휘관들은 해당 전투를 극렬히 비난했고, "완전히 허영심에서 시작된 불필요한 전투"라고 지적했으며, "쓸모없는 전쟁에서 가장 쓸모없었던 전투"라고 평가하기도 했다.

25   CWIHP, "Notes from Politburo Meeting, 21-22 May, 1987(Excerpt)," *CWIHP Bulletin,* No.14/15(Winter 2003 and Spring 2004), pp.148~149.

26   아프가니스탄 공산당의 필사적인 노력으로, 1988년 초, 아프가니스탄 지방 행정구역을 담당하는 지사(知事) 30명 가운데 3명만이 공산당원이었으며 나머지는 부족 세력 및 종교 지도자들이었다.

27   Feifer, *The Great Gamble*, pp.250~251.

28   Vladislav M. Zubok, *A Failed Empire: The Soviet Union in the Cold War From Stalin to Gorbachev*(Chapel Hill, NC: The University of North Carolina Press, 2007), p.297. 아흐로메예프는 중거리핵전력조약(INF: Intermediate-Range Nuclear Forces Treaty)에 반대해 사임했으나 1990년 3월 고르바초프의 군사보좌관으로 현역에 복귀했다. 1991년 8월 소련 쿠데타 과정에서 아흐로메예프는 보수파에 가담했고, 쿠데타가 실패하자 자신의 집무실에서 자살했다.

29   Feifer, The Great Gamble, pp.214~217; Gates, *From the Shadows*, pp. 428~429.

30   Feifer, *The Great Gamble*, p.239.

31   같은 책, p.240.

32 하지만 아프가니스탄에서 복무했던 소련군 인원들은 전사자 숫자가 훨씬 크다고 보며, 1만 4000명의 5배 수준인 7만 5000명이 사망했을 것이라고 추정한다.

33 소련군 손실 규모는 Feifer, *The Great Gamble*, p.254와 Campbell, *Soviet Para-trooper vs. Mujahideen Fighter*, p.72에서 취합했다.

34 Braithwaite, *Afgantsy*, p.297.

35 같은 책, p.284.

36 Feifer, *The Great Gamble*, pp.256~257.

37 Mark Fineman, "Afghanistan Army Units Attempt Coup," *The Los Angeles Times*, March 7, 1990.

38 파키스탄에 망명한 이후 타나이는 탈레반 정권과도 제한적으로 협력했으나, 곧 은거했다. 2001년, 미국 침공으로 탈레반 정권이 무너지자 아프가니스탄으로 복귀하여 정치인으로 변신했으며, 1980년대에 집권했던 아프가니스탄 공산주의 정치 세력을 대표했다.

39 Braithwaite, *Afgantsy*, p.298.

40 소련·러시아 인원이 공항에서 탈출하려고 하자, 아프가니스탄 병력이 출국을 제지했다. 이에 나지불라가 직접 공항으로 와서 소련·러시아 인원의 출국 절차를 명령하면서 출국이 진행되었다. 떠나는 소련·러시아 인원들에게 나지불라는 "소련은 나를 배신했지만, 나는 소련을 배신하지 않는다"라는 말을 남겼다.

41 Steve Coll, *Ghost Wars: The Secret History of the CIA, Afghanistan, and Bin Laden from the Soviet Invasion to September 10, 2001*(New York: Penguin Books, 2004), p.238.

42 나지불라는 파슈툰 출신으로 재판을 거치거나 협상의 여지가 있었으나, 파키스탄의 '강력한 요청'에 의해 처형되었다고 한다. Carlotta Gall, *The Wrong Enemy: American in Afghanistan, 2001-2014*(New York: Houghton Mifflin Harcourtn, 2014), p.49.

43 Hassan Abbas, *The Taliban Revival: Violence and Extremism on the Pakistan-Afghanistan Frontier*(New Haven, CT: Yale University Press, 2014), p.69.

제5장

1 미국은 2001년 12월 17일, 아프가니스탄 연락 사무소를 수립하면서 아프가니스탄과 외교 관계를 재개했다. 9·11 테러 이후 망명 세력을 중심으로 아프가니스탄 임시 정권이 수립되자, 미국은 이를 2001년 12월 승인했으며, 2002년 1월 17일 카불 연락 사무소를 정식 대사관으로 승격했다.

2 탈레반 세력이 카불을 위협하던 1996년 여름까지도 파키스탄 일부 정파는 헤크마티아

르 세력을 계속 지원했다. 하지만 마수드와 헤크마티아르 세력으로 분열된 구 무자헤딘 세력은 탈레반 병력을 저지할 수 없었고, 결국 1996년 9월 카불이 함락되고 탈레반 정권이 수립되었다.

3 파키스탄의 아프가니스탄 정책은 일관성을 유지한 것은 아니었으며, 파키스탄 내부의 권력투쟁과 밀접하게 연관되어 전개되었다. Svante E. Cornell, "Taliban Afghanistan: A True Islamic State?" in Brenda Shaffer(ed.), *The Limits of Culture: Islam and Foreign Policy*(Cambridge, MA: The MIT Press, 2006), pp.267~275.

4 Carlotta, *The Wrong Enemy*, p.52.

5 여기서 탈레반은 1만 8000정의 AK-47 자동소총과 대량의 탄약, 20문 정도의 야포를 확보했다. Ahmed Rashid, *Taliban: Militant Islam, Oil and Fundamentalism in Central Asia*(New Haven, CT: Yale University Press, 2010), pp.27~29.

6 아동 강간의 주요 피해자는 여성이 아니라 남성으로, 주로 10세 전후의 아동이다. 채무 변제로 팔려가거나 납치되어 성노예 생활을 강요받으며, 20세가 되기 전에 실해된다. 흔하지는 않지만 20세 이상의 경우에도 성노예로 생활하며, 대부분 독자 생활 능력이 없기 때문에 동성 성매매 생활을 시작한다. 탈레반은 이러한 관행을 지극히 증오했고, 자신이 장악한 지역에서의 아동 강간을 불법화하고 이를 위반한 인물들은 모두 처형했다. 1994년 중반, 군벌 병력이 인근 마을에서 아이들을 납치하자 주민들이 오마르에게 호소했고, 이에 학생들을 동원하여 군벌 병력을 격퇴하고 아이들을 되찾은 것이 탈레반 세력의 최초 군사행동이었다고 한다.

7 The Economist, "Obituary: Mullah Omar," *The Economist*, April 8th, 2015, p.74.

8 최대 4명의 아내를 허용하는 이슬람 율법에 따라, 오사마 빈라덴의 아버지 또한 여러 명의 아내를 두었다. 오사마 빈라덴의 어머니는 시리아 출신으로 후일 남편과 이혼했고, 그 결혼에서 유일하게 태어난 자녀였다. 오사마 빈라덴은 특별히 주목을 받지도 않았고 가문의 주요 인물도 아니었다.

9 아프가니스탄 지원국을 창설했던 핵심 인물인 아잠(Abdullah Yusuf Azzam)은 팔레스타인 출신으로 현대 이슬람 근본주의 지하디스트 세력의 지도자였으며, 빈라덴의 스승이었다. 1989년 가을, 파키스탄에서 아잠이 암살되면서, 빈라덴은 아잠의 후계자로서 아잠이 창설했던 아프가니스탄 지원국 조직을 물려받았으며 이것이 후일 알카에다로 발전한다.

10 Rashid, *Taliban*, pp.131~132.

11 이슬람의 전통적인 음력에 따르면 1년은 354일이나 355일로 구성되며, 이에 따라서 이슬람 축제 및 순례일 등이 결정된다. 또한 이슬람 기원은 예언자 마호메트가 메카에서 메디나로 피신(성천, 聖遷)했던 서기 622년의 헤지라(Hegira, Hijra)를 기점으로 하며, 서

양식으로 헤지라 이후는 AH(Anno Hegirae)라고 표기한다. 따라서 1979년(AD 1979)은 1400AH가 된다.

12 알카에다를 창설한 직후인 1989년, 빈라덴은 아프가니스탄에서 사우디아라비아로 귀국했고, 이에 사우디아라비아 경찰은 여권을 몰수했고, 1994년 2월에는 사우디아라비아 국적을 취소했으며, 빈라덴의 가족은 빈라덴에게 송금했던 연간 700만 달러의 생활비를 차단했다.

13 National Security Archive, "Pakistan: 'The Taliban's Godfather?'" *National Security Archive Electronic Briefing Book*, No.227, August 14, 2007. 해당 자료는 다음에서 접속이 가능하다. https://nsarchive2.gwu.edu/NSAEBB/NSAEBB227 (검색일: 2020년 12월 17일).

14 National Security Archive, "Pakistan's Bin Laden Policy," *National Security Archive Electronic Briefing Book*, No.344, May 5, 2011. 해당 자료는 다음에서 접속이 가능하다. https://nsarchive2.gwu.edu/NSAEBB/NSAEBB344 (검색일: 2020년 12월 17일).

15 결의안 원문은 다음에서 찾을 수 있다. https://undocs.org/S/RES/1189(1998) (검색일: 2020년 12월 17일).

16 Rashid, *Taliban*, pp.75~77.

17 Marc Lacey, "Look at the Place! Sudan Says, 'Say Sorry,' but U. S. Won't," *The New York Times*, October 20, 2005.

18 National Security Archive, "1998 Missile Strikes on Bin Laden May Have Backfired," *National Security Archive Electronic Briefing Book*, No.253, August 20, 2008. 해당 자료는 다음에서 접속이 가능하다. https://nsarchive2.gwu.edu/NSAEBB/NSAEBB253 (검색일: 2020년 12월 17일).

19 Rashid, *Taliban*, pp.138~139.

20 같은 책, p.217.

21 National Security Archive, "Central Intelligence Agency's 9·11 File," *National Security Archive Electronic Briefing Book*, No.381, June 19, 2012. 해당 자료는 다음에서 접속이 가능하다. https://nsarchive2.gwu.edu/NSAEBB/NSAEBB381/ (검색일: 2020년 12월 17일).

22 National Security Archive, "Bush Administration's First Memo on al-Qaeda Declassified," *National Security Archive Electronic Briefing Book*, No.147, September 27, 2006. 해당 자료는 다음에서 접속이 가능하다. https://nsarchive2.gwu.edu/NSAEBB/NSAEBB147/ (검색일: 2020년 12월 17일).

23 Barton Gellman, "Before Sept. 11, Unshared Clues and Unshaped Policy," *The*

Washington Post, May 17, 2002.

24 Steve Coll, *Ghost Wars: The Secret History of the CIA, Afghanistan, and Bin Laden, from the Soviet Invasion to September 10, 2001*(New York: Penguin, 2005), p.14.

25 마수드의 유럽의회 방문에 대해서는 다음과 같은 유럽의회의 공식 보도 자료가 있다. https://www.europarl.europa.eu/former_ep_presidents/president-fontaine/press/en/cp0146.htm (검색일: 2020년 12월 17일). 또한 마수드의 연설은 다음 검색이 가능하다. https://www.youtube.com/watch?v=t78N6Q5VD60 (검색일: 2020년 12월 17일).

26 National Security Archive, "'No-Go' Tribal Areas Became Basis for Afghan Insurgency Documents Show," *National Security Archive Electronic Briefing Book*, No.325, September 13, 2010. 해당 자료는 다음에서 볼 수 있다. https://nsarchive2.gwu.edu/NSAEBB/NSAEBB325 (검색일: 2020년 12월 17일).

27 상원에서는 100명 가운데 98명이 찬성하고 2명이 기권했고, 하원에서는 435명 가운데 420명이 찬성하고 10명이 기권했으며, 결원 4명에 1명이 반대했다. 반대했던 인물은 캘리포니아주 민주당 하원 의원(Barbara Lee)으로, 그녀는 군사력 사용과 관련하여 행정부에 전권을 위임하는 결정에 반대했던 것이며 미국의 아프가니스탄 침공 자체는 찬성했다.

28 단 알카에다의 9·11 테러가 기본적으로 미국에 대한 군사력 사용인지, 설사 이것이 미국에 대한 군사력 사용이라고 해도 알카에다를 지원 및 비호하는 아프가니스탄 정부에 그 책임을 물을 수 있는지에 대해서는 법률적 논쟁이 가능하다. 하지만 정치적으로는 외형상 정당성은 확보되었다고 할 수 있으며, 이후 미국 정부는 UN 헌장 51조를 원용하면서 침공 행위 자체를 정당화했다.

29 원문은 다음에서 각각 찾을 수 있다. UN 안전보장이사회 결의안 1368호, September 12, 2001, http://unscr.com/en/resolutions/doc/1368 (검색일: 2020년 9월 12일); UN 안전보장이사회 결의안 1378호, September 28, 2001, http://unscr.com/en/resolutions/doc/1378 (검색일: 2020년 9월 12일).

30 당시 미국 레이건 행정부는 의회의 견제 때문에 니카라과의 콘트라 반군을 직접 지원할 수 없었다. 따라서 적성 국가인 이란에 무기를 판매하고 그 수익금을 사용하여 콘트라 반군을 지원했다. 1986년 11월 이란과의 무기 거래와 니카라과 내전 개입 문제가 드러나기 시작하면서, 이른바 이란-콘트라 사건(Iran-Contra Scandal)으로 발전했고 국방장관(Caspar Weinberger)을 비롯한 14명의 행정부 관리들이 기소되었지만 향후 모두 사면되었다.

31 해당 결의안의 원문은 다음에서 찾을 수 있다. UN 안전보장이사회 결의안 1383, December 6, 2001, http://unscr.com/en/resolutions/doc/1383 (검색일: 2020년 9월 12일).

32 해당 결의안의 원문은 다음에서 찾을 수 있다. UN 안전보장이사회 결의안 1386, December 20, 2001, http://unscr.com/en/resolutions/doc/1386 (검색일: 2020년 9월 12일).

33 Bob Woodward, *Bush at War*(New York: Simon & Schuster, 2002), pp.39~41.

34 같은 책, pp.44~45.

35 연설 원문은 다음에서 찾을 수 있다. The White House, "Address to a Joint Session of Congress and the American People," September 20, 2001, https://georgewbush-whitehouse.archives.gov/news/releases/2001/09/20010920-8.html (검색일: 2021년 1월 13일).

제6장

1 Woodward, *Bush at War*, p.51.

2 베트남 전쟁에서 총 5만 8318명의 미군 병력이 전사하거나 실종되었고, 부상자는 30만 3644명이었다. 가시적인 성과가 없는 상황에서, 이러한 인명 피해 때문에 미국 정부는 베트남 전쟁을 지속할 수 없었으며, 결국 1973년 3월 모든 미군 병력이 철군했다. 그 이후 미국은 남베트남(Republic of Vietnam)의 유지라는 정치적 목적을 달성하기 위해 미국 군사력을 직접 동원하지 않았고, 군사원조 및 항공 지원을 통한 간접적인 개입에 머물렀다. 1975년 봄, 남베트남 군사력이 붕괴하자 미국 포드 행정부는 지상군을 동원하여 개입하고자 했으나, 워터게이트 사건으로 의회와 행정부의 대립이 극단적으로 악화되었던 1975년 상황에서 군사 개입은 불가능했다. 결국 1975년 4월 30일 남베트남의 수도 사이공이 함락되면서, 베트남 전쟁은 북베트남의 승리로 종식되었다.

3 Woodward, *Bush at War*, p.139.

4 Clyde Haberman, "A Mission Begun, a Defiant bin Laden and Another Crisp, Clear Day," *The New York Times*, October 8, 2001. 미국은 아프가니스탄 주민들에게 구호물자를 공급하여 주민들의 지지를 확보하고, "미국이 적대시하는 것은 아프가니스탄 주민이 아니라 탈레반 정권이다"라는 메시지를 전달하고자 했다.

5 Woodward, *Bush at War*, p.200, pp.238~239.

6 협상에 원조와 기지 사용이 명시적으로 연계되지는 않았다. 하지만 2001년, 미국은 우즈베키스탄에 일반 원조로 2480만 달러와 군사원조 300만 달러를 제공했으나, 2002년

에는 일반 원조 1억 1820만 달러와 군사원조 3770만 달러를 제공했다.

7 미국은 해당 공군기지에 대한 사용 권한을 2005년 11월까지 유지했으며, 여기에 7000 명 정도의 미군 병력이 배치되었다. 2005년 5월 우즈베키스탄 정부가 시위대에게 발포 하면서 미국 의회는 기지 사용의 대가로 제공하던 경제원조를 축소했으며, 이에 우즈베 키스탄 정부는 6개월의 유예기간을 주고 기지 사용 권한을 회수했고 미국은 11월 병력 을 철수했다.

8 Woodward, *Bush at War*, pp.252~263.

9 미군은 BLU-82까지 사용했다. 이것은 중량 6.8톤의 재래식 폭탄으로 그 대부분은 순수 폭발 장약 5.7톤으로 구성되어 있다. 보통 수송기에서 투하되며, 폭발하는 경우 버섯구 름이 생길 정도로 강력하다. 특히 일반 보병에게 투하되는 경우, 그 심리적 효과는 막대 한 것으로 알려져 있다.

10 Dexter Filkins, "Afghan Rebels Report Capture Of Major City From the Taliban," *The New York Times*, November 10, 2001.

11 Donald P. Wright et als., *A Different Kind of War: U. S. Army in Operation Enduring Freedom, October 2001 — September 2005*(Fort Leavenworth, KS: Combat Studies Institute Press, US Army Combined Arms Center, 2010), pp.75~79.

12 Woodward, *Bush at War*, p.309.

13 Wright et als., *A Different Kind of War*, pp.96~97.

14 같은 책, p.81.

15 Rashid, *Taliban*, p.220.

16 북부동맹 병력은 투항한 탈레반 병력을 개별적으로 수색하여 무기를 몰수하지 않았기 때문에 상당한 무기가 포로수용소 내부에 반입되었다. 또한 수용소를 경비하는 북부동 맹 병력은 무기와 탄약을 같은 장소에 보관했는데 그 장소를 포로들과 차단하지 않았 다. 그 때문에 일단 폭동이 발생하자 탈레반 포로들은 쉽게 무기와 탄약을 확보했고, 상 황은 통제할 수 없는 수준으로 확대되었다.

17 항복한 86명 가운데 한 사람은 미국 국적자(John Walker Lindh)였으며, 이후 미국인 탈레반(American Taliban)으로 알려졌다. 그는 2002년 2월 기소되어 20년 형을 받았 으나, 2019년에 석방되었다.

18 미국 해병대 병력은 2001년 11월 해당 활주로를 다시 장악하여 라이노 기지(Camp Rhino)라고 이름 붙이고 칸다하르 공격 작전에서 유용하게 사용했다.

19 Wright et als., *A Different Kind of War*, pp.95~96.

20 Barry Bearak, "Rival Is Executed by Taliban After Secret Return," *The New York Times*, October. 27, 2001.

21 하크의 처형을 강력하게 주장했던 인물은 '파키스탄과 공고한 유대관계'를 가졌던 내무 장관 라자크(Mullah Abdul Razzaq)였다. Gall, *The Wrong Enemy*, p.30.

22 카르자이는 파키스탄에서 가져온 위성전화를 사용하여, 이탈리아 주재 미국 대사관에 전화를 했고 그 전화는 파키스탄 주재 미국 대사관으로 연결되었다. 카르자이가 신분을 밝히고 현재 칸다하르 인근에 있다고 주장하자, 미국 대사관은 카르자이가 매우 위험하다고 판단하고 즉시 무기와 탄약, 식량을 지원했으며 동시에 미군 특수부대까지 파견했다.

23 Wright et als., *A Different Kind of War*, p.104.

24 셰르자이의 본명은 샤피크(Mohammad Shafiq)이다. 마을에서 작은 찻집을 경영했던 셰르자이의 부친은 소련 침공 이후 저항 세력에 투신하여 무자헤딘 지휘관으로 명성을 떨쳤다. 셰르자이 본인 또한 무자헤딘으로 소련군 및 아프가니스탄 보안군에 저항했고, 이를 기반으로 공산당 정부가 붕괴한 이후 칸다하르 군벌로 행동하면서 지사 자리를 차지했다.

25 미군은 오폭으로 부상한 카르자이 병력을 긴급 후송(medical evacuation)하기 위해 헬리콥터를 동원했는데 카르자이 병력과 대치하고 있던 탈레반 병력은 미군의 후송용 헬리콥터를 공격 헬리콥터로 착각했다. 이에 탈레반 지휘부는 카르자이가 엄청난 군사력을 동원하고 있다고 여겨 저항을 포기하고 항복했다. 그리고 칸다하르를 넘기기 위해 카르자이와 협상을 추진했다.

26 Wright et als., *A Different Kind of War*, pp.110~113.

27 항복 협상에서 카르자이는 칸다하르를 방어하던 탈레반 지휘관(Mullah Naqeebullah)에게 칸다하르 지사 자리를 제안했으나, 셰르자이는 무력으로 지사 자리를 차지했다. 하지만 칸다하르 지역을 통치하기 위해서는 이전까지의 탈레반 세력과의 타협이 불가피했고, 과거 탈레반 무장 병력은 카르자이·셰르자이 정부와 협력해서 신흥 탈레반 병력의 칸다하르 공격에 저항했다.

28 12월 10~11일 사이에 미군은 17시간 연속해서 폭격을 감행했으나, 알카에다 진지를 파괴하지 못했다. Wright et als., *A Different Kind of War*, p.117.

29 부시 행정부는 빈라덴이 토라보라에 은신하다가 탈출했다는 사실을 부정했다. 2004년 11월 미국 대통령 선거 과정에서 민주당은 부시 행정부의 무능으로 빈라덴이 탈출했다고 주장했으나, 공화당 부시 행정부는 2001년 12월 당시 빈라덴의 행방을 알지 못했다고 반박했다. 하지만 선거 이후 공개된 자료에 따르면 미군 특수부대는 빈라덴의 행방을 거의 실시간으로 포착하고 추적하고 있었다. 빈라덴은 12월 15~16일 야음을 틈타 경호원들과 함께 탈출했다.

30 Wright et als., *A Different Kind of War*, p.127.

31 탈레반과 알카에다의 사상자 규모에 대해서는 큰 격차가 있다. 일단 미군은 800명의 탈

레반 및 알카에다 병력을 사살했다고 평가하지만, 일부는 200명 정도의 탈레반과 알카에다 병력이 사살되었다고 보면서 부상자 규모까지 포함하면 사상자는 1000명 정도라고 본다. 따라서 탈레반 및 알카에다의 최후 정예부대가 소멸되었다. Wright et als., *A Different Kind of War*, p.173.

32 Rashid, *Taliban*, p.220. 하지만 정확한 병력 및 인명 피해는 추산하기 어렵다. 무엇보다 파키스탄과 우즈베키스탄 등에서 새롭게 이슬람 근본주의 세력이 아프가니스탄에 유입되었으며, 동시에 많은 병력이 파키스탄으로 탈출했다.

33 미군 병력의 피해는 다음에서 인용했다. http://icasualties.org/ (검색일: 2020년 12월 12일).

34 Woodward, *Bush at War*, pp.313~315.

35 같은 책, p.290.

36 같은 책, p.317.

37 Daniel P. Bolger, *Why We Lost: A General's Inside Account of the Iraq and Afghanistan Wars*(New York: Houghton Mifflin Harcourt, 2014), p. 43.

38 Richard B. Andres, Craig Wills, and Thomas E. Griffith Jr. "Winning with Allies: The Strategic Value of the Afghan Model," *International Security*, Vol.30, No.3 (Winter 2005/06), pp.124~160.

39 Stephen D. Biddle, "Allies, Airpower, and Modern Warfare: The Afghan Model in Afghanistan and Iraq," *International Security*, Vol.30, No.3(Winter 2005/06), pp. 161~176.

40 냉전 시기 소련군은 서부 유럽 침공 30~35일 후에 프랑스와 스페인 국경에 도달하는 것을 목표로 하고 있었다. 하지만 1970년대 후반 등장하기 시작한 정밀 타격 능력으로 이러한 목표를 달성하는 것은 현실적으로 불가능해졌다고 평가했고, 소련군 후속제대를 공격·파괴하는 공지전(AirLand Battle) 능력은 소련군 입장에서는 악몽과 같은 위협이었다.

41 이에 대한 포괄적인 논의는 다음에서 찾을 수 있다. MacGregor Knox and Williamson Murray, *The Dynamics of Military Revolution, 1300-2050*(Cambridge: Cambridge University Press, 2001); Andrew F. Krepinevich and Barry D. Watts, *The Last Warrior: Andrew Marshall and the Shaping of Modern American Defense Strategy*(New York: Basic Books, 2015).

42 Wright et als., *A Different Kind of War*, p.86.

43 Biddle, "Allies, Airpower, and Modern Warfare," p.168.

44 Bolger, *Why We Lost*, pp.80~81.

45 Rashid, *Taliban*, p.222. 비판을 제기한 바이든은 당시 민주당 상원 의원이었고, 후일 오바마 행정부에서는 부통령을 역임했고, 2020년 11월 미국 대통령 선거에서 민주당 후보로 출마하여 대통령으로 선출되어 2021년 1월 46대 대통령으로 취임했다.

제7장

1 카르자이는 칸다하르를 공략하고 있었기 때문에 회의에는 참석하지 못했지만, 휴대폰으로 본 회의 참석자들을 상대로 연설을 했다. 이에 미국을 비롯한 서방 국가들은 카르자이의 지도력에 강력한 인상을 받았고, 카르자이를 아프가니스탄의 지도자로 고려하기 시작했다. 하지만 2001년 12월 5일, 카르자이는 미군의 오폭으로 하마터면 사망할 뻔했는데, 이때 카르자이 휘하의 아프가니스탄 무장 병력 4명과 미군 병력 2명이 사망했다. Wright et als., *A Different Kind of War*, p.109.

2 합의문은 다음에서 찾을 수 있다. Bonn Agreement, December 5, 2001, https://peac emaker.un.org/afghanistan-bonnagree ment2001 (검색일: 2020년 12월 18일).

3 해당 자료는 다음에서 찾을 수 있다. UNESCO Institute for Statistics, http://uis.unesc o.org/ (검색일: 2020년 9월 17일). 1979년 당시 아프가니스탄 수준의 문자해득률을 기록한 국가는 거의 없으며, 성인 문자해득률 18%는 세계 최하 수준이었다. 유사한 문자해득률을 보였던 국가로는 부룬디(Burundi) 22.5%, 베냉(Benin) 16.5%, 기니비사우 (Guinea-Bissau) 19.95% 등이 있다.

4 아프가니스탄 관련 자료는 완전하지 않아서, UNESCO와 세계은행의 문자해득률 자료는 1979년과 2011년, 2018년의 3개년도 자료만 있다.

5 해당 시기 전체(1980년 이후) 한국의 초등학교 진학률은 100%이며, 최빈개도국은 70% 수준, 남아시아 국가 평균은 80% 정도를 기록했다.

6 David Macdonald, *Drugs in Afghanistan: Opium Outlaws and Scorpion Tales* (London: Pluto, 2007), p.41.

7 Amin Saikal, "Karzai Risks Taking on a Warlord," *The New York Times*, September 17, 2004.

8 Wright et als., *A Different Kind of War*, p.296.

9 해당 사안에 대한 다양한 정보는 다음에 종합되어 있다. National Security Archive, "THE IRAQ WAR — PART I: The U. S. Prepares for Conflict, 2001," *National Security Archive Electronic Briefing Book* No.326, September 22, 2010. 해당 자료는 다음에서 접속이 가능하다. https://nsarchive2.gwu.edu/NSAEBB/NSAEBB326 (검

색일: 2019년 12월 28일).

10   Woodward, *Bush at War*, p.329.

11   같은 책, pp.83~84.

12   James Fallow, "Bush's Lost Year," *The Atlantic Monthly*(October 2004), pp.68~84.

13   이라크에 핵무기 기술을 판매했던 국가는 프랑스였다. 1975년 9월 이라크의 사담 후세
      인 정권은 프랑스에 3억 달러를 지불하고 1960년대 프랑스가 이스라엘에 판매한 시설
      과 유사한 원자로 및 핵기술을 도입했다. 해당 원자로는 바그다드 인근 지역에 1979년
      에 건설되었으나, 1980년 이란과 1981년 이스라엘의 공격으로 파괴되었다.

14   핵무기 테러 문제와 관련된 다양한 측면은 다음 연구를 참고하시오. Keir A. Lieber
      and Daryl Press, "Why States Won't Give Nuclear Weapons to Terrorists," *Inter-
      national Security*, Vol.38, No.1(Summer 2013), pp.80~104.

15   William Safire, "If You Break It…" *The New York Times*, October 17, 2004.

16   한국과 미국 관료 조직의 차이 때문에, 국무 차관은 국무 장관(Secretary of State)과 부
      장관(Deputy Secretary of State) 아래에서 개별 업무 분야를 관장하는 국무부 서열 3위
      의 직위이다. 당시 이라크 업무를 담당했던 볼턴은 2001년 5월에서 2005년 7월까지 국
      무 차관 직위를 유지했다. 볼턴은 트럼프 대통령에 의해 발탁되어 2018년 4월에서
      2019년 9월까지 국가안보보좌관으로 활동했으며, 2020년 6월 회고록을 출판하여 트럼
      프 행정부의 난맥상을 폭로했다.

17   Robert Draper, "Colin Powell Still Wants Answers," *The New York Times*, July 16,
      2020. 이후 파월 장관은 공화당 부시 행정부에 염증을 느꼈으며, 점차 공화당과 거리를
      두게 되었다. 2008년 대통령 선거에서는 민주당 후보인 오바마를 지지한다고 공개 천
      명했으며, 2020년 8월 민주당 전당대회(Democratic National Convention)에서 바이든
      후보에 대한 지지 연설을 했다.

18   커브볼 정보와 관련된 상세 사항은 다음을 참고하시오. National Security Archive,
      "The Record on Curveball: Declassified Documents and Key Participants Show the
      Importance of Phony Intelligence in the Origins of the Iraq War," *National Secur-
      ity Archive Electronic Briefing Book* No.234, November 5, 2007, https://nsarchive
      2.gwu.edu//NSAEBB/NSAEBB234/index.htm (검색일: 2019년 12월 28일).

19   미국이 침공하자 탈레반 지도자였던 오마르는 자신의 지휘권을 포기하고 칸다하르 인
      근에 은신했으며, 결국 2013년 4월 병사했다. 반면 빈라덴은 파키스탄으로 탈출하여 아
      프가니스탄 인접 지역의 아보타바드(Abbottabad)에 은신했다. 2011년 5월 미군 특수
      부대는 아프가니스탄에서 출발하여 파키스탄에 있는 빈라덴의 은신처를 습격하여 그를
      사살하고 귀환했다.

20 Seymour M. Hersh, "The Getaway," *The New Yorker*, Vol.77, No.45(January 28, 2002), pp.36~40; Bruce Riedel, *Deadly Embrace: Pakistan, America, and the Future of the Global Jihad*(Washington, DC: Brookings Institution Press, 2011), p.65. 아미티지 부장관은 '석기시대'라는 표현을 사용하지 않았다고 부인하지만, 파키스탄 정부에 '매우 강력하게 경고'한 사실은 인정했다.

21 Partlow, *A Kingdom of Their Own*, pp.165~171.

22 슈라는 이슬람의 전통적인 회의체 및 자문 기관으로 공동의 의사결정을 위한 장(場, arena)이다. 슈라는 어떠한 결정을 내리기 전에 해당 결정에 따라 영향을 받게 되는 당사자들을 불러 먼저 그들의 입장을 들어본다.

23 아프가니스탄 과도정부는 카르자이 대통령 아래 총 5명의 부통령을 두고 주요 부처 및 헌법 초안 작업을 부통령이 담당하도록 했다. 암살된 카디르는 아프가니스탄 재건 사업을 담당하는 부통령이었으며, 북부동맹과 협력했던 소수의 파슈툰 출신자 가운데 한 명이었다. 파슈툰 세력과 북부동맹을 중재할 수 있는 유력 인물이 살해되면서, 양 세력의 갈등과 경쟁 구도는 더욱 강화되었다.

24 이후 아프가니스탄 정부 요인들의 경호에 미군 특수부대가 투입됨으로써 아프가니스탄 군벌 병력이 경호를 맡았을 때 빈번했던 무력 충돌과 경호원을 통제하는 국방부가 다른 부처를 지배하려는 시도가 완화되었다. John F. Burns, "Afghan Defense Chief Acts To Counter Talk of a Rift," *The New York Times*, August 18, 2002.

25 Gall, *The Wrong Enemy*, pp.19~20.

26 같은 책, pp.67~69.

27 Wright et als., *A Different Kind of War*, p.190.

28 David Macdonald, *Drugs in Afghanistan: Opium Outlaws and Scorpion Tales* (London: Pluto, 2007), pp.42~43.

29 Joseph R. Biden Jr., "Don't Forget Afghanistan," *The New York Times*, October 1, 2003.

30 Carlotta Gall, "Taliban Leader Vows Return," *The New York Times*, November 13, 2004.

제8장

1 Michael R. Gordon, "Bush Would Stop U. S. Peacekeeping in Balkan Fights," *The New York Times*, October 21, 2000.

2 해당 연설의 원문은 다음에서 확인할 수 있다. Office of the Press Secretary, "Pre-

sident Outlines War Effort: Remarks by the President to the George C. Marshall ROTC Award Seminar on National Security," April 17, 2002. https://georgewbush-whitehouse.archives.gov/news/releases/2002/04/20020417-1.html (검색일: 2020년 11월 28일). 마셜 장관은 버지니아 군사대학교 1901년 졸업생으로 ROTC로 임관해 제2차 세계대전 직전인 1939년 9월 미국 육군 참모 총장에 취임하여 1945년 11월까지 재임하면서 제2차 세계대전에서 미국이 승리하는 데 결정적인 역할을 수행했다. 1947년 1월에서 1949년 1월까지 국무 장관을, 1950년 9월에서 1951년 9월까지 국방 장관을 역임했다.

3   카불을 방문한 울포위츠 부장관은 미군 공격 과정에서 발생한 민간인 인명 피해에 대해 유감을 표시했다. 하지만 이후에도 문제는 시정되지 않았고, 민간인 피해가 누적되었다. Carlotta Gall, "In Kabul, Rumsfeld Aide Regrets Toll in Raid," *The New York Times*, July 16, 2002.

4   Wright et als., *A Different Kind of War*, p.237.

5   Seth G. Jones, "The Rise of Afghanistan's Insurgency: State Failure and Jihad," *International Security*, Vol.32, No.4(Spring 2008), pp.24~25.

6   Vernon Loeb, "Rumsfeld Announces End of Afghan Combat," *The Washington Post*, May 2, 2003.

7   David Rohde and David E. Sanger, "How a 'Good War' in Afghanistan Went Bad," *The New York Times*, August 12, 2007.

8   파슈툰 인구는 6000만 명 이상으로 추정되며, 그 대부분은 아프가니스탄에 거주하는 1800만 명과 파키스탄에 거주하는 4000만 명으로 구성된다. 파슈툰 세력이 독립된 정치 단위를 만들어 파슈투니스탄을 건설한다면, 아프가니스탄 인구의 40%와 파키스탄 인구의 15% 정도가 분리 독립하게 된다. 따라서 아프가니스탄과 파키스탄 중앙정부는 항상 파슈툰 민족주의 세력을 경계했다.

9   남베트남 군사력은 그 내부에서 큰 편차를 보였으며, 뛰어난 일부 지휘관의 노력에도 불구하고 전반적으로 효율적인 군사력을 만들어내지 못했다. Caitlin Talmadge, *The Dictator's Army: Battlefield Effectiveness in Authoritarian Regimes*(Ithaca, NY: Cornell University Press, 2015), pp.71~138.

10   Andrew F. Krepinevich, *The Army and Vietnam*(Baltimore, MD: Johns Hopkins University Press, 1986), p.196.

11   승리 선언이 있었던 2003년 5월 1일 이전까지 미군 139명과 영국군 3명이 전사했고, 침공군 전체 전사자는 총 172명이었다. 하지만 2003년 5월 1일 이후에도 전사자는 계속 발생했다. 5월에서 8월까지의 전사자는 170명으로 침공 과정의 전사자 전체와 비슷했

으며, 9월에서 12월까지 238명이 추가로 전사했다. 2003년 전체 전사자 580명 가운데 5월 '임무 완수' 선언 이후 전체 전사자는 408명이었으며, 이 가운데 미군 전사자는 486 명으로 5월 이후 전사자는 347명이었다.

12 Thom Shanker and Steven Lee Myers, "Afghan Mission Is Reviewed as Concerns Rise," *The New York Times*, December 16, 2007.

13 Thomas H. Johnson, "Financing Afghan Terrorism: Thugs, Drugs, Creative Movements of Money," in Jeanne K. Giraldo and Harold A. Trinkunas(eds.), *Terrorism Financing and State Responses: A Comparative Perspective*(Stanford, CA: Stanford University Press, 2007), p.93.

14 Carlotta Gall, "New Afghan Constitution Juggles Koran and Democracy," *The New York Times*, October 19, 2003.

15 이러한 우려 때문에 본 회의에서는 아프가니스탄 여성 대표가 헌법 초안을 작성하고 승 인하는 과정에 참여해야 한다고 규정했으며, 2003년 7월 구성된 아프가니스탄 제헌 원 로회의는 500명의 구성원 가운데 최소한 89명을 여성 대표로 할당했다.

16 Amy Waldman, "Afghans Compete to Shape a New Constitution," *The New York Times*, March 30, 2003.

17 총 2707명의 후보가 등록했으며, 이 가운데 328명이 여성이었고 2379명이 남성이었다.

18 Carlotta Gall, "Monitors Find Significant Fraud in Afghan Elections," *The New York Times*, October 3, 2005.

19 Seth G. Jones et als., *Establishing Law and Order After Conflict*(Santa Monica, CA: RAND Corporation, 2005), p.65.

20 Jones et als., *Establishing Law and Order After Conflict*, pp.66~69.

21 Wright et als., *A Different Kind of War*, pp.200~202. 초기 단계에서 훈련이 "미국에 서 이루어진다"라는 루머가 퍼지면서 훈련 지원자 및 기존 부대의 탈영이 빈발해서, 결 국 훈련은 아프가니스탄에서 진행된다는 공식 발표가 있기도 했다. 1990년대 말 탈레 반 정권은 카불 인근의 군사훈련 시설을 폐쇄했고 이후 시설은 방치되었다. 이에 미국 은 400만 달러를 투입하여 훈련장을 복구하고 10주 코스의 군사훈련을 시작했으나, 훈 련은 쉽게 진행되지 않았으며 매우 더디고 비효율적으로 진행되었다. 그 때문에 일부 미군 장교들은 10주가 아니라 6개월에서 12개월 정도의 훈련이 필요하다고 평가하기도 했다.

22 Jones et als., *Establishing Law and Order After Conflict*, p.84.

23 Jones, "The Rise of Afghanistan's Insurgency," p.22.

24 Wright et als., *A Different Kind of War*, p.199.

25 Jones et als., *Establishing Law and Order After Conflict*, pp.72~75. 당시 미국과 독
일은 아프가니스탄 인구를 2850만 명 수준으로 파악했다. 이에 기초하여 인구 10만 명
에 175명의 경찰관을 배치한다면, 필요한 경찰 병력은 4만 9875명으로 5만 명이라는 결
론에 도달한다.

26 군벌 병력 및 민병대를 무장해제시키고 탈레반 및 알카에다 병력의 전향을 유도하여 사
회에 재통합하면서, 반대로 중앙정부가 통제하는 군 및 경찰 병력이 증가해야만 아프가
니스탄 국가 건설이 완료될 수 있었다.

27 Jones et als., *Establishing Law and Order After Conflict*, pp.85~88.

28 Gall, *Wrong Enemy*, p.126.

29 미군 전사자와 함께 영국군 등의 다국적군 병력이 이라크에서 전사했으며, 이를 합하면
2003년에 이라크에서 발생한 다국적군 전사자는 580명이었으며, 2004년에는 906명,
2005년에는 897명으로 증가했다. 한편 NATO 중심의 ISAF 병력이 아프가니스탄에서
작전을 수행했고 따라서, 미군을 포함한 ISAF 병력의 아프가니스탄 전사자는 2003년
58명, 2004년 60명, 2005년 131명이었다. 상세 정보는 http://icasualties.org/에서 찾
을 수 있다.

30 Ellen Knickmeyer and Bassam Sebti, "Toll in Iraq's Deadly Surge: 1,300 Morgue
Count Eclipses Other Tallies Since Shrine Attack," *The Washington Post*, February
28, 2006.

제9장

1 Department of Defense(DoD), *Report on Progress toward Security and Stability
in Afghanistan*(June 2008), p.5. 2008년 국방수권법(NDAA)에 따라, 미국 국방부는 6
개월마다 아프가니스탄 상황에 대한 보고서를 의회에 제출하게 되었다. 인용 자료는 그
첫 보고서이다. 이라크 전쟁의 경우, 미국 국방부는 2005년 7월부터 동일한 성격의 보
고서를 의회의 제출했다.

2 Richard Boucher, "Lessons Learned," *Washington Post*, October 15, 2015. https://
www.washingtonpost.com/graphics/2019/investigations/afghanistan-papers/docu
ments-database/documents/boucher_richard_ll_01_b9_10152015.pdf?v=26 (검색일:
2019년 12월 13일).

3 David Richards, "Lessons Learned," *Washington Post*, September 27, 2017. https://
www.washingtonpost.com/graphics/2019/investigations/afghanistan-papers/docu
ments-database/?document=richards_david_ll_07_67_09262017&tid=a_inl_manual

(검색일: 2019년 12월 13일).

4   Krepinevich, *The Army and Vietnam*, pp.4~7. 이러한 관점에서, 베트남 전쟁 등은 미군이 선호하는 전쟁이 아니었다. 지형적 이유에서 화력 투사가 어렵고 중국의 개입 때문에 화력 사용의 지리적 범위에서 많은 제한이 있었던 한국 전쟁 또한 미국이 선호 하는 전쟁은 아니었다.

5   제퍼슨 민주주의에서는 개별 국민은 교육수준이 높고 종교적 믿음이 강력한 시민으로 구 성되며, 개별 시민들은 공적인 차원과 사적인 차원 모두에서 훌륭함(civic virtue)을 견지 하고 모범적으로 행동하면서, 언론·출판의 자유에 기초하여 독재와 싸우고 민주주의를 지켜나가야 한다. 특히 이를 위해서 국민들은 상공업이 아닌 농업에 종사해야 한다.

6   Daniel McNeil, "Lessons Learned", undated, *Washington Post.* https://www.washi ngtonpost.com/graphics/2019/investigations/afghanistan-papers/documents-datab ase/?document=background_ll_07_xx_xx_undated_mcneill1&tid=a_inl_manual (검색일: 2019년 12월 13일).

7   Wright et als., *A Different Kind of War*, pp.213~216.

8   바르노 장군은 인력 증원을 요청했지만, 중부군사령부와 국방부는 이에 무관심했다. 결 국 사령관 직권으로 12명으로 증원했으나, 그것으로는 충분하지 않았다. 후일 사령부 병력은 2010년 시점에 400명 수준까지 확대되었지만, 2005년 중반에도 270명 수준이 었다.

9   David W. Barno, "Fighting 'the Other War': Counterinsurgency Strategy in Afghani- stan, 2003~2005," *Military Review*, Vol.87, No.5(September/October 2007), pp.32 ~44.

10 Wright et als., *A Different Kind of War*, p.259.

11 오바마 행정부가 들어오면서, 아이켄베리 장군은 아프가니스탄 주재 대사로 지명되어 중장으로 전역한 이후 2009년 4월에서 2011년 7월까지 카불 주재 미국 대사로 활동하 면서 군사적 전문성 및 아프가니스탄 상황에 대한 경험을 외교 업무에 활용했다.

12 Fred Kaplan, *The Insurgents: David Petraeus and the Plot to Change the Ameri- can Way of War*(New York: Simon & Schuster, 2013), p.322.

13 Bolger, *Why We Lost*, pp.291~292.

14 Carlotta Gall, "Taliban Threat Is Said to Grow in Afghan South," *The New York Times*, May 3, 2006.

15 〈표 9-1〉에서 제시된 군사원조에는 아프가니스탄 국방부 산하의 정규 육군 예산 이외 에 내무부 산하의 경찰 예산이 포함되며, 따라서 군사 감옥 등의 교정 시설과 요인 경호 비용 등까지 군사원조로 분류되어 있다. 또한 주요 항목만을 제시했기 때문에, 전체 합

계는 〈표 9-1〉의 개별 항목의 합계와는 차이가 있다.

16 DoD, *Report on Progress toward Security and Stability in Afghanistan*, p.15. 여기에 6000명의 정원이 훈련, 치료, 교육 등으로 전체 정원에서 포함되지 않았다.

17 같은 책, p.17.

18 같은 책, p.24, p.27. 경찰 지원자의 상세 자료는 없다.

19 Wright et als., *A Different Kind of War*, p.262.

20 Bob Woodward, *Obama's War*(New York: Simon & Schuster, 2010), p.17. 이후 퍼트레이어스는 중장으로 진급하여 이라크 안전이양준비사령관(MNST-I: Commander of the Multi-National Security Transition Command — Iraq)으로 이라크 보안군 병력의 훈련을 총괄했다.

21 Wright et als., *A Different Kind of War*, p.263.

22 DoD, *Report on Progress toward Security and Stability in Afghanistan*, pp.21~22.

23 같은 책, p.18.

24 Wright et als., *A Different Kind of War*, p.263.

25 David Rohde, "Foreign Fighters of Harsher Bent Bolster Taliban," *The New York Times*, October 30, 2007.

26 Ann Scott Tyson, "A Sober Assessment of Afghanistan: Outgoing U. S. Commander Cites 50% Spike in Attacks in East," *The Washington Post*, June 15, 2008. 이라크와 같이 공격 지역 또한 집중되어 나타났다. 2007년의 경우 아프가니스탄 전체의 364개 지방 행정구역 가운데, 70%의 공격이 40개 지방 행정구역에서 발생했으며, 2008년 상반기에도 그 비중은 76%로 증가했다.

27 Carlotta Gall, "Taliban Free 1,200 Inmates in Attack on Afghan Prison," *The Washington Post*, June 14, 2008. 공격 직후 탈레반은 칸다하르 인근 지역을 장악하고, 수백 명의 병력을 배치했다.

28 Ryan Crocker, "Lessons Learned", January 11, 2016 *Washington Post*. https://www.washingtonpost.com/graphics/2019/investigations/afghanistan-papers/documents-database/?document=crocker_ryan_ll_first_interview_01112016&tid=a_inl_manual (검색일: 2019년 12월 13일). 크로커는 후일 승진하여 이라크 주재 대사를 역임하고, 2011~2012년 정식 특명 전권 대사(Ambassador Extraordinary and Plenipotentiary)로 아프가니스탄에 부임한다.

29 Woodward, *Obama's War*, p.66; Rajiv Chandrasekaran, *Little America: The War Within the War for Afghanistan*(New York: Vintage Books, 2013), p.92.

30 Partlow, *A Kingdom of Their Own*, p.58.

31 DoD, *Report on Progress toward Security and Stability in Afghanistan*, p.39.

32 Bolger, *Why We Lost*, p.294.

33 David E. Sanger, "Musharraf Defends Deal With Tribal Leaders," *The New York Times*, September 23, 2006.

34 Elisabeth Bumiller and Carlotta Gall, "Bush Rules Out a Nuclear Deal With Pakistanis," *The New York Times*, March 5, 2006.

35 Douglas Lute, "Lessons Learned," February 20, 2015, *The Washington Post*. https://www.washingtonpost.com/graphics/2019/investigations/afghanistan-papers/documents-database/?document=lute_doug_ll_01_d5_02202015&tid=a_inl_manual (검색일: 2019년 12월 13일).

36 Kaplan, *Insurgents*, p.323.

제10장

1 해당 연설은 다음에서 찾을 수 있다. Barack Obama, "Remarks of Illinois State Sen. Barack Obama Against Going to War with Iraq," October 2, 2020, https://web.archive.org/web/20080130204029/http://www.barackobama.com/2002/10/02/remarks_of_illinois_state_sen.php (검색일: 2021년 2월 8일).

2 이라크를 침공하는 데 필요한 국제적인 지지를 확보하지 못하면서, 부시 행정부는 이라크 침공에 필요한 군사력 사용에 대한 미국 의회의 사전 승인을 받으려고 했다. 그 결과 2002년 10월 10일, 미국 하원은 296 대 133으로 그리고 같은 날 상원은 77 대 23으로 이라크에 대한 부시 행정부의 군사력 사용 권한을 위임했다. 클린턴 상원 의원은 이 결의안에 찬성했다.

3 선거운동 초반인 2008년 1월 매케인은 "이라크가 안정화되어 미군 사상자가 전혀 발생하지 않는다면, 미국은 현재 독일·일본·한국에 주둔하는 것과 같이 향후 50~100년 동안이라도 주둔할 수 있다"라고 발언했다. 하지만 이 발언은 전후 맥락이 상실된 형태로 "이라크에 100년 동안 주둔해야 한다"라고 왜곡되어 유포되었으며, 부시 행정부의 실정 때문에 불리했던 매케인의 선거운동은 더욱 힘들어졌다.

4 아프가니스탄 배치 미군 병력의 월별 규모는 다음에서 찾을 수 있다. Hannah Fairfield, Kevin Quealy and Archie Tse, "Troop Levels in Afghanistan Since 2001," *The New York Times*, October 1, 2009.

5 25만 명의 미군 병력은 이라크를 직접 침공한 병력과 함께 쿠웨이트 등에서 이라크 침공을 지원했던 병력 및 페르시아만 지역에 배치되었던 해군 병력까지 포함된다. 또한

미군 25만 명과 함께 영국군을 주축으로 하는 5만 명의 NATO 병력이 추가되어 이라크를 침공했다.

6   이라크 배치 미군 병력의 월별 상세 규모는 다음에서 찾을 수 있다. Michael E. O'Hanlon and Ian Livingston, *Iraq Index: Tracking Variables of Reconstruction & Security in Post-Saddam Iraq*(Washington, DC: Brookings Institution, January 26, 2010), p.22.

7   하지만 일부 보좌관(Douglas Lute)은 리델의 전문성 및 성실성을 의심했고, 새로운 검토 보고서를 작성하지 않고 리델이 자신의 기존 주장을 요약해서 가지고 올 것이라고 반발하기도 했다.

8   이러한 입장은 부시 행정부의 아프가니스탄 및 이라크 전쟁에 비판적이었던 미국 민주당의 기본적인 평가였으며, 미국 국무부 또한 아프가니스탄 및 이라크 전쟁을 수행하는 과정에서 국무부가 소외되는 상황에 대해 많은 불만을 가지고 있었다.

9   Woodward, *Obama's War*, p.81.

10   Helene Cooper, "Putting Stamp on Afghan War, Obama Will Send 17,000 Troops," *The New York Times*, February 17, 2009.

11   동원된 병력은 해병 전투단 8000명과 육군 전투 여단 4000명, 육군 지원 부대 5000명으로 총 1만 7000명 규모였다. 만약 1만 3000명 규모를 강력하게 집행했다면, 해병 전투단과 육군 지원 부대를 배치하고 육군 전투 여단을 배치하지 않는 방안이 가능했다. 하지만 이러한 방안은 집행되지 않았다.

12   Woodward, *Obama's War*, p.98, pp.114~115.

13   여기서 리델은 향후 2년 동안 아프가니스탄 군 병력을 13만 4000명으로 증강해야 한다고 주장했다.

14   Barack Obama, *A Promised Land*(New York: Crown, 2020), pp.432~433.

15   해당 논거는 2009년 3월 17일 리델이 오바마 대통령을 독대한 자리에서 직접 제시되었다. 하지만 해당 수치는 정확하지 않았다. 미군은 리델에게 병력 유지의 비용에 대한 정확한 정보를 제공하지 않았으며, 실제로 소요된 비용은 그 3배 이상이었다. 즉 아프가니스탄에 미군 병사 1명을 유지하는 데 1년에 소요되는 총비용은 최소 75만 달러에서 100만 달러 수준이었다.

16   Thom Shanker and Eric Schmitt, "U. S. Plans Vastly Expanded Afghan Security Force," *The New York Times*, March 18, 2009. 미국의 결정은 아프가니스탄 보안군 유지에 필요한 비용과 장비 제공에 대한 것이었다. 따라서 병력 증강에 대한 최종 결정은 아프가니스탄 정부가 내릴 수 있었다.

17   오바마 대통령 연설의 원문은 다음에서 찾을 수 있다. The New York Times, "Presi-

dent Obama's Remarks on New Strategy for Afghanistan and Pakistan," *The New York Times*, March 27, 2009.

18 Thom Shanker and Eric Schmitt, "U. S. Commander in Afghanistan Is Given More Leeway," *The New York Times*, June 10, 2009.

19 Woodward, *Obama's War*, pp.124~125.

20 매크리스털의 「지휘관 초기 평가」 보고서 전문은 다음에서 찾을 수 있다. Stanley McChrystal, "Commander's Initial Assessment," http://media.washingtonpost.com/wp-srv/politics/documents/Assessment_Redacted_092109.pdf?hpid=topnews (검색일: 2021년 2월 11일).

21 Kaplan, *Insurgents*, pp.308~311. 매크리스털은 4만 명이 배치되면 남부 지역에서 대반란전을 수행하면서 저항 세력을 동부로 몰아낼 수 있으며, 8만 5000명으로 증강되면 남부와 동부 지역에서 모두 대반란전을 수행하여 전체적인 안정화가 가능하다고 주장했다.

22 Bolger, *Why We Lost*, pp.321~322.

23 해당 연설의 원문은 다음에서 찾을 수 있다. The White House, "Remarks by the President in Address to the Nation on the Way Forward in Afghanistan and Pakistan," December 1, 2009, https://obamawhitehouse.archives.gov/the-press-office/remarks-president-address-nation-way-forward-afghanistan-and-pakistan (검색일: 2020년 2월 6일).

24 Woodward, *Obama's War*, p.253.

25 Obama, *A Promised Land*, pp.434~435.

26 여기서 핵심은 객관적 문민 통제(objective control)로 대표되는 고전적 민군 관계에 대한 시각과 다르며, 오히려 본인-대리인(principal-agent) 관점에서 민군 관계를 바라보는 것이다. 이와 관련된 대표적인 연구는 Peter D. Feaver, *Armed Servants: Agency, Oversight, and Civil-Military Relations*(Cambridge, MA: Harvard University Press, 2003)와 Risa Brooks, "Paradoxes of Professionalism: Rethinking Civil-Military Relations in the United States," *International Security*, Vol.44, No.4(Spring 2020), pp.7~44가 있다.

27 Eliot A. Cohen, *Supreme Command: Soldiers, Statesmen, and Leadership in Wartime*(New York: Free Press, 2002).

28 Woodward, *Obama's War*, pp.322~323.

29 같은 책, pp.196~197.

30 같은 책, p.258.

31   David Petraeus, "Lessons Learned," *The Washington Post*, August 16, 2017; Kaplan, *Insurgents*, p.318, https://www.washingtonpost.com/graphics/2019/investigations/afghanistan-papers/documents-database/?document=petraeus_david_ll_07_64_08162017&tid=a_inl_manual (검색일: 2019년 12월 13일).

32   Peter Baker, "How Obama Came to Plan for 'Surge' in Afghanistan," *The New York Times*, December 5, 2009.

33   원조 금액은 다음에서 인용했다. https://explorer.usaid.gov/cd/AFG (검색일: 2021년 3월 25일).

34   순위는 다음에서 인용했다. https://www.transparency.org/en/cpi/2009 (검색일: 2021년 3월 25일).

35   Dexter Filkins, "Leader of Afghanistan Finds Himself Hero No More," *The New York Times*, February 7, 2009.

36   Chandrasekaran, *Little America*, p.93.

37   Woodward, *Obama's War*, p.68.

38   아이켄베리 대사는 미국 육군 중장 출신으로 2002~2003년, 2005~2007년 두 번에 걸쳐 아프가니스탄에서 지휘관으로 복무했다. 2009년 3월 오바마 대통령은 당시 현역이었던 아이켄베리 장군을 아프가니스탄 주재 대사로 임명했고, 상원 인준과 함께 아이켄베리는 전역하여 대사로 부임했다.

39   언론에 유출된 해당 전문은 다음에서 확인할 수 있다. Karl W. Eikenberry, "Ambassador Eikenberry's Cables on U. S. Strategy in Afghanistan," November 6, 2009, https://www.nytimes.com/interactive/projects/documents/eikenberry-s-memos-on-the-strategy-in-afghanistan(검색일: 2020년 2월 17일).

제11장

1   이라크 침공 직후 미군 병력을 지휘하여 상황을 통제했던 샌체즈(Ricardo Sanchez) 중장 등은 퍼트레이어스에게 매우 적대적이었다. 샌체즈 장군은 당시 소장이었던 퍼트레이어스가 참석한 회의에서 자신에게 들어온 질문을 "우리의 위대한 메시아가 답변하도록 합시다"라고 비아냥거렸고, 참석한 모든 장군들이 매우 놀란 상황에서 퍼트레이어스는 전혀 당황하지 않고 질문에 답변했다. Kaplan, *Insurgents*, pp.127~128.

2   미군 전사자 데이터는 다음에서 찾을 수 있다. http://icasualties.org/ (검색일: 2021년 3월 29일). 아프가니스탄의 경우 날씨 때문에, 전투의 대부분은 여름에 발생하며 따라서 사상자 또한 7월에서 9월까지에 집중된다.

3   매키어넌 장군은 '정치 감각이 부족'했고, 부시 행정부에서도 좋은 평가를 받지 못했다. 럼즈펠드 국방 장관은 매키어넌을 "국방 장관의 명령을 따르지 않으면서 항상 불평만 늘어놓는 인물"이라고 평가했다. 바로 이러한 이유에서, 매키어넌 장군은 경시되었던 아프가니스탄 전쟁에 투입되었다. Michael Hastings, *The Operators: the Wild and Terrifying Inside Story of America's War in Afghanistan*(New York: Plume, 2012), p.7.

4   Woodward, *Obama's War*, p.154.

5   Hastings, *The Operators*, pp.174~175.

6   같은 책, pp.245~246.

7   같은 책, p.278.

8   Bolger, *Why We Lost*, pp.337~339.

9   같은 책, pp.339~343. 매크리스털의 공보 담당관은 장군을 ≪롤링스톤≫ 표지 모델로 만들고 싶어 했으며, 해당 기자를 사실상 모든 회의에 참석시키었다.

10 문제가 되었던 인터뷰는 Michael Hastings, "The Runaway General," *Rolling Stone* (July 8 2010)에 수록되었다.

11 Greg Jaffe and Ernesto Londoño, "Obama to Meet with McChrystal Before Making 'Any Final Decisions' on Dismissal," *The Washington Post*, June 22, 2010.

12 Hastings, *The Operators*, p.315.

13 Carl Von Clausewitz, *On War,* translated by Michael Howard and Peter Paret (Princeton, NJ: Princeton University Press, 1976), pp.479~483. 1807년 11월 나폴레옹은 자신의 동맹국인 스페인과 함께 포르투갈을 공격하여 수도 리스본을 점령했지만, 1808년 5월 스페인 내전이 시작되면서 프랑스의 포르투갈 점령 작전은 스페인과 포르투갈 두 나라에 대한 프랑스의 전쟁으로 확대되었다. 이른바 반도 전쟁(Peninsular War)이라고 불리는 프랑스의 스페인·포르투갈 전쟁에서 나폴레옹은 자신의 형(Joseph-Napoléon Bonaparte)을 국왕으로 하는 스페인 왕국을 수립하여 스페인과 포르투갈을 통제하려고 했으며, 스페인과 포르투갈 국민들은 나폴레옹의 팽창에 극렬하게 저항했다. 1814년까지 이베리아 반도를 점령한 프랑스군은 스페인·포르투갈 국민들로 구성된 저항 세력과 사투를 벌였고, 이에 영국군은 지역 저항 세력을 지원하면서 프랑스를 간접적으로 공격했다.

14 C. E. Callwell, *Small Wars Their Principles and Practice*(Lincoln, NE: University of Nebraska Press, 1996); United States Marine Corps, *Small Wars Manual* (New York: Skyhorse Publishing, 2009).

15 최종 야전교범인 FM 3-24는 인터넷으로 공개되었고 많은 사람들이 다운로드를 받으면

서, 2007년 시카고 대학교 출판부에서 인쇄하여 민간인들에게도 판매했다. The U. S. Army and Marine Corpos, *Counterinsurgecy Field Manual*(Chicago, IL: The University of Chicago Press, 2007). 미국 해병대는 FMFM(Fleet Marine Force Manual) 3-24를 채택했지만, 야전교범 자체가 미국 육군과 해병대의 협력에 의해서 만들어졌기 때문에 그 내용은 완전히 동일하다.

16 메케인 상원 의원은 이라크 전쟁에서의 성공 이후 퍼트레이어스 장군을 열렬히 지지했으며, 2017년 트럼프 행정부 출범 직전에는 퍼트레이어스를 국무 장관으로 지명하라고 트럼프 대통령에게 권고하기도 했다. Mark Landler and Jennifer Steinhauer, "Secretary of State David Petraeus? Supporters Make Their Case," *The New York Times*, December 1, 2016.

17 Bolger, *Why We Lost*, p.308, p.334.

18 Kaplan, *Insurgents*, pp.328~329.

19 Bolger, *Why We Lost*, p.336.

20 Kaplan, *Insurgents*, pp.344.

21 Bolger, *Why We Lost*, pp.363~364.

22 헬리콥터가 추락하면서 탑승하고 있던 병력 16명 전원이 사망했다. 전사자는 19명으로 증가했다. 이와 함께 지상 교전에서 3명이 전사했고, 초기 인원 가운데 1명만 생존했다.

제12장

1 Robert W. Komer, *Bureaucracy at War: U. S. Performance in the Vietnam Conflict*(Boulder, CO: Westview Press, 1986), pp.159~161.

2 당시 인도는 현재의 인도와 파키스탄, 방글라데시, 스리랑카를 포함한다. 인도 총독부의 영국인 고위 공무원 인력은 1939년에 1384명으로 가장 높은 수준을 기록했으며, 19세기에는 900명 수준이었다. Niall Ferguson, *Empire: The Rise and Demise of the British World Order and the Lessons for Global Power*(New York: Basic Books, 2002), pp.152~153.

3 인도인 행정 실무진의 전체 숫자는 파악하기 어렵다. 단편적으로는 1868년에 4000명 이상의 인도인이 인도 총독부 인력으로 소속되어 있었고, 1867년에는 1만 3000명의 직원들이 인도 총독부에서 급여를 받는 '공무원' 신분이었으며 이 중 절반은 인도인으로 추정된다. 같은 책, p.157.

4 이러한 관점에서 인도의 군사적 효율성을 분석한 연구로는 Stephen Peter Rosen, *Societies and Military Power: India and Its Armies*(Ithaca, NY: Cornell University

Press, 1996)가 있다.

5 Krepinevich, *Army and Vietnam*, pp.195~196.

6 Filkins, "Leader of Afghanistan Finds Himself Hero No More," *The New York Times*.

7 가톨릭 신자였던 응오딘지엠 대통령은 교육, 세금, 승진 등에서 가톨릭 신자들을 우대했고, 인구의 80% 이상을 차지하는 불교도들은 응오딘지엠 정권과 격렬히 대립했다. 1963년 석가탄신일에 불교도 시위대에 남베트남 경찰이 발포했지만, 응오딘지엠 대통령은 관련자를 처벌하지 않았으며 공격을 베트콩의 소행이라고 발표했다. 8월 경찰 및 군 병력이 사원들을 공격하여 100명 이상이 사망하고 1400명가량이 체포되기도 했다. 남베트남 여론은 극단적으로 악화되었고, 결국 11월 군부 쿠데타가 발생했다.

8 Special Inspector General for Afghanistan Reconstruction(SIGAR), *Quarterly Report to the United States Congress*(October 2009), p.5.

9 Partlow, *A Kingdom of Their Own*, pp.19~23.

10 같은 책, pp.103~104.

11 Carlotta Gall, "Intimidation and Fraud Observed in Afghan Election," *The New York Times,* August 22, 2009.

12 DoD, *Report on Progress toward Security and Stability in Afghanistan*(October 2009), p.33.

13 Dexter Filkins, "Afghan Presidential Election Delayed," *The New York Times*, January 29, 2009.

14 Carlotta Gall, "Growing Accounts of Fraud Cloud Afghan Election," *The New York Times*, August 30, 2009.

15 Bolger, *Why We Lost*, p.315.

16 Sabrina Tavernise and Abdul Waheed Wafa, "U. N. Official Acknowledges 'Widespread Fraud' in Afghan Election," *The New York Times*, October 11, 2009. 이러한 의견 대립으로 갤브레이스는 2009년 12월 UN 특사단 부단장 직위에서 해임되었다.

17 Dexter Filkins and Carlotta Gall, "Fake Afghan Poll Sites Favored Karzai, Officials Assert,"*The New York Times*, September 6, 2009.

18 Hastings, *The Operators*, pp.104~105.

19 Partlow, *A Kingdom of Their Own*, pp.38~39.

20 Jay Solomon and Peter Spiegel, "Decision Followed Five Days of Difficult Talks With US," *The Wall Street Journal*, October 21, 2009.

21 Eric Schmitt, "U. S. Envoy's Cables Show Worries on Afghan Plans," *The New York Times*, January 25, 2010.

22 Partlow, *A Kingdom of Their Own*, pp.117~118.

23 같은 책, pp.115~116.

24 Alissa J. Rubin, "Karzai's Words Leave Few Choices for the West," *The New York Times*, April 4, 2010.

25 Hastings, *The Operators*, p.354.

26 Rod Nordland, Alissa J. Rubin and Matthew Rosenberg, "Gulf Between U. S. and a More Volatile Karzai," *The New York Times*, March 17, 2012.

제13장

1   SIGAR, *Quarterly Report to the United States Congress*(January 2012), pp.9~10.

2   Bing West, *The Wrong War: Grit, Strategy, and the Way Out of Afghanistan*(New York: Random House, 2012), p.115.

3   Kenneth Katzman, *Afghanistan: Post-Taliban Governance, Security, and U. S. Policy*(Washington, DC: Congressional Research Service, March 2013), pp.13~16.

4   Gretchen Peters, *Seeds of Terror: How Drugs, Thugs, and Crime are Reshaping the Afghan War*(New York: Picador, 2010), p.114.

5   Partlow, *A Kingdom of Their Own*, p.299. 해당 경찰서장은 5일 후 살해되었다.

6   Chandrasekaran, *Little America*, p.152, pp.158~159.

7   Bolger, *Why We Lost*, p.332, p.336.

8   West, *The Wrong War*, p.55. 하지만 이와 같은 비율의 근거는 명확하지 않다.

9   Hastings, *The Operators*, pp.350~351.

10 아프가니스탄 모형에 대한 기본 논쟁은 Andres, Wills, and Griffith Jr. "Winning with Allies," 그리고 Biddle, "Allies, Airpower, and Modern Warfare" 등 논문에서 출발했다.

11 이후 압둘라는 카르자이와 결별하고 2009년 8월 대통령 선거에 출마했다. 압둘라는 본래 안과 의사 출신으로 소련과의 전쟁 시기에 마수드가 지휘하는 저항 세력에 투신하여 의무 부대를 지휘했고, 야전병원을 운영하면서 마수드 세력 내부에 확고한 기반을 구축했다.

12 일부 사설 경비 업체는 공식적으로 직원 1000명에 연 매출 6000만 달러를 기록했다. Matthew Rosenberg, "U. S. Cuts Off Afghan Firm," *The Wall Street Journal*, December 8, 2010.

13 SIGAR, *Quarterly Report to the United States Congress*(October 2010), p.12.

14 SIGAR, *Quarterly Report to the United States Congress*(July 2012), pp.20~22. 2009~2011년 회계연도는 2008년 10월 1일~ 2011년 9월 30일까지의 기간을 의미한다.

15 SIGAR, *Quarterly Report to the United States Congress*(October 2010), p.6.

16 Dexter Filkins, "Convoy Guards in Afghanistan Face an Inquiry," *The New York Times*, June 6, 2010.

17 Partlow, *A Kingdom of Their Own*, pp.302~305.

18 Mujib Mashal, "Being an Afghan General Is Nice Work if You Can Get It. And Many Do," *The New York Times*, December 19, 2016. 2018년 현재 시점에서 한국 군 장군 숫자는 436명이며, 같은 시점에서 아프가니스탄 보안군 병력의 3배 규모인 미 군의 경우 장군 숫자는 법으로 승인된 장군 정원은 963명이고 실제 복무 중인 현역 장 군은 891명이다.

19 Carlotta Gall, "Karzai Threatens to Send Soldiers Into Pakistan," *The New York Times*, June 16, 2008. 탈레반 정권의 수반이었던 오마르는 남부 아프가니스탄 출신이 지만, 카르자이는 파키스탄의 개입을 강조하기 위해 오마르를 파키스탄 출신으로 규정 했다.

20 아흐메드 왈리 카르자이는 1961년생으로 카불에서 고등학교를 다니던 와중인 1979년 12월 소련 침공으로 학업을 중단하고 해외로 피신했다. 1980년대 미국 시카고에서 가 족이 운영하던 아프가니스탄 식당의 지배인으로 일했고, 1980년대 말 파키스탄에서 저 항 세력에 투신했다.

21 Partlow, *A Kingdom of Their Own*, pp.267~268.

22 James Risen, "Reports Link Karzai's Brother to Afghanistan Heroin Trade," *The New York Times*, October 4, 2008.

23 Partlow, *A Kingdom of Their Own*, pp.110~111.

24 같은 책, pp.216~218.

25 같은 책, pp.109~110.

26 초기 단계에서 아프가니스탄 보안군의 전투 병력은 영토 중앙에 위치한 수도 카불을 중 심으로, 북부의 마자르이샤리프, 남부의 칸다하르, 서부의 헤라트, 동부의 가르데즈 등 5개 지역에 분산 배치되었다.

27 GAO, *Afghanistan Security: Efforts to Establish Army and Police Have Made Progress but Future Plans Need to Be Better Defined*(Washington, DC: U. S. Government Accountability Office, June 2005), pp.6~8.

28 DoD, *Report on Progress toward Security and Stability in Afghanistan*(June 2008),

p.16.

29 DoD, *Report on Progress toward Security and Stability in Afghanistan*(October 2009), p.22; DoD, *Report on Progress toward Security and Stability in Afghanistan*(April 2010), p.93.

30 DoD, *Report on Progress toward Security and Stability in Afghanistan*(November 2010), p.9.

31 DoD, *Report on Progress toward Security and Stability in Afghanistan*(April 2011), p.3.

32 DoD, *Report on Progress toward Security and Stability in Afghanistan*(October 2011), p.4.

33 Chandrasekaran, *Little America*, pp.147~148

34 Hastings, *The Operators*, pp.273~274.

35 Peters, *Seeds of Terror*, p.214.

36 Dexter Filkins, "With Troop Pledge, New Demands on Afghans," *The New York Times*, December 1, 2009.

37 GAO, *Afghanistan: Key Issues for Congressional Oversight*(Washington, DC: U. S. Government Accountability Office, April 2009), pp.27~28.

38 Seth Robson, "U. S. Trying to Track Missing Weapons Issued to Afghan Police," *Stars and Stripes*, September 11, 2010.

39 SIGAR, *Quarterly Report to the United States Congress*(July 2014), pp.24~26.

40 SIGAR, *Quarterly Report to the United States Congress*(October 2012), pp.28~30.

41 SIGAR, *Quarterly Report to the United States Congress*(January 2012), p.35; SIGAR, *Quarterly Report to the United States Congress*(January 2013), p.6.

42 SIGAR, *Quarterly Report to the United States Congress*(April 2014), pp.5~6.

제14장

1 UNODC(UN Office of Drugs and Crime), *Global Illicit Drug Trends 2001*(June 2001), p.30.

2 Macdonald, *Drugs in Afghanistan*, p.61.

3 UNODC, *Global Illicit Drug Trends 2001*, pp.32~35. 양귀비를 수확하는 작업은 매우 노동집약적으로 진행된다. 따라서 양귀비 수확에는 밀을 수확하는 데 필요한 노동력의 9배 정도가 필요하기 때문에 많은 유랑 노동자가 수확 시점에 양귀비 재배 지역으로

집중 이동했다.

4   Peters, *Seeds of Terror*, p.87. 1995~1996년의 가뭄 때문에 양귀비 수확량이 감소하여 아편 생산량 또한 줄어들었다.

5   순수하게 양귀비 및 아편 생산에 부과하는 10%의 물품세 수입은 3000만 달러였으나, 1998년 이후 수송 및 정제까지 과세한 경우에는 조세 수입이 2억 달러 수준으로 증가했다. 이와는 별도로 상당한 분량의 아편이 '상납'되어 탈레반 정권 핵심의 치부에 결정적인 역할을 했다.

6   UNODC, *Global Illicit Drug Trends 2001*, p.38.

7   Peters, *Seeds of Terror*, pp.99~106.

8   같은 책, pp.107~108.

9   Josh Meyer, "Pentagon Resists Pleas for Help in Afghan Opium Fight," *Los Angeles Times*, December 5, 2006.

10   Peters, *Seeds of Terror*, pp.1~4, p.119.

11   해당 보고서는 U. S. Department of State, *U. S. Counternarcotics Strategy for Afghanistan*(August 2007), https://2001-2009.state.gov/documents/organization/90671.pdf (검색일: 2021년 2월 25일)에서 찾을 수 있다. 이전까지 미국 국무부는 국방부의 강력한 견제 때문에 마약 문제에 개입하지 못했으나, 게이츠 장관 취임 이후 국방부가 마약 문제의 심각성을 인정하면서 국무부 중심으로 마약 문제에 대한 전략을 제시할 수 있었다.

12   DoD, *Report on Progress toward Security and Stability in Afghanistan*(June 2008), p.6.

13   Judy Dempsey and John F. Burns, "NATO Agrees to Take Aim at Afghan Drug Trade," *The New York Times*, October 10, 2008.

14   게이츠 장관은 부시 대통령 시기인 2006년 12월 취임하여 오바마 대통령 시기인 2011년 6월 퇴임했다. 이에 게이츠 국방 장관은 공화당과 민주당의 정권이 교체되었음에도 불구하고 유임되었던 최초의 국방 장관이라는 특이한 이력을 가지게 되었다.

15   SIGAR, *Counternarcotics: Lessons from the U. S. Experience in Afghanistan*(June 2018), p.39. 1헥타르는 가로세로 100m의 정사각형 넓이로, 1만m^2에 해당한다.

16   SIGAR, *Quarterly Report to the United States Congress*(January 2012). p.4.

17   SIGAR, *Counternarcotics*, p.43, 46.

18   Jason H. Campbell and·Jeremy Shapiro, *Afghanistan Index: Tracking Variables of Reconstruction and Security in Post-9·11 Afghanistan*(Brookings Institution, January 2009), p.21.

19 Craig Whitlock, "Overwhelmed by Opium," *The Washington Post*, December 9, 2019.

20 Kirk Semple and Tim Golden, "Afghans Pressed by U. S. on Plan to Spray Poppies," *The New York Times*, October 8, 2007. 미국이 살포하는 고엽제·제초제가 '일반 소금이나 아스피린, 카페인, 니코틴 또는 비타민 A보다 독성이 약하다'는 주장은 미국 국무부의 공식 입장이었다.

21 Chandrasekaran, *Little America*, p.108.

22 Richard Holbrooke, "Still Wrong in Afghanistan," *The Washington Post*, January 23, 2008.

23 Chandrasekaran, *Little America*, pp.111~113.

24 Ian S. Livingston and Michael O'Hanlon, *Afghanistan Index: Also including selected data on Pakistan*(Washington, DC: Brookings Institution, September 2017), p.17. 이전과 달리 2017년 9월 보고서는 보고서 명칭과 근거 자료 및 수치에서 차이가 있다. 이전 보고서들은 아프가니스탄의 아편 생산량을 2006년 6100톤, 2007년 8200톤, 2008년 7700톤이라고 제시했다. 하지만 2017년 9월 보고서는 세계 생산량에서 아프가니스탄이 차지하는 비율을 공개하지 않고, 아프가니스탄의 아편 생산량을 2006년 5300톤, 2007년 7400톤, 2008년 5900톤으로 기록했다.

25 Peters, *Seeds of Terror*, p.215.

26 David S. Cloud and Carlotta Gall, "U. S. Memo Faults Afghan Leader on Heroin Fight," *The New York Times*, May 22, 2005.

27 Yaroslav Trofimov, "Karzai and U. S. Clash Over Corruption," *The Wall Street Journal*, August 3, 2010.

28 Whitlock, "Overwhelmed by Opium."

29 Thomas Schweich, "Is Afghanistan a Narco-State?" *The New York Times Magazine*, July 27, 2008.

30 Craig Whitlock, "Consumed by Corruption," *The Washington Post*, December 9, 2019.

31 Kaplan, *Insurgents*, pp.347~348.

32 Partlow, *A Kingdom of Their Own*, pp.251~253.

33 Matthew Rosenberg, "Afghanistan Money Probe Hits Close to the President," *The Wall Street Journal*, August 12, 2010.

34 Partlow, *A Kingdom of Their Own*, pp.91~94.

제15장

1   김태형, 『인도-파키스탄 분쟁의 이해』, pp.69~86.

2   Global Terrorism Database, https://www.start.umd.edu/gtd/ (검색일: 2021년 3월 4일).

3   이장욱, 「핵 보유 이후 인도의 국가전략」, 김태형 외, 『북한이 핵 보유국이 된다면 어떻게 달라지는가』(서울: 사회평론 아카데미, 2020), pp.242~298; Walter C. Ladwig III, "A Cold Start for Hot Wars? The Indian Army's New Limited War Doctrine," *International Security*, Vol.32, No.3(Winter 2007/2008), pp.158~190.

4   김태형, 「파키스탄의 핵 보유 이후 전략 변화」, 김태형 외, 『북한이 핵 보유국이 된다면 어떻게 달라지는가』(서울: 사회평론 아카데미, 2020), pp.299~345.

5   Rosen, *Societies and Military Power*, pp.251~252.

6   Christopher Clary and Vipin Narang, "India's Counterforce Temptations: Strategic Dilemmas, Doctrine, and Capabilities," *International Security*, Vol.43, No.3(Winter 2018/19), pp.7~52.

7   Gall, *Wrong Enemy*, p.69.

8   Abbas, *The Taliban Revival*, p.49; Johnson, "Financing Afghan Terrorism," p.99. 2001년 당시 아프가니스탄과 파키스탄의 GDP는 각각 10억 달러와 800억 달러 수준이었다.

9   Thomas H. Johnson and M. Chris Mason, "No Sign Until the Burst of Fire: Understanding the Pakistan-Afghanistan Frontier," *International Security*, Vol.32, No.4(Spring 2008), p.53, pp.55~56.

10   Woodward, *Obama's War*, p.3, p.65.

11   Richard A. Oppel Jr. and Salman Masood, "As Biden Meets Pakistani Leaders, Bombs Rattle a Cultural Hub," *The New York Times*, January 9, 2009.

12   Woodward, *Obama's War*, pp.163~164, p.215.

13   The White House, "Remarks by the President on a New Strategy for Afghanistan and Pakistan," March 27, 2009, https://obamawhitehouse.archives.gov/the-press-office/remarks-president-a-new-strategy-afghanistan-and-pakistan (검색일: 2019년 11월 23일).

14   Griff Witte, "Pakistani Forces Kill Last Holdouts in Red Mosque," *The Washington Post*, July 12, 2007.

15   Carlotta Gall, "Pakistan and Afghan Taliban Close Ranks," *The New York Times*, March 26, 2009.

16 Jane Perlez, "Karachi Turns Deadly Amid Pakistan"s Rivalries," *The New York Times*, November 18, 2010.

17 Woodward, *Obama's War*. pp.286~87.

18 S. Paul Kapur and Sumit Ganguly, "The Jihad Paradox: Pakistan and Islamist Militancy in South Asia," *International Security*, Vol.37, No.1(Summer 2012), pp.111~141.

19 Elisabeth Bumiller and Jane Perlez, "Pakistan's Spy Agency Is Tied to Attack on U. S. Embassy," *The New York Times*, September 22, 2011.

20 엄격한 이슬람교 율법에서는 사망자를 수장하는 것이 허용되지 않는다. 하지만 일부 경우에는 가능하며, 미국은 빈라덴이 국적을 유지했던 사우디아라비아 정부에 시신을 인수할 것을 제안했지만 사우디아라비아 정부가 이를 거부했다. 대신 사우디아라비아는 빈라덴의 시신을 수장하는 데 동의했다.

21 Woodward, *Obama's War*. pp.22~23, p.26.

22 회의론 입장에서 해당 논쟁을 잘 정리한 연구로는 다음이 있다. Jenna Jordan, "Attacking the Leader, Missing the Mark: Why Terrorist Groups Survive Decapitation Strikes," *International Security*, Vol.38, No.4(Spring 2014), pp.7~38.

23 Asfandyar Mir, "What Explains Counterterrorism Effectiveness? Evidence form the U. S. Drone War in Pakistan," *International Security*, Vol.43, No.2(Fall 2018), pp. 45~83.

24 Scott Shane, "C. I. A. Is Disputed on Civilian Toll in Drone Strikes," *The New York Times*, August 11, 2011.

25 New America, "The Drone War in Pakistan," https://www.newamerica.org/international-security/reports/americas-counterterrorism-wars/the-drone-war-in-pakistan/ (검색일: 2020년 10월 4일).

26 Mark Landler, "Civilian Deaths Due to Drones Are Not Many, Obama Says," *The New York Times*, January 30, 2012; Charlie Savage, "Top U. S. Security Official Says 'Rigorous Standards' Used for Drone Strikes," *The New York Times*, April 30, 2012.

27 Pew Research Center, "Pakistani Public Opinion Ever More Critical of U. S."(June 27, 2012). https://www.pewresearch.org/global/2012/06/27/pakistani-public-opinion-ever-more-critical-of-u-s/ (검색일: 2021년 5월 23일).

28 Dawn, "NA Unanimously Passes Resolution Against US Drone Strikes," *The Dawn*, December 10, 2013.

29   Greg Miller and Bob Woodward, "Secret Memos Reveal Explicit Nature of U. S., Pakistan Agreement on Drones," *The Washington Post*, October 24, 2013.

30   Aqil Shah, "Do U. S. Drone Strikes Cause Blowback? Evidence from Pakistan and Beyond," *International Security*, Vol.42, No.4(Spring 2018), pp.47~84.

제16장

1   Hastings, *The Operators*, p.285.

2   이근욱, 『이라크 전쟁: 부시의 침공에서 오바마의 철군까지』(파주: 한울엠플러스, 2021), pp.278~279.

3   해당 수치는 다음에서 인용했다. The White House, "President's Address to the Nation," January 10, 2007, https://georgewbush-whitehouse.archives.gov/news/relea ses/2007/01/20070110-7.html (검색일: 2010년 1월 21일).

4   연설 원문은 다음에서 찾을 수 있다. The White House, "Remarks by the President on the Way Forward in Afghanistan," June 22, 2011, https://obamawhitehouse. archives.gov/the-press-office/2011/06/22/remarks-president-way-forward-Afghanis tan (검색일: 2020년 1월 5일).

5   Mark Landler and Helene Cooper, "Obama Will Speed Pullout From War in Afghanistan," *The New York Times*, June 22, 2011.

6   민간 직원 1명을 아프가니스탄에 배치하고 유지하는 데 연간 41만~57만 달러가 소요되 며, 해당 인력을 통해 미국 대사관이 집행하는 사업 예산 등의 추가 지출분이 17억 달러 수준이었다. SIGAR, *Quarterly Report to the United States Congress*(October 2011), pp.5~6.

7   DoD, *Report on Progress toward Security and Stability in Afghanistan*(October 2011), pp.1~3.

8   SIGAR, *Quarterly Report to the United States Congress*(January 2011), pp.28~29.

9   DoD, *Report on Progress toward Security and Stability in Afghanistan*(December 2012), p.3, p.20.

10   DoD, *Report on Progress toward Security and Stability in Afghanistan*(July 2013), p.29; DoD, *Report on Progress toward Security and Stability in Afghanistan* (November 2013), p.33. 여기에 아프가니스탄 지방 경찰 2만 4169명이 추가되면, 아프 가니스탄 정부가 동원할 수 있는 병력은 35만 2000명을 초과하는 36만 8771명이었다.

11   SIGAR, *Quarterly Report to the United States Congress*(January 2012), p.21,

SIGAR, *Quarterly Report to the United States Congress*(April 2013), p.4; SIGAR, *Quarterly Report to the United States Congress*(July 2014), pp.8~9.

12   Matthew Rosenberg and Michael D. Shear, "Obama Makes Surprise Trip to Afghanistan," *The New York Times*, May 25, 2014.

13   SIGAR, *Quarterly Report to the United States Congress*(April 2014), p.7.

14   Ashraf Ghani, "Where Democracy's Greatest Enemy Is a Flower," *The New York Times*, December 11, 2004.

15   Rod Nordland and Alissa J. Rubin, "Iraq Insurgents Reaping Wealth as They Advance," *The New York Times*, June 20, 2014.

16   국무부 대변인이 발표한 6월 10일 성명서 원문은 다음에서 볼 수 있다. U. S. Department of State. 2014.6.10. "U. S. Condemns ISIL Assault on Mosul." https://2009-20 17.state.gov/r/pa/prs/ps/2014/06/227378.htm (검색일: 2019년 3월 8일).

17   Michael D. Shear, "Obama Says Iraq Airstrike Effort Could Be Long-Term," *The New York Times*, August 9, 2014.

18   Mark Landler, "Obama Signs Pact in Kabul, Turning Page in Afghan War," *The New York Times*, May 1, 2012.

19   Matthew Rosenberg and Michael D. Shear, "In Reversal, Obama Says U. S. Soldiers Will Stay in Afghanistan to 2017," *The New York Times*, October 15, 2015.

20   DoD, *Report on Progress toward Security and Stability in Afghanistan*(October 2014), p.2.

21   DoD, *Report on Enhancing Security and Stability in Afghanistan*(December 2015), p.1. 2008년 6월부터 발행되었던 국방부 보고서(Report on Progress toward Security and Stability in Afghanistan)는 2015년 1월 치안 책임 전환에 따라 그 명칭이 Report on Enhancing Security and Stability in Afghanistan으로 변경되어 2015년 6월부터 발행되고 있다.

22   SIGAR, *Quarterly Report to the United States Congress*(April 2016), p.5, p.95.

23   DoD, *Report on Enhancing Security and Stability in Afghanistan*(December 2016), pp.22~24.

24   SIGAR, *Quarterly Report to the United States Congress*(January 2016), p.10.

25   SIGAR, *Quarterly Report to the United States Congress*(January 2015), p.3. 2016년 1월 조사에 따르면, 철군 이전 아프가니스탄 GDP 중 미군 기지 건설 및 유지가 차지하는 비중이 40%였으며 미군에 대한 수송 및 납품이 차지하는 비중이 22%였다.

SIGAR, *Quarterly Report to the United States Congress*(January 2016), p.3. 부패를 '전략적 위협'으로 규정한 것은 DoD, *Report on Progress toward Security and Stability in Afghanistan*(October 2014), p.7이다.

26 DoD, *Report on Enhancing Security and Stability in Afghanistan*(June 2015), p.5, p.40, p.47. 2015년 2월 전역 조치된 장군들은 정년이 초과되었지만 군에 그대로 잔류하고 있던 인원이었다. SIGAR, *Quarterly Report to the United States Congress* (October 2015), p.11.

27 SIGAR, *Quarterly Report to the United States Congress*(April 2016), p.5.

28 같은 책, p.9.

29 미국은 마셜계획을 통해 1948년에서 1952년 사이 133억 달러를 지출했고, 이 금액은 2014년 가격으로 1034억 달러에 달한다. 하지만 아프가니스탄 재건을 위해 미국이 지출한 금액은 2014년 여름까지 1090억 달러였고, 이후 해당 지출은 계속 유지되고 있다. 물론 제2차 세계대전 직후 유럽에서는 아프가니스탄 보안군과 같은 조직을 새롭게 창설할 필요가 없었기 때문에 많은 비용이 절감되었다.

30 SIGAR, *Quarterly Report to the United States Congress*(April 2013), pp.34~35.

31 Department of Defense Press Briefing by Secretary Carter and General Dunford, February 29, 2016. 해당 기자회견 내용은 다음에서 찾을 수 있다. https://www.defe nse.gov/Newsroom/Transcripts/Transcript/Article/682341/department-of-defense-press-briefing-by-secretary-carter-and-gen-dunford-in-the/ (검색일: 2021년 3월 18일).

제17장

1 Josh Katz, "Who Will Be President?" *The New York Times*, November 8, 2016.

2 Eliot A. Cohen, "I told Conservatives to Work for Trump. One Talk with His Team Changed My Mind," *The Washington Post*, November 15, 2016.

3 Meghan Keneally, "What Trump Has Said about Afghanistan," *The ABC News*. August 22, 2017.

4 David A. Fahrenthold, Robert Costa and John Wagner, "Donald Trump is Sworn in as President, Vows to End 'American Carnage'," *The Washington Post*, January 20, 2017.

5 Michael R. Gordon and Niraj Chokshi, "Trump Criticizes NATO and Hopes for 'Good Deals' With Russia," *The New York Times*, January 15, 2017.

6 Michael D. Shear and Catherine Porter, "Trump Refuses to Sign G-7 Statement and

Calls Trudeau 'Weak'," *The New York Times*, June 9, 2018.

7   트럼프 대통령의 2017년 8월 21일 기자회견 및 발언 내용은 다음에서 찾을 수 있다. The White House, "Remarks by President Trump on the Strategy in Afghanistan and South Asia," August 21, 2017, https://2017-2021-translations.state.gov/2017/0 8/21/remarks-by-president-trump-on-the-strategy-in-afghanistan-and-south-asia/in dex.html (검색일: 2020년 4월 3일).

8   Mark Landler and Maggie Haberman, "Angry Trump Grilled His Generals About Troop Increase, Then Gave In," *The New York Times*, August 21, 2017.

9   SIGAR, *Quarterly Report to the United States Congress*(July 2015), p.96.

10 SIGAR, *Quarterly Report to the United States Congress*(January 2017), p.58; SIGAR, *Quarterly Report to the United States Congress*(April 2017), p.87.

11 니컬슨 장군의 발언 전문은 다음에서 찾을 수 있다. John W. Nicholson, "Statement for the Record By General John W. Nicholson, Commander U. S. Forces — Afghanistan Before the Senate Armed Services Committee on the Situation in Afghanistan," February 9, 2017, https://www.armed-services.senate.gov/imo/medi a/doc/Nicholson_02-09-17.pdf (검색일: 2021년 4월 12일).

12 Michael R. Gordon, "U. S. General Seeks 'a Few Thousand' More Troops in Afghanistan," *The New York Times*, February 9, 2017.

13 SIGAR, *Quarterly Report to the United States Congress*(October 2017), pp.3~4.

14 SIGAR, *Quarterly Report to the United States Congress*(April 2019), p.10.

15 DoD, *Report on Enhancing Security and Stability in Afghanistan*(December 2018), p.1.

16 Clayton Thomas, *Afghanistan: Background and U. S. Policy In Brief*(Washington, DC: Congressional Research Service, August 2019), p.8.

17 SIGAR, *Quarterly Report to the United States Congress*(October 2018), pp.3~4.

18 Mujib Mashal, "Afghan Taliban Awash in Heroin Cash, a Troubling Turn for War," *The New York Times*, October 29, 2017.

19 DoD, *Report on Enhancing Security and Stability in Afghanistan*(June 2017), pp.2~5.

20 Craig Whitlock, "Unguarded Nation," *The Washington Post*, December 9, 2019.

21 DoD, *Report on Enhancing Security and Stability in Afghanistan*(June 2017), p.33; DoD, *Report on Enhancing Security and Stability in Afghanistan*(December 2017), pp.31~32.

22　Whitlock, "Unguarded Nation," *The Washington Post.*

23　SIGAR, *Quarterly Report to the United States Congress*(July 2020), p.5, pp.6~8.

24　Whitlock, "Consumed by Corruption," *The Washington Post.*

25　Stephen D. Biddle, "Afghanistan's Legacy: Emerging Lessons of an Ongoing War," *The Washington Quarterly*, Vol.37, No.2(Summer 2014), pp.73~86. 특히 pp.76~77.

26　Thomas Gibbons-Neff, "Afghan War Data, Once Public, Is Censored in U. S. Military Report," *The New York Times*, October 30, 2017.

27　Rod Nordland, "The Death Toll for Afghan Forces Is Secret. Here's Why," *The New York Times*, September 21, 2018.

28　Rod Nordland, Ash Ngu, and Hahim Abed, "How the U. S. Government Misleads the Public on Afghanistan," *The New York Times*, September 8, 2018.

제18장

1　SIGAR, *Reintegration of Ex-Combatants: Lessons from the U. S. Experience in Afghanistan*(September 2019), pp.17~57.

2　Carlotta Gall, "Insurgent Faction Presents Afghan Peace Plan," *The New York Times*, March 23, 2010.

3　Rod Nordland, "Afghanistan Signs Draft Peace Deal With Faction Led by Gulbuddin Hekmatyar," *The New York Times*, September 22, 2016.

4　SIGAR, *Quarterly Report to the United States Congress*(January 2019), p.12.

5　Ashraf Ghani, "I Will Negotiate With the Taliban Anywhere," *The New York Times*, June 27, 2018.

6　Matthew Rosenberg, "Taliban Opening Qatar Office, and Maybe Door to Talks," *The New York Times*, January 3, 2012.

7　Lara Jakes, "Trump Declares Afghan Peace Talks With Taliban 'Dead'," *The New York Times*, September 9, 2019.

8　합의문 내용은 다음에서 찾을 수 있다. Agreement for Bringing Peace to Afghanistan, February 29, 2020, https://www.state.gov/wp-content/uploads/2020/02/Agreement-For-Bringing-Peace-to-Afghanistan-02.29.20.pdf (검색일: 2021년 1월 14일).

9　Mujib Mashal, "Afghan Prisoner Swap Hits Wall as Taliban Pull Out of Talks," *The New York Times*, April 7, 2020.

10 SIGAR, *Quarterly Report to the United States Congress*(April 2020), p.65.

11 Thomas Gibbons-Neff, "Taliban's Continued Attacks Show Limits of U. S. Strategy in Afghanistan," *The New York Times*, January 31, 2020.

12 Najim Rahim and Mujib Mashal, "Taliban Ramp Up Attacks on Afghans After Trump Says 'No Violence'," *The New York Times*, March 4, 2020.

13 SIGAR, *Quarterly Report to the United States Congress*(April 2020), p.66.

14 SIGAR, *Quarterly Report to the United States Congress*(April 2021), pp.62~63.

15 Larry H. Addington, *America's War in Vietnam: A Short Narrative History* (Bloomington, IN: Indiana University Press, 2000), pp.145~147.

16 Marshall L. Michell III, *Operation Linebacker II 1972: The B-52 Are Sent to Hanoi* (New York: Osprey Publishing, 2018), p.86.

17 Stanley Karnow, *Vietnam: A History*(New York: Penguin Books, 1997), p.668.

18 Mujib Mashal, "U. S. Troops in Afghanistan Reduced to 8,600, General Says," *The New York Times*, June 19, 2020.

19 정규군의 전면 침공을 시도했기 때문에, 북베트남 병력이 필요로 하는 물자는 상당한 양이었다. 하지만 미군 공습으로 보급이 유지되지 않으면서, 북베트남 병력은 초기 단계 이후 엄청난 손실에 시달렸으며, 특히 북베트남 기갑부대는 사실상 전멸했다. 북베트남으로 유입되는 물자는 80% 감소했으며, 중국에서 공급하는 군수물자의 양은 월 16만 톤에서 3만 톤으로 줄어들었고 하이퐁 항구는 사실상 봉쇄되었다. 북베트남의 모든 유류 저장 시설이 파괴되면서, 군사작전 자체가 진행될 수 없었다. Robert A. Pape, *Bombing to Win: Air Power and Coercion in War*(Ithaca, NY: Cornell University Press, 1996), pp.197~202.

20 David Zucchino and Fahim Abed, "On Afghan Highways, Even the Police Fear the Taliban's Toll," *The New York Times*, November 1, 2020.

21 DoD, *Report on Enhancing Security and Stability in Afghanistan*(June 2020), pp.4~5.

22 Thom Shanker, "To Track Militants, U. S. Has System That Never Forgets a Face," *The New York Times*, July 13, 2011.

23 SIGAR, *Quarterly Report to the United States Congress*(July 2020), pp.4~5.

24 이와 같이 특수부대를 검문소에 배치해서 활용하는 것은 매우 비효율적인 병력 운용 방식이었다. 하지만 2000명 규모의 특수부대가 검문소 병력으로 활동했고, 이것은 특수부대 병력 전체의 10% 수준이었다. SIGAR, *Quarterly Report to the United States Congress*(October 2020), p.90.

25 SIGAR, *Quarterly Report to the United States Congress*(April 2021), p.72.

26 Mujib Mashal, Fahim Abed and Fatima Faizi, "Afghanistan Election Draws Low Turnout Amid Taliban Threats," *The New York Times*, September 28, 2019.

27 SIGAR, *Quarterly Report to the United States Congress*(January 2020), p.96.

28 Mujib Mashal, Fatima Faizi and Najim Rahim, "Ghani Takes the Oath of Afghan President. His Rival Does, Too," *The New York Times*, March 9, 2020.

29 Pamela Constable and John Hudson, "U. S. Vows to Cut $1 Billion in Aid to Afghanistan as Political Crisis Threatens Peace Deal," *The Washington Post*, March 24, 2020.

30 Mujib Mashal, "Afghan Rivals Sign Power-Sharing Deal as Political Crisis Subsides," *The New York Times*, May 17, 2020.

31 Ashraf Ghani, "Afghans and Their International Partners Have Paid the Costs. Now We're Taking a Risk for Peace," *The Washington Post*, August 15, 2020.

32 SIGAR, *Quarterly Report to the United States Congress*(October 2020), p.108.

33 Susannah George, "The Taliban and the Afghan Government Are Finally Talking Peace: What They're Negotiating and What to Expect," *The Washington Post*, September 14, 2020.

34 Adam Nossiter, "'There Is No Safe Area': In Kabul, Fear Has Taken Over," *The New York Times*, January 17, 2021.

35 Thomas Gibbons-Neff and Fatima Faizi, "Afghan and Taliban Negotiators Agree on Peace Talks' Procedures," *The New York Times*, December 2, 2020.

제19장

1 트럼프 대통령은 해당 선거는 "부정 선거였다", "자신은 대통령에 취임할 수 있다" 등의 근거 없는 주장을 반복했다. 대통령 당선자를 최종 선출하는 미국 연방의회 인준이 이루어졌던 2021년 1월 6일, 트럼프 대통령의 열렬 지지자들은 국회의사당 점거를 시도했으나 경비 병력에 의해 격퇴되었다. 이 폭동으로 경찰 1명과 폭도 4명, 총 5명이 사망했으며, 민주주의 국가의 본보기라는 미국의 정치적 위신은 추락했다.

2 본래 미국 대통령 선거의 후보 토론은 3회 개최되며, 2020년 7월 총 3회의 후보 토론 일정이 공개되었다. 첫 토론은 9월 29일 개최되었으나, 10월 15일로 예정되어 있던 두 번째 토론은 트럼프 대통령이 코로나19에 감염되면서 취소되었다. 10월 22일 최종 토론이 진행되었고, 결국 2020년 대통령 선거의 후보 토론은 2회 개최되었다. 아프가니스탄

이 언급된 토론은 10월 22일 대통령 후보 토론회이다. 부통령 후보 토론은 10월 7일 개최되었으나, 아프가니스탄 문제는 전혀 언급되지 않았다.

3   Julian E. Barnes, Thomas Gibbons-Neff and Eric Schmitt, "Officials Try to Sway Biden Using Intelligence on Potential for Taliban Takeover of Afghanistan," *The New York Times*, March 26, 2021.

4   SIGAR, *Quarterly Report to the United States Congress*(April 2021), p.56.

5   Thomas Gibbons-Neff, Helene Cooper and Eric Schmitt, "U. S. Has 1,000 More Troops in Afghanistan Than It Disclosed," *The New York Times*, March 14, 2021.

6   Helene Cooper, Eric Schmitt and David E. Sanger, "Debating Exit From Afghanistan, Biden Rejected General' Views," *The New York Times*, April 17, 2021.

7   Obama, *A Promised Land*, pp.318~319.

8   Steven Erlanger, "Blinken's Welcome by NATO Doesn't Hide Differences on Key Issues," *The New York Times*, March 24, 2021.

9   해당 연설의 원본은 다음에서 찾을 수 있다. The White House, "Remarks by President Biden on the Way Forward in Afghanistan," April 14, 2021, https://www.whitehouse.gov/briefing-room/speeches-remarks/2021/04/14/remarks-by-president-biden-on-the-way-forward-in-afghanistan/ (검색일: 2021년 4월 20일).

10   해당 연설의 원본은 다음에서 찾을 수 있다. The White House, "Remarks by President Biden in Address to a Joint Session of Congress," April 28, 2021, https://www.whitehouse.gov/briefing-room/speeches-remarks/2021/04/29/remarks-by-president-biden-in-address-to-a-joint-session-of-congress/ (검색일: 2020년 5월 1일).

11   Thomas Gibbons-Neff, "U. S. Leaves Its Last Afghan Base, Effectively Ending Operations," *The New York Times*, July 2, 2021.

12   해당 연설의 원본은 다음에서 찾을 수 있다. The White House, "Remarks by President Biden on the Drawdown of U. S. Forces in Afghanistan," July 8, 2021, https://www.whitehouse.gov/briefing-room/speeches-remarks/2021/07/08/remarks-by-president-biden-on-the-drawdown-of-u-s-forces-in-afghanistan/ (검색일: 2021년 7월 10일).

13   David Zucchino and Najim Rahim, "A Wave of Afghan Surrenders to the Taliban Picks Up Speed," *The New York Times*, May 27, 2021.

14   Thomas Gibbons-Neff, Fahim Abed and Sharif Hassan, "The Afghan Military Was Built Over 20 Years. How Did It Collapse So Quickly?" *The New York Times*,

August 13, 2021.

15 David Zucchino, "Collapse and Conquest: The Taliban Strategy That Seized Afghanistan," *The New York Times*, August 18, 2021.

16 Michael R. Gordon, Gordon Lubold, Vivian Salama and Jessica Donati, "Inside Biden's Afghanistan Withdrawal Plan: Warnings, Doubts but Little Change," *The Wall Street Journal*, September 5, 2021.

17 Dan Lamothe, John Hudson, Shane Harris and Anne Gearan, "U. S. Officials Warn Collapse of Afghan Capital Could Come Sooner than Expected," *The Washington Post*, August 10, 2021.

18 Adam Nossiter, Taimoor Shah and Fahim Abed, "Taliban Seize Afghan Provincial Capital Just Weeks Before Final U. S. Withdrawal," *The New York Times*, August 6, 2021.

19 Susannah George, Missy Ryan, Tyler Pager, Pamela Constable, John Hudson and Griff Witte, "Surprise, Panic and Fateful Choices: The Day America Lost Its Longest War," *The Washington Post*, August 28, 2021.

20 Lara Jakes, "Stranded in Kabul: A U. S. Resident Runs Out of Options," *The New York Times*, August 31, 2021.

21 Sami Sadat, "I Commanded Afghan Troops This Year. We Were Betrayed," *The New York Times*, August 25, 2021.

결론

1 아프가니스탄 전쟁 마지막 단계에서 러시아가 탈레반 저항 세력을 지원했고 미군 병력을 살해하는 데 현상금(bounty)을 걸었다는 언론 보도가 있었지만, 확인되지는 않았다. 러시아 등이 탈레반 저항 세력을 지원한 것은 사실이지만, 그 지원 규모는 매우 제한적이었고 동시에 마약 거래의 일환으로 진행된 무기 거래에 국한된다.

참고문헌

김태형. 2019. 『인도-파키스탄 분쟁의 이해: 신현실주의 이론으로 바라보는 양국의 핵개발과 안보전략 변화』. 서울: 서강대학교 출판부.

국가통계포털. http://kosis.kr/index/index.do (검색일: 2020년 8월 27일).

이근욱. 2021. 『이라크 전쟁: 부시의 침공에서 오바마의 철군까지』. 파주: 한울엠플러스.

이웅현. 2001. 『소련의 아프간 전쟁: 출병의 정책결정과정』. 서울: 고려대학교 출판부.

이장욱. 2020. 「핵 보유 이후 인도의 국가전략」. 김태형 외. 『북한이 핵 보유국이 된다면 어떻게 달라지는가』. 서울: 사회평론 아카데미.

Abbas, Hassan. 2014. *The Taliban Revival: Violence and Extremism on the Pakistan-Afghanistan Frontier.* New Haven, CT: Yale University Press.

Addington, Larry H. 2000. *America's War in Vietnam: A Short Narrative History.* Bloomington, IN: Indiana University Press.

Agreement for Bringing Peace to Afghanistan. 2020.2.29. https://www.state.gov/wp-content/uploads/2020/02/Agreement-For-Bringing-Peace-to-Afghanistan-02.29.20.pdf (검색일: 2021년 1월 14일).

Andres, Richard B., Craig Wills and Thomas E. Griffith Jr. 2005/2006. "Winning with Allies: The Strategic Value of the Afghan Model." *International Security*, Vol.30, No.3(Winter), pp.124~160.

Baker, Peter. 2009.12.5. "How Obama Came to Plan for 'Surge' in Afghanistan." *The New York Times.*

Barnes, Julian E. Thomas Gibbons-Neff and Eric Schmitt. 2021.3.26. "Officials Try to Sway Biden Using Intelligence on Potential for Taliban Takeover of Afghanistan." *The New York Times.*

Barno, David W. 2007. "Fighting 'the Other War': Counterinsurgency Strategy in

Afghanistan, 2003-2005." *Military Review*, Vol.87, No.5(September/October), pp. 32~44.

Bearak, Barry. 2001.10.27. "Rival Is Executed by Taliban After Secret Return." *The New York Times*.

Biddle, Stephen D. 2005/2006. "Allies, Airpower, and Modern Warfare: The Afghan Model in Afghanistan and Iraq." *International Security*, Vol.30, No.3(Winter), pp.161~176.

_____. 2014. "Afghanistan's Legacy: Emerging Lessons of an Ongoing War." *The Washington Quarterly*, Vol.37, No.2(Summer), pp.73~86.

Biden Jr. Joseph R. 2003.10.1. "Don't Forget Afghanistan." *The New York Times*.

Bolger, Daniel P. 2014. *Why We Lost: A General's Inside Account of the Iraq and Afghanistan Wars*. New York: Houghton Mifflin Harcourt.

Bonn Agreement. 2001.12. 5. https://peacemaker.un.org/afghanistan-bonnagreement2 001 (검색일: 2020년 12월 18일).

Boucher, Richard. 2015.10.15. "Lessons Learned." *Washington Post*. https://www.w ashingtonpost.com/graphics/2019/investigations/afghanistan-papers/documents-database/documents/boucher_richard_ll_01_b9_10152015.pdf?v=26 (검색일: 2019 년 12월 13일).

Braithwaite, Rodric. 2011. *Afgantsy: the Russians in Afghanistan, 1979-1989*. Oxford: Oxford University Press.

Brooks, Risa. 2020. "Paradoxes of Professionalism: Rethinking Civil-Military Relations in the United States." *International Security*, Vol.44, No.4(Spring), pp.7~44.

Brown, Archie. 2010. "The Gorbachev Revolution and the End of the Cold War." in Melvyn P. Leffler and Odd Arne Westad(eds.). *Cambridge History of the Cold War, Vol.III, Endings*. Cambridge: Cambridge University Press.

Bumiller, Elisabeth and Carlotta Gall. 2006.3.5. "Bush Rules Out a Nuclear Deal With Pakistanis." *The New York Times*.

Bumiller, Elisabeth and Jane Perlez. 2011.9.22. "Pakistan's Spy Agency Is Tied to Attack on U. S. Embassy." *The New York Times*.

Burns, John F. 2002.8.18. "Afghan Defense Chief Acts To Counter Talk of a Rift." *The New York Times*.

Callwell, C. E. 1996. *Small Wars: Their Principles and Practice*. Lincoln, NE: University of Nebraska Press.

Campbell, David. 2017. *Soviet Paratrooper vs. Mujahideen Fighter, Afghanistan 1979*

-89. Oxford: Osprey Publishing.

Campbell, Jason H. and Jeremy Shapiro. 2009.1. *Afghanistan Index: Tracking Variables of Reconstruction and Security in Post-9/11 Afghanistan.* Washington, DC: Brookings Institution.

Chandrasekaran, Rajiv. 2013. *Little America: The War Within the War for Afghanistan.* New York: Vintage Books.

Clary, Christopher and Vipin Narang. 2018/2019. "India's Counterforce Temptations: Strategic Dilemmas, Doctrine, and Capabilities." *International Security*, Vol.43, No.3(Winter), pp.7~52.

Clausewitz, Carl Von. 1976. *On War.* translated by Michael Howard and Peter Paret. Princeton, NJ: Princeton University Press.

Cloud, David S. and Carlotta Gall. 2005.5.22. "U. S. Memo Faults Afghan Leader on Heroin Fight." *The New York Times.*

Cohen, Eliot A. 2002. *Supreme Command: Soldiers, Statesmen, and Leadership in Wartime.* New York: Free Press.

_____. 2016.11.15. "I told Conservatives to Work for Trump. One Talk with His Team Changed My Mind." *The Washington Post.*

Cold War International History Project(CWHIP). 1993. "Memorandum on Protocol No.149 of the Meeting of the Politburo(CC CPSU) on April 12, 1979." *CWIHP Bulletin,* No.3(Fall), pp.67~69.

_____. 1994. "Record of Meeting of A. N. Kosygin, A. A. Gromyko, D. F. Ustinov and B. N. Ponomarev with N. M. Taraki, March 20, 1979." *CWIHP Bulletin,* No.4 (Fall), pp.70~76.

_____. 1996. "Personal Memorandum, Andropov to Brezhnev, n. d. [early December 1979]." *CWIHP Bulletin,* No.8/9(Winter), p.159.

_____. 2003/2004. "Notes from Politburo Meeting, 21-22 May, 1987(Excerpt)." *CWIHP Bulletin,* No.14/15(Winter 2003 and Spring 2004), pp.148~149.

Coll, Steve. 2004. *Ghost Wars: The Secret History of the CIA, Afghanistan, and bin Laden from the Soviet Invasion to September 10, 2001.* New York: Penguin Books.

Constable, Pamela and John Hudson. 2020.3.24. "U. S. Vows to Cut $1 Billion in Aid to Afghanistan as Political Crisis Threatens Peace Deal." *The Washington Post.*

Cooper, Helene. 2009.2.17. "Putting Stamp on Afghan War, Obama Will Send 17,000 Troops." *The New York Times.*

Cooper, Helene, Eric Schmitt and David E. Sanger. 2021.4.17. "Debating Exit From Afghanistan, Biden Rejected Generals' Views." *The New York Times*.

Cordesman, Anthony H. 2009.2. *The Iraq War: Progress in the Fighting and Security*. Washington, DC: Center for Strategic and International Studies.

Cornell, Svante E. 2006. "Taliban Afghanistan: A True Islamic State?" in Brenda Shaffer (ed.). *The Limits of Culture: Islam and Foreign Policy*. Cambridge, MA: The MIT Press.

Dalrymple, William. 2013. *Return of a King: The Battle for Afghanistan, 1839-42*. New York: Random House.

Dawn. 2013.12.10. "NA Unanimously Passes Resolution Against US Drone Strikes."

Dempsey, Judy and John F. Burns. 2008.10.10. "NATO Agrees to Take Aim at Afghan Drug Trade." *The New York Times*.

Department of Defense Press Briefing by Secretary Carter and General Dunford. 2016. 2.29. https://www.defense.gov/Newsroom/Transcripts/Transcript/Article/682341 /department-of-defense-press-briefing-by-secretary-carter-and-gen-dunford-in-the / (검색일: 2021년 3월 18일).

Department of Defense(DoD). 2008.6. *Report on Progress toward Security and Stability in Afghanistan*.

_____. 2009.10. *Report on Progress toward Security and Stability in Afghanistan*.

_____. 2010.4. *Report on Progress toward Security and Stability in Afghanistan*.

_____. 2010.11. *Report on Progress toward Security and Stability in Afghanistan*.

_____. 2011.4. *Report on Progress toward Security and Stability in Afghanistan*.

_____. 2011.10. *Report on Progress toward Security and Stability in Afghanistan*.

_____. 2012.12. *Report on Progress toward Security and Stability in Afghanistan*.

_____. 2013.7. *Report on Progress toward Security and Stability in Afghanistan*.

_____. 2013.11. *Report on Progress toward Security and Stability in Afghanistan*.

_____. 2014.10. *Report on Progress toward Security and Stability in Afghanistan*.

_____. 2015.6. *Report on Enhancing Security and Stability in Afghanistan*.

_____. 2015.12. *Report on Enhancing Security and Stability in Afghanistan*.

_____. 2016.12. *Report on Enhancing Security and Stability in Afghanistan*.

_____. 2017.6. *Report on Enhancing Security and Stability in Afghanistan*.

_____. 2017.12. *Report on Enhancing Security and Stability in Afghanistan*.

_____. 2018.12. *Report on Enhancing Security and Stability in Afghanistan*.

_____. 2020.6. *Report on Enhancing Security and Stability in Afghanistan*.

Department of State. "A Guide to the United States' History of Recognition, Diplomatic, and Consular Relations, by Country, since 1776: Afghanistan." https://history.state.gov/countries/afghanistan (검색일: 2020년 12월 18일).

_____. "Presidential Directive/NSC-63." https://history.state.gov/historicaldocuments/frus1977-80v18/d98 (검색일: 2020년 10월 13일).

Draper, Robert. 2020.7.16. "Colin Powell Still Wants Answers." *The New York Times*.

Eikenberry, Karl W. 2009.11.6. "Ambassador Eikenberry's Cables on U. S. Strategy in Afghanistan." https://www.nytimes.com/interactive/projects/documents/eikenberry-s-memos-on-the-strategy-in-afghanistan (검색일: 2020년 2월 17일).

Erlanger, Steven. 2021.3.24. "Blinken's Welcome by NATO Doesn't Hide Differences on Key Issues." *The New York Times*.

Fahrenthold, David A. Robert Costa and John Wagner. 2017.1.20. "Donald Trump is Sworn in as President, Vows to End 'American Carnage'." *The Washington Post*.

Fairfield, Hannah, Kevin Quealy and Archie Tse. 2009.10.1. "Troop Levels in Afghanistan Since 2001." *The New York Times*.

Fallow, James. 2004.10. "Bush's Lost Year." *The Atlantic Monthly*. pp.68~84.

Feaver, Peter D. 2003. *Armed Servants: Agency, Oversight, and Civil-Military Relations*. Cambridge, MA: Harvard University Press.

Feifer, Gregory. 2010. *The Great Gamble: the Soviet War in Afghanistan*. New York: Harper Perennial.

Ferguson, Niall. 2002. *Empire: The Rise and Demise of the British World Order and the Lessons for Global Power*. New York: Basic Books.

Filkins, Dexter. 2001.11.10. "Afghan Rebels Report Capture Of Major City From the Taliban." *The New York Times*.

_____. 2009.1.29. "Afghan Presidential Election Delayed." *The New York Times*.

_____. 2009.2.7. "Leader of Afghanistan Finds Himself Hero No More." *The New York Times*.

_____. 2009.12.1. "With Troop Pledge, New Demands on Afghans." *The New York Times*.

_____. 2010.6.6. "Convoy Guards in Afghanistan Face an Inquiry." *The New York Times*.

Filkins, Dexter and Carlotta Gall. 2009.9.6. "Fake Afghan Poll Sites Favored Karzai, Officials Assert." *The New York Times*.

Fineman, Mark. 1990.3.7. "Afghanistan Army Units Attempt Coup." *The Los Angeles*

Times.

Fragile States Index. https://fragilestatesindex.org/global-data/ (검색일: 2021년 6월 15
일).

Fursenko, Aleksandr and Timothy Naftali. 2006. *Khrushchev's Cold War: the Inside
Story of an American Adversary*. New York: Norton.

Gall, Carlotta. 2002.7.16. "In Kabul, Rumsfeld Aide Regrets Toll in Raid." *The New York
Times*.

_____. 2003.10.19. "New Afghan Constitution Juggles Koran and Democracy." *The New
York Times*.

_____. 2004.11.13. "Taliban Leader Vows Return." *The New York Times*.

_____. 2005.10.3. "Monitors Find Significant Fraud in Afghan Elections." *The New York
Times*.

_____. 2006.5.3. "Taliban Threat Is Said to Grow in Afghan South." *The New York
Times*.

_____. 2008.6.14. "Taliban Free 1,200 Inmates in Attack on Afghan Prison." *The
Washington Post*.

_____. 2008.6.16. "Karzai Threatens to Send Soldiers Into Pakistan." *The New York
Times*.

_____. 2009.3.26. "Pakistan and Afghan Taliban Close Ranks." *The New York Times*.

_____. 2009.8.22. "Intimidation and Fraud Observed in Afghan Election." *The New
York Times*.

_____. 2009.8.30. "Growing Accounts of Fraud Cloud Afghan Election." *The New York
Times*.

_____. 2010.3.23. "Insurgent Faction Presents Afghan Peace Plan." *The New York
Times*.

_____. 2014. *The Wrong Enemy: America in Afghanistan, 2001-2014*. New York:
Houghton Mifflin Harcourt.

GAO. 2005.6. *Afghanistan Security: Efforts to Establish Army and Police Have Made
Progress but Future Plans Need to Be Better Defined*. Washington, DC: U. S.
Government Accountability Office.

_____. 2009.4. *Afghanistan: Key Issues for Congressional Oversight*. Washington, DC:
U. S. Government Accountability Office.

Gates, Robert M. 1996. *From the Shadows: The Ultimate Insider's Story of Five
Presidents and How They Won the Cold War*. New York: Simon & Schuster.

Gellman, Barton. 2002.5.17. "Before Sept. 11, Unshared Clues and Unshaped Policy." *The Washington Post*.

George, Susannah. 2020.9.14. "The Taliban and the Afghan Government Are Finally Talking Peace: What They're Negotiating and What to Expect." *The Washington Post*.

George, Susannah, Missy Ryan, Tyler Pager, Pamela Constable, John Hudson and Griff Witte. 2021.8.28. "Surprise, Panic and Fateful Choices: The Day America Lost Its Longest War." *The Washington Post*.

Ghani, Ashraf. 2004.12.11. "Where Democracy's Greatest Enemy Is a Flower." *The New York Times*.

_____. 2018.6.27. "I Will Negotiate With the Taliban Anywhere." *The New York Times*.

_____. 2020.8.15. "Afghans and Their International Partners Have Paid the Costs. Now We're Taking a Risk for Peace." *The Washington Post*.

Gibbons-Neff, Thomas. 2017.10.30. "Afghan War Data, Once Public, Is Censored in U. S. Military Report." *The New York Times*.

_____. 2020.1.31. "Taliban's Continued Attacks Show Limits of U. S. Strategy in Afghanistan." *The New York Times*.

_____. 2021.3.14. Helene Cooper and Eric Schmitt, "U. S. Has 1,000 More Troops in Afghanistan Than It Disclosed." *The New York Times*.

Gibbons-Neff, Thomas. 2021.7.2. "U. S. Leaves Its Last Afghan Base, Effectively Ending Operations." *The New York Times*.

Gibbons-Neff, Thomas and Fatima Faizi. 2020.12.2. "Afghan and Taliban Negotiators Agree on Peace Talks' Procedures." *The New York Times*.

Gibbons-Neff, Thomas, Fahim Abed and Sharif Hassan. 2021.8.13. "The Afghan Military Was Built Over 20 Years. How Did It Collapse So Quickly?" *The New York Times*.

Global Terrorism Database. https://www.start.umd.edu/gtd/ (검색일: 2021년 3월 4일).

Gollob, Sam and Michael E. O'Hanlon. 2020a. *Afghanistan Index: Tracking Variables of Reconstruction and Security in Post-9/11 Afghanistan*. Washington, DC: Brookings Institution.

_____. 2020b. *Iraq Index: Tracking Variables of Reconstruction and Security in Post-Saddam Hussein Iraq*. Washington, DC: Brookings Institution.

Gordon, Michael R. 2000.10.21. "Bush Would Stop U. S. Peacekeeping in Balkan Fights." *The New York Times*.

_____. 2017.2.9. "U. S. General Seeks 'a Few Thousand' More Troops in Afghanistan." *The New York Times*.

Gordon, Michael R. and Niraj Chokshi. 2017.1.15. "Trump Criticizes NATO and Hopes for 'Good Deals' With Russia." *The New York Times*.

Gordon, Michael R., Gordon Lubold, Vivian Salama and Jessica Donati. 2021.9.5. "Inside Biden's Afghanistan Withdrawal Plan: Warnings, Doubts but Little Change." *The Wall Street Journal*.

Grau, Lester W. 1996. *The Bear Went Over the Mountain: Soviet Combat Tactics in Afghanistan*. Washington, DC: National Defense University Press.

Haberman, Clyde. 2001.10.8. "A Mission Begun, a Defiant bin Laden and Another Crisp, Clear Day." *The New York Times*.

Hastings, Michael. 2010.7.8. "The Runaway General." *Rolling Stone*.

_____. 2012. *The Operators: the Wild and Terrifying Inside Story of America's War in Afghanistan*. New York: Plume.

Hersh, Seymour M. 2002.1.28. "The Getaway." *The New Yorker*, Vol.77, No.45, pp. 36~40.

Holbrooke, Richard. 2008.1.23. "Still Wrong in Afghanistan." *The Washington Post*.

Iraq Coalition Casualty Count. http://icasualties.org/ (검색일: 2020년 12월 12일).

Jaffe, Greg and Ernesto Londoño. 2010.6.22. "Obama to Meet with McChrystal Before Making 'Any Final Decisions' on Dismissal." *The Washington Post*.

Jakes, Lara. 2019.9.9. "Trump Declares Afghan Peace Talks With Taliban 'Dead'." *The New York Times*.

_____. 2021.8.31. "Stranded in Kabul: A U. S. Resident Runs Out of Options." *The New York Times*.

Jalali, Ali Ahmad and Lester W. Grau. 1999. *The Other Side of the Mountain: Mujahideen Tactics in the Soviet-Afghan War*. Quantico, VA: U. S. Marine Corps.

Johnson, Thomas H. 2007. "Financing Afghan Terrorism: Thugs, Drugs, Creative Move-ments of Money." in Jeanne K. Giraldo and Harold A. Trinkunas(eds.). *Terrorism Financing and State Responses: A Comparative Perspective*. Stanford, CA: Stanford University Press.

Johnson, Thomas H. and M. Chris Mason. 2008. "No Sign Until the Burst of Fire: Understanding the Pakistan-Afghanistan Frontier." *International Security*, Vol.32, No.4(Spring), pp.41~77.

Jones, Seth G. 2008. "The Rise of Afghanistan's Insurgency: State Failure and Jihad."

International Security, Vol.32, No.4(Spring), pp.7~40.

Jones, Seth G. et als. 2005. *Establishing Law and Order After Conflict.* Santa Monica, CA: RAND Corporation.

Jordan, Jenna. 2014. "Attacking the Leader, Missing the Mark: Why Terrorist Groups Survive Decapitation Strikes." *International Security*, Vol.38, No.4(Spring), pp.7~38.

Kalinovsky, Artemy. 2010.1. *The Blind Leading the Blind: Soviet Advisors, Counter-Insurgency and Nation-Building in Afghanistan*, Cold War International History Project Working Paper # 60.

Kaplan, Fred. 2013. *The Insurgents: David Petraeus and the Plot to Change the American Way of War.* New York: Simon & Schuster.

Kapur, S. Paul. and Sumit Ganguly. 2012. "The Jihad Paradox: Pakistan and Islamist Militancy in South Asia." *International Security*, Vol.37, No.1(Summer), pp.111~141.

Karnow, Stanley. 1997. *Vietnam: A History.* New York: Penguin Books.

Katz, Josh. 2016.11.8. "Who Will Be President?" *The New York Times.*

Katzman, Kenneth. 2013.3. *Afghanistan: Post-Taliban Governance, Security, and U. S. Policy.* Washington, DC: Congressional Research Service.

Keneally, Meghan. 2017.8.22. "What Trump Has Said about Afghanistan." *The ABC News.*

Knabe, Erika. 1974. "Afghan Women: Does Their Role Change?" in Louis Dupree and Linette Albert(eds.). *Afghanistan in the 1970s.* New York: Praeger.

Knickmeyer, Ellen and Bassam Sebti. 2006.2.28. "Toll in Iraq's Deadly Surge: 1,300 Morgue Count Eclipses Other Tallies Since Shrine Attack." *The Washington Post.*

Knox, MacGregor and Williamson Murray. 2001. *The Dynamics of Military Revolution, 1300-2050.* Cambridge: Cambridge University Press.

Komer, Robert W. 1986. *Bureaucracy at War: U. S. Performance in the Vietnam Conflict.* Boulder, CO: Westview Press.

Krepinevich, Andrew F. 1986. *The Army and Vietnam.* Baltimore, MD: Johns Hopkins University Press.

Krepinevich, Andrew F. and Barry D. Watts. 2015. *The Last Warrior: Andrew Marshall and the Shaping of Modern American Defense Strategy.* New York: Basic Books.

Lacey, Marc. 2005.10.20. "Look at the Place! Sudan Says, 'Say Sorry,' but U. S. Won't." *The New York Times.*

Ladwig III, Walter C. 2007/2008. "A Cold Start for Hot Wars? The Indian Army's New Limited War Doctrine." *International Security*, Vol.32, No.3(Winter), pp.158~190.

Lamothe, Dan, John Hudson, Shane Harris and Anne Gearan. 2021.8.10. "U. S. Officials Warn Collapse of Afghan Capital Could Come Sooner than Expected." *The Washington Post*.

Landler, Mark. 2012.1.30. "Civilian Deaths Due to Drones Are Not Many, Obama Says." *The New York Times*.

_____. 2012.5.1. "Obama Signs Pact in Kabul, Turning Page in Afghan War." *The New York Times*.

Landler, Mark and Helene Cooper. 2011.6.22. "Obama Will Speed Pullout From War in Afghanistan." *The New York Times*.

Landler, Mark and Jennifer Steinhauer. 2016.12.1. "Secretary of State David Petraeus? Supporters Make Their Case." *The New York Times*.

Landler, Mark and Maggie Haberman. 2017.8.21. "Angry Trump Grilled His Generals About Troop Increase, Then Gave In." *The New York Times*.

Leake, Elisabeth and Daniel Haines. 2017.11. "Lines of(In)Convenience: Sovereignty and Border-Making in Postcolonial South Asia, 1947-1965." *The Journal of Asian Studies*, Vol.76, No.4(November), pp.963~985.

Lieber, Keir A. and Daryl Press. 2013. "Why States Won't Give Nuclear Weapons to Terrorists." *International Security*, Vol.38, No.1(Summer), pp.80~104.

Livingston, Ian S. and Michael O'Hanlon. 2017.9. *Afghanistan Index: Also including selected data on Pakistan*. Washington, DC: Brookings, Institution.

Loeb, Vernon. 2003.5.2. "Rumsfeld Announces End of Afghan Combat." *The Washington Post*.

Lute, Douglas. 2015.2.20. "Lessons Learned." *The Washington Post*. https://www.washingtonpost.com/graphics/2019/investigations/afghanistan-papers/documents-database/?document=lute_doug_ll_01_d5_02202015&tid=a_inl_manual (검색일: 2019년 12월 13일).

Lyakhovsky, Alexander. 1995. "Soviet Decisions in December 1979." *The Tragedy and Valor of the Afghani*. Moscow: GPI Iskon. https://nsarchive2.gwu.edu//dc.html?doc=5696257-Document-5-Soviet-Decisions-in-December-1979 (검색일: 2020년 4월 28일).

Macdonald, David. 2007. *Drugs in Afghanistan: Opium Outlaws and Scorpion Tales*. London: Pluto.

Macrory, Richard. 2016. *The First Afghan War, 1839-42: Invasion, Catastrophe and Retreat.* Oxford: Osprey Publishing.

Magnus, Ralph. 1974. "The Constitution of 1964: A Decade of Political Experimentation." in Louis Dupree and Linette Albert(eds.). *Afghanistan in the 1970s.* New York: Praeger.

Mashal, Mujib. 2016.12.19. "Being an Afghan General Is Nice Work if You Can Get It. And Many Do." *The New York Times.*

_____. 2017.10.29. "Afghan Taliban Awash in Heroin Cash, a Troubling Turn for War." *The New York Times.*

_____. 2020.4.7. "Afghan Prisoner Swap Hits Wall as Taliban Pull Out of Talks." *The New York Times.*

_____. 2020.5.17. "Afghan Rivals Sign Power-Sharing Deal as Political Crisis Subsides." *The New York Times.*

_____. 2020.6.19. "U. S. Troops in Afghanistan Reduced to 8,600, General Says." *The New York Times.*

Mashal, Mujib, Fahim Abed and Fatima Faizi. 2019.9.28. "Afghanistan Election Draws Low Turnout Amid Taliban Threats." *The New York Times.*

Mashal, Mujib, Fatima Faizi and Najim Rahim. 2020.3.9. "Ghani Takes the Oath of Afghan President. His Rival Does, Too." *The New York Times.*

McChrystal, Stanley. 2009.8.30. "Commander's Initial Assessment." http://media.washingtonpost.com/wp-srv/politics/documents/Assessment_Redacted_092109.pdf?hpid=topnews (검색일: 2021년 2월 11일).

McNeil, Daniel. undated. "Lessons Learned." *The Washington Post.* https://www.washingtonpost.com/graphics/2019/investigations/afghanistan-papers/documents-database/?document=background_ll_07_xx_xx_undated_mcneill1&tid=a_inl_manual (검색일: 2019년 12월 13일).

Meyer, Josh. 2006.12.5. "Pentagon Resists Pleas for Help in Afghan Opium Fight." *Los Angeles Times.*

Michell III, Marshall L. 2018. *Operation Linebacker II 1972: The B-52 Are Sent to Hanoi.* New York: Osprey Publishing.

Miller, Greg and Bob Woodward. 2013.10.24. "Secret Memos Reveal Explicit Nature of U. S., Pakistan Agreement on Drones." *The Washington Post.*

Mir, Asfandyar. 2018. "What Explains Counterterrorism Effectiveness? Evidence form the U. S. Drone War in Pakistan." *International Security*, Vol.43, No.2(Fall), pp.

45~83.

Mitrokhin, Vasiliy. 2002.7. *The KGB in Afghanistan*. Cold War International History Project Working Paper # 40.

Myers, Meghann. 2021.4.16. "Afghanistan War Cost more than $2T and 240,000 Lives, Report Finds." *The Military Times*.

National Security Archive. 2006.9.27. "Bush Administration's First Memo on al-Qaeda Declassified." *National Security Archive Electronic Briefing Book* No.147. https://nsarchive2.gwu.edu/NSAEBB/NSAEBB147/ (검색일: 2020년 12월 17일).

_____. 2007.8.14. "Pakistan: 'The Taliban's Godfather?'" *National Security Archive Electronic Briefing Book* No.227. https://nsarchive2.gwu.edu/NSAEBB/NSAEBB 227 (검색일: 2020년 12월 17일).

_____. 2007.11.5. "The Record on Curveball: Declassified Documents and Key Participants Show the Importance of Phony Intelligence in the Origins of the Iraq War." *National Security Archive Electronic Briefing Book* No.234. https://nsarchive2.gwu.edu//NSAEBB/NSAEBB234/index.htm (검색일: 2019년 12월 28일).

_____. 2008.8.20. "1998 Missile Strikes on Bin Laden May Have Backfired." *National Security Archive Electronic Briefing Book* No.253. https://nsarchive2.gwu.edu/N SAEBB/NSAEBB253 (검색일: 2020년 12월 17일).

_____. 2010.9.13. "'No-Go' Tribal Areas Became Basis for Afghan Insurgency Documents Show." *National Security Archive Electronic Briefing Book* No.325. https://nsarchive2.gwu.edu/NSAEBB/NSAEBB325 (검색일: 2020년 12월 17일).

_____. 2010.9.22. "THE IRAQ WAR - PART I: The U. S. Prepares for Conflict, 2001." *National Security Archive Electronic Briefing Book* No.326. https://nsarchive 2.gwu.edu/NSAEBB/NSAEBB326 (검색일: 2019년 12월 28일).

_____. 2011.5.5. "Pakistan's Bin Laden Policy." *National Security Archive Electronic Briefing Book* No.344. https://nsarchive2.gwu.edu/NSAEBB/ NSAEBB344 (검색일: 2020년 12월 17일).

_____. 2012.6.19. "Central Intelligence Agency's 9/11 File." *National Security Archive Electronic Briefing Book* No.381. https://nsarchive2.gwu.edu/NSAEBB/NSAEBB3 81/ (검색일: 2020년 12월 17일).

NATO. 2009.7.6. "Headquaters International Security Assistance Force Kabul, Afghanistan." https://www.nato.int/isaf/docu/official_texts/Tactical_Directive_090706.p df (검색일: 2021년 3월 31일).

New America. "The Drone War in Pakistan." https://www.newamerica.org/internation

al-security/reports/americas-counterterrorism-wars/the-drone-war-in-pakistan/ (검색일: 2020년 10월 4일).

Nicholson, John W. 2017.2.9. Statement for the Record By General John W. Nicholson, Commander U. S. Forces — Afghanistan Before the Senate Armed Services Committee on the Situation in Afghanistan. https://www.armed-services.senate. gov/imo/media/doc/Nicholson_02-09-17.pdf (검색일: 2021년 4월 12일).

Nordland, Rod. 2016.9.22. "Afghanistan Signs Draft Peace Deal With Faction Led by Gulbuddin Hekmatyar." *The New York Times*.

_____. 2018.9.21. "The Death Toll for Afghan Forces Is Secret. Here's Why." *The New York Times*.

Nordland, Rod and Alissa J. Rubin. 2014.6.20. "Iraq Insurgents Reaping Wealth as They Advance." *The New York Times*.

Nordland, Rod, Alissa J. Rubin and Matthew Rosenberg. 2012.3.17. "Gulf Between U. S. and a More Volatile Karzai." *The New York Times*.

Nordland, Rod, Ash Ngu and Hahim Abed. 2018.9.8. "How the U. S. Government Misleads the Public on Afghanistan." *The New York Times*.

Nossiter, Adam. 2021.1.17. "'There Is No Safe Area': In Kabul, Fear Has Taken Over." *The New York Times*.

Nossiter, Adam, Taimoor Shah and Fahim Abed. 2021.8.6. "Taliban Seize Afghan Provincial Capital Just Weeks Before Final U. S. Withdrawal." *The New York Times*.

Obama, Barack. 2002.10.2. "Remarks of Illinois State Sen. Barack Obama Against Going to War with Iraq." https://web.archive.org/web/20080130204029/http://www. barackobama.com/2002/10/02/remarks_of_illinois_state_sen.php (검색일: 2021년 2월 8일).

_____. 2020. *A Promised Land*. New York: Crown.

Office of the Historian. A Guide to the United States' History of Recognition, Diplomatic, and Consular Relations, by Country, since 1776. https://history.state. gov/countries/afghanistan(검색일: 2020년 10월 13일).

Office of the Press Secretary. 2002.4.17. "President Outlines War Effort: Remarks by the President to the George C. Marshall ROTC Award Seminar on National Security." https://georgewbush-whitehouse.archives.gov/news/releases/2002/04/20020417-1.html (검색일: 2020년 11월 28일).

O'Hanlon, Michael E. and Ian Livingston. 2010.1.26. *Iraq Index: Tracking Variables of*

Reconstruction & Security in Post-Saddam Iraq. Washington, DC: Brookings Institution.

Oppel Jr., Richard A. and Salman Masood. 2009.1.9. "As Biden Meets Pakistani Leaders, Bombs Rattle a Cultural Hub." *The New York Times.*

Partlow, Joshua. 2016. *A Kingdom of Their Own: The Family Karzai and the Afghan Disaster.* New York: Knopf.

Perlez, Jane. 2010.11.18. "Karachi Turns Deadly Amid Pakistan's Rivalries." *The New York Times.*

Perry, James M. 1996. *Arrogant Armies: Great Military Disasters and the Generals Behind Them.* New York: John Wiley and Sons.

Peters, Gretchen. 2010. *Seeds of Terror: How Drugs, Thugs, and Crime are Reshaping the Afghan War.* New York: Picador.

Petraeus, David. 2017.8.16. "Lessons Learned." *The Washington Post.* https://www. washingtonpost.com/graphics/2019/investigations/afghanistan-papers/document-database/?document=petraeus_david_ll_07_64_08162017&tid=a_inl_manual (검색일: 2019년 12월 13일).

Pew Research Center. 2012.6.27. "Pakistani Public Opinion Ever More Critical of U. S." https://www.pewresearch.org/global/2012/06/27/pakistani-public-opinion-ever-more-critical-of-u-s/ (검색일: 2021년 5월 23일).

Rahim, Najim and Mujib Mashal. 2020.3.4. "Taliban Ramp Up Attacks on Afghans After Trump Says 'No Violence'." *The New York Times.*

Rashid, Ahmed. 2010. *Taliban: Militant Islam, Oil and Fundamentalism in Central Asia.* New Haven, CT: Yale University Press.

Rice, Condoleezza. 2000. "Promoting the National Interest." *Foreign Affairs*, Vol.79, No. 1(January/February), pp.45~62.

Richards, David. 2017.9.27. "Lessons Learned." *The Washington Post.* https://www. washingtonpost.com/graphics/2019/investigations/afghanistan-papers/documents-database/?document=richards_david_ll_07_67_09262017&tid=a_inl_manual (검색일: 2019년 12월 13일).

Riedel, Bruce. 2011. *Deadly Embrace: Pakistan, America, and the Future of the Global Jihad.* Washington, DC: Brookings Institution Press.

_____. 2014. *What We Won: America's Secret War in Afghanistan, 1979–89.* Washington, DC: Brookings Institution Press.

Risen, James. 2008.10.4. "Reports Link Karzai's Brother to Afghanistan Heroin Trade."

The New York Times.

Robert A. Pape. 1996. *Bombing to Win: Air Power and Coercion in War.* Ithaca, NY: Cornell University Press.

Robson, Seth. 2010.9.11. "U. S. Trying to Track Missing Weapons Issued to Afghan Police." *Stars and Stripes.*

Rohde, David. 2007.10.30. "Foreign Fighters of Harsher Bent Bolster Taliban." *The New York Times.*

Rohde, David and David E. Sanger. 2007.8.12. "How a 'Good War' in Afghanistan Went Bad." *The New York Times.*

Rosen, Stephen Peter. 1996. *Societies and Military Power: India and Its Armies.* Ithaca, NY: Cornell University Press.

Rosenberg, Matthew. 2010.8.12. "Afghanistan Money Probe Hits Close to the President." *The Wall Street Journal.*

_____. 2010.12.8. "U. S. Cuts Off Afghan Firm." *The Wall Street Journal.*

_____. 2012.1.3. "Taliban Opening Qatar Office, and Maybe Door to Talks." *The New York Times.*

Rosenberg, Matthew and Michael D. Shear. 2014.5.25. "Obama Makes Surprise Trip to Afghanistan." *The New York Times.*

_____. 2015.10.15. "In Reversal, Obama Says U. S. Soldiers Will Stay in Afghanistan to 2017." *The New York Times.*

Rubin, Alissa J. 2010.4.4. "Karzai's Words Leave Few Choices for the West." *The New York Times.*

Sadat, Sami. 2021.8.25. "I Commanded Afghan Troops This Year. We Were Betrayed," *The New York Times.*

Safire, William. 2004.10.17. "If You Break It···." *The New York Times.*

Saikal, Amin. 2004.9.17. "Karzai Risks Taking on a Warlord." *The New York Times.*

_____. 2010. "Islamism, the Iranian Revolution, and the Soviet Invasion of Afghanistan." in Melvyn P. Leffler and Odd Arne Westad(eds.). *Cambridge History of the Cold War, Vol.III, Endings.* Cambridge: Cambridge University Press.

Sanger, David E. 2006.9.23. "Musharraf Defends Deal With Tribal Leaders." *The New York Times.*

Savage, Charlie. 2012.4.30. "Top U. S. Security Official Says 'Rigorous Standards' Used for Drone Strikes." *The New York Times.*

Savage, Charlie, Eric Schmitt and Michael Schwirtz. 2020.6.26. "Russia Secretly Offered

Afghan Militants Bounties to Kill U. S. Troops, Intelligence Says." *The New York Times.*

Schmitt, Eric. 2010.1.25. "U. S. Envoy's Cables Show Worries on Afghan Plans." *The New York Times.*

Schweich, Thomas. 2008.7.27. "Is Afghanistan a Narco-State?" *The New York Times Magazine.*

Semple, Kirk and Tim Golden. 2007.10.8. "Afghans Pressed by U. S. on Plan to Spray Poppies." *The New York Times.*

Shah, Aqil. 2018. "Do U. S. Drone Strikes Cause Blowback? Evidence from Pakistan and Beyond." *International Security*, Vol.42, No.4(Spring), pp.47~84.

Shane, Scott. 2011.8.11. "C. I. A. Is Disputed on Civilian Toll in Drone Strikes." *The New York Times.*

Shanker, Thom. 2011.7.13. "To Track Militants, U. S. Has System That Never Forgets a Face." *The New York Times.*

Shanker, Thom and Eric Schmitt. 2009.3.18. "U. S. Plans Vastly Expanded Afghan Security Force." *The New York Times.*

_____. 2009.6.10. "U. S. Commander in Afghanistan Is Given More Leeway." *The New York Times.*

Shanker, Thom and Steven Lee Myers. 2007.12.16. "Afghan Mission Is Reviewed as Concerns Rise." *The New York Times.*

Shear, Michael D. 2017.8.9. "Obama Says Iraq Airstrike Effort Could Be Long-Term." *The New York Times.*

Shear, Michael D. and Catherine Porter. 2018.6.9. "Trump Refuses to Sign G-7 Statement and Calls Trudeau 'Weak'." *The New York Times.*

Solomon, Jay and Peter Spiegel. 2009.10.21. "Decision Followed Five Days of Difficult Talks With US." *The Wall Street Journal.*

Special Inspector General for Afghanistan Reconstruction(SIGAR). 2008.10. *Quarterly Report to the United States Congress.*

_____. 2009.10. *Quarterly Report to the United States Congress.*

_____. 2010.10. *Quarterly Report to the United States Congress.*

_____. 2011.1. *Quarterly Report to the United States Congress.*

_____. 2011.10. *Quarterly Report to the United States Congress.*

_____. 2012.1. *Reintegration of Ex-Combatants: Lessons from the U. S. Experience in Afghanistan.*

_____. 2012.7. *Quarterly Report to the United States Congress.*

_____. 2012.10. *Quarterly Report to the United States Congress.*

_____. 2013.1. *Quarterly Report to the United States Congress.*

_____. 2013.4. *Quarterly Report to the United States Congress.*

_____. 2014.4. *Quarterly Report to the United States Congress.*

_____. 2014.7. *Quarterly Report to the United States Congress.*

_____. 2015.1. *Quarterly Report to the United States Congress.*

_____. 2015.7. *Quarterly Report to the United States Congress.*

_____. 2015.10. *Quarterly Report to the United States Congress.*

_____. 2016.1. *Quarterly Report to the United States Congress.*

_____. 2016.4. *Quarterly Report to the United States Congress.*

_____. 2017.1. *Quarterly Report to the United States Congress.*

_____. 2017.4. *Quarterly Report to the United States Congress.*

_____. 2017.10. *Quarterly Report to the United States Congress.*

_____. 2018.6. *Counternarcotics: Lessons from the U. S. Experience in Afghanistan.*

_____. 2018.10. *Quarterly Report to the United States Congress.*

_____. 2019.1. *Quarterly Report to the United States Congress.*

_____. 2019.4. *Quarterly Report to the United States Congress.*

_____. 2019.9. *Reintegration of Ex-Combatants: Lessons from the U. S. Experience in Afghanistan.*

_____. 2020.1. *Quarterly Report to the United States Congress.*

_____. 2020.4. *Quarterly Report to the United States Congress.*

_____. 2020.7. *Quarterly Report to the United States Congress.*

_____. 2020.10. *Quarterly Report to the United States Congress.*

_____. 2021.4. *Quarterly Report to the United States Congress.*

Stewart, Jules. 2008. *Crimson Snow: Britain's First Disaster in Afghanistan.* Chalford: Sutton Publishing.

Tavernise, Sabrina and Abdul Waheed Wafa. 2009.10.11. "U. N. Official Acknowledges 'Widespread Fraud' in Afghan Election." *The New York Times.*

The Economist. 2013.1.26. "The First Anglo-Afghan War: Lessons Unlearned."

_____. 2015.4.8. "Obituary: Mullah Omar." p.74.

The New York Times. 2009.3.27. "President Obama's Remarks on New Strategy for Afghanistan and Pakistan."

The President of the European Parliament. Commander MASSOUD to visit EP in

Strasbourg on 5 April 2001. https://www.europarl.europa.eu/former_ep_preside
nts/president-fontaine/press/en/cp0146.htm (검색일: 2020년 12월 17일).

The U. S. Army and Marine Corps. 2007. *Counterinsurgency Field Manual.* Chicago, IL:
The University of Chicago Press.

The White House. National Security Decision Directive-166. https://fas.org/irp/offdocs/
nsdd/nsdd-166.pdf (검색일: 2020년 9월 4일).

_____. 2001.9.20. "Address to a Joint Session of Congress and the American People."
https://georgewbush-whitehouse.archives.gov/news/releases/2001/09/20010920-
8.html (검색일: 2021년 1월 13일).

_____. 2007.1.10. "President's Address to the Nation." https://georgewbush-whitehouse
.archives.gov/news/releases/2007/01/20070110-7.html (검색일: 2010년 1월 21일).

_____. 2009.3.27. "Remarks by the President on a New Strategy for Afghanistan and
Pakistan." https://obamawhitehouse.archives.gov/the-press-office/remarks-presid
ent-a-new-strategy-afghanistan-and-pakistan (검색일: 2019년 11월 23일).

_____. 2009.12.1. "Remarks by the President in Address to the Nation on the Way
Forward in Afghanistan and Pakistan." https://obamawhitehouse.archives.gov/th
e-press-office/remarks-president-address-nation-way-forward-afghanistan-and-pa
kistan (검색일: 2020년 2월 6일).

_____. 2011.6.22. "Remarks by the President on the Way Forward in Afghanistan."
https://obamawhitehouse.archives.gov/the-press-office/2011/06/22/remarks-pres
ident-way-forward-Afghanistan (검색일: 2020년 1월 5일).

_____. 2017.8.21. "Remarks by President Trump on the Strategy in Afghanistan and South
Asia." https://2017-2021-translations.state.gov/2017/08/21/remarks-by-president-t
rump-on-the-strategy-in-afghanistan-and-south-asia/index.html (검색일: 2020년 4
월 3일).

_____. 2021.4.14. "Remarks by President Biden on the Way Forward in Afghanistan."
https://www.whitehouse.gov/briefing-room/speeches-remarks/2021/04/14/remar
ks-by-president-biden-on-the-way-forward-in-afghanistan/ (검색일: 2020년 4월 20
일).

_____. 2021.4.28. "Remarks by President Biden in Address to a Joint Session of
Congress." https://www.whitehouse.gov/briefing-room/speeches-remarks/2021/
04/29/remarks-by-president-biden-in-address-to-a-joint-session-of-congress/ (검색
일: 2020년 5월 1일).

Thomas, Clayton. 2019.8. *Afghanistan: Background and U. S. Policy In Brief.* Washington, DC: Congressional Research Service.

Transparency International. 2009. "Corruption Perceptions Index." https://www.trans parency.org/en/cpi/2009 (검색일: 2021년 3월 25일).

Trofimov, Yaroslav. 2010.8.3. "Karzai and U. S. Clash Over Corruption." *The Wall Street Journal.*

Tyson, Ann Scott. 2008.6.15. "A Sober Assessment of Afghanistan: Outgoing U. S. Commander Cites 50% Spike in Attacks in East." *The Washington Post.*

UNESCO Data for the Sustainable Development Goals. http://uis.unesco.org/en/ country/af (검색일: 2020년 12월 27일).

UNESCO Institute for Statistics. http://uis.une sco.org/ (검색일: 2020년 9월 17일).

UN 총회 특별결의안(ES-6/2). 1980.1.14. "II Resolutions." https://www. securitycouncilreport.org/atf/cf/%7B65BFCF9B-6D27-4E9C-8CD3- CF6E4FF96FF9%7D/Afgh%20ARESES6%202.pdf (검색일: 2020년 8월 13일).

_____. 1998.8.13. "Resolution 1189." https://undocs.org/S/RES/1189 (검색일: 2020년 9 월 12일).

_____. 2001.9.12. "Resolution 1368." http://unscr.com/en/resolutions/doc/1368 (검색 일: 2020년 9월 12일).

_____. 2001.9.28. "Resolution 1378." http://unscr.com/en/resolutions/doc/1378 (검색 일: 2020년 9월 12일).

_____. 2001.12.6. "Resolution 1383." http://unscr.com/en/ resolutions/doc/1383 (검색 일: 2020년 9월 12일).

_____. 2001.12.20. "Resolution 1386." http://unscr.com/en/resolutions/doc/ 1386 (검색 일: 2020년 9월 12일).

United States Marine Corps. 2009. *Small Wars Manual.* New York: Skyhorse Publishing.

UNODC(UN Office of Drugs and Crime). 2001.6. *Global Illicit Drug Trends 2001.* https:// www.unodc.org/pdf/report_2001-06-26_1/report_2001-06-26_1.pdf (검색일: 2021 년 3월 22일).

USAID. "U. S. Foreign Aid by Country: Afghanistan." https://explorer.usaid.gov/cd/ AFG (검색일: 2021년 3월 25일).

U. S. Department of State. 2007.8. *U. S. Counternarcotics Strategy for Afghanistan.* https://2001-2009.state.gov/documents/organization/90671.pdf (검색일: 2021년 2월 25일).

U. S. Counternarcotics Strategy for Afghanistan. 2007.8. https://2001-2009.state.gov/ documents/organization/90671.pdf (검색일: 2021년 2월 25일).

U. S. Department of State. 2014.6.10. "U. S. Condemns ISIL Assault on Mosul." https://2009-20 17.state.gov/r/pa/prs/ps/2014/06/227378.htm (검색일: 2019년 3월 8일).

Waldman, Amy. 2003.3.30. "Afghans Compete to Shape a New Constitution." *The New York Times*.

Watson Institute(Brown University) Costs of War Project. https://watson.brown.edu/costsofwar/ (검색일: 2021년 6월 14일).

West, Bing. 2012. *The Wrong War: Grit, Strategy, and the Way Out of Afghanistan*. New York: Random House.

Whitlock, Craig. 2019.12.9.a. "Consumed by Corruption." *The Washington Post*.

_____. 2019.12.9.b. "Overwhelmed by Opium." *The Washington Post*.

_____. 2019.12.9.c. "Unguarded Nation." *The Washington Post*.

Witte, Griff. 2007.7.12. "Pakistani Forces Kill Last Holdouts in Red Mosque." *The Washington Post*.

Woodward, Bob. 2002. *Bush at War*. New York: Simon & Schuster, 2002.

_____. 2010. *Obama's War*. New York: Simon & Schuster

Wright, Donald P. et als. 2010. *A Different Kind of War: U. S. Army in Operation Enduring Freedom, October 2001 – September 2005*. Fort Leavenworth, KS: Combat Studies Institute Press, US Army Combined Arms Center.

Zubok, Vladislav M. 2007. *A Failed Empire: The Soviet Union in the Cold War From Stalin to Gorbachev*. Chapel Hill, NC: The University of North Carolina Press.

Zucchino, David. 2021.8.18. "Collapse and Conquest: The Taliban Strategy That Seized Afghanistan." *The New York Times*.

Zucchino, David, and Fahim Abed. 2020.11.1. "On Afghan Highways, Even the Police Fear the Taliban's Toll." *The New York Times*.

Zucchino, David, and Najim Rahim. 2021.5.27. "A Wave of Afghan Surrenders to the Taliban Picks Up Speed." *The New York Times*.

아프가니스탄 전쟁 주요 일지

1839~1841년	제1차 영국-아프가니스탄 전쟁
1878~1880년	제2차 영국-아프가니스탄 전쟁
1919년	제3차 영국-아프가니스탄 전쟁
1973년 7월	다우드 칸 쿠데타와 아프가니스탄 공화국 수립
1978년 4월	아프가니스탄 공산당 쿠데타와 타라키 정권 수립
1979년 2월	아프가니스탄 주재 미국 대사(Adolph Dubs) 피랍 및 피살
1979년 9월	아프가니스탄 공산당 내부 쿠데타와 아민 정권 수립
1979년 12월 12일	소련의 아프가니스탄 침공 결정
1979년 12월 27일	소련의 아프가니스탄 침공 개시
1988~1989년	소련의 아프가니스탄 철군
1991년 12월	소련 붕괴와 냉전 종식
1992년 4월	아프가니스탄 공산당 정권 붕괴와 아프가니스탄 내전 시작
1994년 9월	탈레반 세력 태동
1996년 9월 27일	카불 함락과 탈레반 정권 수립
2001년 9월 9일	알카에다에 의한 북부동맹 수장 마수드 피살
2001년 9월 11일	9·11 테러
2001년 9월 26일	미국 CIA 특수부대의 아프가니스탄 침투
2001년 9월 28일	영국군 특수부대의 아프가니스탄 침투
2001년 10월 8일	카르자이의 아프가니스탄 침투
2001년 11월 13일	북부동맹 병력의 카불 점령
2001년 12월 5일	본 회의(Bonn Conference) 개최
2001년 12월 5일	토라보라 공략 작전 개시

2001년 12월 7일	칸다하르 함락
2001년 12월 20일	UN 안전보장이사회 결의 1386으로 ISAF 창설
2001년 12월 22일	아프가니스탄 임시정부(Interim Administration) 출범
2002년 6월 11일	아프가니스탄 원로회의(loya jirga) 개최
2002년 7월 13일	아프가니스탄 과도정부(Transitional Administration) 출범
2003년 3월 20일	미국의 이라크 침공
2003년 12월 14일	아프가니스탄 제헌 원로회의 개최
2004년 1월 4일	아프가니스탄 헌법 승인
2004년 10월 9일	아프가니스탄 초대 대통령 선거
2004년 11월	탈레반 지도자 오마르의 항전 성명
2005년 9월 18일	아프가니스탄 국회의원 선거
2007년 7월	파키스탄 이슬람 근본주의 세력의 이슬라마바드 폭동
2009년 3월 27일	오바마 대통령의 아프가니스탄 병력 증강 발표
2009년 12월 1일	오바마 대통령의 아프가니스탄 증파 전략 발표
2009년 8월 2일	아프가니스탄 2대 대통령 선거
2011년 5월 1일	미군 특수부대의 오사마 빈라덴 사살
2011년 6월 22일	오바마 대통령의 아프가니스탄 증파 종료 발표
2012년 1월	탈레반 저항 세력의 도하(Doha) 연락사무소 개소
2014년 1월 2일	이슬람 국가(IS)의 이라크 침공
2014년 4월 5일	아프가니스탄 3대 대통령 선거(1차)
2014년 6월 14일	아프가니스탄 3대 대통령 선거(결선 투표)
2015년 1월 1일	아프가니스탄에서 항구적 자유 작전(OEF: Operation Enduring Freedom) 종료 후 자유의 파수꾼 작전(OFS: Operation Freedom's Sentinel) 개시, ISAF 해체 및 아프가니스탄 지원 작전(Resolute Support Mission) 개시
2015년 5월 2일	미국-아프가니스탄 전략적 동반자 합의 체결
2017년 8월 22일	미국의 남아시아 지역 전략 발표
2018년 10월	미국-탈레반의 평화협상 개시
2019년 9월 28일	아프가니스탄 4대 대통령 선거
2020년 2월 29일	미국-탈레반 평화협정 체결, 미국-아프가니스탄 공동선언 발표
2020년 9월 2일	아프가니스탄 정부와 탈레반 저항 세력의 평화협상 개시

2021년 4월 14일   바이든 대통령의 아프가니스탄 철군 선언
2021년 7월 2일   미군 병력의 바그람 비행장 야간 철수
2021년 8월 15일   카불 함락과 가니 대통령의 도주, 아프가니스탄 정부 붕괴,
                     탈레반 재집권
2021년 8월 30일   미국의 아프가니스탄 철수 완료

아프가니스탄 전쟁 주요 사항

국제안보지원군(ISAF: International Security Assistance Force)
2001년 12월 UN 안전보장이사회 결의 1386으로 창설된 아프가니스탄 치안 유지를 위해 파견된 국제 연합군. 초기 단계에서는 주로 NATO 병력으로 구성되었으며, 후일 미군 병력도 투입.

무자헤딘(Mujahideen)
1979년 12월 소련 침공 이후 미국과 아랍 국가들의 지원을 받아 소련 및 아프가니스탄 공산당 정권에 저항했던 아프가니스탄의 이슬람 근본주의 저항 세력.

바그람 비행장(Bagram Airfield)
1950년대에 건설된 아프가니스탄 최대의 비행장. 아프가니스탄 주둔 미군 최대의 군사기지.

범퍼스 개정안(Bumpers Amendment)
미국 농민을 보호하기 위해 미국의 대외 원조의 용처를 제한하는 법령.

북부동맹(Northern Alliance)
아프가니스탄 북부의 타지크와 우즈베크 중심의 저항 세력. 탈레반 세력에게 축출되어 아프가니스탄 북부에 웅거했고, 미국의 침공에 협력하면서 아프가니스탄 정부의 근간을 구성함.

본 합의(Bonn Agreement)
2001년 12월 독일의 본에서 개최된 회의 결과 만들어진 합의. 아프가니스탄 국가 건설에 대한 주요 국가들의 지지 및 정치·경제·사회·군사·재정적 지원을 약속.

아프가니스탄 임시정부(Interim Administration)
2001년 12월 22일 출범한 아프가니스탄 임시정부. 독일 본에서 개최된 회의에서 2002년 6월 원로회의(loya jirga) 개최를 위한 초기 행정 업무를 담당.

아프가니스탄 과도정부(Transitional Government)
2002년 6월 원로회의에 기초하여 7월 13일 출범한 과도정부.

아프가니스탄 보안군(Afghanistan Security Forces)
아프가니스탄 정부가 통제하는 군 및 경찰 병력.

아프가니스탄 지원 작전(Resolute Support Mission)
2014년 12월 28일 ISAF 해산 후 2015년 1월 1일 시작된 미군 병력을 포함한 NATO 휘하의 아프가니스탄 정부의 군사적 역량 강화 작전. 자유의 파수꾼 작전(OFS)과 동일하게 전투 임무가 아니라 훈련·자문·지원 업무에 집중.

알카에다(Al-Qaeda)
빈라덴이 1990년대에 창설한 수니파 기반의 이슬람 근본주의 테러 조직. 아랍·이슬람 지역 전체에 네트워크를 가지고 행동했고, 1990년대 후반 이후 탈레반 세력과 연합함.

우즈베크(Uzbek)
아프가니스탄 북부 및 중앙아시아에 거주하는 민족 세력. 총인구 3600만 명 정도로 추정되며, 아프가니스탄 전체 인구의 10% 정도를 차지.

자유의 파수꾼 작전(OFS: Operation Freedom's Sentinel)
2015년 1월 1일 시작되어 2021년 8월 31일 종료된 미국의 아프가니스탄 군사 작전. 전투 임무가 아니라 아프가니스탄 정부의 군사적 역량 강화를 위한 훈련·자문·지원 업무에 집중.

카불(Kabul)

아프가니스탄 수도

칸다하르(Kandahar)

아프가니스탄 남부 파슈툰 지역의 대도시. 탈레반·파슈툰 세력의 근거지.

퀘타(Quetta)

파키스탄 북서부의 도시. 파슈툰 지역의 핵심 도시이며, 탈레반 세력의 파키스탄 내 근거지.

타지크(Tajik)

아프가니스탄 북부 및 중앙아시아에 거주하는 민족 세력. 총인구 2500만 명 정도로 추정되며, 아프가니스탄 전체 인구의 25% 정도를 차지.

탈레반(Taliban)

1994년 9월 아프가니스탄 남부 파슈툰 세력을 기반으로 태동한 이슬람 근본주의 세력. 파키스탄의 지원을 받아 1990년대 후반 아프가니스탄의 대부분을 통치함.

파슈툰(Pashtun)

아프가니스탄 남부와 동부 그리고 파키스탄의 북부와 서부 지역에서 살아가고 있는 민족·부족 세력. 총인구 6000만 명 이상으로 추정되며, 아프가니스탄 인구의 40% 정도를 차지. 탈레반 정권의 근간을 구성.

파키스탄 ISI(Inter-Services Intelligence)

파키스탄 최대의 정보기관. 파키스탄 군 내부의 견고한 조직으로 민간·군사정부와 사실상 독립해서 파키스탄의 아프가니스탄 정책을 주도.

파키스탄 탈레반(TTP: Tehrik-i-Taliban in Pakistan, Taliban Movement in Pakistan)

파키스탄에서 자생적으로 등장한 탈레반 동조 세력. 이슬람 근본주의 성향으로 아프가니스탄에서 미국에 저항하는 탈레반 정권을 지원하며, 파키스탄 정부와도 갈등.

하자라(Hazara)

아프가니스탄 중부에 거주하는 총인구 800만 명의 민족 세력. 아프가니스탄 인구의 10% 정도를 차지.

항구적 자유 작전(OEF: Operation Enduring Freedom)

2001년 10월 7일 시작되어 2014년 12월 28일 종료된 미국의 아프가니스탄 군사 작전. 전투 임무 중심으로 진행되었고, 대테러 작전을 수반했음.

아프가니스탄 전쟁 주요 인물

가니, 아수라프(Ashraf Ghani): 아프가니스탄 재무 장관(2002~2004), 아프가니스탄 대통령(2014~)

게이츠, 로버트(Robert Gates): CIA 국장(1991~1993), 미국 국방 장관(2006~2011)

고르바초프, 미하일(Mikhail Gorbachev): 소련 공산당 서기장(1985~1991), 소련 대통령(1990~1991)

나지불라, 모하마드(Mohammad Najibullah): 아프가니스탄 대통령(1987~1992)

다우드, 칸(Mohammed Daoud Khan): 아프가니스탄 대통령(1973~1978), 총리 (1953~1963)

던퍼드, 조지프(Joseph Dunford): 미국 합참의장(2015~2019)

도스툼, 압둘 라시드(Abdul Rashid Dostum): 아프가니스탄 공산당 정권 군인, 군벌 지휘관. 아프가니스탄 부통령(2014~2020)

럼즈펠드, 도널드(Donald H. Rumsfeld): 미국 국방 장관(2001~2006)

멀린, 마이클(Michael Mullen): 미국 해군 참모총장(2005~2007), 합참의장(2007~2011)

마수드, 아흐마드 샤(Ahmad Shah Massoud): 무자헤딘 지휘관, 북부 동맹의 지도자. 2001년 9월 9일 알카에다에 의해 암살됨.

매케인, 존(John McCain III): 미국 연방 상원 의원(1987~2018)

매키어넌, 데이비드(David D. McKiernan): 미국 군인. ISAF 사령관(2008~2009)

매크리스털, 스탠리(Stanley A. McChrystal): 미국 군인. 합동특수작전 사령부(JSOC) 사령관(2003~2008), ISAF 사령관(2009~2010)

무샤라프, 페르베즈(Pervez Musharraf): 파키스탄의 군인, 정치인. 1999년 쿠데타로 집권. 파키스탄 육군참모총장(1998~2007) 겸 대통령(2001~2008).

바이든, 조지프(Joseph Robinette Biden Jr.): 미국 부통령(2009~2017), 미국 대통령 (2021~)

브레즈네프, 레오니드(Leonid Brezhnev): 소련 공산당 서기장(1964~1982)

빈라덴, 오사마(Osama Bin Laden): 사우디아라비아 출신 이슬람 근본주의자. 알 카에다의 수장. 2011년 5월 미군 특수부대에 의해 사살됨.

셰르자이, 굴 아그하(Gul Agha Sherzai): 파슈툰 출신의 무자헤딘 지휘관. 탈레반 정권에 저항했던 파슈툰 군벌로, 미군 침공 이후 칸다하르와 낭가하르 지사(2003~2013) 역임

아민, 하피줄라(Hafizullah Amin): 아프가니스탄 공산당 서기장(1979)

아이켄베리, 칼(Karl Eikenberry): 미국 군인(1974~2009), 아프가니스탄 주재 미국 대사(2009~2011)

안드로포프, 유리(Yuri Andropov): 소련 공산당 서기장(1982~1984), KGB 의장 (1967~1982)

압둘라, 압둘라(Abdullah Abdullah): 북부 동맹 출신의 아프가니스탄 외교 장관 (201~2005), 아프가니스탄 수석행정관(2014~2020), 국가화해위원회 위원장 (2020~)

오마르, 무하마드(Mohammed Omar): 탈레반 정권의 수반(1996~2001)

오바마, 버락 후세인(Barack Hussein Obama II): 미국 대통령(2009~2017)

카르자이, 하미드(Hamid Karzai): 아프가니스탄 대통령(2001~2014)

카르자이, 아흐메드 왈리(Ahmed Wali Karzai): 카르자이 대통령의 이복동생, 칸다 하르 지방의회 의장. 2011년 7월 피살.

카말, 바브락(Babrak Karmal): 아프가니스탄 공산당 서기장(1979~1986)

카터, 애슈턴(Ashton Carter): 미국 국방 장관(2015~2017)

칸, 이스마일(Ismail Khan): 무자헤딘 출신의 군벌. 이란과의 접경인 아프가니스 탄 서부의 헤라트 지사(2001~2004), 에너지와 수자원 장관(2004~2013)

케리, 존(John Kerry): 미국 연방 상원 의원(1985~2013), 미국 국무 장관(2013~ 2017)

타라키, 무하마드(Nur Muhammad Taraki): 아프가니스탄 공산당 서기장(1965~1979)

트럼프, 도널드(Donald Trump): 미국 대통령(2017~2021)

패네타, 리언(Leon Panetta): 미국 CIA 국장(2009~2011), 국방 장관(2011~2013)

파월, 콜린(Colin Powell): 미국 합참의장(1989~1993), 국무 장관(2001~2005)

파힘, 모하마드(Mohammed Fahim): 아프가니스탄 군벌 출신의 정치인. 북부동맹 에서 타지크 부족 병력을 지휘. 아프가니스탄 국방 장관(2001~2004) 및 부 통령(2009~2014) 역임

퍼트레이어스, 데이비드(David H. Petraeus): 미국 이라크 주둔군 사령관(2007~ 2008), 미국 중부군 사령관(2008~2010), ISAF 사령관(010~2011), CIA 국장 (2011~2012)

할릴자드, 잘메이(Zalmay Khalilzad): 미국 외교관. 아프가니스탄계 미국인. 아 프가니스탄 주재 미국 대사(2004~2005), 이라크 주재 미국 대사(2005~ 2007), UN 주재 미국 대사(2007~2009), 아프가니스탄 화해 특사(2018~)

헤이글, 척(Chuck Hagel): 미국 국방 장관(2013~2015)

헤크마티아르, 굴부딘(Gulbuddin Hekmatyar): 무자헤딘 지휘관, 아프가니스탄 총 리(1996~1997)

홀브룩, 리처드(Holbrooke, Richard): 미국 외교관. 아프가니스탄·파키스탄 문제 특사(2009~2010), UN 주재 미국 대사(1999~2001)

찾아보기

512

지은이

이근욱

1970년 서울에서 태어났다. 1989년 서울대학교 외교학과에 입학해 학사와 석사 과정을 마쳤으며, 2002년 6월 미국 하버드 대학교에서 국제정치이론과 동맹 문제 연구로 정치학 박사학위를 받았다. 2004년 3월부터 서강대학교 정치외교학과에서 국제정치 및 군사안보 관련 과목을 가르치고 있다. 단독 저서로는 『왈츠 이후: 국제정치이론의 변화와 발전』(2009), 『냉전: 20세기 후반의 국제정치』(2012), 『쿠바 미사일 위기: 냉전 기간 가장 위험한 순간』(2013), 『이라크전쟁: 부시의 침공에서 오바마의 철군, 그리고 IS 전쟁까지』(전면개정판, 2021) 등이 있다.

한울아카데미 2348

아프가니스탄 전쟁

9·11 테러 이후 20년

ⓒ 이근욱, 2021

지은이 | 이근욱
펴낸이 | 김종수
펴낸곳 | 한울엠플러스(주)
편집책임 | 최진희

초판 1쇄 발행 | 2021년 12월 31일
초판 2쇄 발행 | 2022년 11월 7일

주소 | 10881 경기도 파주시 광인사길 153 한울시소빌딩 3층
전화 | 031-955-0655
팩스 | 031-955-0656
홈페이지 | www.hanulmplus.kr
등록번호 | 제406-2015-000143호

Printed in Korea.
ISBN 978-89-460-7348-7 93340 (양장)
      978-89-460-8150-5 93340 (무선)

※ 책값은 겉표지에 표시되어 있습니다.
※ 무선 제본 책을 교재로 사용하시려면 본사로 연락해 주시기 바랍니다.

한울엠플러스의 책

이라크전쟁(전면개정판)
부시의 침공에서 오바마의 철군,
그리고 IS 전쟁까지

21세기 세계 정치 지형을 뒤바꾼 전쟁
이라크 전쟁에서 IS 전쟁까지 이 한 권에 담아내다

2011년 초판 발행 후 많은 독자들의 선택을 받았던 이라크 전쟁이 2021년 현재 시점에 맞추어 내용을 개정하고 이후 IS 전쟁까지 담아 전면개정판으로 돌아왔다.

2011년 미군 철수로 일단락되었다고 생각했던 이라크 전쟁은 2014년 IS가 이라크를 침공하면서 또 다른 전쟁으로 비화되었다.

저자는 중동의 봄으로 촉발된 시리아 내전이 IS 전쟁으로 확대되는 과정에서 특히 이라크 상황이 어떻게 영토국가로서 IS를 성립하는 데 토양이 될 수 있었는지 생생하게 보여준다. 아프가니스탄 전쟁과 동시에 IS 전쟁을 진행하는 것에 부담을 느낀 미국은 전면 개입 대신 정밀 폭격과 특수부대를 활용해 이라크군과 쿠르드군을 측면 지원하는 방식을 택했다.
두 차례의 전쟁에서 이라크인은 커다란 희생을 치렀다. 2021년 현재 IS는 소규모 테러조직화 되어 이라크나 국제 평화에 큰 위협이 되지 않는다. 그러나 이라크에 항구적 평화가 올지는 미지수라고 저자는 말한다. 이 책을 통해 독자는 이라크 전쟁, 더 나아가 국제정치의 역동적 현실을 직접 눈으로 보듯 느낄 수 있을 것이다.

지은이
이근욱

2021년 9월 30일 발행
신국판
560면